CASTILLA IMPERIAL

CLÍO
CRÓNICAS DE LA HISTORIA

A Rodrigo de Almazán y Muñoz, cura propio de la iglesia de Santiago Apóstol de Albaladejo hasta 1752, quien se preocupó en la preservación del legado histórico, patrimonial e inmaterial de nuestro pueblo y a todos los vecinos de Albaladejo, pasados, presentes y futuros.

CASTILLA IMPERIAL

Vida, creencias y economía en el Siglo de Oro

Juan Víctor Carboneras Coba (Coordinador)
Porfirio Sanz Camañes
Enrique Martínez Ruiz
Carlos Belloso Martín
Laura Perona Guillén
José María Rodríguez Jiménez
Magdalena de Pazzis Pi Corrales
Santiago Fernández Campos
David Gallego Valle
F. Miguel Gómez García de Marina
Carlos Fernández-Pacheco Sánchez-Gil
Bernardo Sevillano Martín
Concepción Moya García
Pilar Molina Chamizo
Juan Víctor Carboneras Coba
Víctor García González
Miguel F. Gómez Vozmediano
Ramón Sánchez González

edaf

www.edaf.net

MADRID - MÉXICO - BUENOS AIRES - SANTIAGO
2025

Castilla imperial. Vida, creencias y economía en el Siglo de Oro

EDITORIAL EDAF, S. L. U.
Jorge Juan, 68. 28009 Madrid, España
Tel. (34) 91 435 82 60
Fax (34) 91 431 52 81
http://www.edaf.net
edaf@edaf.net

EDAF DEL PLATA, S. A.
Chile, 2222
1227 Buenos Aires, Argentina
Tel/Fax (54) 11 43 08 52 22
edaf4@speedy.com.ar
fernando.barredo@edaf.com.mx

ALGABA EDICIONES, S.A. de C.V.
Calle 21, Poniente 3323,
Colonia Belisario Domínguez
(entre la 33 Sur y la 35 Sur)
Puebla, 72180, México
Telf.: 52 22 22 11 13 87
jaime.breton@edaf.com.mx

EDAF CHILE, S. A.
Huérfanos 1179, Oficina 501
Santiago, Chile
Tel (56) 9 4468 0539 - (56) 9 4468 0537
comercialedafchile@edafchile.cl

Primera edición: enero 2025

ISBN: 978-84-414-4399-0
Depósito legal: M-25179-2024

Papel 100% procedente de bosques gestionados de acuerdo con criterios de sostenibilidad.

IMPRESO EN ESPAÑA — PRINTED IN SPAIN

Gráficas Cofás, Pol. Ind. Prado Regordoño, Móstoles (Madrid)

ÍNDICE

PRÓLOGO

EL LIBRO QUE TIENE EL LECTOR ENTRE SUS MANOS es tan necesario como justo. Llevarlo a cabo ha sido posible gracias al trabajo de múltiples autores, referentes en el campo en el que escriben, a la editorial EDAF, espada de la historia y baluarte del conocimiento, y a la asociación Albaladejo Siglo de Oro, que lucha, día a día, por rescatar del olvido la historia de su pueblo.

Se recogen aquí los ensayos presentados en el I Congreso Histórico Albaladejo, Campo de Montiel y Castilla: una compleja realidad en los siglos XVI y XVII, que se celebró en la iglesia de Santiago Apóstol de la localidad albaladejeña en los meses de agosto y septiembre del año 2023 y su gran objetivo es poner en valor las realidades sociales, culturales, militares, económicas y políticas de la Edad Moderna.

El eje geográfico en el que nos circunscribimos es Castilla, la que soportó con su esfuerzo y trabajo los compromisos adquiridos por la Monarquía Hispánica no solo en territorio peninsular, sino en todos aquellos lugares a los que llegaron los españoles. En ese conglomerado, la Mancha representó una zona particularmente interesante por ser ejemplo del modelo de vida, costumbres y tradiciones arraigadas a ese tiempo, buena parte de ellas compiladas en la celebérrima obra *El ingenioso hidalgo don Quijote de la Mancha* por uno de los hombres más importantes —sino el que más— de la literatura universal: Miguel de Cervantes Saavedra. En este sentido, la localidad de Albaladejo, inserta en el Campo de Montiel, al sureste de la actual provincia de Ciudad Real, representa el paradigma de villa castellana con presencia de la archiconocida Orden Militar de Santiago, en la que sus calles son, a día de hoy, aún testigo de una vida religiosa, espiritual, mental, económica y social que enraíza directamente con los siglos XVI y XVII. Esta obra, por tanto, trata de acabar con el olvido de todas estas realidades y plantar sobre la mesa un nuevo escenario en el que el mundo militar, religioso y social están íntimamente relacionados entre sí.

Desde el punto de vista militar, los siglos XVI y XVII estuvieron colmados de conflictos a los que tuvo que hacer frente la monarquía española, liderada por hombres como Carlos V o Felipe II. Debido a la situación de guerra continua fuera de las fronteras peninsulares, surgieron los tercios, unidades de encuadramiento de las compañías de infantería organizadas gracias a la creación de un modelo de ejército permanente, que ya no se disuelve cuando acaba una campaña y pasa a ser profesional. Al año se reclutaban más de medio centenar de compañías integradas por un número muy variable de hombres y este proceso se hacía, con especial dedicación en Castilla, aunque a finales del siglo XVI, Aragón o Galicia irrumpen con mayor asiduidad en este esquema. Esto hacía que las villas y ciudades se poblaran de militares que, en muy variados casos, ocasionaban trastornos a unos vecinos que, ya en el siglo XVII, se mostraban totalmente exhaustos por cargar con el alojamiento de los hombres. En esta presente obra el profesor de la Universidad de Valladolid, Carlos Belloso, pone sobre la mesa un nuevo tema, al que apenas se ha dedicado atención y este es la aplicación de la justicia a estos soldados de los tercios y cómo se actuaba ante diferentes circunstancias. Esta justicia de carácter militar, se diferenciaba de la civil o eclesiástica, que para el caso de Albaladejo lo estudia Miguel Gómez García de Marina, lo que facilita la comprensión al tratarse de un ámbito geográfico específico. Sin embargo, no todo era conflicto, también hubo marineros ilustres como Pedro Menéndez de Avilés, que estuvo al servicio de la corona en empresas de diversa índole y sobre lo cual nos habla la profesora Magdalena de Pazzis Pi Corrales. Pese a la gloria que se podía alcanzar en el campo de batalla, y la posibilidad de llevarse un trozo de pan a la boca, no siempre se pudo contar con los soldados necesarios, un mal al que tuvo que hacer frente la corona, especialmente a partir de 1570, y sobre lo que dedica especial atención el profesor Enrique Martínez Ruiz. Una visión distinta de lo militar lo ofrece David Gallego, que bajo un prisma arqueológico facilita la comprensión de la evolución de las fortalezas fronterizas medievales, que pasan en los albores de la Edad Moderna a cumplir otras funciones para la comunidad, siendo un ejemplo de ello la fortaleza de Albaladejo.

No todo era empuñar las armas, pues la historia de las mentalidades y de lo religioso, tienen en toda la Edad Moderna, una serie de amplios motivos a los que dedicar su atención. El siglo XVI fue el momento de la ruptura del cristianismo con figuras como Lutero o Calvino y con la celebración del Concilio de Trento, que marcó la manera de pensar, creer y manifestar de la Iglesia de Roma. Estos ecos tuvieron su especial resonancia en la Península Ibérica, teniendo correlación con el conflicto morisco en la Navidad de 1568. De este modo, se puso en duda la uniformidad religiosa en la monarquía de Felipe II. Ramón Sánchez González dedica su capítulo a la comprensión de estas minorías religiosas que seguían existiendo en el corazón peninsular, marchando muchos de ellos hacia la Mancha, después de dejar atrás Granada. Es este un tiempo también marcado por las creencias populares, los grandes mitos y leyendas, un tema de especial interés que analiza Miguel Gómez Vozmediano, cuyo artículo gira alrededor del Campo de Montiel para facilitar el análisis de la hechicería y superstición durante el siglo XVI. Todas estas creencias convivían con la asistencia a la iglesia, que en el caso del edificio albaladejeño describe la doctora Pilar Molina Chamizo con especial solvencia, mostrando sus décadas de estudio e investigación en la materia. El que escribe estas líneas, sin embargo, se centra en un asunto distinto y es en el mundo cofrade, temática de especial relevancia en la historiografía de este tiempo. El estudio de la cofradía de la Virgen del Rosario de Albaladejo ha posibilitado rescatar del olvido una historia con más de cuatro siglos y comprender la importancia de la batalla naval, conocida como batalla de Lepanto, del 7 de octubre de 1571, para la extensión del culto hacia la virgen. Esto vuelve a recalcar la íntima y estrecha relación entre lo militar, social, religioso o económico. Pese a todo esto, no se puede olvidar el avance de la filosofía española, denostada por la historiografía europea, pero que supo plantear nuevos debates como la existencia de unos derechos humanos, aspecto considerado por la escuela de Salamanca. Pensar en español era una aventura que desarrolla Santiago Fernández con un estudio de las corrientes que emanaron en el Siglo de Oro.

El tiempo en el que se enmarca la obra es también el de las grandes casas nobiliarias. Porfirio Sanz Camañes da buena cuenta del III Duque de Alba, don Fernando Álvarez de Toledo, en relación con su presencia en Flandes, la cual estaba condicionada seriamente por las circunstancias del estallido de la rebelión de 1568 y la furia iconoclasta. Esto gestó una propaganda que el profesor describe con suma precisión. Un linaje, quizás más olvidado, es el Ligne, que protagonizó grandes hechos en la carrera diplomática o en la militar y cuyo tema saca a la luz Laura Perona Guillén. Por su parte, José María Rodríguez Jiménez recuerda al lector que no solo existía Europa en los intereses españoles, sino que América tuvo una especial relevancia, incluso a finales del siglo XVII, cuando aún seguían secundándose las conquistas. Al margen de estos grandes hechos y nombres, hubo también una realidad cotidiana, del común, que expone, desde el punto de vista económico, Víctor García González, el cual se centra en el vino y el sector vitivinícola como factor de dinamización y de supervivencia de una sociedad que dependía de este alimento para obtener las calorías diarias necesarias. Este conglomerado es redondeado por Bernardo Sevillano Martín, Carlos Fernández-Pacheco Sánchez-Gil y Concepción Moya García, con una descripción en su conjunto de Albaladejo, como un modelo representativo de la Mancha del siglo XVI, en la que vivió Miguel de Cervantes.

En suma, estamos ante una obra que arroja luz sobre las realidades de la Edad Moderna. Con un carácter multidisciplinar se solventan cuestiones que van más allá de la clásica historia compartimentada: social, cultura, militar, religiosa, etc. Los diferentes trabajos aquí presentes muestran los nudos de conexiones entre las diferentes disciplinas y la necesidad de convivencia entre ellas, si se pretende comprender este tiempo pasado marcado por la necesidad, pero también por la fama, el honor, la vida y la muerte.

Esta es una apuesta decidida por un nuevo enfoque histórico, por aportar nuevos temas y un intento para acabar con bulos y leyendas.

Juan Víctor Carboneras (coord.)

INTRODUCCIÓN

Pocas épocas han relucido de forma tan esplendorosa como el Siglo de Oro, denominación que encuadra la etapa de mayor apogeo para el arte y la cultura de nuestra historia. Un extraordinario periodo, a caballo entre los siglos XVI y XVII —en concreto desde la publicación de la *Gramática castellana* de Antonio de Nebrija, en 1492, hasta la muerte de Calderón de la Barca, en 1681—, que marcó una etapa de florecimiento intelectual, literario y artístico sin precedentes en la península Ibérica.

En un contexto en el que los reinados de los Habsburgo —Felipe III, Felipe IV y Carlos II— marcaban grandes cambios históricos, y en el que los validos manejaban las decisiones más importantes, España avanzaba firme al son del Renacimiento y el Barroco como nunca antes lo había hecho. Incluso a pesar de que ese esplendor artístico y cultural coincidiera con una crisis política y económica permanente que iniciaría la progresiva decadencia de un inmenso Imperio en el que «no se ponía el sol». Un territorio abastecido por las enormes riquezas y metales preciosos que llegaban de América, que abarcaba la península Ibérica, gran parte de América, las islas Filipinas, algunas regiones del norte de África, los Países Bajos, el Milanesado y el sur de Italia, incluida Sicilia.

Mientras en nuestro país florecía un esplendor cultural que marcaría para siempre las artes y las letras universales, con algunos de los mejores pintores, dramaturgos, poetas y pensadores, sus novedosas creaciones resumían de la mejor manera posible la compleja situación que vivía la potencia más poderosa de Occidente: entre la magnificencia y la bancarrota, entre el esplendor y la miseria.

Pero si España conoció durante el Siglo de Oro el momento de mayor esplendor de su cultura, fue gracias al firme respaldo del poder. Bajo la protección de sus monarcas, desde el emperador Carlos V a Carlos II, las artes y las letras prosperaron a un nivel nunca después repetido. Todos los soberanos de la casa de Austria compraron obras de arte y se relacionaron con los escultores, pintores, arquitectos, orfebres o armeros más importantes de Europa, construyeron nuevos palacios, transformaron el espacio urbano, encargaron obras de teatro a los dramaturgos de mayor fama, trajeron a España a los más renombrados cantantes o compositores de su época y, en definitiva, quisieron rodearse de lo más elevado, hermoso y sofisticado que la inteligencia y el talento humano podían alcanzar.

Esculturas, pinturas o composiciones poéticas y musicales pretendieron ser reflejo de una renovada espiritualidad más directa, emotiva y elocuente, que pudiera llegar con mayor facilidad a sus espectadores —en su mayoría analfabetos— a través de nuevos lenguajes, de entre los cuales destacaría el teatro. Así, las representaciones teatrales en un ambiente de capa y espada, de honor y celos, que reflejaban la complejidad de la sociedad española de la época y no exigían a su público saber leer ni escribir, se convirtieron en el mejor intermediario entre la cultura popular y la intelectual, materializándose en el corral de comedias —donde no faltaban obras de Calderón de la Barca o Tirso de Molina—, convertido en el espacio al que acudían personas de todos los estamentos sociales, desde los sectores populares a los aristócratas, pasando por los burgueses, letrados e incluso los propios reyes.

Tierra de ingenios y artistas, la actual Castilla-La Mancha mantuvo siempre gran vinculación con la mayor parte de los grandes protagonistas del Siglo de Oro. Algunos nacieron allí, como Rojas Zorrilla, Fray Luis de León o Antonio Enríquez Gómez; otros vivieron temporalmente, como Lope de Vega, san Juan de la Cruz, santa Teresa de Jesús o Juanelo Turriano…, algún otro falleció —Francisco de Quevedo— o fue inhumado —Alonso de Ercilla— y hubo quien ambientó sus obras en esas tierras, con Miguel de Cervantes y su Alonso Quijano como ejemplo máximo.

En el caso concreto del Campo de Montiel el Siglo de Oro español marcará un momento de gran esplendor cultural, caracterizado por la presencia activa en la comarca de grandes personajes ilustres de las artes y las letras españolas como las ya citados Francisco de Quevedo y Miguel de Cervantes o el pintor Fernández Yáñez de Almedina. Al mismo tiempo se producirá un importante crecimiento demográfico que conllevará la reforma y construcción de importantes templos parroquiales, así como edificios civiles —grandes casas blasonadas, casas de encomienda, pósitos, molinos y un largo etc—. Espacios que, fieles a su época, ofrecían siempre dos caras: la de los templos y palacios más espectaculares por un lado, y por otro, a escasos metros de distancia, las condiciones de vida más miserables.

Mucha gente vivía en la indigencia en pueblos y ciudades, por eso eran frecuentes los oficios callejeros ejercidos por pícaros, dedicados en cuerpo y alma a una única labor: buscarse la vida. Una ocupación ampliamente extendida por toda la Europa del momento —no solo una práctica hispana— que incluía mendigar, timar o robar, en la que los protagonistas intentaban por todos los medios escapar del hambre y burlar la miseria para acabar dándose de bruces con la triste realidad de su penoso destino.

Para viajar en la actualidad al Siglo de Oro no hay más que acercarse a cualquier pueblo de la zona, que en sí es todo un espectáculo, y pasear por los claustros renacentistas con suelos de piedra original, o contemplar monumentos arquitectónicos, palacios y castillos, que se suceden uno tras otro. Y es que, a pesar de la modernidad que pueda inundarlos, en sus calles el tiempo parece detenido desde la época en que los grandes descubridores regresaron de las Américas.

El editor

Primera parte

El impulso del Imperio

La propaganda del terror. Flandes, el duque de Alba y el Imperio español[1]

Porfirio Sanz Camañes
Universidad de Castilla-La Mancha

> Nuestro gran héroe, de quien tantas y tan contradictorias páginas se han escrito, calcadas en su mayor parte en los libelos de los difamadores de España y de nuestras glorias, era de elevada estatura, enjuto, bien plantado, de rostro largo, altivo, de gran corazón, de profundo entendimiento y de mucha experiencia; en hechos de guerra no sólo superaba a los españoles sino a todos los capitanes de su siglo[2].
>
> Padre agustino Celso García (1941)

Don Fernando Álvarez de Toledo y Pimentel, el llamado Gran Duque de Alba o III duque de Alba, falleció en Tomar, cerca de Lisboa, el 11 de diciembre de 1582 a la edad de 74 años. En 1619 por orden de su nieto, el quinto duque, don Antonio, fueron trasladados sus restos del convento de San Leonardo de Alba de Tormes —que había sido convento de jerónimos y premostratenses y primer lugar de enterramiento— al panteón de teólogos del convento dominico de San Esteban de Salamanca[3]. El sepulcro provisional del duque en Alba de Tormes se encontraba al lado del Evangelio y la duquesa hizo colocar encima el retrato del duque pintado por Tiziano. Sus restos permanecieron en la cripta hasta 1845 en que por orden del duque don Jacobo Stuart se colocaron en una urna en el relicario del convento[4]. Su sepulcro definitivo se sitúa en una capilla de la iglesia del convento de San Esteban que contiene el mausoleo, en piedra y mármol, proyectado por Chueca Goitia en 1983 y que fue costeado por la Diputación de Salamanca.

El sepulcro tiene en la parte superior el escudo de los Álvarez de Toledo, que consiste en un jaquelado o ajedrezado de quince piezas —cuadrados o rectángulos— ocho blancos o grises y siete azules. Las mazas que lo rodean parecen aludir a los servicios en la corte que la casa de Alba prestó a la monarquía española a lo largo de su historia. Las banderas fueron adoptadas en tiempos de García Álvarez de Toledo y Carrillo de Toledo, primer duque de Alba, para conmemorar las campañas en las que participó contra el emirato nazarí de Granada. Las armas del duque aparecen timbradas con una corona ducal, propia de los títulos nobiliarios de mayor rango y con la condición de Grande de España. En el centro, y sobre un pequeño pedestal, se erige un busto en bronce del duque de Alba, y a sus pies, en una placa, se presenta la geografía escueta de las victorias del Gran Duque, enumeradas de manera sencilla: Fuenterrabía, Hungría, La Goleta, Túnez, Rosellón, Ingolstad, Mülberg, Milán, Nápoles, Civitella, Ostia, Bruselas, Groningen, Mons, Gemmingen, Haarlem, Alcántara y Lisboa.

El imperio, el norte de África, Italia, Flandes y Portugal suponían una impecable trayectoria militar de servicios del duque a Carlos V y Felipe II, culminada con la conquista de Portugal, en donde el duque pasó sus últimos días.

La fama del duque debía mantenerse muy presente a comienzos del siglo XVII, cuando Cervantes nombra al militar al referirse a la historia del cautivo en su *Don Quijote de La Mancha*, y se separa de lo novelesco para entrar en una narrativa verídica. Dice el cautivo:

> Embarquéme en Alicante, llegué con próspero viaje a Génova, fui desde allí a Milán, donde me acomodé de armas y de algunas galas de soldado, de donde quise ir a asentar mi plaza al Piamonte; y estando ya de camino para Alejandria de la Palla, tuve nuevas que el gran Duque de Alba pasaba a Flandes. Mudé propósito, fuime con él, servíle en las jornadas que hizo, halléme en la muerte de los condes de Eguemón y de Hornos, alcancé a ser alférez de un famoso capitán de Guadalajara, llamado Diego de Urbina, y a cabo de algún tiempo que llegué a Flandes, se tuvo

> nuevas de la liga que la Santidad del papa Pío Quinto, de felice recordación, había hecho con Venecia y con España, contra el enemigo común, que es el Turco, el cual en aquel mesmo tiempo había ganado con su armada la famosa isla de Chipre...[5]

Es cierto que el extraordinario poderío desplegado por la Monarquía Hispánica durante los siglos XVI y XVII ofrecía la imagen de un imperio muy disperso territorialmente, pero al mismo tiempo sostenido por unas sólidas convicciones religiosas y la defensa de su extenso patrimonio territorial. La idea de hegemonía debió servir para ayudar a construir y difundir la imagen de una amenazante monarquía absoluta, especialmente en reinos, provincias y territorios que defendían privilegios locales apenas antes vulnerados y promovían una clara libertad de conciencia.

En el presente estudio, en línea con otros ya realizados, ofrecemos una selección de imágenes —de otras muchas que circularon— que nos permiten conocer cómo se fue modelando la imagen internacional del duque de Alba y del Imperio español, sobre todo, en el norte de Europa desde las últimas décadas del siglo XVI debido a los acontecimientos políticos que se produjeron en Flandes[6].

Entre 1571 y 1588 la Monarquía Hispánica concentró en el escenario del Atlántico todos los esfuerzos y energías para imponer el orden y autoridad desde Flandes a Portugal en aras a la defensa del catolicismo y a la seguridad de sus súbditos en el imperio[7]. Por ello, no debe extrañarnos que la imagen que se proyectase del ejército de Felipe II, a través de una de sus figuras más conocidas como la del duque de Alba, fuera la de un soberano contrarreformista, y la propaganda que se derivase cargara severamente contra el soberano español[8]. Los sucesos que causaron una mayor controversia política y, en consecuencia, levantaron una oleada de propaganda política más extendida se produjeron en Flandes —y también tuvieron su correlato en Inglaterra—, en donde se elaboró, proyectó y circuló con gran vehemencia la leyenda negra durante la segunda mitad del siglo XVI y todo el siglo XVII[9].

El impacto de la propaganda neerlandesa tras la rebelión de los Países Bajos

La situación socioeconómica de los Países Bajos se había ido deteriorando a partir de mediados del siglo xvi. Sin embargo, entre 1559 y 1566 estos dominios del norte de Europa no eran sino uno más de los numerosos problemas a los que se tuvo que enfrentar Felipe II mientras centraba su atención en una amenaza que sentía más urgente en el Mediterráneo: el problema turco.

El incremento de la inflación, la serie de malas cosechas y la elevación de los precios, junto al retroceso del tráfico mercantil en el Báltico —que limitó la llegada de granos y ocasionó la falta de materias primas— dejó sin actividad a muchos obreros. Estos factores de inestabilidad provocaron la aparición de algunos tumultos populares mientras la aristocracia flamenca mostraba su desencanto ante el desembarco de funcionarios castellanos que copaban la administración de los Países Bajos[10]. El problema religioso preparó un peligroso cóctel al caldearse el ambiente por las disensiones religiosas entre católicos y protestantes, especialmente calvinistas, originando una mayor crispación frente a la tiranía —según rezaban los panfletos y pasquines— de un gobierno injusto como el de Felipe II[11].

El abandono del Consejo de Estado en 1563 por una parte de la nobleza flamenca —entre los que estaban los Orange, Lamoral, Egmont y Horn— minó la autoridad del organismo, dejó cierto vacío político y terminó por desautorizar a Margarita de Parma, la gobernadora española en los Países Bajos, para quien Felipe II tenía ya otro destino[12]. Todo lo que representase el catolicismo a partir de entonces fue objeto de ataque y, por ello, ni siquiera la caída de Granvela en 1564 aportó al territorio la paz y estabilidad necesarias. En 1566 se desataba la llamada «furia inconoclasta» por la que fueron asaltadas cientos de iglesias y conventos[13]. Así puede recrearse en el grabado coloreado por Frans Hogemberg que puede verse a continuación, en cuyo pie de imagen se indica la siguiente leyenda:

Destrucción de imágenes en la catedral de Nuestra Señora en Amberes ocurrida el 20 de agosto de 1566.

Después de la predicación de Wenigh,
La religión calvinista
Asalta todo el edificio
No queda entero nada
Ni la gran custodia, el copón, incluso el altar
Y cualquier otra cosa que estuviera allí
Todo quedó roto en menos de una hora
Aunque fuese arte.
Año Dnj. M.D.LXVI XX Augusti[14]

Como he indicado, la sublevación flamenca se produjo —sin entrar en pormenores sobre las causas de la rebelión— por motivaciones profundas que tuvieron que ver con cuestiones de carácter económico, social y religiosas, además de otras estrictamente políticas tras la sucesión de Carlos V por Felipe II. Ante la escalada de los acontecimientos y el fracaso de la política mediadora con Margarita de Parma, se produjo un viraje en la corte madrileña apostándose por una solución de tipo militar con el envío del duque de Alba.

El duque de Alba y las consecuencias de la represión

El envío de Fernando Álvarez de Toledo, III duque de Alba —también conocido como Gran Duque—, y su actividad político-militar en los Países Bajos, entre 1568 y 1574, terminó con cualquier intento de posible negociación. Flandes se había convertido en un polvorín a comienzos de la década de 1560 y la instauración del llamado Tribunal de los Tumultos o Tribunal de la Sangre para juzgar a los rebeldes, provocó una ruptura mayor en la sociedad flamenca mientras algunos de los líderes de la aristocracia holandesa eran ajusticiados y otros, como Guillermo de Orange, el principal cabecilla de la revuelta y, pronto su jefe indiscutible, marchaba al exilio[15].

El duque de Alba, carrera cortesana y militar

La figura del diplomático, gobernador de los Países Bajos y del Milanesado, virrey de Nápoles y Portugal sigue suscitando controversias en nuestros días. Este abulense de Piedrahita —aunque entonces pertenecía al término de Salamanca— había nacido en 1507 en el seno de una familia noble y acomodada, siendo hijo de Beatriz de Pimentel, del linaje de los Benavente, y García Álvarez de Toledo, primogénito de Fadrique Álvarez de Toledo. Desde el palacio ducal de Alba de Tormes, donde vive la familia, su padre es llamado a los servicios que solicita Fernando el Católico para emprender campañas en el norte de África y luchar en Bugía, antes de dirigirse a Djerba, donde será derrotado y morirá al frente de sus tropas. Con solo 3 años se queda huérfano de padre y al cuidado de su abuelo Fadrique, II duque de Alba, quien lo protegerá y cuidará.

Con escasos datos sobre su niñez y adolescencia, sabemos que el Boscán y Garcilaso de la Vega, le ayudaron a convertirse en un apuesto cortesano, con una temprana inclinación a las armas y la estrategia militar. Sin haber cumplido si quiera los 18 años toma parte de la defensa de la plaza de Fuenterrabía, que en 1524 es sitiada por Francisco I de Francia. El emperador gratificará este apoyo nombrándole, a pesar de su juventud, corregidor de la plaza que había sido sitiada.

Con la muerte de Fadrique Álvarez de Toledo, su abuelo, en 1531 se convierte en el III duque de Alba. Estos primeros años de la década son complicados para la Monarquía Hispánica que lucha contra los turcos en la defensa de Viena, ciudad imperial, amenazada por Solimán el Magnífico y cuyo cerco podrá ser levantado. El emperador había llamado a su lado al Gran duque para esta importante empresa y será el inicio de una larga y fructífera colaboración con Carlos V, después continuada con Felipe II en otras campañas militares. En 1534 y 1535 colaboró para detener las embestidas de Barbarroja, que operaba desde Argel, sobre Túnez y La Goleta. Entre campaña y combate se solía retirar a su villa ducal de Alba de Tormes donde se reunía con su mujer, la duquesa María Enríquez, prima carnal con la que había casado en 1529, y con sus hijos. Llamado nuevamente al lado del emperador, entra en Roma en 1536, después cruza los Alpes y se dirige a la Provenza —con objeto de castigar al rey francés tomando Marsella— para luchar contra Francisco I, aliado de Barbarroja, en aquel tiempo.

A comienzos de la década de 1540 el emperador le encarga reunir los efectivos militares y preparar la empresa de Argel de 1541. A su vuelta y para detener la ofensiva francesa sobre la frontera catalana le encomienda la defensa de la plaza de Salces, siendo nombrado capitán general del ejército imperial y poco después consejero para los asuntos de guerra, dejando en sus manos la organización de la boda de Felipe II con su primera esposa, la portuguesa María Manuela, siendo los duques de Alba padrinos de los esponsales celebrados en Salamanca.

Los asuntos del Imperio estaban muy revueltos en aquellos años, por las luchas contra los príncipes protestantes, ahora reunidos en la Liga de Smalkalda. Los primeros conflictos en los que participó no fueron determinantes, pero en 1547 demostró dotes y un talento especial para la guerra, que culminaría en la victoria de Mühlberg sobre el ejército protestante alemán en 1548, de cuyo recuerdo dan cuenta los murales que mandó pintar en el torreón del palacio ducal de Alba de Tormes. Precisamente en ese año, el príncipe Felipe —acompañado del Gran Duque como mayordomo mayor— cobraba protagonismo y su padre le encomendó que, entre 1548 y 1551, realizase un viaje por tierras de Italia, Austria, Alemania y los Países Bajos hasta encontrarse con él.

En 1554 se prepara para acompañar al príncipe-rey en su viaje a Inglaterra para desposarse con María Tudor. Dos años más tarde, los asuntos de Italia parecen amenazados por la coalición entre la Francia de Enrique II y el papa Paulo IV, y es nuevamente el duque quien dirigirá las campañas de defensa de Milán y del reino de Nápoles como capitán general de todas las fuerzas a su disposición en Italia. El Gran Duque consiguió demostrar dotes diplomáticas al renunciar al asalto de Roma por la fuerza y emprender negociaciones diplomáticas para atraerse el favor de Paulo IV.

Esas dotes diplomáticas le ayudaron para formar parte de la delegación española que negoció las paces de Cateau-Cambrésis con Francia, en 1559, consolidando el dominio español sobre Italia durante todo el resto del siglo XVI. El conocimiento de la corte parisina por el duque durante aquellos meses y su dominio del francés hará que recaiga sobre él la tarea de acompañar a la joven reina Isabel de Valois y su séquito a las vistas de Bayona, en 1565, para encontrarse con su madre la reina Catalina de Médicis y con el nuevo rey de Francia, Carlos IX.

El duque de Alba y los sucesos de los Países Bajos

La carrera cortesana y militar del duque estaba muy consolidada a mediados de la década de 1560, cuando la situación política en los Países Bajos se hace insostenible. En el verano de 1566 la corte española recibía noticias alarmantes de la inestabilidad política y religiosa por la oleada iconoclasta de los rebeldes calvinistas. La profanación de templos y los serios desórdenes que se producían en esos días contra la autoridad de Felipe II y la iglesia católica llevaban al rey —tras superar ciertas disensiones en la corte— a ponerle al frente de los tercios viejos para pacificar la situación. El sector belicista de la corte entendía que la política mediadora de Margarita de Parma había fracasado y que solo con cierta mano dura podría aplicarse después un perdón general que sería concedido por el rey, una vez se pacificasen los Países Bajos. En la primavera de 1567 parte rumbo a Cartagena y de allí a Génova para seguir por tierra su viaje hasta Bruselas, donde hace su entrada el 22 de agosto, con plenos poderes.

La salida de Margarita de Parma a sus dominios de Italia y la puesta en marcha de la maquinaria represora del duque precipitan los acontecimientos. Se instaura el Tribunal de los Tumultos y comienza la severa persecución y represión sobre miles de inculpados rebeldes, entre ellos, algunos de los cabecillas acusados de complicidad con los rebeldes, como Egmont y Horn, que son ejecutados el 5 de junio de 1568. La principal figura de la nobleza flamenca, el príncipe de Orange, también se mantiene bajo control en estos primeros años. La fama del duque de Alba en la corte española en estos momentos llega a su punto más álgido y se conmemoran algunas estatuas en su nombre como la mandada erigir por él mismo en el patio de la ciudadela de Amberes el 19 de mayo de 1571, tras la victoria en la batalla de Genjum (21 de julio de 1568)[16].

La estatua se levantó con la fundición de los cañones capturados a los rebeldes dirigidos por Luis de Nassau. El grabado anónimo —reproducido en la página siguiente— encabezado por el título: *Oorspronck der Nederlantsche beroerten* (*Origen de los golpes de los holandeses*) se centra en la figura de Alba, el hombre de hierro. El duque aparece en forma realista, con su larga barba, con armadura propia de su rango, espada ceñida, banda de capitán general, bastón de mando y el collar de la Orden del Toisón de Oro. A sus pies, dos hombres (parece un monstruo con dos cabezas) que se identificaban con la Sedición (hermanos Siameses), vestidos con armadura pobre y arcaica, sostienen hachas, antorchas y martillos rotos. Sobre el suelo, aparece una máscara, un lucero y una bolsa de dinero[17].

Grabado anónimo de la estatua del duque de Alba, 1571. Erigida en el patio de la ciudadela de Amberes.

La estatua medía 2,80 metros y se situaba sobre un zócalo de 2,20 metros —5 metros en total—, fue esculpida por Jacques Jonghelinck, inspirada en la de Leone Leoni en honor a Carlos V. En el plinto se lee: *Iungelingi opux ex aere catptivo* —obra hecha con el bronce capturado— y en la leyenda frontal, escrito también en latín:

> Dedicado a Fernando Álvarez de Toledo,
> duque de Alba, ministro fiel de Felipe II
> óptimo rey de España, prefecto de los belgas,
> que una vez extinguida la rebelión, gobernó con
> justicia las cultas provincias y confirmó la paz.[18]

Dos escenas a ambos lados de la leyenda frontal de la estatua, según la visión del espectador, se centran en un viajero (pastor) con venados, bueyes, ovejas (texto griego: (ΑΛΕΞΙΚΑΚΟΣ ΗΩΣ, Alexikakos/ Alexicacus nos). Abajo a la derecha, según la visión del espectador, un altar con fuego, con el lema: «A dios Nuestro Padre, Piedad»[19].

La creación de una imagen.
De héroe del Renacimiento al «carnicero de Flandes»

La estatua fue transmitida por dos grabados de Philip Galles y fueron el modelo para numerosos grabados posteriores. La historiografía es consciente de que la aparición de la *Apología* de Guillermo de Orange, a fines de 1580, fue el punto de partida de numerosos libelos franceses, ingleses y alemanes. Como buen propagandista, Guillermo de Orange ayudó a moldear el mito de una nación elegida y en esencia protestante[20], poniendo el acento en aspectos que sensibilizaban mucho a la opinión pública, tales como los abusos de la soldadesca, y los relacionó más con el mal gobierno de los ministros de Felipe II —casos como el duque de Alba o don Juan de Austria— y centrarse en las oscuras acusaciones a Felipe II por la muerte de su esposa e hijo. Además, se presenta a los españoles como ávidos de conquista y no elude algunas referencias a las matanzas de indios en América. Esta serie de panfletos tuvieron gran éxito propagandístico entre los escritos de corte antihispánico que circularon por los Países Bajos y la Inglaterra de las últimas décadas del siglo XVI y primeras del siglo XVII.

Caricatura de la estatua del duque de Alba, realizada hacia 1571-1573. Grabador e impresor anónimos.

Esta primera caricatura de la estatua del duque de Alba —vista desde el patio interior de la ciudadela de Amberes— ofrece un componente alegórico de las acciones de Alba en los Países Bajos. En el centro y elevado sobre el pedestal —formando una trinidad con el tiempo y el diablo papal— el duque pisotea la Justicia, la Verdad, a un huérfano y a una viuda. A la izquierda, un grupo de *geuzen* (mendigos) —se entiende así a la confederación noble calvinista— recuperan sus corazones robados del pedestal de la estatua. A la derecha, se atestigua la personificación de *Tiende Penning* (alcabala) con Guillermo de Orange con sus tropas mientras en el fondo, aparece un paisaje con flotas y movimientos de tropas, que escenifica la guerra[21].

La segunda caricatura es el grabado que se presenta a continuación en el que la figura de Alba se yergue en una parte de la ciudadela, bien artillada, sobre el apacible paisaje exterior. El militar autocomplaciente pisotea a los esclavizados hombres de

Caricatura de la estatua del duque de Alba, realizada hacia 1613-1615. Grabado de Simón Frisius. Rijksmuseum, Ámsterdam.

los Países Bajos. La expresión latina del pie de la imagen hace hincapié en que la fama del exultante duque, en vano esperará los elogios del pueblo y la gloria se esfumará en el aire como la misma estatua[22].

Este grabado aparece durante la Tregua de los Doce Años y ya hace más de cuatro décadas que ha sido retirada la estatua. Alba —que lleva ya muerto más de 30 años— se ha convertido en el enemigo más popular y no debe extrañarnos cómo los insurgentes se arman con la propaganda denigratoria de todo lo español.

Como ha recalcado magistralmente Yolanda Rodríguez, los neerlandeses, en su necesidad de legitimar internacionalmente su revuelta y al mismo tiempo convencer a amplios sectores de sus propios compatriotas, desplegaron un incomparable arsenal de recursos visuales y textuales —entre los que se encontraban las sátiras, los libelos y pasquines, los poemas épicos o incluso el teatro barroco—, convirtiendo a los españoles en foco de sus aceradas críticas, y al duque de Alba, al igual que a Felipe II, en unos enemigos despiadados y amenazadores[23]. Era la propaganda del miedo o del terror que tanta trascendencia ha tenido en su proyección artística[24].

En 1572 la situación en los Países Bajos se hizo insostenible. Alba había solicitado, tras cinco años en aquellas tierras, su relevo, pero Felipe II lo seguía manteniendo al frente de las tropas, con una gran carencia material de recursos y dinero. La imposición de un diezmo entre la población para subvenir los gastos militares ante la creciente influencia de los «mendigos del mar» y en medio de una coyuntura económica adversa —con malas cosechas, desempleo y una huelga general— condujeron a una mayor oposición a las propuestas del duque de Alba[25]. El eco popular en algunas ciudades, como en Gante, en plena crisis —como recoge Henry Kamen— se plasmó en la aparición por la ciudad de ejemplares del *Padrenuestro de Gante* dirigidos contra Alba. Comenzaba así:

> Diablo nuestro que estás en Bruselas,
> maldito sea tu nombre,
> así en el cielo como en el infierno...

Y concluía con un ruego:

> Que este diablo se marche muy pronto
> y con él su Tribunal, falso y sanguinario,
> que a diario precisa el asesinato y la rapiña;
> y a los perros rabiosos venidos de España
> devuélvelos al Demonio, su padre. Amén[26].

Los grabados, panfletos y libelos aparecidos en estos años contra el duque de Alba se multiplicaron. En un tiempo en el que el analfabetismo era tan elevado el cultivo de la imagen y el mensaje transmitido pronto fue muy bien difundido. Los neerlandeses podían responsabilizar en la figura de Alba a la Monarquía Hispánica y a Felipe II, el rey que los había ninguneado sin asistir personalmente a resolver sus problemas. La solución militar había sido la más rápida pero era también la que iba a concitar mayor resistencia.

Los disturbios en Malinas, Nimega, Naarden y especialmente Zutphen, aplacados con severa dureza y represión, corrieron como la pólvora por las provincias rebeldes y en Haarlem se dio una vuelta de tuerca más. Con más de 30.000 soldados del ejército de Fadrique Álvarez de Toledo, segundo hijo de Alba, rodeando la ciudad, Alba tenía la impresión de que resultaba necesario dar otra lección ejemplar: «Dolerme ya en el alma y en la vida que aquella villa se entrase por la fuerza, pero son cosas que no están en manos de los hombres. Habiéndose de conquistar las villas que no se reducen es fuerza venir al rigor»[27].

Seguimos a Melquiades Prieto en la descripción de otro grabado calcográfico anónimo neerlandés que se difundió hacia 1572. El duque de Alba se sienta en el trono y se come un niño (ogro zampaniños) y en la otra mano sostiene una bolsa de dinero. Junto a él, un monstruo con cabezas de tres cardenales, Granvela, Guisa y Lorena. En el aire, aparece un demonio que sopla —insufla malas ideas— con un fuelle en la oreja del duque. En el suelo, Alba pisotea los cuerpos decapitados de Egmont y Horn[28]. La leyenda, traducción de Ingrid Schulze, indica lo siguiente:

> Agarra con fuerza la riqueza
> del país y ha condenado a muchas
> personas inocentes a la horca y al fuego.
> Ha tomado, también, la vida de Egmont y Horne
> y oprimido a toda la aristocracia,
> de eso se quejan burgueses y campesinos[29].

Alba mata a los inocentes holandeses. Grabado calcográfico anónimo neerlandés realizado en 1572.

El siguiente grabado anónimo —que ya he utilizado en otras publicaciones pero tiene una enorme carga simbólica— corresponde a una de las estampas de la serie sobre el duque de Alba en los Países Bajos. Se evidencia el colapso de la economía neerlandesa representado por los comerciantes, vendedores ambulantes y mercaderes, que están desocupados, mientras los barcos se mantienen anclados en los puertos, esperando la oportunidad de hacerse a la mar. Mientras el duque de Alba se divierte bailando con la ramera de Babilonia —transfiguración simbólica de Roma— los Países Bajos languidecen y se empobrecen[30].

Alba con la ramera de Babilonia y la maltrecha economía del país, 1572.

La leyenda —una vez más traducida por Ingrid Schulze— indica lo siguiente:

> Los barcos no pueden ser reparados y los marineros están indefensos.
> El comerciante no puede vender su mercancía.
> La ramera de Babilonia se divierte con el duque de Alba
> El vendedor ambulante es condenado a la pobreza
> no puede vender su mercancía
> a causa de las ejecuciones, los impuestos y los robos de Alba.[31]

A comienzos de 1573, cuando Arias Montano[32] regresó a Bruselas tras visitar España y Roma, la situación le pareció desoladora, indicando: «Todo está lleno de división, defección y contención». Para Arias Montano —seguimos a Henry Kamen— los métodos aplicados por el duque solo podían conducir a la derrota por lo que informó al rey que lo único que funcionaria en aquellos momentos sería la clemencia: «Se ganará diez doblado más por esta vía que por fuerza o miedo»[33].

Los métodos de Alba ya no daban resultado y elevaban la perdida de hombres en ambos bandos. La toma de Haarlem sirva el ejemplo, pudo costar a los sitiadores —las tropas de Fadrique— unos 10.000 hombres, a lo que se añadía una pesada financiación para su mantenimiento —más de 600.000 ducados mensuales— una cantidad extraordinaria que cargaba sobre la exhausta hacienda española[34]. El relevo de Alba, su equipo y sus políticas, estaba al caer. A finales de otoño de 1573 Luis de Requesens, nuevo gobernador de los Países Bajos, tomó el Camino Español con dos compañías de soldados italianos, entró en Bruselas a mediados de noviembre y el día 29 relevó oficialmente al duque de Alba, quien seguía convencido que el único camino para la pacificación de las provincias rebeldes debía llegar solo con la victoria militar[35].

Con el duque ya en España se siguieron cometiendo distintos desmanes por parte de la soldadesca, como el del famoso saqueo de Amberes en 1576, que incluso Francisco López Zorrilla llevó al teatro (*El saco de Amberes*) —comedia falsamente atribuida a Calderón— y que tuvo enormes repercusiones en la Europa del momento gracias a la propaganda rebelde. Los panfletos y grabados difundidos tras la masacre convirtieron la actuación de las tropas españolas en un hecho denigrante y de gran crueldad frente a los ciudadanos de Amberes —ver la imagen de la página siguiente—, con ilustraciones que entraron en un tono exagerado ante una herramienta militar —el saqueo de una ciudad— que era un arma comúnmente utilizada por ambos bandos durante la guerra de los Países Bajos.

La propaganda antiespañola también contó con la munición proporcionada por Bartolomé de las Casas, Theodor de Bry y Girolamo Benzoni. Su *Breve relación de la destrucción de las Indias* (1552), fue traducida al neerlandés en 1578 y al año siguiente al francés en Amberes[36]. Y pronto un editor holandés, Theodor de Bry, se

Horrores en Oudewater, 1575, de la serie Tiranía de España. Rijskmuseum, Ámsterdam.

lanzó a la edición de una serie de obras ilustradas de las Américas, una pseudohistoria, que terminó convirtiéndose en uno de los fabricantes iniciales más prolíficos de la leyenda negra al ofrecer una narrativa, a través de una serie de grabados, a la que la sociedad de la época parece estar muy acostumbrada: las sangrientas luchas entre católicos y protestantes[37]. Uno de los colaboradores afines a De Bry, Girolamo Benzoni, viajó a las posesiones españolas en el Nuevo Mundo en 1541 y publicó su *Historia del Nuevo Mundo*, en tres libros, narrando la conquista de México y de Perú, con un estilo personal en el que desde el principio se palpa el odio del autor a los españoles, al parecer por las dificultades que le habían puesto para comerciar con las Indias. Se realizaron distintas adaptaciones de la *Brevísima* que, bajo la forma de *Espejos*, reflejaban la incomparable violencia hispánica en los Países Bajos[38].

Además de las sátiras y los panfletos el teatro también ayudó a forjar una narrativa nacional. Un ejemplo particularmente ilustrativo —parafraseando a Yolanda Rodríguez— por su clara carga ideológica y lo elaborado de su composición es la compilación de seis obras teatrales de Jacob Duym, de 1606, con el título *El libro de la memoria*[39]. Duym, que era un exiliado, fue hecho prisionero por los españoles, e instaba en sus obras a los ciudadanos de los Países Bajos a no olvidar el sufrimiento pasado y a recordar la crueldad y falta de fiabilidad de los españoles[40].

En un conflicto de trasunto religioso fue habitual recurrir a comparaciones bíblicas que intentaban legitimar la lucha neerlandesa y pretendían rebatir las argumentaciones hispánicas. La lucha entre las provincias rebeldes y España se representó a través del enfrentamiento entre David y Goliat[41], en el que el papel del victorioso David se veía obviamente reservado para ellos mismos, para hacer más grande su victoria frente al derrotado coloso hispánico. Por ello, la rebelión de los Países Bajos encontró el eco requerido en la propaganda isabelina fundándose en los motivos de hostilidad y rivalidad política, económica y religiosa que existían entre ambas naciones.

Conclusiones

El duque de Alba —seguimos a W. S. Maltby— «fue indiscutiblemente el más grande soldado de su generación, reconocido como tal por los que incluso le detestaban. Puede que sus ideas sobre la guerra no fueran románticas ni atractivas, pero estaban firmemente arraigadas en la realidad de su época y lograban resultados… De inteligencia práctica y personalidad saturnina, no tenía pretensiones ni hacía elevadas manifestaciones teóricas… Su estilo como comandante era extraordinariamente sencillo. Nada le importaba la gloria, en su sentido corriente, pero sí mucho el bienestar de sus tropas»[42].

El envío de Alba, el «padre de los soldados», a los Países Bajos se realizó en un momento muy complejo y cuando las expectativas de mantener la autoridad real y la ortodoxia religiosa por otros medios prácticamente habían desaparecido. La solución militar pareció la más eficaz, aunque también se convirtió en la que prolongó durante mayor tiempo el conflicto en unos territorios que tenían un indudable valor económico, estratégico y militar a mediados del siglo XVI. El dominio de los Países Bajos no solo aseguraba la presencia española en el mar del Norte con su proximidad a Inglaterra y al comercio del Báltico sino que evitaba la creación de un fuerte poder septentrional que pusiera en riesgo las posesiones españolas. Además, desde aquellas tierras se podía ejercer una adecuada influencia en los asuntos del imperio y amenazar, cuando fuera necesario, el norte de Francia, interviniendo en los asuntos políticos de dicho país.

La presencia militar española en los Países Bajos determinaría el nacimiento de una auténtica guerra de opinión o guerra de papel como también se la denominó en el marco de la obsesión publicista que acompañó el periodo del Barroco. La larga lucha en los Países Bajos se convirtió, al mismo tiempo, en una guerra militar e ideológica, que alimentó la difusión de una panfletaria publicista-libelista, con un sentido propagandista donde estaban presentes la distorsión, la exageración y la manipulación. Todos estos aspectos servirán para denostar la imagen del duque de Alba en una guerra de propaganda, del miedo o del terror, que claramente ganaron los neerlandeses. En sus obras, no solo atacan las figuras de Felipe II y el duque de Alba, sino que lanzan mordaces ataques contra el fanatismo y la crueldad de la Inquisición; y, además, denuncian las atrocidades cometidas por los españoles en el gobierno tiránico de los Países Bajos y en la cruenta conquista de América.

Las circunstancias políticas en las que se vio envuelta la rebelión finalmente no facilitaron la presencia de Felipe II en Bruselas y su previsto perdón general, lo que según entiende mayoritariamente la historiografía hubiera estabilizado mucho las cosas, por lo que el duque de Alba tuvo que prolongar su estancia en tierras flamencas hasta 1573 en que fue relevado del mando de las tropas y retornó a su refugio en Alba de Tormes. El duque había demostrado lealtad al rey, eficacia en la guerra y desconfianza en los asuntos políticos.

Notas

1 Este trabajo se incluye dentro de las líneas de investigación del Grupo de Estudios Modernistas (GEM) de la Universidad de Castilla-La Mancha y del Proyecto Regional "La nobleza castellana en la conservación del Imperio español durante el siglo XVII", financiado por la Junta de Comunidades de Castilla-La Mancha (SBPLY/19/180501/000095), del que soy IP.

2 La obra de fray Celso es amplia tanto en su aspecto pedagógico como en el de divulgador de temas históricos. La cita en GARCÍA, Celso: *El duque de Alba. Vida y empresas gloriosas de don Fernando Álvarez de Toledo*. Barcelona, 1941. p. 169.

3 MALTBY, William S.: *El Gran Duque de Alba*, Girona: Atalanta, 2007. p. 477.

4 BERRUETA, Mariano D: *La España Imperial. El Gran Duque de Alba (don Fernando Álvarez de Toledo)*. Madrid, Biblioteca Nueva, 1944. pp. 85-88.

5 CERVANTES, Miguel de: Don Quijote de La Mancha, Cap. XXXIX. «Donde el cautivo cuenta su vida y sucesos». Primera parte. Edición del IV Centenario. Real Academia Española. Asociación de Academias de la Lengua Española. Madrid, 2004. pp. 399-407. La cita entre las pp. 401-402.

6 Véase el clásico estudio de SWART, K.W.: «The Black Legend during the Eighty Years War», en J.S. Bromley y E. H. Kossmann (eds.): *Britain and the Netherlands*, vol. V., La Haya: Some Political Mythologies, 1975, pp. 36-57.

7 Me refiero a estas cuestiones en: SANZ CAMAÑES, Porfirio: *Los ecos de la Armada. España, Inglaterra y la estabilidad del Norte (1585-1669)*, Madrid: Editorial Sílex, 2012.

8 Para no ser exhaustivos recemos solo una pequeña muestra que recoge a su vez un gran número de obras. RODRÍGUEZ PÉREZ, Yolanda, SÁNCHEZ JIMÉNEZ, Antonio, DEN BOER, Harm (eds.): *España ante sus críticos...*, *op.cit.*; NÚÑEZ SEIXAS, Xosé. M.; SEVILLANO CALERO, Francisco (eds.): *Los enemigos de España. Imagen del otro, conflictos bélicos y disputas nacionales (siglos XVI-XX)*, Madrid: Centro de Estudios Políticos y Constitucionales, 2010.

9 LÓPEZ MORERA, Santiago: «Non placet Hispania. Los orígenes de la Leyenda Negra», en Yolanda Rodríguez Pérez, Antonio Sánchez Jiménez, Harm den Boer (eds.): *España ante sus críticos: Las claves de la Leyenda Negra*, Madrid: Frankfurt, Iberoamericana Vervuert, 2015, pp. 67-90. Un amplio repaso a estas cuestiones en: VILLANUEVA, Jesús: *La Leyenda Negra. Una polémica nacionalista en la España del siglo XX*, Madrid: La Catarata, 2011.

10 Además de las clásicas obras de Pieter Geyl, se pueden citar los estudios, en versión original, de: PARKER, Geoffrey: *The Dutch revolt*, Londres: Penguin books, 1977; ISRAEL, Jonathan, *The Dutch Republic. Its Rise, Greatness, and Fall 1477-1806*, Oxford: Clarendon Press, 1998; y KOENIGSBERGUER,

Helmut G: Monarchies, States Generals and Parliaments. The Netherlands in the fifteenth and sixteenth centuries, Cambridge: Cambridge U.P., 2007.

11 Debo destacar aquí los trabajos de RODRÍGUEZ PÉREZ, Yolanda: «El tirano de Holanda: Guillermo de Orange en el discurso español del Siglo de Oro sobre las Guerras de Flandes», *Arte Nuevo: Revista de Estudios Áureos*, n. 2 (2015), pp. 106-123; «Un leopardo no puede cambiar sus manchas. La leyenda negra en los Países Bajos», en M. J. Villaverde Rico; F. Castilla Urbano (coords.): *La sombra de la Leyenda Negra*, Madrid: Tecnos, 2016, pp. 140-172; «Excepcionalidad y resistencia antihispánica en los Países Bajos: estrategias de legitimación de la revuelta en panfletos y literatura neerlandesa (1568-1609)», *Estudis. Revista de Historia Moderna*, 46 (2020), pp. 9-34; y como (ed.), *Literary hispanophobia and hispanophilia in Britain and the Low Countries, 1550-1850*, Ámsterdam: Amsterdam U. Press, 2021.

12 Una revuelta que ya ha sido muy bien contextualizada en el libro de ECHEVARRIA BACIGALUPE, Miguel Ángel: *Flandes y la Monarquía Hispánica, 1500-1713*, Madrid: Sílex, 1998.

13 RODRÍGUEZ PÉREZ, Yolanda: *The Dutch Revolt through Spanish Eyes: Self and Other in historical and literary texts of Golden Age Spain (c. 1548–1673)*, Oxford: Peter Lang, 2008. Para la ostentación y destrucción de imágenes sagradas puede seguirse: MARNEF, Guido: «The Dynamics of Reformed Religious Militancy: The Netherlands, 1566–1585», en: BENEDICT, Philip et al. (eds.), *Reformation, Revolt and Civil War in France and the Netherlands 1555–1585*. Ámsterdam, 1999. pp. 51-68.

14 El grabado se encuentra en: PRIETO, Melquíades, *La guerra de papel. Origen iconográfico de la Leyenda Negra*. Madrid, 2020. p. 181. El texto en versión original indica lo siguiente: *Nach wenigh Predication / Die Calvinische Religion / Das bildenssturmen fiengen an / Das nicht ein bildt davon bleib stan / Kap Monstrantz, Kilch, auch die altar / und wess sonst dort vor handen war / Zerbrochen all in kurtzer stundt / Gleich gar vil leuten das ist kundt.*

15 MARTÍNEZ RUIZ, Enrique: *Felipe II...*, *op. cit.*, p. 518; y ECHEVARRIA BACIGALUPE, Miguel Ángel: *Flandes y la Monarquía Hispánica...*, *op. cit.*

16 Erigir la estatua recibió críticas desde España y en los mismos Países Bajos. Desde la corte española al entender que Alba se atribuía méritos propios del rey. Al parecer Luis de Requesens la retiró con discreción y usó el material de bronce para hacer cañones. Véase, PRIETO, Melquíades, *La guerra de papel. Origen iconográfico de la Leyenda Negra*. Madrid, 2020. p. 351.

17 PRIETO, Melquíades, *La guerra de papel...*, p. 351.

18 *Ibídem*, p. 351.

19 *Ibídem*, p. 351.

20 RODRIGUEZ PÉREZ, Yolanda: «Excepcionalidad y resistencia antihispánica en los Países Bajos», *op. cit.*, p. 20.

21 Las dimensiones de la hoja de papel son las siguientes: 348 mm x 480 mm. Véase, PRIETO, Melquíades, *La guerra de papel...*, p. 352.

22 PRIETO, Melquíades, *La guerra de papel...*, p. 353.

23 RODRÍGUEZ PÉREZ, Yolanda: «Excepcionalidad y resistencia antihispánica en los Países Bajos...», *op. cit.*, pp. 10 y 14.

24 Para una discusión general entre calvinismo y arte, puede seguirse: HARDY, Daniel W: «Calvinism and the Visual Arts: A Theological Introduction», en: FINNEY, Paul Corby (ed.), *Seeing beyond the Word: Visual Arts and the Calvinist Tradition*. Grand Rapids, Cambridge 1999. pp. 1-16; EIRE, Carlos M.N.: «The Reformation Critique of the Image», en: SCRIBNER, Robert W (ed.), *Bilder und Bildersturm im Spätmittelalter und in der frühen Neuzeit*. Wiesbaden 1990. pp. 51-68; SCRIBNER, Robert W, «Volksfrömmigkeit und Formen visueller Wahrnehmung im Spätmittelalter und in der Reformationszeit», en: ROPER, Lyndal (ed.), *Religion und Kultur in Deutschland 1400–1800*. Göttingen, 2002. pp. 120-146; y DUKE, Philip C.: «Calvinists and Papist Idolatry: The Mentality of the Image-Breakers in 1566», en: POLLMANN, Judith y SPICER, Andrew (eds.), *Dissident Identities in the Early Modern Low Countries*. Farnham, 2009. pp. 179-197.

25 KAMEN, Henry: *El Gran duque de Alba, soldado de la España imperial*. Madrid, La Esfera de los Libros, 2005. pp. 217-218.

26 *Ibídem*, p. 218.

27 *Ibídem*, p. 233.

28 Las dimensiones de este grabado calcográfico son las siguientes: 185 mm x 135 mm. Véase, PRIETO, Melquíades, *La guerra de papel...* p. 355.

29 *Ibídem*, p. 355.

30 TANIS; HORST: *Images of Discord...*, *op. cit.*, pp. 66-67.

31 Las dimensiones de la hoja de papel son las siguientes: 185 mm x 135 mm. PRIETO, Melquíades, *La guerra de papel...* p. 355.

32 Benito Arias Montano fue humanista, hebraísta, traductor, teólogo, filólogo, poeta latino y editor de la *Biblia políglota* de Amberes, un erudito en el Concilio de Trento, capellán de Felipe II y encargado de la biblioteca del monasterio de El Escorial.

33 KAMEN, Henry: *El Gran duque de Alba... op. cit.*, p. 243.

34 *Ibídem*, p. 245.

35 *Ibídem*, p. 252.

36 *Ibidem*, p. 24.

37 PRIETO, Melquiades, *La guerra de papel...*, p. 261.

38 RODRÍGUEZ PÉREZ, Yolanda: «Excepcionalidad y resistencia antihispánica en los Países Bajos...», *op. cit.*, p. 25.

39 RODRÍGUEZ PÉREZ, Yolanda: «Excepcionalidad y resistencia antihispánica en los Países Bajos...», *op. cit.*, p. 27.

40 *Ibidem*, p. 27.

41 *Ibidem*, p. 22.

42 MALTBY, William S.: *El Gran Duque de Alba*, p. 478.

Bibliografía

ÁLVAREZ GARCÍA, Beatriz: *Comunicación política, diplomacia y opinión pública en las relaciones hispano-británicas (1624-1635)*, tesis doctoral dirigida por Bernardo José García García, defendida en la Universidad Complutense de Madrid en 2020.

BOUZA ÁLVAREZ, Fernando: *Imagen y propaganda. Capítulos de historia cultural del reinado de Felipe II*. Akal, Madrid, 1998.

CHECA CREMADES, Carlos: «Felipe II en El Escorial: la representación del poder real», *Anales de Historia del Arte*, 1, pp. 129-130. 1989.

—«Un príncipe del Renacimiento. El valor de las imágenes en la corte de Felipe II», en *Felipe II. Un monarca y su época. Un príncipe del Renacimiento*. Sociedad Estatal para la Conmemoración de los Centenario de Felipe II y Carlos V, pp. 25-55. Madrid, 1999.

CLARK, Sandra: *The Elizabethan Pamphleteers. Popular Moralistic Pamphlets 1580-1640*, Athlone Press, 1983.

ECHEVARRÍA BACIGALUPE, Miguel Ángel: *Flandes y la Monarquía Hispánica, 1500-1713*. Sílex. Madrid, 1998.

GARCÍA ARRANZ, José Julio: «La prostitución de Babilonia: El empleo de un emblema apocalíptico al servicio de la polémica religiosa durante la Edad Moderna», en Juan Diego Carmona barrero; Matilde Tribiño García (coords.): *Arte en Almendralejo y Tierra de Barros en los siglos XVI y XVII*, Almendralejo: Asociación Histórica de Almendralejo, 2021, pp. 11-28.

GARCÍA HERNÁN, David: «La visión de sí mismo del Imperio español», en David García Hernán (ed.): *La historia sin complejos. La nueva visión del Imperio español*, pp. 288-336. Actas. Madrid, 2010.

GÓMEZ-CENTURIÓN JIMÉNEZ, C: *Felipe II, la empresa de Inglaterra y el comercio septentrional (1566-1609)*. Ed. Naval. Madrid, 1988.

JUDERÍAS, Julián: *La Leyenda Negra de España*, (1.ª ed., reed. del clásico publicado en 1914). La Esfera de los Libros. Madrid, 2014.

KAMEN, Henry: *El Gran duque de Alba, Soldado de la España imperial*. La Esfera de los Libros. Madrid, 2005.

LÓPEZ MORERA, Santiago: «Non placet Hispania. Los orígenes de la Leyenda Negra», en Yolanda Rodríguez Pérez; Antonio Sánchez Jiménez; Harm den Boer (eds.): *España ante sus críticos: Las claves de la Leyenda Negra*, pp. 67-90. Iberoamericana Vervuert. Madrid, Fránkfurt, 2015.

MALTBY, William S.: *La Leyenda Negra en Inglaterra. Desarrollo del sentimiento antihispánico, 1558-1660*. Fondo de Cultura Económica. México, 1971.

—*El Gran Duque de Alba*. Atalanta. Girona, 2007.

MARTÍNEZ RUIZ, Enrique: *Felipe II: hombre, rey, mito*. La Esfera de los Libros. Madrid, 2020.

NÚÑEZ SEIXAS, Xosé M.; SEVILLANO CALERO, Francisco (eds.): *Los enemigos de España. Imagen del otro, conflictos bélicos y disputas nacionales (siglos XVI-XX)*. Centro de Estudios Políticos y Constitucionales. Madrid, 2010.

PRIETO, Melquiades: *La guerra de papel. Origen iconográfico de la Leyenda Negra*. Modus Operandi. Madrid, 2020.

RODRÍGUEZ PÉREZ, Yolanda: *The Dutch Revolt through Spanish Eyes: Self and Other in historical and literary texts of Golden Age Spain (c. 1548–1673)*. Peter Lang. Oxford, 2008.

—«El tirano de Holanda: Guillermo de Orange en el discurso español del Siglo de Oro sobre las Guerras de Flandes», *Arte Nuevo: Revista de Estudios Áureos*, n.º 2, pp. 106-123. 2015.

—«Un leopardo no puede cambiar sus manchas. La Leyenda Negra en los Países Bajos», en M. J. Villaverde Rico; F. Castilla

Urbano (coords.): *La sombra de la Leyenda Negra*, pp. 140-172. Tecnos. Madrid, 2016.

—«Excepcionalidad y resistencia antihispánica en los Países Bajos: estrategias de legitimación de la revuelta en los panfletos y literatura neerlandesa (1568-1609)», *Estudis. Revista de Historia Moderna*, 46, pp. 9-34. 2020.

—*Literary Hispanophobia and hispanophilia in Britain and the Low Countries, 1550-1850*. Amsterdam University Press, Ámsterdam, 2021.

RODRÍGUEZ PÉREZ, Yolanda; SÁNCHEZ JIMÉNEZ, Antonio y DEN BOER, Harm (eds.): *España ante sus críticos: Las claves de la Leyenda Negra*. Iberoamericana Vervuert. Madrid, Frankfurt, 2015.

RODRÍGUEZ-SALGADO, María José: «Felipe II y la crisis post-armada: política exterior y rebelión, 1588-1594». *Cuadernos monográficos*. Suplemento al n.º 20. Instituto de Historia y Cultura Naval. Madrid, 1993.

—«Paz ruidosa, guerra sorda. Las relaciones de Felipe II e Inglaterra», en Luis Antonio Ribot García (coord.): *La monarquía de Felipe II a debate*, pp. 63-119. Sociedad Estatal para la Conmemoración de los Centenarios de Felipe II y Carlos V. Madrid, 2000.

ROSO DIAZ, José: «Ego sum Papa. Iconología del papado y tiempo apocalíptico en la propaganda de la Reforma protestante alemana», *Estudios Humanísticos. Filología*, 23, pp. 347-368. 2001.

SANZ CAMAÑES, Porfirio: «España e Inglaterra: conflicto de intereses y luchas de poder entre 1585 y 1604», en Porfirio Sanz Camañes (coord.): *La Monarquía Hispánica en tiempos del Quijote*, pp. 557-592. Editorial Silex. Madrid, 2005.

—Los ecos de la Armada. *España, Inglaterra y la estabilidad del Norte (1585-1669)*. Editorial Sílex. Madrid, 2012.

—«Diplomacia, paz armada y pragmatismo religioso. Felipe IV e Inglaterra», en José Martínez Millán; Rubén González Cuerva y Manuel Rivero Rodríguez (dirs.): *La corte de Felipe IV y la reconfiguración de la Monarquía Católica*, vol. I, pp. 337-392. Madrid, 2018.

SIERRA MARTÍNEZ, Fermín: «El contexto histórico, cultural y teatral en Holanda en la segunda mitad del siglo XVII», en Javier Huerta; Harm den Boer y Fermín Sierra (eds): *Diálogos Hispánicos de Ámsterdam*, 8/I, pp. 179-203. Atlanta: Rodopi. Ámsterdam, 1989.

SWART, K.W.: «The Black Legend during the Eighty Years War», en J. S. Bromley y E. H. Kossmann (eds.): *Britain and the Netherlands*, vol. V, pp. 36-57. Some Political Mythologies, La Haya, 1975.

TANIS, James y HORTS, Daniel: *Images of Discord. A graphic interpretation of the opening decades of the Eighty Years' War.* Bryn Mawr: William B. Eerdmans. Pensilvania, 1993.

VILLANUEVA, Jesús: *La Leyenda Negra. Una polémica nacionalista en la España del siglo XX*. La Catarata. Madrid, 2011.

Intentos de Felipe II para aumentar los recursos defensivos en los inicios de la década de 1570

Enrique Martínez Ruiz
Universidad Complutense, Madrid

Liberada Malta del ataque turco (1565), controlada la sublevación de los moriscos granadinos, dispersados seguidamente por las ciudades castellanas, y vencidos los turcos en Lepanto (1571), se entró en una época de relativa calma en lo que hemos denominado el eje mediterráneo de la política de Felipe II[1], lo que le permitió al rey retomar las preocupaciones defensivas de la península, pues el interior del territorio no podía quedar inerme. Era necesario saber en qué estado se encontraban sus posibilidades defensivas, incluidas las que competían a particulares o corporaciones, susceptibles de ser utilizadas por el monarca en sus planes defensivos.

A comienzos de la década de 1560 el rey había tomado unas medidas encaminadas a conseguir un nivel defensivo satisfactorio. Así se entiende el renovado interés por los caballeros cuantiosos (1563) y que no se olvide de la nobleza ni de su participación en las tropas reales, pero a lo largo del siglo XVI estaba quedando de manifiesto que la verdadera importancia militar del noble radicaba en su condición de señor jurisdiccional de extensos territorios, que lo convertían en un poder «intermedio» con cierto margen de autonomía, por lo que podía favorecer o entorpecer los planes reales[2].

Y es, justamente en agosto y septiembre de 1572, cuando Felipe II pone en marcha unos planes para aliviar las obligaciones de la hacienda regia, solicitando por real cédula a los señores laicos y eclesiásticos y a las ciudades, que informen sobre el estado de la defensas y armas de que disponen, la situación de los efectivos en las guarniciones existentes y los hombres que puedan servir con las armas en caso de peligro o invasión.

La intención del rey al consultar a estos tres sectores de la sociedad castellana parece clara, pues según fuera el contenido de las respuestas, podría ponderar sus posibles contribuciones a la defensa y conseguir una mayor implicación en los planes reales:

- La consulta a los señores laicos parece apuntar a la pretensión real de incorporar la nobleza al servicio de la monarquía de forma más activa y directa de lo que estaba entonces.

- En la consulta a los señores eclesiásticos es muy posible que el rey buscara no solo implicarles en la defensa, sino también conseguir para los planes reales una vía más de financiación eclesiástica.

- Por lo que respecta a la consulta ciudadana, es probable que el monarca buscara la aportación de los recursos urbanos a la defensa, toda vez que, superadas las Comunidades y sus secuelas, las ciudades castellanas mantuvieron su apego y apoyo a la Corona, como lo hicieron en el establecimiento de la monarquía autoritaria o nacional frente a los otros poderes internos, en una fecha no muy lejana como fue el inicio del reinado de los Reyes Católicos.

Las respuestas de los señores laicos.

Las respuestas de los señores van llegando a Madrid a fines de 1572 y comienzos del año siguiente; en general, son bastante desmoralizantes y permiten llegar a una conclusión aplicable a la mayoría de los estados: los territorios tienen pocas y deterioradas defensas, están mal armados y la población casi exhausta por las cargas que ya soporta. En semejante situación, la tarea a realizar es ingente y costosa, además de exigir un tiempo de realización[3]. Panorama que, por otra parte, no debe sorprendernos, pues está en concordancia con la penosa situación de las finanzas señoriales y con el abandono y desidia de décadas en que han estado armas y fortalezas.

En su carta, el soberano comunica a cada señor (duques del Infantado, Osuna, Medina Sidonia, Béjar, Arcos, etc.) la necesidad de que la gente de su señorío esté preparada, pues podía producirse una intervención armada contra los enemigos de la «Santa Fe Católica y relixión cristiana». El señor avisaba al corregidor y justicias mayores de sus dominios para que hicieran un alarde, al que los vecinos acudirían armados y en el que serían registrados.

En las contestaciones vemos que los argumentos se repiten. No falta quien dice que no puede servir más que con su persona; en muchos está presente la preocupación por sus vasallos, sobre los que no quieren ejercer más presión; la mayor parte de ellos responde que en sus estados faltan armas y caballos, necesidades que debía atender el monarca; no pocos querían eludir la responsabilidad de ser ellos los que aparecieran en la primera fila de la puesta en marcha de tales planes defensivos y aspiraban a que quedara claramente manifiesta la decisión e iniciativa real y no faltan cumplidores escrupulosos de las órdenes reales, si bien éstos eran los que formaban parte de algún consejo o se movían en los aledaños más próximos al rey esperando, tal vez, conseguir algún beneficio con su proceder.

Por ejemplo, el marqués de Viana alegaba que su casa era pobre, que tenía muchos hijos y apuros económicos por sus contribuciones a las empresas del emperador. El también marqués de Velada alegaba que no podía acudir al llamamiento real porque no tenía nada más que 3 lugares con 200 vecinos y que las tercias y alcabalas eran de la Corona; que los habitantes de esos lugares eran pobres y vivían de vender leña en los pueblos próximos; ahora bien, había algunas yeguas que ordenará «se hechen al caballo» y permitirá que en sus dehesas pasten las yeguas y caballos del rey. Por su parte, el conde de Benavente —uno de los últimos en contestar, pues lo hace el 15 de enero de 1573— comunica que raramente hay alguien que tenga espada, que sólo algunos hidalgos —que no llegan a diez— tienen caballo; las armas de los concejos eran viejas, los arcabuces, pocos y que no había podido saber más, pues sus vasallos procuraban más el «augmento de sus haziendas que estar armados». El conde de Alcaudete se excusa en la rebelión morisca de la falta de caballos y armas en su gente.

El duque de Escalona se limita a decir que servirá con sus vasallos, pero «siendo V. M. d. servido de dar los medios que para esto puede aver, y a mí la mano de la execuçión que fuere neçesaria, creo que abría golpe de gente armada, ansi de a pie como de acaballo». El duque del Infantado comunica al soberano que estaría preparado para acudir «en lo que podré servir, pues V.Mgt. me tiene obligado a esto con particulares mercedes». El conde de Nieva se disculpa de no dar una relación precisa de lo que se le pide, pues la muerte de su padre y las deudas resultantes de esa desgracia, así como «la necesidad» en que lo dejó y la ausencia prolongada de sus estados por tales circunstancias, no le permiten mucha precisión.

No obstante, algunos de estos magnates responden al requerimiento real dando cumplida cuenta de sus disponibilidades militares. Así lo hace el conde de Bailén (su disputa con el duque de Arcos lo mantenía «armado»), que en 1571 confiesa tener 40 hombres a caballo, 220 arcabuceros y 270 piqueros, aunque algunos no estaban armados por haber gastado algunas armas en la guerra de Granada. Igualmente colaborador se muestra el duque de Arcos, que declara que «con su persona y lo q. valiere y tuviere será de los primeros q. salieren a servir a Su Magt.» y sugiere que sería buena cosa enviar a Andalucía gran cantidad de arcabuces y repartirlos de acuerdo con las condiciones y gentes de cada lugar[4]. En esta misma línea hemos de situar al conde de Chinchón, que afirmaba estar dispuesto a servir al rey como su casa acostumbraba, con buenas armas y caballos y sugería que muchos vecinos tomarían las armas si el monarca autorizaba a los concejos a prestar dinero a los particulares para que estos compraran 1.500 o 2.000 arcabuces, 1.000 picas y 300 coseletes. El duque de Francavilla ponía algunos reparos para sacar infantería de calidad de sus tierras, pero prometía servir con 100 hombres, 30 caballeros y otros 30 hombres de armas y su propia persona. El marqués de Maribel afirmaba que podía armar a casi 200 hombres, pues en una de sus fortalezas tenía coseletes, picas, arcabuces y algunas pequeñas piezas de artillería de bronce. El marqués de las Navas fue uno de los que mejor cumplió la orden real, pues envío relación detallada de todas sus disponibilidades militares, que no eran pocas, y contrastaban con las reticencias y exiguas disponibilidades de muchos de los de su clase. La marquesa de Alcañices decía que, de sus 5.000 vasallos, solo disponía de 700 ballestas, 20 arcabuces y 600 lanzas y que la mayor parte de los hombres estaba sin espadas y sin caballos por dedicarse la mayoría a criar mulas.

Como vemos, la situación de los nobles difería bastante de unas casas a otras, lo mismo que su actitud respecto a los requerimientos del soberano.

> Así pues, pese al intento de recuperar viejas figuras militares del pasado (que es cierto que sí había dado sus frutos) ya no se daban las mismas circunstancias socioeconómicas. El proceso de la Reconquista ya había acabado, y con él la prácticamente inagotable fuente de mercedes en forma de tierras (arrebatadas a los moros o a algún señor levantisco) y de mercedes. Ya no podían esperar lo mismo los nobles de su pretendida función militar[5].

Las respuestas de los prelados[6]

En el caso de los señores eclesiásticos, la real cédula enviada por el rey pidiendo información de la situación militar de sus territorios, es de 6 de septiembre con unos objetivos muy claros, de los que se hacen eco inmediato los prelados, como vemos en la carta del deán de Zamora, de la que elijo un expresivo párrafo[7]:

> V. Md. manda le avise si en las fortalezas o lugares desta dignidad episcopal ay algunas armas de respecto y quales y la orden que se puede dar para tener armas para poner a punto la gente de a pie y de a caballo con que a de ser servido V. Md.

Una finalidad que a nadie se le oculta, como vemos también en la respuesta del obispo de Salamanca, donde leemos:

> Se puede entender cuanto importa tener con qué resistir a los enemigos y V.M. con el zelo christianisimo que tiene, quiere que antes que venga la necesidad esten las cosas en tan buen punto que aya con que ofender a los enemigos y que no sea menester que la necessidad apriete tanto que no pueda hauer tiempo de acudir a todo con la presteza y comodidad que conviene[8].

Las respuestas de los señores eclesiásticos van llegando a lo largo de los meses de septiembre y octubre y son bastante decepcionantes, pues presentan un estado de abandono muy extendido en las defensas —cuando las hay— y grandes carencias difíciles de subsanar. En el fondo, y en general, no se diferencian gran cosa de las respuestas de los señores laicos que ya conocemos. Los matices se deben a la condición misma del señorío y a las realidades concretas de cada uno de ellos. Pero el tono y la actitud son las mismas en unos y otros.

La más madrugadora de las respuestas es la del obispo de Oviedo, quien declara haber reparado hasta hacerlas algo habitables dos fortalezas —Noreña y Priorio, situadas a 4 y 6 leguas del mar, respectivamente— que estaban muy deterioradas; añade el obispo que sus feligreses pueden comprar algunas armas y encargarse de su custodia y mantenimiento. Y recuerda que «la miseria de aquella tierra es grande... tiene poca renta y muchas cargas sobre ella», argumentos que veremos repetidos por otros obispos[9].

Otra de las primeras respuestas, y de las más escuetas, es la del obispo de Palencia, quien dice que solo existe una fortaleza en su dignidad, pero carente de armas, y nadie recuerda que en ella las hubiera nunca, y añade que «los lugares que tiene son pocos y solo en villa Muriel ay casa episcopal y en ella ningunas armas»[10].

La carta del obispo de Cuenca es algo más explícita. Empieza por señalar que en las fortalezas de su territorio no hay «ningunas armas ny puertas ny bentanas a causa de la paz q. a havido»; añade que en Pareja tiene una casa «que vale algo y es llana» y que en Monteagudo hay tres o cuatro «trios de fierro muy viejos y pasados del orín», por lo que están inservibles. Concluye el prelado con dos frases lapidarias: «q. el remedio que terna para cumplir lo q. se le ordenare será el q. su Mgd. le mandare dar» y «q. se tenga memoria que paga pensión subsidio escusado y otros cargos q. aquella dignidad tiene»[11].

El obispo de Ciudad Rodrigo señala que «en la Inojosa a una legua de la raya de Portugal», hay una fortaleza que se custodiaba con unas rondas de los vecinos de lugares cercanos, pero una sentencia determinó que solo mantuvieran tales obligaciones en tiempos de guerra. El momento en que llega la cédula regia, lo aprovecha el obispo para proponer que se compren veinte arneses y otros tantos arcabuces y picas «y algunas pieças gruesas con la demás munición neçesaria», poniendo todo ello bajo la custodia del alcaide en la fortaleza y cargando el importe de tales compras a los propios de los lugares que antes asumían su defensa; finaliza recomendando que, si se lleva a efecto lo indicado, para evitar caer en la situación existente «se haga alarde de tantos a tantos días»[12].

El obispo de Salamanca responde, lacónicamente, que «su dignidad tiene solamente una torre sin armas ny remedio de reparar por estar muy cayda», panorama desolador que suaviza añadiendo que «estaba aperçebydo para cuando su Mag. mandare q. le sirva»[13].

Con un día de diferencia se remiten las respuestas del obispo de Tuy y del arzobispo de Granada, que difieren grandemente en su contenido. El prelado gallego propone una medida bastante radical («considerando la aspereza de aquella tierra combernia dar liçencia a los avitadores della q. tengan todo género de armas y se exerciten en ellas poniendo pena al q. las dexare de tener»), al tiempo que suministra variadas informaciones, como que tiene en Tuy una fortaleza de «sityo fuerte bien reparada de muros y torres», en cuya parte baja está la catedral y la parte alta se utiliza para aposento de los prelados; es una torre que se puede defender con poca gente, aunque en ella no hay armas y si se le dota con algunas piezas de artillería, gruesas y medianas, teme que se podrán mantener con dificultad por la humedad ambiental; advierte que no hay caballos y que los que se traen de fuera «desdicen luego» y que «por su aspereça es fuerte de sityo aquella tierra». La dignidad granadina confiesa por su parte no tener ninguna fortaleza ni plaza fuerte, que «los prelados viven siempre en casas q. alquilan» y que por la «disminución en q. las yglias. de su dignidad han venido no tiene de que avisar a su Mgd».[14]

De las más explícitas es la respuesta del arzobispo de Santiago, pues ofrece una variada e interesante información con apreciaciones militares, refiriéndose a la dificultad de tener las armas bien dispuestas por la humedad y el orín en aquellas tierras, fragosas y estériles, por lo que en ellas no se pueden criar caballos grandes, que es preciso llevar de fuera; sin embargo «allí ay quartagos que corren por las sierras como por el llano y son de mucho fruto como se a visto por esperiencia». Seguidamente se refiere a los peligros que pueden afectar a aquellas zonas, como son, especialmente, los desembarcos y ataques de los corsarios. Y concluye con los remedios que son convenientes:

> q. combernia q. su magd. mandase q. en aquella costa anduuiessen algos. nauios de armada para estoruar los grandes daños y entradas q. hazen los corsaryos.
>
> q. es muy neçessario q. con breuedad se lleuen a aquel reyo. una buena cantidad de armas, como son espadas, rodelas, lanças, picas largas de a 25 palmos y otras menores, arcabuzes poluora y vallestas[15].

El obispo de Málaga declara no poseer fortalezas ni vasallos y que solo son de su propiedad la casa en que vive y otras más pequeñas situadas en Coín. En cuanto a los gastos que se derivan de la compra de armas propone la fórmula de que «los prelados presentes q. provean de algas., y los subçesores de las que faltaren hasta cumplimentar el número q. es menester», a lo que añade «q. será justo que los pensionarios contribuyan» y recuerda que ya paga «pensión, escusado y otras cosas»[16].

En la respuesta del gobernador del arzobispado de Toledo, una de las pocas que presentan propuestas concretas. Sus posibilidades militares en ese momento son claras: «en las fortalezas casas y lugares de aquella dignidad no ay ningunas armas de provecho». Sus propuestas empiezan por señalar la conveniencia de que cada prelado, en un plazo limitado, compre las armas necesarias para los hombres con los que está obligado a servir, de las que se hará un inventario, que se mantendrá en la fortaleza a cargo del alcaide, quien deberá tener un maestro armero que las tenga siempre a punto y, cuando muera el prelado, el alcaide «q. las tuviere a cargo sea obligado a entregarlas al sucesor o al dean sede vacante tan limpias y reparadas como las recibió».

El panorama que presenta el obispo de Coria en su carta es de los más negativos, en el sentido que confiesa tener dos lugares pequeños, pero sin fortaleza ni armas ningunas y que no hay caballos «ny la tierra tiene disposiçion para criarlos ny gente que los exerçite por ser labradores», con lo que además de señalar la indefensión de su distrito, pone muy en entredicho las posibilidades de mejorar la situación[17].

Por su parte, el obispo de Jaén declara que no existe ninguna clase de armas en dos fortalezas que posee y, que si se le indica con cuales han servido sus antecesores, él se encargará de comprarlas, pero dada la «neçesidad con q. su dignidad está», propone «q. los prelados compren agora las dichas armas. q. el coste dellas se reparta en tres partes, q. la primera tercia parte pague el obpo. presente» quien pagará también los dos tercios restantes, que recuperará, según su plan, ya que:

> el sucesor en la dignidad y pensionarios paguen las otras dos tercias partes tomando las armas a su cargo y pagando al antecesor las dichas dos tercias partes q. la una dellas bendrá a ser a su costa y de los pensionarios y la otra a la del terçer subçesor subçesivamente. q. la costa destas armas por la forma que arriba se dize quedará entre los tres relados primeros. q. los subçesores se obliguen a tomarlas por ymbentario y a tener ofiçiales q. las limpien y tengan bien reparadas[18].

La respuesta del obispo gaditano es la primera del mes de octubre y su contenido puede resumirse con brevedad: no tiene fortalezas ni armas ni casas en que vivir, que después de pagar subsidio, excusado y demás, le quedan 4.000 ducados de renta y que esa suma no dudará en gastarla en lo que mande el rey[19].

El obispo de Segovia es uno de los pocos que tiene una fortaleza en pasable estado de conservación, la de Turégano, donde hay unas 30 corazas y algunos «vallestones antiguos y saetas y carquillos muy maltratados y de ningún provecho». El obispo es de la opinión que se deben llevar o fabricar armas y que cada uno de los prelados debe tener las correspondientes a los hombres con los que ha de servir al rey «con obligación de tenerlas bien reparadas a vista de offes»[20].

El obispo de Ávila solo cuenta con la fortaleza llamada Bonilla y que como paga subsidio y excusado, lo que «le queda es tan poco que no se podrá proveer de armas sino le ayudan para ello sus vasallos los qales. lo podrían hazer por estar más relevados de las cargas q. otros»[21].

Cuando el rey envía su real cédula, el obispo de Badajoz se encuentra en Roma, donde se le remite lo que sobra —«que es poco»— de las rentas que recibe —todas correspondientes a los diezmos—, una vez descontadas las cantidades correspondientes al subsidio, el excusado, pensiones y sueldos de la gente a su servicio y limosnas. Por estar en Roma dejó encargado del obispado a un licenciado, que es quien contesta al requerimiento regio, señalando que no tiene el prelado ni lugares ni fortalezas y que solo hay algunas casas muy antiguas «con cuyo reparo se tienen muchas quentas».

El obispo de Plasencia dispone de algunos efectos militares («corazas, mangas de mallas, morriones, adargas y lanças para armar 29 o 30 ginetes y dos coseletes»); además, el obispo «tiene un lugar temporal llamado jarayzejo en que ay una casa en q. vive q. antiguamte. era fortaleza». Cuando llegó a ella no encontró armas ningunas, pues las que existían anteriormente se las llevó el obispo Gutiérrez —uno de sus antecesores— o sus herederos, con los que estaba pleiteando y había conseguido que fueran «condenados en vista a 400 ducados»; si la condena se confirma, invertirá esa suma en la adquisición de armas [22].

El arzobispo de Sevilla contesta al soberano también en los primeros días de octubre y empieza por una protesta de lealtad y fidelidad al rey, al que servirá con su persona y lo que tuviera; luego se centra en el objeto de la consulta dando unas referencias tan deprimentes como las que conocemos: reconoce que «tiene 6 lugares q. el mayor es Cantillana, que tiene de 500 a 600 vezinos y unas casas llanas y viejas sin ninguna arma ny cavallos»; concluye destacando que la tierra es pobre y por ello no puede sustentar caballos ni armas y que «la ciudad de Sevilla está falta de armas y no ay en ella armero ni se exerçitan las armas»[23].

El contenido de la respuesta del obispo de León es de los más concluyentes y sin paliativos: reconoce la existencia de fortalezas en su dignidad, que no especifica ni relaciona porque «están todas caydas y sin remedio de poderse reparar» y no hay armas en ninguna de ellas[24].

Por lo que respecta al obispado de Burgos, su gobernador comunica que no hay casa ni fortaleza que pueda servir para guardar armas adecuadamente y que en el distrito hay muchas iglesias pobres y mal reparadas. La novedad de esta respuesta estriba en lo que propone respecto a quienes ocupen las sedes:

> q. será bien que quando su Mgd. proueiere los obispados señale a los prelados la cantidad q. cada uno ha de gastar cada año en reparos y armas.
>
> q. lo primero que se les ordene q. hagan sala de armas y q. las que se pusieren en ella estén limpias y bien repasadas.
>
> q. muriendo o mudándose el prelado se tome un tanto de sus bienes para acrecentar estas armas[25].

Finalmente, el obispo de Orense, que contesta a fines de septiembre, comunica que dispone de una fortaleza y dos casas, ninguna con armas, unas armas que no se podrán comprar allí, porque ni se hacen ni venden, de la misma forma que tampoco se crían caballos, por lo que el servicio que él tenga que prestar en este terreno se le tendrá que conmutar por otro de tipo diferente[26].

Como hemos podido comprobar, la situación no podía ser peor y todos los prelados coinciden en algunos lugares comunes, mientras parte de ellos tiene que enfrentarse a serias deficiencias estructurales. Elemento recurrente, prácticamente, es la alegación de que las diócesis y sedes ya están suficientemente gravadas con el subsidio, excusado y demás cargas como para poder aceptar otras nuevas y costosas como son las relativas a las exigencias militares.

Otro elemento común es la falta de armas —salvo alguna excepción— y el mal estado de las fortalezas, cuando las hay; algunas tan deterioradas que es imposible reconstruirlas y recuperarlas para su finalidad original; no menos general es la ausencia de hombres capaces para el servicio de las armas e, incluso, la falta de profesionales capaces de cuidar adecuadamente de la conservación de armamento y pertrechos.

Un problema que se mantiene sin que sea una sorpresa, dada la trayectoria demográfica y la presión de la guerra sobre la población, es la falta de hombres que quieran servir con las armas.

Algunos prelados escriben «que no tienen vasallos ni hallan quien quiera servir, y hazen ofertas de dinero» con las que liberarse de sus obligaciones y compromisos.

Pero no todo es negativo. El obispo de Jaén tiene ya preparada su gente y parece que algunos están también cerca de conseguirlo con la suya, por eso se plantea una cuestión de indudable importancia: ¿quién iba a costear a esos hombres que estaban sobre las armas? el Consejo de Guerra sugiere que cada uno de esos hombres «se entretenga en su casa, dando los señores y perlados con que se sustenten los cavallos».

Las respuestas de las ciudades[27]

Felipe II se dirige a las ciudades mediante una real cédula, fechada en Madrid, en los primeros días de septiembre de 1572, con la que pretende movilizar a la nobleza urbana con una petición concreta, pero presentada de forma le haga recordar a ese grupo social sus pasadas glorias e ineludibles vínculos con la Corona. La cédula es registrada literalmente en casi todos los ayuntamientos receptores, en los que he realizado unas calas para ver el ambiente en que se recibe y qué reacciones provoca.

El rey quiere que la nobleza recupere sus actividades militares y que lo haga en función de las exigencias de su servicio, pero aparenta dar prioridad a que el grupo recobre su antigua prestancia y esencia. Por ese motivo, insiste en que los caballeros vuelvan a sus antiguos usos y sean educados en la forma en que siempre lo habían sido, proponiendo para la recuperación de ese espíritu la creación de una hermandad o cofradía. En el fondo, hay un cierto recuerdo y añoranza del «pasado», pero el contexto en que se producía y las motivaciones que lo provocaban eran muy diferentes.

La real cédula se recibe en los lugares de destino, por regla general, en la última decena del mes de septiembre, y el mes de octubre, con parte del de noviembre, transcurren en la preparación de una reunión del concejo donde estuvieran presentes todos sus miembros, así como vecinos importantes. A los que estaban ausentes se les envía aviso en esto sentido. Una vez celebrada la reunión se ha de preparar la respuesta al rey, lo que también lleva su tiempo; finalmente, hay que redactar esa respuesta; por fin, se envía a Madrid, donde llegaría de manera general a fines de noviembre o primeros de diciembre, aunque hay casos de contestaciones más madrugadoras.

Las respuestas de los cabildos suelen ser básicamente de tres clases: o bien comunican que la cofradía o hermandad que se propone crear ya existe, pero que está desarbolada y necesitan armas y caballos, que debe proveer el rey; o comunican que todos están prestos a servir al rey, pero que la creación de la dicha cofradía no resulta conveniente, que es preferible que las cosas sigan como están y que, en caso de necesidad, los habitantes de la villa tomaran las armas; o hacen una propuesta de puesta en marcha, en la que la generosidad regia es fundamental. Por lo demás, cada ciudad aprovecha para señalar lo corto de su vecindario y sus escasas posibilidades, lo que no es óbice para su decidido empeño en servir al rey, al que, a cambio de tal disposición, suele pedir alguna concesión como contrapartida.

La propia situación interna de las villas es la que marca la mayor o menor rapidez en contestar la cédula real, así como la complejidad o sencillez de su respuesta. Por ejemplo, Alhama de Granada es una de las primeras en contestar y lo hace de forma muy lacónica, pues dice que la real cédula se ha visto en una reunión del cabildo, para la que se avisó a algunos miembros que estaban fuera de la ciudad, agradeciendo al rey que recuerde a los nobles «lo que tan a su cargo es», y en cuanto al tema de la real cédula significan:

> a V. M. deve constar la ocasión de aver tenido siempre y tener los enemigos tan çerca continua con rrebatos de moros de allende por ser alhama casi lugar de costa. La gente prinçipal y los demás desta çiudad están tan diestros en exerçiçio de las armas como conviene y es nesçesario para su rreal servio. de V. M. y así lo an mostrado en la ocasión de la guerra deste rreyno... no es nesçesario otra nueva horden... en Alhama ay poca poblaçion y no hay dispusiçion de tanto número de personas para hazer cofradía

ni la ciudad tiene posibilidad para hazer gastos en reguzijos por la quiebra que tiene en sus propios.

La carta se cierra con protestas de fidelidad, incluida la aceptación de la orden si así lo vuelve a mandar el rey[28].

Breve es también la respuesta de Becerril de Campos. En ella, la ciudad pone en marcha lo deseado por el rey, pues los vecinos:

> se ajuntaron muchas vezes...[y] a paresçido se aga una conpañia y hermandad de ciento y çinquenta honbres q. los ay en la va. la mayor parte de hijosdalgo moços de buena disposiçion y avilidad que se puede fiar dellos haran lo que deben al serviçio de V. M. probeyendoles de harmas y hexerçitandose en ellas a menudo[29].

En su respuesta, el concejo de Alfaro va pormenorizando el relato de las sucesivas reuniones debatiendo la cédula real hasta el 3 de diciembre, en que se llega a la solución final, que se transmite al rey con la ordenanza del funcionamiento de la orden de caballería que se instituiría para atender el requerimiento real. Según dicha ordenanza, el ingreso será voluntario y todos los que ingresaren «hidalgos notorios de sangre», de buena vida y costumbres, sin haber practicado ellos ni sus padres oficios mecánicos ni viles, sin tener sangre judía ni mora y sin defecto físico que les impida ser apto para el servicio.

También la villa de Agreda presenta un proyecto de orden de caballería con su ordenanza, cuyo proceso de elaboración recuerda al de Alfaro, pues el escrito que se envía al rey es muy prolijo en los detalles; desde la convocatoria de las reuniones ordinarias y extraordinarias del concejo a «campana tañida, según costumbre», hasta el proceso de formación de la nueva orden, explicando que en la villa solo se puede contar con una treintena de hijosdalgo capaces de mantener a caballo y con armas; los demás necesitarían una ayuda de costa para ello. Es de destacar que en Agreda, según la documentación enviada al rey, existían ya tres cofradías de caballeros, bajo las advocaciones de Santiago, San Juan y San Antón, proponiéndose que las tres se refundan con la que se quería poner en marcha entonces y que tendría como patrón a Santiago. La ordenanza que se elabora establece el estandarte que la cofradía debe tener y que guardará el mayordomo, así como las obligaciones de los caballeros que formen parte de la misma y los compromisos que deben respetar, incluida la conveniencia de que unas rentas sustenten la orden y garanticen su futuro[30].

Con independencia de que la casuística pueda alargarse bastante más de lo que la ocasión permite, parece que la pretensión real despierta a una nobleza urbana, adormecida, sin grandes expectativas de futuro, que ve en la propuesta de Felipe II el modo de reverdecer viejos laureles y convertirse en centro de atención de sus convecinos y en el prototipo social a imitar.

Resulta sintomático que los ejercicios militares y los entrenamientos en el uso de las armas se hagan en días de fiesta, en los que no hay obligaciones laborales, lo que permitirá a todos los caballeros acudir a la cita y a todos los demás habitantes del lugar contemplar el espectáculo, ya olvidado, de la nobleza en acción. Para garantizar la asistencia de una elevada concurrencia, tales fiestas se señalarán con música y regocijos diversos. En este sentido, resulta muy esclarecedora la respuesta al rey enviada por la ciudad de Alcalá la Real, que empieza por señalar los servicios prestados por la villa a los soberanos anteriores durante los casi doscientos años que fue fronteriza con el reino moro nazarita:

> por lo qual se hizo mrd. a esta çiudad de la libertad ques notoria e asi los nobles caballeros presentes no olbidados de lo ques a su cargo an continuado y seguido la costumbre en que sus antepasados los dexaron después que se gano el reyno de granada. E asi ay mucha copia de buenos caballos y de hordinario se exerçitan en juegos de cañas y escaramuças en carreras publicas y desto ay mucha frequencia e continuacion en esta ciudad entre los caballeros y gente noble y de aquí adelante entendiendo que vra. M. tanto dello se sirve se hara con mayor voluntad y calor husando de los exerçicios de harmas y de caballos que son neçesarios para hazerse tan diestros como siempre lo han procurado para servir a Vra. Rreal Mag., porque entre año se hordenarán fiestas más que hasta aquí de juegos de cañas y sortija y otros expresados anexos a

> los caballeros para que en actos más públicos se conbiden a estar más exercitados... y siendo vra. M. servido para este efecto hazer mrd. de dar liçencia a que a costa de propios se pague la musica que para estas fiestas y rregocijos de traxere y que se puedan gastar de joyas y otras cosas que la ciudad señalare doze mill mrs. cada un año y con la costumbre que de atrás se tiene y con estos nuebos exerçiçios... será bastante rremedio para lo que V.M. pretende... y en quanto a lo que Vra. M. advierte de la cofradía no es cosa que combiene al servio. de Vra. M. porque en la nobleza de Alcalá la Real hasta agora ay y abra mucha conformidad y si resçibiesen algunas personas que lo pretenderían no siendo de la calidad que se requiera no podría dexar de rresultar cierta manera de discordia e de division de que Vra. M. no se terna por servido. A Vra. M. suplicamos umillmente no lo permita ni mande por que en qualquiera ocasión los caballeros y nobles desta çiudad estan dispuestos y prestos con la obligaçion que tienen de emplearse en servio. de Vra. M.[31]

Como podemos ver, la nobleza se resiste a ampliar su círculo social y no quiere que se cree ningún vehículo promocional, como puede ser la referida orden de caballería. Un alegato muy similar hace Andújar, que destaca al rey que sus caballeros siguen ejercitándose en lo es que obligación y tienen muy presentes sus deberes con el rey, al que suplican no cree la compañía porque «abria muchos ynconuenyentes» y «V.M. sea servydo de no mandar que los hijosdalgo desta çibdad sirvan sino por la horden y manera que lo an hecho hasta aquí». A cambio de que las cosas sigan como están, los caballeros se mantendrán ejercitados y preparados para lo que el rey quiera mandarles[32].

Otra ciudad andaluza, Antequera, se manifiesta en el mismo sentido, señalando la preparación de sus caballeros en términos parecidos a los que acabamos de ver y añade: «Por lo qual suplicamos a v. Magd. Rreal sea servido de mandar q. en ello no se haga ynobaçion por que de lo contrario y de ynstituirse cofradias rresultaria no hazerse el serviçio de V. Magd. Real por tan buena orden como hasta aquí se a hecho e haze nro. ammor a la C. R. persona de v. Mag».[33]

No faltan casos en que el parecer del ayuntamiento difiere del manifestado por personajes de calidad, nobles, que siguiendo las indicaciones del rey fueron invitados a la reunión en que se iba a decidir qué hacer respecto a la orden del soberano. Un caso significativo es el de Alcaraz[34].

La opinión de la ciudad, fechada a 27 de septiembre, era que debía crearse una cofradía bajo la advocación de Santiago «patrón de las Españas en la qual entren y sean obligados a estar los corregidores que fueren de esta çiudad». Para que se cumpla, es conveniente que la ciudad asuma una serie de obligaciones, en su mayor parte económicas, como tener asalariados trompetas, atabales, tambores y pífano, además de un armero y un lancero; ella será la que «ponga las joyas y prescios» que «se acostumbran en las semejantes fiestas», además de proveer «todas las lanças de torneo y justa que fueren neçessarias y este proveyda de las espadas de torneo neçessarias». Los caballeros de la ciudad cambiaron opiniones con varios regidores y otros «hombres principales de la ciudad», llegando a la conclusión unánime de que debían obedecer la real cédula en la forma que en ella se ordenaba para que «la nobleza desta çiudad vaia en muncho aumento y aya munchos hombres prinçipales» con armas y caballos para «en todo tiempo poder servir a su Mag.». Para ello, los doce regidores del estado de caballeros e hijosdalgo, así como el alcalde de hermandad, el alférez y otros alcaldes del mismo estado que se elegían anualmente, deberían regirse en el futuro por las mismas pautas que los regidores perpetuos existentes en la ciudad y que no pudiesen ser elegidos para tales oficios nada más que caballeros que «tuviessen y mantuviessen armas y caballos», algo importante porque «aviendose yr por heleçion con dhos. ofiçios, ningún hombre de baxa suerte vendria a regir esta çiudad aunque tuviesse armas y caballo y prertendiese ser helegido, sino que siempre esta ciudad estaría rregida y gobernada con la calidad que a estado siempre»

El criterio de la ciudad es bastante menos restrictivo que el otro, pues manifiesta el deseo de que la cofradía sea lo más amplia posible y no duda en facilitar monturas y armas a quien no las tenga, si bien tiene que tener un mínimo de hidalguía. En cambio, los caballeros buscan reforzar la posición de sus «consortes» (así se les denomina en una nota al margen del escrito) y garantizar de por vida y sin costo unas preeminencias adquiridas con dinero, en claros ejemplos de las consecuencias de la venta de oficios.

Por lo demás, la ocasión es propicia para plantear los problemas que tienen las ciudades con la esperanza de una pronta solución, en lo que se advierten algunos comportamientos que casi parecen chantajes al rey, como vemos en el corregidor de Cádiz, que escribe:

> En lo que toca a el uso y exerçiscio de las armas y horden que en ello se deva tener en esta çiudad yo he hecho llamamiento de los regidores que estavan ausentes con los quales hare cabildo y se cumplira lo que vra. mag. manda aunque esta çiudad esta tan falta de negoçios y por ello de gente que está casi despoblada e ynabitable[35].

El 24 de septiembre se reúne el cabildo gaditano y se le da lectura a la real cédula, pero no se avanza gran cosa, pues en la reunión del 7 de noviembre todavía se trata de dilatar la respuesta argumentando el estado en que «esta çiudad a benido», señalando:

> Cadiz es una ysla muy pequeña en medio de la mar y cercada della por todas partes sin tener ningún género de labrança ni criança ni tierra en que lo pueda aver y todo su ser se a sentado siempre en su baya que tiene la mejor que ay en la cristiandad, en la que siempre an hecho escala todos los navíos que yban de lebante para poniente y de poniente pa. lebante y mediante esto a havido gran concurso de navíos en la baya e de mercaderes y mercaderías en la çiudad con lo qual estava ennoblesçida e los naturales descansados e podian tener cavallos y exerçitarse en las armas y en fiestas y rregozijos y a cavallo y esto mediante la libertad de que se gozava por el asiento y conçierto que su mag. el emperador nuestro señor q. esta en el çielo mando tomar con muy maduro consejo... todo lo qual a çesado despues que s. mag. mando ynobar el dho. asiento e conçierto y que se cobrasen otros nuevos derechos... y de que por esta causa se ayan ydo todos los mercaderes a bibir a lugares de señorios que se an ennoblesçido

> or aberse pasado a ellos el trato que en esta çiudad solía aver y ... las dos terçeras ptes. de las casas desta çiudad estan serradas y sin moradores e como la gente natural e noble no tiene otra hzienda ny la puede aver en el pueblo sino casas y almazenes y salinas y esto está todo perdido y an venido a tener nesçesidad que apenas pueden sustentar.

Una lastimosa situación de la ciudad. No obstante, para los prohombres gaditanos hay solución y la proponen en el mismo documento: la vuelta al «asiento y concierto» anterior,

> porque con esto la çiudad bolbera a restaurarse y la gente noble della se animara a tener cavallos y a exercitar las armas e hazer fiestas de justas y torneos e juegos de cañas como los solian hazer y se pona en execuçion lo de la cofradia que su mag. manda sin que sea nesçesario hazer otra ayuda ny gasto de propios ny de otra cosa e con esto la baya estara poblada de naos e la çiudad abundará de mercaderías e gente[36].

Otras veces se pide al rey que nuestro embajador en Roma solicite el perdón de ciertos pagos a la Iglesia, con lo que esas cantidades se podrían destinar a lo que el soberano pedía[37]. En otros casos, se pone de manifiesto que los ejercicios y fiestas a que alude la orden real se celebraban en días señalados, pero que tales festividades habían cesado por diversas causas. En el caso de Burgos, el ayuntamiento comunica que dichos festejos tenían lugar el día de Santiago y en acontecimientos tales como las visitas reales, pero dejaron de celebrarse «a causa de la disminuyçión q. ha avido en las haziendas de muchos y otras dificultades». Entre sus peticiones está la de que el rey ordene a su embajador en Roma «suplique a su santidad no proyua el correr de los toros, pues notoriamente se a visto lo q. han cesado los regocijos a esta causa» y solicita también el ayuntamiento burgalés que el rey no venda «liçencias de andar a mula», lo que solo se les permitirá a los religiosos y a los «notoriamente ynpedidos y de sesenta años arriba para caminar y llevar mugeres a las ancas». También quiere Burgos pagar a armeros con cargo a los propios, para lo que pide licencia al rey, «por quanto en esta çiudad ay muy buen aparejo de haber muy buenas armas». Por último, solicita del soberano permita cargar a los propios o a otra partida los gastos que se deriven del ornato de las plazas y calles durante las jornadas en que se celebren las fiestas, así como para las trompetas, tambores, lanzas, vallas y picas, todo lo cual se guardará en un lugar público cerrado. Finalmente, incluye una última súplica: «que se pueda andar a caça cinco leguas alrededor desta ciudad con alcones y haçores y qualesquiera aues de rapiña en tpo. no bedado y que ningo. lo pueda estorvar»[38].

El recurso a las corridas de toros no es sólo Burgos quien lo invoca. También alude a él, y de manera más directa, Cáceres, que comienza con justificaciones de su proceder para que el rey no se sienta molesto, por si no es de su agrado. Pero lo que verdaderamente importa es la argumentación que da en relación con la forma de poner en marcha la iniciativa regia, llegando, después de varias reuniones, al acuerdo siguiente:

> q. v. m. mandase se boluiese aser correr los toros que se solian correr por que dexado aparte q. es costumbre muy antigua e que todos los pueblos despaña se regocijan con ello de semejantes exerçiçios viene y suçede el hefeto q. v. m. pretende q. aya armas y cavallos por q. siempre en esta villa se solian correr en cinco fiestas del año se jugavan cañas con libreas y la gente de apie hazían y ordenavan suyças con diferençias de armas y estas fiestas... sean hecho tan ordinariamente e con tanta facilidad q. no sea sentido ni siente el gasto q. se hazia por que la villa sienpre da los toros q. tiene de renta y el cavallero y el de a pie no siente el gasto aunque lo haga por ser hecho en cosa tan ordinaria... quererse estender a más de lo que es costumbre conpeliendose a gastar mas de lo que puede e suele paresçe q. no se podría tolerar por los muchos gastos y costas hexçesivas q. han sobrevenido en estos reynos de v. m. ansi en el vestir como en otras cosas q. pocas haziendas de la gente desta tierra lo pueden tolerar y cunplir y si v. m. fuese servido mandar poner orden e regla en estos nos podría sobrar algo más para emplearlo en servicio de v. m. y hasta q. eso se reformase no tenemos tanta posibilidad en los propios y rentas desta villa ni de los particulares della como el ánimo pronto q. siempre tenemos pa. le servir.

El resto de las peticiones de Cáceres coinciden con las de otras ciudades, pues solicita que el corregidor sea un caballero, que hubiese dos dehesas, una para caballos y otra para yeguas, que los gastos se cubrieran con la venta de las bellotas de los montes pertenecientes a los comunes de la ciudad y que también recayera sobre los propios el coste de los gastos que se hicieran en las fiestas[39].

Creo que el muestrario recogido es suficientemente expresivo de la realidad que Felipe II pudo comprobar al ir recibiendo las respuestas de las villas y ciudades. Unas respuestas que, en orden a resultados prácticos, no difieren gran cosa de las emitidas por los señores laicos y eclesiásticos. Solo aquellos núcleos de población que fueron fronterizos durante muchas décadas o se han visto implicados en las guerras últimas conservan algo del viejo espíritu militar, con unas prácticas cuya eficacia está aún por demostrar, pero todo hace pensar que ni por el número ni por las circunstancias, los caballeros serían una aportación significativa en caso de necesidad. Y si esto ocurría en lugares «amenazados», por definirlos de alguna forma, la situación era mucho peor en las ciudades del interior, alejadas de los peligros y amenazas bélicas. Además, nos parece que la orden filipina de crear una cofradía u orden de caballería —una suerte de recurso feudalizante— era recibida como una carga más que se le imponía encubiertamente o como la posibilidad de acentuar una posición social, en la que no se les quería dar a los vecinos la oportunidad de ingresar en tan privilegiado grupo.

Las conclusiones que sacaría Felipe II al conocer el contenido de las contestaciones de los señores y de las ciudades son fácilmente imaginables, dado que solo contados casos eran los que podían aportar algo a la defensa o a los planes militares del monarca. Como, además, en muchas respuestas se solicita que el rey asuma los gastos que requiere la puesta a punto de las mesnadas caballerescas y urbanas, gastos que el rey no quiere —o no puede— asumir, no es extraño que la consulta no tuviera consecuencias ni continuidad y que Felipe II buscara otros recursos, como los relacionados con la milicia general, tema que trataré en otra ocasión.

Notas

1 Tanto el eje mediterráneo como el atlántico de la política filipina, los desarrollo por extenso en MARTÍNEZ RUIZ, Enrique: *Felipe II. Hombre, rey mito*, Madrid, La Esfera de los Libros, 2020.

2 Ya fue puesta de relieve la importancia de «los hombres de la tierra» en algunas regiones, como hace, por ejemplo, SAAVEDRA VÁZQUEZ, M.ª C.: «La política militar de la monarquía y sus efectos en Galicia, 1556-1648», en *Obradoiro de Historia Moderna*, 3, 1994; págs. 163-186. Se ha abordado el problema en una panorámica general muy ilustrativa de sus entresijos y planteamientos: GARCÍA HERNÁN, D.: «La nobleza castellana y el servicio militar: permanencias y cambios en los siglos XVI y XVII a partir de los conflictos con Portugal», en GARCIA HERNÁN, E. y MAFFI, D. (Eds.): *Guerra y sociedad en la Monarquía Hispánica. Política. Estrategia y cultura en la Europa moderna (1500-1700)*, vol. II, Madrid, Laberinto, 2006; págs. 96-133.

3 Vid. GARCIA HERNÁN, D.: «Los señoríos madrileños en la política militar de Felipe II: El condado de Manzanares», en Madrid. R*evista de Arte, Geografía e Historia*, n.º. 1, 1998; págs. 127-153 y «Felipe II y el levantamiento de tropas señoriales», en MARTÍNEZ MILLÁN, J. (Dir.): *Felipe II (1527-1598). Europa y la Monarquía Católica*, Madrid, 1998; págs. 333-344. En ambos trabajos el lector encontrará oportunas referencias bibliográficas y archivísticas, que me dispensan de repetirlas aquí. Por mi parte, he decidido conservar en el texto la grafía original de los documentos, pues no crea problemas su lectura.

4 *Vid.* GARCIA HERNÁN, D.: *Los grandes de España en la época de Felipe II: los duques de Arcos*, Madrid, 1993 (Tesis doctoral defendida en la Universidad Complutense de Madrid).

5 GARCÍA HERNAN, D.: «Felipe II y el levantamiento de tropas señoriales», en MARTÍNEZ MILLÁN, José: *Felipe II (1527-1598) : Europa y la monarquía católica*, vol. II, Madrid, Universidad Autónoma, 1998, pág. 342.

6 Para la consulta a los prelados y sus respuestas, MARTÍNEZ RUIZ, E.: «Felipe II, los prelados y la defensa de la monarquía» en *Felipe II (1527-1598). Europa y la monarquía católica*, vol. IV, Madrid, Parteluz, 1999; págs. 450-467.

7 Archivo General de Simancas (AGS). Cámara de Castilla-diversos, leg.25. A esta misma referencia corresponde el resto de la documentación, hasta que no se indique otra cosa; por eso, solo citaré la fecha del documento que en cada caso se esté utilizando. La carta está fechada en 28 de septiembre de 1572.

8 Carta de 17 de septiembre.

9 La carta está fechada a 15 de septiembre.

10 La carta está fechada a 16 de septiembre.

11 La carta del prelado conquense es también de 16 de septiembre.

12 La respuesta del obispo de Ciudad Rodrigo es también de 16 de septiembre.

13 Carta de 17 de septiembre.

14 La respuesta del de Tuy es de 19 de septiembre; la del arzobispo, de un día después.

15 La carta del arzobispo gallego es de 20 de septiembre.

16 Carta fechada, igualmente el 20 de septiembre, como la del gobernador de Toledo, que vemos seguidamente.

17 Carta fechada el 22 de septiembre.

18 Carta de 29 de septiembre.

19 La carta es de 1 de octubre.

20 Carta de 3 de octubre.

21 Carta de 4 de octubre. Esa misma fecha es la que lleva la carta que envía el licenciado encargado por el obispo de Badajoz de la gestión del obispado mientras él estaba en Roma. Es la carta en la que nos fijaremos seguidamente.

22 Carta de 6 de octubre.

23 La carta va fechada a 8 de octubre.

24 Carta de 16 de octubre.

25 Respuesta con fecha de 28 de septiembre.

26 Carta de 30 de septiembre.

27 Para este epígrafe, *vid.* MARTÍNEZ RUIZ, E.: «Felipe II y la defensa de la monarquía: las ciudades», en MARTÍNEZ RUIZ, E. (Dir.), Madrid, *Felipe II y las ciudades de la monarquía*, vol. I, «Las ciudades: poder y dinero», Madrid, Actas, 2000; págs. 89 y ss.

28 Carta fechada el 26 de octubre de 1572.

29 La carta acompaña a un escrito de contenido similar fechado a 7 de noviembre de 1572.

30 La respuesta con la relación de capítulos de la ordenanza de la orden se envía a Madrid en 27 de octubre de 1572.

31 Alcalá es de las más rápidas en contestar, pues su respuesta es de 7 de octubre de 1572.

32 Carta de 6 de octubre de 1572.

33 Escrito del 10 de octubre de 1572.

34 Escrito de 12 de noviembre de 1572.

35 Escrito de 24 de septiembre de 1572.

36 Texto fechado el 29 de noviembre, remitido por el corregidor al rey, a través del Consejo de Guerra, el 22 de diciembre siguiente.

37 Tal es el caso de Betanzos, como se ve en su escrito de 14 de noviembre de 1572.

38 El escrito burgalés es de 8 de noviembre.

39 Escrito de 28 de octubre de 1572.

El derecho que se aplicaba en los tercios: justicia y jurisdicción militar en el siglo XVI

Carlos Belloso Martín
Universidad de Valladolid

La creación de los tercios por Carlos V supuso una novedad determinante para la Monarquía de España. Cuando el emperador regresó de Túnez en 1535, quiso dar una base orgánica a sus fuerzas militares estacionadas en Italia. El texto de esta instrucción fue impropiamente denominada Ordenanza de Génova (1536), texto que no podemos encontrar en las recopilaciones de leyes porque no atañía en nada al sistema militar peninsular, ya que se trataba de una mera orden por la cual Carlos V definía la organización de su dispositivo militar en sus reinos de Italia en espera de cualquier proyección hacia los posibles teatros de operaciones[1].

Cambios en el marco jurídico del ejército bajomedieval en el tránsito a los tercios, siglos XV al XVI

En la citada Ordenanza de Génova de 15 de noviembre de 1536[2], expedida para el ejército que se queda bajo el marqués del Basto en Génova, se ordena que se tome como modelo otra instrucción anterior dada en la ciudad de Nápoles en el mes de marzo de ese mismo año para la infantería de los reinos de Nápoles y de Sicilia que había acompañado al emperador[3]. También figuran en ella los sueldos y ventajas que debían tener cada uno de los componentes de los cuerpos, y como soporte de esta asignación de sueldos y ventajas, se describe con toda exactitud la organización de los tercios[4].

Por tanto, aunque los tercios estuviesen ya creados y operativos con anterioridad, es en el año 1536 cuando encontramos la primera referencia explícita a la creación de los tres tercios de Italia, los de

Lombardía, Nápoles y Sicilia, y poco después, en cumplimiento de una ordenanza concerniente a la organización de los tercios departamentales, se agregó a los citados el tercio de Málaga[5].

Según precisa René Quatrefages, será en este documento expedido por el emperador Carlos V en Génova, donde aparece por primera vez este término de tercio, un cuerpo militar que era el resultado de las reformas militares iniciadas a finales del siglo XV, «reformas maduradas al paso del desarrollo del estado moderno castellano, con pruebas reiteradas a lo largo de las guerras de Italia»[6]. Es en el tercer párrafo de esta orden imperial donde aparecen por primera vez mencionados los ya citados «tercios de Nápoles, Sicilia y Lombardía».

A partir de ese momento se empezó a disponer de un ejército permanente compuesto de soldados de infantería profesionales, a cuyos miembros se les integrará en una jurisdicción especial. Al ejército de los Austrias no se le podría considerar propiamente español, sino hispánico, con una composición eminentemente internacional, que se encargaba de defender los intereses supranacionales de la monarquía, y formado esencialmente —aunque no de forma equilibrada— en proporciones variables, por hombres procedentes de los distintos reinos y territorios que integraban la Monarquía de España[7].

El paso a un ejército estable y profesional supuso un cambio decisivo respecto al sistema militar que había caracterizado la Baja Edad Media en los reinos peninsulares[8], y al sistema militar que más recientemente se había implantado en Castilla para solucionar el conflicto de la conquista del reino de Granada entre 1482 y 1492.

Los Reyes Católicos habían organizado tres tipos de fuerzas militares, que eran las tropas reales —formadas principalmente por caballería de las Guardas de Castilla, que eran pagadas o llamadas por el poder real—, las huestes más numerosas de órdenes militares, nobles y prelados, y las huestes que aportaban las ciudades y villas, conocidas como las milicias concejiles, de gente de a caballo o peones —lanceros, ballesteros y espingarderos— que eran soldados pagados que bien se incorporaban individualmente o a través de la Hermandad[9].

La larga guerra granadina y la amenaza francesa llevó a los Reyes Católicos a emprender una reforma institucional del ejército, buscando conseguir una organización militar más homogénea, y cuyos primeros pasos fueron la creación de la nueva Hermandad, y la organización de un cuerpo de caballería denominado Guardas Viejas de Castilla para sustituir a las Guardas Reales. Las guerras de Italia de comienzos del siglo XVI aportarán nuevos cambios, demostrando la eficacia de las innovaciones emprendidas por el Gran Capitán en las campañas de Ceriñola y Garellano, e impulsaron la creación de la Infantería de Ordenanza en 1504, que se ha considerado el antecedente directo de los tercios. Poco después de la batalla de Ceriñola, el 26 de septiembre de 1503 se promulgó la gran ordenanza de 62 capítulos —que había sido firmada anteriormente por separado por los Reyes Católicos—, que el hispanista y experto en historia de los tercios René Quatefages no duda en considerar como «la base de la larga serie de ordenanzas modernas (...) Aquella ordenanza, como va declarado en su preámbulo, armonizaba y aclaraba en ciertos casos las medidas anteriores y, sobre todo, codificaba la organización militar, la ejecución del servicio y las relaciones de los nuevos reales ejércitos con los pueblos»[10].

La evolución y transformación de las unidades tradicionales que existían en Castilla a finales del siglo XV y principios del siglo XVI a las nuevas formas que imponía el arte militar del Renacimiento, con la pérdida de protagonismo de la caballería pesada y los profundos cambios que supuso la introducción de las armas de fuego para el combate y los asedios, implicó no solo cambios estratégicos y tácticos en el campo de batalla, sino que requerirá de una profunda adaptación en el gobierno y en la organización administrativa del ejército.

La aparición de la jurisdicción militar

La consolidación de un ejército profesional y permanente vino acompañada de la creación de una jurisdicción especial, la militar, con competencias para entender en las causas judiciales cuyos actores eran miembros del ejército. Los hombres del ejército estaban exceptuados de la justicia ordinaria, situados fuera del contexto propio del Derecho común, gracias a su fuero particular que les permitía acogerse a la jurisdicción militar. Para administrarles justicia, se organizaron los tribunales militares, que al parecer les trataba con cierta benignidad, pues había que compaginar la necesidad constante que había siempre con una imagen no excesivamente severa de la milicia, que de llegarse a difundir podía retraer a apuntarse en las levas que se promovían.

En aquel momento ya existían junto a la jurisdicción del rey otras jurisdicciones especiales, como eran la eclesiástica, la señorial, la mercantil, la universitaria, la inquisitorial[11], dado el sistema de privilegios que perduraba a finales de la Edad Media y comienzos de la Edad Moderna, a las que se sumará a comienzos del siglo XVI la nueva jurisdicción militar para entender en los procesos concernientes a los miembros del ejército permanente[12].

Un correcto análisis del marco jurídico que se aplica en el ejército de los Austrias debe tener siempre presente que la propia institución militar irá cambiando, de acuerdo con la configuración y capacidad de la monarquía cuyos intereses encarnaba[13], pues el sistema militar de los tercios perduró a lo largo de todo el reinado de los Austrias, durante los siglos XVI y XVII, sometiéndose a una profunda renovación en el siglo XVIII iniciada con la llegada de Felipe V y del reformismo borbónico[14].

Los cambios que acontecen a comienzos del siglo XVIII, durante la guerra de Sucesión, los encontramos también en lo que respecta a la justicia militar. La Real Ordenanza de 18 de diciembre de 1701 dotó al Consejo de Guerra —que había sido creado por Carlos V[15] como máximo órgano jurisdiccional en el ámbito castrense— para actuar en todos los delitos de naturaleza propiamente militar (rebelión, deserción, sedición, desobediencia), de forma que este consejo asumía unas funciones que hasta entonces tenía asignadas el auditor general. En España, desde la Edad Media, existía el Real y Supremo Consejo de Guerra denominado por lo general Consejo de Guerra, que actuaba como órgano asesor y consultivo del monarca[16].

Al igual que el sistema de tercios comienza a gestarse a comienzos del siglo XVI, su encaje jurídico también se empieza a diseñar con la creación en 1480 de la figura del capitán general, como jefe supremo del ejército, que marcará una nueva etapa en la consolidación del fuero militar. Se estableció que el capitán general estuviese asistido por un auditor para los asuntos propiamente jurisdiccionales y un preboste para la «policía militar»[17].

En 1500 se facultó a Gonzalo Fernández de Córdoba a conocer de todos los pleitos civiles y criminales que se suscitaran entre los soldados. En los años siguientes, las Ordenanzas de las Guardas de Castilla, de 5 de abril de 1525, y la Instrucción para el régimen y organización del ejército de Italia, de 15 de noviembre de 1536, consagraron la figura del auditor como juez letrado asesor del capitán general[18]. El cargo de auditor general fue creado en 1533 por el emperador Carlos «a favor de una persona de letras experimentada en cuestión de justicia para que estuviese al lado del capitán general y le diese buen consejo en esta materia». Su función era doble: «por un lado era funcionario de justicia, con la obligación de cuidar de la disciplina militar y consiguientemente de la aplicación del Derecho Militar, y por otro era asesor jurídico y consejero del general en jefe en lo relativo a la dirección de la guerra y particularmente en las cuestiones del Derecho de gentes»[19].

A lo largo de la evolución que se fue produciendo en la jurisdicción militar durante los siglos XVI y XVII, se constata una especialización de fueros dentro de la propia justicia del ejército. Por citar algunos ejemplos, el fuero privativo de las guardias reales se remonta a la época de Carlos V, pues fue el emperador quien dotó a las Guardias Viejas de Castilla de un tribunal unipersonal privativo para cualquier litigio de naturaleza civil o criminal. Del mismo modo, el emperador reconoció también en 1553 un fuero especial para los miembros del cuerpo de artillería que se extendió a sus mujeres, hijos y criados con inhibición de cualquier tribunal ordinario o militar. En el reinado de Felipe IV, en 1633 se concedió fuero especial a los miembros de la armada[20].

La realidad del Derecho militar frente al Derecho común radicaba en la naturaleza del ejército. Su autonomía parte de la peculiar vida castrense y se abastece permanentemente del fin asignado[21]. La necesidad que tenía el ejército de un medio más eficaz y rápido para impartir justicia es el fundamento que le impedía acogerse a otras ramas del Derecho. Por ello, se transformó el fuero especial de carácter personal que ya disfrutaba el ejército en la Edad Media en un fuero militar adscrito definitivamente a una clase[22]. Para la Corona de Castilla en los siglos xiv y xv conocemos muy poco en torno a cómo se aplicaba la justicia en la actividad militar. La justicia del rey intervenía y asesoraba al rey en muchos asuntos legales relacionados con la guerra, junto con los miembros de su consejo. Lo más frecuente era que las atribuciones legarles para impartir justicia fuesen transferidas a jefes militares que solían estar bien asesorados, como sucedía con el adalid, que actuaba como juez supremo en las cabalgadas y sus sentencias eran inapelables[23].

Falta de fuentes documentales directas sobre justicia militar para los siglos xvi-xvii

Las dificultades para poder conocer la realidad histórica que vivían los integrantes de los tercios en los siglos xvi y xvii desde una perspectiva judicial, radica en gran parte en la falta de fuentes documentales directas que dificulta la investigación de este tema. Apenas hay documentación de carácter judicial en el Archivo General de Simancas[24]. Ni en la sección del Consejo Real, que fue creado en 1385 y tenía atribuciones gubernativas, judiciales y hasta legislativas (autos acordados)[25], ni en el Consejo de la Cámara (o Cámara de Castilla), donde se contiene la documentación que el rey se reservaba de los negocios de gracia, merced y patronato «por vía de cámara», es decir, por medio restringido; aunque no se conoce con precisión la fecha de creación del Consejo de Cámara, ya se diferencia con claridad en 1442 respecto al Consejo Real[26]. Tampoco hay documentación referente a la justicia militar en la sección Guerra y Marina, donde se conserva la documentación relativa al ejército de tierra y de mar y a sus empresas, uno de los fondos más voluminosos del AGS formado por más de trece mil legajos. Ni en Gracia y Justicia, pues esta documentación corresponde en su mayor parte al siglo xviii. Desconozco la razón por la que la monarquía decidió no enviar la documentación de carácter judicial referente al ejército en el siglo xvi y xvii a su archivo general en Simancas, como sí lo hacía con todo el resto de materias tocantes al tema militar, como eran los asuntos económicos, logísticos, revista de tropas, expedientes, etc., ni el paradero al que se iba enviando dicha documentación a medida que se generaba, como se procedía a hacer con el resto de documentos que se agrupaban en remesas y se enviaba periódicamente al AGS[27].

Tampoco he encontrado una documentación de pleitos y justicia militar en el Archivo General Militar de Segovia (AGMS) que permita avanzar en esta investigación. Este AGMS fue creado por Real Decreto de la reina regente María Cristina el 22 de junio de 1898, situado desde sus inicios en el alcázar de Segovia[28], cuya 9.ª sección recoge el grupo de fondos de función judicial integrada por 5.101 legajos, y que distingue cuatro series. Entre ellas, la de causas criminales (unos 40.000 expedientes), que corresponden en su mayoría a la época de finales del siglo xviii y siglo xix; y la serie de pleitos civiles, descritos en un inventario de unas 2.000 fichas manuscritas correspondientes a procesos datados a partir del siglo xvi, que en realidad aportan datos poco relevantes para nuestro tema de investigación, como son varias cuestiones de deudas, reclutamiento, etc. Esta 9.ª sección de Justicia del AGMS se completa con otras dos series, causas sin reo y moros[29].

La siguiente opción de búsqueda sería el Archivo General Central de Alcalá de Henares, donde tampoco encontramos documentación de la jurisdicción militar en la Época Moderna. Este archivo fue creado mediante Real Decreto de 17 de julio de 1858, con el propósito de sustituir al ya colapsado y demasiado alejado de la corte Archivo General de Simancas. El archivo se ubicó en las instalaciones del palacio arzobispal de la ciudad de Alcalá de Henares, cercana a la capital, y su función fue recibir la documentación generada por las diversas secretarías de despacho una vez finalizada su tramitación y cuando la frecuencia de su consulta hubiera disminuido[30]. El actual Archivo General Central de la Administración, situado en Alcalá de Henares, se volvió a crear en el año 1969, y es heredero del desaparecido Archivo General Central, que se incendió durante la Guerra Civil española en agosto de 1939 y perdió gran parte de sus fondos documentales[31]. Custodia la documentación de la Administración Central Contemporánea (siglos xix y xx) tanto en el ámbito civil como judicial[32].

La historiografía en torno al derecho, la justicia y la jurisdicción militar del ejército de los Austrias

La historiografía que se ha ocupado del análisis de la justicia militar en la época de los Austrias generalmente ha abordado el estudio de cuestiones como son el paso del ejército bajomedieval al ejército permanente y profesional en el Renacimiento, de su morfología, composición y diferentes etapas, del gobierno y la administración militar, de las ordenanzas que regulan la disciplina de los militares, de la economía y el reclutamiento del ejército de los Austrias, así como de los conflictos de jurisdicción que surgían entre los diferentes consejos, como sucedía principalmente entre el Consejo de Guerra y los de Estado, Castilla, Hacienda, Órdenes, Indias, Aragón y Portugal, que también tenían competencias tocantes a la milicia[33].

Sin embargo, apenas encontramos estudios que expongan en concreto cómo era el funcionamiento de la justicia militar en los siglos xvi y xvii, las exenciones y preeminencias del fuero militar, las personas que lo gozan, el estudio de los casos y delitos, de las penas aplicadas, etc., como sí sucede en cambio para el siglo xviii, donde ya encontramos una mayor bibliografía[34]. Como he señalado, la falta de fuentes documentales en los archivos españoles referentes a los pleitos y la actuación de la justicia militar en esta época, ha animado a la historiografía tradicional a ocuparse de otros temas, como son el estudio de las ordenanzas militares, de las instituciones que entendían en estas materias (Consejo de Guerra), y de las consecuencias penales que iban aparejadas a determinados delitos.

En los siglos xx y xxi son muchos los historiadores de la Época Moderna y de la historia del Derecho que se han ocupado de analizar el funcionamiento del ejército en sus diferentes vertientes jurídicas, administrativas, políticas, orgánicas e institucionales.

Fueron algunos especialistas en la Historia Moderna como René Quatrefages (de quien ya he citado varias obras, si bien su monografía sobre los tercios editada en España en 1979 es considerada pionera[35]), André Corvisier, Geoffrey Parker[36], I.A.A. Thompson, Luis Ribot García[37], Magdalena de Pazzis Pi Corrales[38], Enrique Martínez Ruiz[39], quienes abrieron camino en la investigación de la historia militar en los años 1970 y 1980. En las décadas posteriores los seguirán historiadores como Francisco Andújar, Porfirio Sanz Camañes, Pilar Ponce, Davide Maffi[40], Antonio Espino López, Cristina Borreguero Beltrán[41], David García Hernán, Antonio José Rodríguez Hernández, Enrique García Hernán, Eduardo de Mesa, Julio Albi de la Cuesta, etc. Un campo de estudio que no solo se ha ceñido a la Época Moderna, sino a sus antecedentes en la Baja Edad Media, como los estudios que ha realizado Ana Arranz Guzmán[42] o Remedios Morán Martín y Pablo Martín Prieto[43]. Y sin olvidar los estudios que la literatura también puede aportar a la justicia militar en la época de los Austrias, como el de Rafael de Mendizábal Allende[44].

Sin pretender ofrecer una relación exhaustiva, los historiadores del Derecho y de las instituciones se han ocupado especialmente a partir de los años 1990 de la jurisdicción militar y de los consejos que trataban estas cuestiones. Entre estos investigadores sobresalen los estudios presentados por Juan Carlos Domínguez Nafría (de quien ya he mencionado su monografía sobre el Consejo de Guerra), José Luis Heras[45], José Luis Bermejo[46], Elena M.ª García, Fernando de Arvizu, Enrique Villalba, Emiliano González, Fernando García-Mercadal y García-Loygorre[47], Enrique Solano Camón, José Cepeda Gómez, Dolores M. Sánchez González[48], Elena María García Guerra[49], etc., que se han ocupado de analizar las fuentes normativas sobre organización militar en la España Moderna, la jurisdicción militar y la aplicación del Derecho, un tema que ha ido evolucionando en sus perspectivas y puntos de interés, o los tratados y las ordenanzas militares, como los estudios de Regina M.ª. Pérez Marcos de las Ordenanzas de Bujía de 1531.

El sistema judicial y la legislación militar en el siglo XVI: las ordenanzas militares

Ante la falta de documentación directa que nos hubiera permitido conocer los pleitos que se sucedieron en la jurisdicción militar, y que nos aportarían el conocimiento de los delitos y los tipos de causas que se instruían, los litigios más habituales, el sistema procesal, las penas y castigos impuestos, etc., por ello recurrimos a otro tipo de documentación que nos permita aproximarnos a la realidad histórica de cómo se aplicó la justicia militar en la monarquía de España de los Austrias, comenzando por la documentación de las ordenanzas militares[50]. Las ordenanzas podían ser generales o particulares, como la Instrucción de Génova de 1536, Bona de 1543, Metz de 1552, o en Italia, la del duque de Alba de 1555[51]. Completamos las disposiciones que se contienen en las ordenanzas con algunas secciones documentales del AGS como Guerra y Marina y Estado que nos ofrecen información suficiente para poder reconstruir en parte cómo se aplicaba la justicia en el ejército en el siglo XVI. De esta forma podemos entender cómo era el Derecho penal militar, los delitos más habituales que se cometían y las penas que se aplicaban para su corrección y para mantener la disciplina militar, así como también podemos conocer el grado de cumplimiento de la justicia militar en el reinado de los primeros Austrias.

Los crímenes que detallan las ordenanzas están dedicados en su mayoría a los soldados, cabos y sargentos. Tan solo aparecen incluidos los oficiales en su redacción para lo relativo a evitar la corrupción económica que se podía cometer en las muestras en la revista de tropas, y algunos consejos a los capitanes para que traten bien a sus soldados. Esto demuestra que las ordenanzas militares en el siglo XVI afectaban casi exclusivamente a los soldados profesionales, un ámbito de competencia que siglos más adelante se irá ampliando. En el Derecho militar se refleja el trasfondo social y cultural presente en toda la Edad Moderna, y refleja una estructura social muy desigualitaria por las ventajas o privilegios que la monarquía reconoce a unos grupos determinados.

Las ordenanzas son disposiciones que emanan del rey o de aquellos organismos en los que delegue para regular y controlar al gusto del poder central, el funcionamiento jurídico y las competencias de una determinada actividad. Mediante este tipo de ordenación especial, que tienen valor no de ley sino de reglamento, se regularon con carácter unitario, actividades de índole mercantil, fiscal, administrativo y militar.

En lo que se refiere a las ordenanzas militares, éstas son un género de ordenamiento jurídico-administrativo propio de la administración del Estado Moderno, un conjunto de preceptos que determinan, dentro exclusivamente de la esfera castrense, un régimen para el gobierno de las tropas y de los asuntos militares, en el cuadro de la jerarquía, de la disciplina y de los actos del servicio, de manera que en la práctica tuvieron un carácter de código penal para el ejército durante los siglos XVI al XVIII[52].

El fundamento jurídico institucional del ejército hay que buscarlo en la concepción del Estado Moderno. Aunque sus primeras manifestaciones legales parten de la Alta Edad Media, será la Recepción del Derecho Común, al consolidar la idea de Estado Moderno, la que plantee una nueva manera de concebir la defensa militar[53]. Su finalidad más inmediata era robustecer el poder del monarca con el apoyo del Derecho. Así, Estado y Ejército se desarrollan en paralelo[54]. Este consiguió la estructura jurídica y la legislación adecuada mediante la que se consolidó como una institución de base personal y territorial. Para ejercer la administración de la Justicia se organizaron los tribunales militares. Desde la Edad Media existía el Real y Supremo Consejo de Guerra denominado por lo general Consejo de Guerra, que actuaba como órgano asesor y consultivo del monarca[55]. Durante la Edad Media las normas referentes a la defensa del territorio estaban inmersas en la legislación general. La función guerrera consistía en movilizar a los vasallos dependientes de un señor, ante la orden de convocatoria del rey. La nueva forma política del estado moderno muestra un esfuerzo legislativo que, por iniciativa real, se encaminó a regular los ejércitos permanentes, su organización y funcionamiento. Los textos legales que contenían las manifestaciones de esta normativa y que fueron concedidos por los distintos monarcas entre los siglos XV a XVIII, se denominaron por lo general «ordenanzas»[56].

La jurisdicción militar alcanzó su máxima expresión formal en la Edad Moderna a través de las ordenanzas militares. La jurisdicción militar era una jurisdicción especial, que presentaba como connotaciones específicas el dirigirse exclusivamente a ciertas personas que cometían determinados delitos en ciertos lugares; que no se ejercía por magistrados; y que era solo penal[57]. La normativa militar que aparece autónoma en los fueros adopta el nombre de ordenanzas debido a la primera característica esencial que las origina: el Derecho privilegiado personal o de clase que formulan y que distinguen claramente al destinatario de la misma. Esto no contradice el principio de territorialización que por iniciativa regia se irá introduciendo en ellas, ampliando el ámbito de vigencia de las ordenanzas militares hasta conseguir que la misma normativa sea aplicable en todos los lugares del reino. Los reyes querían que las mismas leyes rigiesen para sus súbditos, tendiendo a eliminar el carácter local, consuetudinario y autónomo del Derecho. La imposición autoritaria de la Ley Real no fue inmediata y tuvo que adoptarse una política legislativa reiterativa.

Un primer grupo de ordenanzas son las de carácter general para todo el ejército. Entre ellas, destaca numéricamente el bloque de las promulgadas durante el reinado de Carlos V, para quien los asuntos bélicos tuvieron un interés de primer orden. En 1518, Carlos V promulgó la ordenanza sobre la reforma de la milicia; en 1520, la ordenanza que Hernán Cortés dio en Taxcatecle; en 1525, las ordenanzas dadas en Madrid; en 1536 las ordenanzas dadas por el emperador en Génova para la infantería española; también las ordenanzas de Augusta, dadas en 1551 para el régimen de pagas de guardas de Castilla, Navarra y Granada; las ordenanzas dadas por el duque de Alba para el ejército de Italia el 1 de agosto de 1555 o las ordenanzas de Alejandro Farnesio para el ejército de Flandes de 13 de mayo de 1587[58]. Entre sus apartados, se tratan los temas concernientes a los cargos y remuneración de los oficiales del rey (veedor, contador, etc.), la organización interna y remuneración de las tropas de infantería, la fortificación de sus defensas, el abastecimiento, etc[59]. Para el siglo xvii, las conocidas reformas que se hacen en 1632, tendrán su aplicación en los diferentes territorios italianos[60].

Estas ordenanzas constituyen un elemento representativo de la elaboración histórica del Derecho militar en la transición del ejército medieval al ejército moderno, concebido por la monarquía feudal centralizada como la fuerza armada del Estado que debe ser ordenado mediante los criterios de una función pública. Las ordenanzas militares y su aplicación eran fundamentales para poner freno a los delitos comunes que cometían los soldados españoles que pertenecían a los tercios, y para atajar la corrupción militar, que estaba muy perseguida por la justicia.

Un segundo grupo es el formado por las ordenanzas locales. La redacción de las ordenanzas contemplaba unas partes comunes a todos los territorios de la monarquía y otros apartados que reflejaban diferencias territoriales, con varios apartados especialmente redactados para su aplicación ya fuese en Nápoles, Sicilia o Milán, sirviendo de modelo las de unos reinos para los otros. El conservador Estaban de Monreal, preocupado por el mantenimiento de la disciplina militar y los muchos delitos que cometían los soldados de la infantería española en Sicilia, escribió a Felipe II en 1574 para pedirle que mandase enviar al presidente y a él mismo las órdenes a las que debían someterse los soldados que allí residían. Para no causar molestias, Monreal le sugirió al monarca que le remitiese alguna de las órdenes que tendrían en el Consejo de Estado y Guerra de las que se habían dado para Flandes, Lombardía y otras partes se dan a la gente de guerra o cuando se hace en España gente. En cuanto estas órdenes llegasen a Sicilia, el conservador Monreal se comprometía a hacer cumplir fielmente todos sus puntos[61].

La historiografía especializada sobre la jurisdicción penal militar[62] tradicionalmente ha considerado las ordenanzas militares de Alejandro de Farnesio como punto de partida en el Derecho moderno de la justicia militar, independiente de otras ramas de la administración de justicia[63]. Sin embargo, estudios más recientes como el de Regina Pérez Marcos sobre las Ordenanzas de Bujía, dadas por el emperador Carlos V y su madre doña Juana en 1531[64], vienen a matizar esta afirmación desde la consideración y el análisis de algunos precedentes de la referida pieza normativa, como también lo hacen la amplia serie de ordenanzas militares locales cuya aplicación únicamente se circunscribía a los ámbitos territorial de Sicilia, Nápoles o Milán, destinadas al ejército en los diferentes territorios de la Italia española, ordenanzas que fueron promulgadas con anterioridad a las mencionada «ordenanza e instrucción» de 15 de mayo de 1587 de Alejandro de Farnesio en Flandes.

Hasta finales del siglo xvi no hubo ordenanzas militares en sentido completo de reglamentos orgánicos[65]. Pero con anterioridad es posible constatar que las tropas del Estado Moderno, más o menos organizadas y disciplinadas, se regularon por «ordenanzas militares» de carácter local, emanadas de la Corona para la buena gobernación de las gentes de guerra y sus oficiales, que constituyen un precedente inmediato de las ordenanzas militares propiamente dichas[66]. Estas ordenanzas eran el marco jurídico subsidiario de la legislación general castellana, y específico de una actividad administrativa-militar, fruto de la evolución institucional que se experimenta en el siglo xvi hacia el ejército permanente.

Las disposiciones de las Ordenanzas de Bujía no transcienden de lo económico, organizativo, orgánico y de jurisdicción administrativa. No hay en ellas ninguna regulación de actividades jurisdiccionales puramente militares más allá de lo orgánico castrense, no pudiendo ser consideras como unas ordenanzas militares «generales», pero apuntan, en la etapa de transición entre el ejército medieval y el moderno, hacia una ordenación de la actividad militar articulada por la administración del Estado como una función pública ordenada presupuestariamente y orientada por la idea de servicio[67].

Respecto a la administración de la justicia militar, en importante resaltar cómo en la ordenanza de Alejandro Farnesio de 1587 se ratificaba la figura del capitán general como máxima jerarquía judicial, a la vez que se establecía la delegación de las competencias jurisdiccionales en el auditor general por su calidad de letrado. A los pocos días de su aprobación, se completó con otra ordenanza del 22 de mayo de ese mismo año 1587, en la que se regulaba la figura del preboste, a quien se le encomendaba la conservación de la disciplina militar y el mantenimiento de la justicia del ejército como ejecutor de los bandos y órdenes del capitán general, y de las sentencias del auditor general[68].

Del mismo modo, durante el siglo XVII se fueron promulgando diferentes cuerpos de ordenanzas para el ejército encaminadas a establecer la moral y la disciplina entre los soldados de los tercios. Entre ellas, sobresalen la Real Ordenanza de 8 de junio de 1603, reformada poco después en 1611, y la que mayor importancia tuvo fue la Real Ordenanza sobre disciplina militar de 28 de junio de 1632[69].

La aplicación del derecho penal militar: los delitos y sus penas

Los crímenes que detallan las ordenanzas están dedicados en su mayoría a los soldados, cabos y sargentos. Tan solo aparecen incluidos los oficiales en su redacción para lo relativo a evitar la corrupción económica que se podía cometer en las muestras en la revista de tropas, y algunos consejos a los capitanes para que traten bien a sus soldados. Esto demuestra que las ordenanzas militares en el siglo XVI afectaban casi exclusivamente a los soldados profesionales, un ámbito de competencia que siglos más adelante se irá ampliando[70]. Los instrumentos jurídicos que contribuyeron a la estructuración del ejército descansaban en el fortalecimiento del poder regio. Sobre esta organización influyeron los esquemas ideológicos de la sociedad estamental del Antiguo Régimen: la jerarquización y la agrupación de los individuos en distintos estamentos. En el Derecho militar se refleja el trasfondo social y cultural presente en toda la Edad Moderna, y refleja una estructura social muy desigualitaria por las ventajas o privilegios que la monarquía reconoce a unos grupos determinados.

Los hombres que formaban el ejército arrastrarían las diferencias sociales derivadas del estamento al que pertenecían antes de su ingreso en la institución militar. Esta política tendría también su traducción jurídica a la hora de aplicar los preceptos relativos a la justicia militar. La personalización absoluta del poder político del monarca se manifestará en el ámbito de los delitos cometidos por los altos cargos militares, produciéndose una delegación de esta potestad, cada vez más acentuada, a medida que los protagonistas de los delitos van descendiendo en la jerarquía militar. Estas características incidirán en el objetivo principal que motivó a los monarcas a conceder una normativa específica al ejército. Las leyes fueron piezas fundamentales para conservar la estructura sociopolítica de la época, marcando las desigualdades internas bajo un fuerte poder estatal[71].

El virrey duque de Terranova fue quien promulgó en 1571 la recopilación más completa de los delitos y las penas correspondientes, para poder disponer de una normativa que se pudiese aplicar a la infantería española para castigar los delitos más graves[72]. La vida en la milicia era sacrificada y estaba llena de penalidades y, aparte del sueldo, el único incentivo que se ofrecía al soldado era, quizás, el ascenso en el escalafón militar. Para conseguir una buena disciplina, se prohibió toda conversación que mostrase desagrado en el servicio. Los artículos más destacados de las Ordenanzas militares de Terranova son los que tratan de las traiciones de los soldados contra el servicio del rey o de sus oficiales (motines, rebeliones y tumultos), o que indujesen a otros a hacerlos, que fuesen pasados por las picas y después descuartizados (art. 20). Terranova estableció que el soldado que después de haberse alistado en una bandera desertase, se fugase o se ausentase sin licencia confirmada de su capitán, por el maestre de campo, o por el virrey, sería castigado con la pena de muerte (art. 21). Si algún soldado se fugaba de su compañía por haber hecho algún homicidio, o herido a alguno en una riña, se debía proceder contra él según las leyes. Si era absuelto, podría volver a servir su plaza, y se le debía pagar todo el sueldo que se le deba tanto del tiempo que haya servido como del tiempo que hubiese estado encarcelado. Y si fuese condenado no se le pagaría nada y perdería todo el servicio.

Si el homicidio o delito era cometido después de una riña, con alevosía, y no en aquel instante, y el soldado después huyese y abandonase su bandera, incurriría en la pena como fugitivo. Si no se ausentase y se presentase al maestre de campo, o al capitán, en este caso se procedería contra él según las leyes y lo que la razón les permitiese (art. 21). El maestre de campo, el capitán, el alférez o el sargento debían proceder al castigo riguroso contra los soldados que no cumpliesen con sus servicios (guardias, etc.), como se acostumbraba en la infantería española, lo mismo se haría contra aquellos que fuesen desobedientes a sus superiores (art. 22). Otros artículos eran los siguientes:

> El soldado que vendiese o empeñase sus armas tendría que pagar al hospital el sexto más de aquello que costaron las mismas, y el mismo castigo se aplicaría a aquellos que las comprasen o consiguiesen en el empeño (art. 23).
>
> Si algún soldado no se encontrase en su compañía, no podía pasar otro por él en su plaza sin expresa orden del virrey. Si alguno lo hiciese, sería condenado a galeras perpetua, y la misma pena se le aplicaría a quien le había hecho pasar. Si este fraude se cometía con el consentimiento del capitán, éste sería condenado a perder la compañía y a que nunca más pudiese tener dignidad ni honor alguno en las cosas tocantes al servicio de Su Mad. Si se verificase que el capitán hubiese hecho pasar en la muestra algún soldado para aprovecharse de alguna parte de la paga, además de la privación señalada, sería castigado como ladrón, y contra él se procedería con la pena que la ley establecía para aquellos que robaban, y lo mismo se aplicaría para los alféreces y sargentos cuando ellos fuesen los principales o participantes en estos delitos (art. 24).
>
> Los capitanes y oficiales debían procurar atender con solicitud que los soldados viviesen con buena disciplina y recto comportamiento, y que tuviesen entre ellos amistad y concordia. Se había comprobado que la mayor parte de las diferencias que nacían entre ellos tenían su origen en las calumnias e injurias, por lo que se estableció que siempre que un soldado dijese al otro una injuria —como sería llamándolo cobarde, cornudo, traidor, hombre de poco, u otra cosa similar—, y fuese desmentido del otro por tal injuria, la primera vez tuviese que pagar al hospital 20 escudos de pena, por la segunda vez sería condenado a galeras al arbitrio del virrey, de manera que aquel que le hubiese des-

mentido quedaría honrado y reputado como persona, por haber defendido su honor. Pero si algún soldado desmintiese a otro impertinentemente, y sin que le fuese dicha alguna de las mencionadas injurias, u otras similares, este tal desmentido impertinente incurrirá en la misma pena sobredicha (art. 25).

Si sucediese una la riña entre soldados, aquellos que se encontrasen presentes, bien que alguno fuese su familiar carnal, que puedan entrometerse para separarles. Y no haciéndolo sean castigados al arbitrio del virrey. Y si alguno de los asistentes ayudara a alguna de las partes, se proceda contra él con todo rigor de leyes, y si la parte ayudada o la ayuda que este tal soldado dará sea con ventaja para el ayudado, caiga en la pena de tres años de galeras. Y si sucediese muerte que muera el también, y si debilitación de miembro que le sea cortada a él la mano derecha, y todos aquellos que estén en el mismo caso, cada uno en la misma pena, aunque fuesen muchos (art. 26).

Si algún soldado fuese a asaltar a otro y buscase ayuda para efectuarlo, y la ofensa es contra uno solo, que el asaltante y todos aquellos que con él hubiesen intervenido en la riña fuesen condenados a tres años de galeras. Si se hubiese producido algún homicidio, se les castigaría con la muerte, y si fuese la debilitación de miembro por daño, la mano derecha (art. 27).

El soldado que cometiese hurto, si el delito fuese de tal entidad que según las leyes mereciese la horca o las galeras, que se le aplicase la pena correspondiente. Pero si el hurto no mereciese fuese menor que no le hiciese acreedor de tales penas, entonces ese soldado sería conducido en medio de todos los demás con la cosa robada recuperándola, y después de ser primero despojado de todas sus armas y vestidos, sería frustrado y degradado para que nunca pueda cobrar paga de soldado en la guerra, ni en otras ocasiones, ni tener otro honor ni dignidad alguna (art. 28).

A los capitanes se les encargaba que amasen y tratasen bien a sus soldados, y que les tuviesen con amor y obediencia bien disciplinados, y que castigasen a los soldados en las cosas tocantes al servicio de Su Mad. y en las de la milicia. Debían hacerse obedecer conforme a las leyes y al uso militar, pero en las cosas particulares, no tendrían dominio sobre los soldados, de manera que si surgía alguna diferencia entre los soldados tendría que ser resuelta por otro juez, y no por ese capitán. Ningún oficial podría decir a los soldados palabras injuriosas, ni darles puñetazos, ni bastonazos, salvo en el caso que hubiese peleas con resultados de heridos o muertos, aplicando el castigo de cárcel a quienes lo mereciesen (art. 29).

Todos los otros delitos y desórdenes que no están aquí declarados se habrían de resolver según la ley. Aquellos que cometiesen los soldados en las tierras donde se alojasen o se encontrasen, serían juzgados por sus oficiales ordinarios (art. 30).

Cumplimiento de la justicia militar

Los hombres del ejército estaban exceptuados de la justicia ordinaria, situados fuera del contexto propio del Derecho común, gracias a su fuero particular que les permitía acogerse a la jurisdicción militar. Para administrarles justicia, se organizaron los tribunales militares, que al parecer les trataba con cierta benignidad[73], pues había que compaginar la necesidad constante que había siempre con una imagen no excesivamente severa de la milicia, que de llegarse a difundir podía retraer a apuntarse a los nuevos reclutas. En España, desde la Edad Media, existía el Real y Supremo Consejo de Guerra denominado por lo general Consejo de Guerra, que actuaba como órgano asesor y consultivo del monarca[74].

En materia militar, si el juicio había sido promovido por uno de los visitadores, se debía esperar a que llegase la sentencia del rey. Si en cambio el proceso lo había iniciado la justicia militar ordinaria del reino, en función del tipo de delito que se tratase en cada caso, las sentencias podían ser dictadas por el virrey, como capitán general que era, por los oficiales militares designados para entender en estos temas, y especialmente el auditor general[75], o por otros jueces en los que se delegase[76]. La potestad punitiva se reservaba a los capitanes de las compañías y a los oficiales de la justicia.

Un tema que merecería consideración aparte y guarda relación con este apartado son los conflictos de competencias que surgían en la aplicación de la justicia militar entre las diferentes autoridades políticas y militares que desempeñaban sus cargos en un mismo territorio, como sucedía con cierta frecuencia entre los virreyes con los generales de las galeras o con los maestres de campo, una conflictividad compleja y que era fuente de frecuentes litigios[77].

En las ocasiones en que había problemas graves de justicia, que requerían la presencia de persona de autoridad, se enviaban tres pesquisidores a los cuales se les daba autoridad de capitán de armas a justicia. Los capitanes de armas ordinarios eran tres, uno por cada valle, y habían sido instituidos para la persecución de los forajidos. Cada uno de estos tres capitanes de armas a justicia tenía una compañía de arcabuceros de a caballo, a los que llamaban provisionados, que estaban al sueldo del rey. Con el tiempo, fueron extendiendo sus competencias y entendían en todos los delitos y causas civiles ejecutivas de la misma manera que hacía la Gran Corte. Su obligación era ir descubriendo los delitos que se cometían por los valles, de lo que se extendió la costumbre de residir de ordinario en los lugares donde administraban la justicia. El virrey Marco Antonio Colonna ordenó que no lo hiciesen así, y que la residencia en el mismo lugar no fuese por más de tres días. El doctor Fortunato recordaba en sus *Avertimientos* que antes de 1591 se habían nombrado para este cargo indiferentemente a personas de toda suerte, que habían ayudado más a fomentar a los forajidos que a perseguirlos, además de que se había descubierto que habían defraudado muchas pagas de soldados que no habían servido de manera efectiva[78].

Durante la segunda mitad del siglo XVI se introdujo la práctica de las Visitas de Italia[79]. Para ello, se nombraron comisionados regios —visitadores— para que fuesen a Sicilia[80], donde se llevaron a cabo las visitas de Antonio Agustín, obispo de Alife, y Juan Rodríguez Mausino (años 1559-1560), la de Marcelo Pignone (años 1562-1564), y la de Gregorio Bravo de Sotomayor (años 1582-1586). Estos procesos suministran numerosas noticias acerca del funcionamiento del sistema militar, de la vida cotidiana y del funcionamiento de los distintos organismos de la administración.

Las visitas generales eran inspecciones extraordinarias que promovidas por la corona se hacían bien a una sola institución regia, bien a todo el aparato administrativo —a sus oficiales— o militar de un territorio de la monarquía. Los visitadores eran funcionarios, en la mayoría de los casos eclesiásticos, nombrados a propósito por el rey, y dotados de amplios poderes judiciales. Sus competencias específicas se precisan en un documento escrito, donde también figuran la modalidad y la finalidad de su inspección, gozando de amplios poderes. El visitador inicia su inspección con la publicación de un bando en el que convoca a todos aquellos que quieran denunciar abusos e irregularidades, con la promesa de un absoluto secreto. El visitador podía entonces actuar de diversas formas: dar curso al proceso, interrogar a quien desee —utilizando incluso sistemas de tortura—, suspender a los oficiales de su oficio, confiscarles sus bienes, liberar a personas anteriormente encarceladas, etc. El único límite era no involucrar a aquel que representa a la figura del rey, es decir al virrey. Finalizado el proceso instructor, se comunicaban los cargos a los acusados, sin desvelar el nombre de los acusadores, y se les daba un plazo de unos 20 días para que los acusados respondiesen e hiciesen descargos defensivos de los testimonios acusatorios que se les habían remitido. El visitador concluía su misión cuando enviaba toda esta información al rey, después de haber realizado largos procesos que habían podido durar varios años. El monarca ordenaba entonces la formación de juntas especiales para el estudio de las causas y para la formulación de las sentencias absolutorias o de condena[81].

El proceso y los medios de prueba: la tortura como medio para obtener la confesión del delito

Si se tenía sospecha de que alguno de los soldados había defraudado a la Hacienda del rey a través de engañar en las muestras que se tomaba a las compañías para pagar el sueldo a los hombres efectivos, en algunos casos llegaba a intervenir el auditor general del reino de Sicilia para esclarecer la verdad. El sistema que el auditor solía emplear era recurrir a la tortura del acusado, para que manifestase si era responsable de haber cometido el delito o se trataban de acusaciones falsas. Las transcripciones del proceso de tortura, que se realizaban en el mismo lugar donde se aplicaba el tormento, se redactaban en lengua latina de manera completa y literal, incluidos los lamentos e invocaciones, y se enviaban al rey.

Procedimientos y aplicación de los castigos

La principal característica procesal de la jurisdicción militar era la sumariedad[82]. Para evitar los abusos de los soldados y la violencia de los naturales del reino, unas acciones contraproducentes que podían desencadenar una reacción en cadena de imprevisibles consecuencias en ambos grupos, y traer males mayores, los asuntos judiciales que surgían debían despacharse con toda rapidez. Se castigaban las ausencias y deserciones de los soldados, las molestias que provocaban a la población, los juegos... Aunque, sin duda, los delitos más controlados, menos tolerados y sobre los que siempre recaía el peso de la ley militar eran la indisciplina, los motines y tumultos. El motivo de esta aptitud inflexible ante los motines era porque en la raíz de estos delitos se entendía que se estaba atentando contra la legitimidad de la autoridad del rey, que era la peor de las traiciones que se podían cometer por un militar que debía estar fielmente a su servicio, y por lo que cualquier rebelión o motín se convertían en algo totalmente aborrecible. Esta era, asimismo, una de las mejores formas de intentar mantener la disciplina y obediencia entre los componentes de la milicia.

Las ordenanzas también incluyen el eterno conflicto entre la ordenación castrense y la protección de la fe, tipificando los delitos contra el sentimiento religioso. Se incluye la blasfemia como delito, y la reincidencia conllevaba la dolorosa pena de horadar la lengua con un hierro candente, acompañada por el robo de vasos sagrados, o el de ultraje a imágenes o sacerdotes. Todos estos delitos incluían la pena de muerte, por lo general la horca, que era más ignominiosa que la de ser pasado por las armas, seguida del descuartizamiento del cadáver, en algunos casos.

La mutilación y el castigo corporal también estaban previstos en casos menos graves. Este excesivo rigor era propio de la época y la cultura. No logran las ordenanzas separar el concepto de delito y del pecado, y mantienen la sensibilidad propia de la sociedad configurando el binomio pecado-delito.

La ejecución de la pena de muerte

Su aplicación de nuevo dependía del empleo que ostentase el condenado. En caso de ser un oficial implicaba la consulta al monarca a través del Supremo Consejo de Guerra, mientras que el consejo de guerra ordinario no requería trámites especiales para ejecutar la pena de muerte. El sargento mayor, que había actuado como instructor, informaba de la sentencia al capitán general y éste concedía permiso para ejecutar el castigo al tiempo que ordenaba a toda la guarnición e invitaba a los habitantes de la plaza a que asistieran a la ejecución, como un elemento educador y ejemplarizante. La pena de muerte se ejecutaba con el mismo ritual que en el derecho penal común.

En el viaje que emprendió el ejército español en 1566 de Milán a Flandes por el Camino Español, bajo el mando del duque de Alba, en la primera vez que se hacía esta ruta, al atravesar territorios amigos se prohibió el saqueo bajo pena de muerte. La disciplina era estricta, por lo que cuando tres arcabuceros montados robaron unas ovejas pertenecientes a un campesino, Alba ordenó que fueran colgados y aquéllas inmediatamente restituidas. Sólo uno de ellos fue en realidad ejecutado, pues el duque de Lorena intervino con lo que sus súbditos pudieron quizá considerar excesiva benevolencia, pero el propósito quedó claro y los coetáneos de Alba quedaron impresionados. Desde la antigüedad, ningún ejército había estado tan bien disciplinado[83].

Los soldados condenados que eran afortunados y no se les castigaba con las penas de muerte, destierro o galeras[84], sino que debían cumplir condena temporal en una cárcel, eran enviados por el virrey y sus oficiales a alguna de las diferentes ciudades y castillos que tenían habilitadas tales estancias para que allí pudiesen redimir sus penas. En el caso de Nápoles, gozaba de gran renombre la cárcel que estaba integrada en el complejo asistencial de Santiago de los españoles, anexa a la iglesia y banco de Santiago y, como en Sicilia, se aprovechaban las fortificaciones y castillos principales para esta finalidad. A veces se metía tanta gente en estas cárceles de los castillos que se provocaban serios inconvenientes para el ejercicio de las actividades normales de las guarniciones.

Notas

1 QUATREFAGES, R.: «Mis investigaciones en España: procedimientos y resultados", en *Revista de Historia Militar*, XLVI, 2002, número extraordinario "Historia Militar: Métodos y Recursos de investigación", pág.180-181.

2 PORTUGUÉS, J. A.: *Colección general de las ordenanzas militares: sus minoraciones y aditamentos*, Vol. 5. BNE, signaturas 2/38897-2/38907 y 3/44491-3/44501. La colección completa es de 11 volúmenes. Madrid, A. Marín, 1764-68. La extensión del texto de esta ordenanza es muy breve, apenas dos folios.

3 Ordenanza de Génova de 5-XI-1536, transcripción del manuscrito de la BNE, Códice E. 136, fol. 41 vto., en: QUATREFAGES, R.: *La revolución militar moderna. El crisol español*. Madrid, 1996, Anexo XIII, pp. 423-438. Se mencionan de forma expresa la existencia de los tres tercios de Italia: «La infantería española del tercio de Nápoles y Sicilia, que reside en el dicho nuestro ejército, está pagada hasta en fin de mes de septiembre próximo pasado de este presente año, y la del tercio de Lombardía...», pág. 424. También se puede encontrar el texto en SOTTO, S. M. de (conde de Clonard): *Historia orgánica de las armas de infantería...*, vol. III: «Sucesos que tuvieron lugar en el reinado de la Casa de Austria (1496-1557)», pág. 321-324.

4 Cfr. QUATREFAGES, R.: *La revolución militar..., op. cit.* Se señala a cada tercio un maestre de campo, un sargento mayor, un furriel mayor, un municionero, un tambor general, un barrachel de campaña, y 300 soldados por compañía, debiendo ser el capitán de cada una de éstas sujeto español de calidad y mérito. Cada compañía constaba de un capitán, un

paje, un alférez, un sargento, un furriel, un tambor, un pífano, un capellán, 10 cabos de escuadra y 300 soldados entre arcabuceros y piqueros. El término «maestre de campo» aparece varios años antes en la documentación. Ver: AGS., E., leg. 1.111, doc. 49: «Sitio de Corón; muerte del maestre de campo Machicao», de 1534.

5 OLESA MUÑIDO, F. F.: «La organización naval de los estados Mediterráneos...», *op. ct.*, pág. 827. Con el tiempo, cada tercio se llegará a sentir individuo, y se darán sobrenombres a los tercios viejos. El tercio de Nápoles es El Sangriento; el de Lombardía, El Señor; el de Sicilia El Valeroso; el de Milán, El Osado.

6 QUATREFAGES, R.: «Mis investigaciones...», pág. 181.

7 Cfr. RIBOT GARCÍA, Luis A.: «El ejército de los Austrias. Aportaciones recientes y nuevas perspectivas». En *Temas de Historia Militar* (Tomo I). Actas del Primer Congreso de Historia Militar de Zaragoza, 1982. Ed. Servicio Histórico Militar, Colección Adalid, Zaragoza, 1983, p. 160.

8 Cfr. MARTÍN VERA, Miguel Ángel: *Los orígenes del ejército moderno en el reino de Castilla, siglos XIV-XV*. Ed. Ministerio de Defensa, Madrid, 2022, Esta cuestión se aborda principalmente en el cap. 5.13. «Principales transformaciones orgánicas hacia el ejército moderno», pp. 190-197.

9 LADERO QUESADA, Miguel Ángel: «Formación y funcionamiento de las huestes reales en Castilla durante el siglo XV», en Actas de las II Jornadas Nacionales de Historia Militar, Málaga, 1993, pp. 161-172. Cfr. también QUATREFAGES, René: *La organización militar en los siglos XV y XVI*, ídem, pp. 11-16. https://www.catedrageneralcastanos.org/documentos/pdf/La_Organizacion_Militar_en_los_Siglos_xv_y_xvi.pdf

10 QUATREFAGES, René: *La organización militar en los siglos XV y XVI*, *op. cit.*, p. 16.

11 Cfr. VV.AA.: *Instituciones de la España moderna*. 1 «Las jurisdicciones», Ed. ACTAS, Madrid, 1996; ESCUDERO, José Antonio: «La Administración de Justicia», en Curso de Historia del Derecho. Fuentes e Instituciones Político-administrativas, Ed. Autor, Madrid, 1985, pp. 595-607 y 789-796.

12 QUATREFAGES, René: *Los tercios españoles (1567-77)*. Ed. Fundación Universitaria Española. Madrid, 1979, pp. 49-51; *La revolución militar moderna*. El crisol español. Ed. Ministerio de Defensa, Madrid, 1996, pp. 323-325.

13 SOLANO CAMÓN, Enrique: «Aspectos en torno a la jurisdicción militar en la España de los Austrias», en *Instituciones de la España moderna*. 1 «Las jurisdicciones», Ed. ACTAS, Madrid, 1996, pp. 264-265.

14 Cfr. BORREGUERO BELTRÁN, Cristina: *El reclutamiento militar por quintas en la España del siglo XVIII. Orígenes del servicio militar obligatorio*. Ed. Universidad de Valladolid, Valladolid, 1989.

15 DOMÍNGUEZ NAFRÍA, J. C.: *El Real y Supremo Consejo de Guerra (siglos XVI-XVIII)*. Ed. Centro de Estudios Políticos y Constitucionales. Madrid, 2001, pp. 485-490.

16 La creación del Consejo de Guerra comenzaría propiamente a finales del siglo XV. Según señala Pere MOLAS en *Los gobernantes de la España moderna*. Ed. ACTAS, Madrid, 2008, p. 73, la expresión «Consejo de Guerra» ya se utilizaba en los últimos años del reinado de Fernando el Católico. El conde de Tendilla, capitán general del reino de Granada, ya hablaba del «Consejo de Guerra». Santiago FERNANDEZ CONTI en «El gobierno de los asuntos de guerra en Castilla durante el reinado del emperador Carlos V (1516-1559)», en José MARTÍNE MILLÁN (Ed.), *Instituciones y élites de poder en la Monarquía hispana durante el siglo XVI*, Ed. Universidad Autónoma de Madrid, 1992, p. 92 y ss., señala que el Consejo de Guerra había sido oficializado cuando se le asignaron oficiales propios. Sin embargo, las ausencias del emperador a partir de 1529 provocaron la desaparición de este consejo como órgano de gobierno y los asuntos militares eran tratados en el Consejo de Estado. Sobre esta cuestión, ver también: PLAZA BORES, Angel de: «XI. Guerra y Marina», en *Guía del investigador*. Archivo General de Simancas, Ed. Ministerio de Cultura, Madrid, 1986, p. 179: explica cómo, sobre todo en sus orígenes, el Consejo de Guerra estaba íntimamente unido al Consejo de Estado, tanto, que algunos han creído que era un mismo organismo. Felipe II dividió en algún modo el Consejo de Estado al nombrar para el Consejo de Guerra cinco ministros de capa y espada en 1586. Por estos años se dividió la Secretaría de Consejo, nombrándose un secretario para la «parte de tierra» y otro para la «parte de mar». Cfr. también ALVAREZ TERÁN, Concepción: «Guerra y Marina I». *Catálogo XVIII del Archivo General de Simancas. Época de Carlos I de España y V de Alemania*. Ed. Patronato Nacional de Archivos Históricos, Valladolid, 1949, pp. VIII-IX. Se destaca cómo la documentación del Consejo de Guerra fue casi uniforme a partir de 1529, coincidiendo con el despacho de asuntos de esta secretaría por la emperatriz, asesorada por el consejo nombrado por Carlos V en su ausencia.

17 MONTANOS FERRIN, Emma y SÁNCHEZ-ARCILLA, José: *Historia del Derecho y de las Instituciones*. Vol. 2, Ed. Dykinson, 1991, p. 461.

18 Ídem, pp. 461-2.

19 GARCÍA-MERCADAL y GARCÍA-LOYGORRI, Fernando: *Milicia y Derecho. Origen y evolución histórica del Cuerpo Jurídico Militar*, Ed. BOE-Real Academia de Jurisprudencia y Legislación de España, Madrid, 2023, pp. 23-24, donde recoge la cita de José Luis FERNÁNDEZ-FLORES, «Un auditor de guerra del siglo XVI. Baltasar de Ayala», *Ejército, revista de las armas y servicios*, año XLII, n.º 506, marzo 1982, p. 66.

20 MONTANOS FERRIN, Emma y SÁNCHEZ-ARCILLA, José: *Historia del Derecho...*, *op. cit.*, p. 462.

21 BOLAÑOS MEJÍAS, M.ª. del Carmen: «Las Ordenanzas de Carlos III de 1768: el Derecho militar en una sociedad estamental». En *Estudios sobre ejército, política y derecho en España (siglos XII-XX)*. Ediciones Polifemo, Madrid, 1996, pág. 181; MUGA LÓPEZ, Faustino: «Antecedentes del código penal militar», en: *Revista Española de Derecho Militar*, 1 (1966), p. 31; VEUTRO, Vittorio: «La independencia en la Justicia Militar», en: *Revista Española de Derecho Militar*, 37 (1979), p. 10.

22 Ídem., pág. 180.

23 MARTÍN VERA, Manuel Ángel: *Los orígenes del ejército moderno en el reino de Castilla, siglos XIV-XV*. Ed. Ministerio de Defensa, Madrid, 2022, pág. 355.

24 Cfr. RODRÍGUEZ DE DIEGO, José Luis: «Archivos de la Administración Central desde el siglo XV al XX», en *Revista de Archivística IRARGI*, año II. Ed. Gobierno Vasco. Dpto. de Cultura y Turismo, 1989, pp. 37-100.

25 Ídem, pp. 48.

26 Ídem, pp. 52. Cfr. también: PLAZA BORES, Ángel de la: *Guía del investigador*. Archivo General de Simancas. Ed. Ministerio de Cultura, Madrid, 1986. Sobre la Cámara de Castilla, pp. 145-147; Guerra y Marina, pp. 179-180.

27 Cfr. RODRÍGUEZ DE DIEGO, José Luis: *Memoria escrita de la Monarquía Hispánica. Felipe II y Simancas*, Ed. UVA, Colección Síntesis, n.º XIX (Cátedra Felipe II), Valladolid, 2018, pp. 166-167.

28 GONZÁLEZ GILARRANZ, M.ª del Mar: «Fondos contemporáneos en el Archivo General Militar de Segovia», en *Revista de Historia Militar*, "Métodos y recursos de investigación". Año XLV, 2002, Núm. Extraor. Ed. Instituto de Historia y Cultura Militar, Ministerio de Defensa, pp. 397-416.

29 Ídem, pp. 412-414.

30 Cfr.https://pares.mcu.es/ParesBusquedas20/catalogo/autoridad/64892 (Consultado: 7/01/2024).

31 Cfr. SAN LUCIANO, José María: *El incendio y destrucción del Archivo General Central*. Alcalá de Henares, 1939. Ed. Domiduca Libreros, 2016.

32 Cfr.: REBAE, Red de Bibliotecas de los Archivos Estatales y del CIDA. https://www.cultura.gob.es/cultura/areas/archivos/mc/red-bibliotecas-archivos-estatales/bibliotecas/biblioteca-aga.html (Consultado: 7/01/2024).

33 SOLANO CAMÓN, Enrique: «Aspectos en torno a la jurisdicción militar...», *op. cit.*, p. 284.

34 CEPEDA GÓMEZ, José: «El fuero militar en el siglo XVIII», en *Instituciones de la España moderna*. 1 Las jurisdicciones, Ed. ACTAS, Madrid, 1996, pp. 293-304. Una obra de consulta obligada para conocer el fuero militar en el siglo XVIII es la que compuso el mariscal de campo y secretario del Consejo Supremo de Guerra Félix COLÓN DE LARRRRIA-

TEGUI: *Juzgados Militares de España y sus Indias*, Ed. Imprenta Repullés, Madrid, 1793.

35 QUATREFAGES, René: *Los tercios españoles (1567-77)*. Ed. Fundación Universitaria Española. Madrid, 1979; Cfr. También: *La revolución militar moderna. El crisol español*. Ed. Ministerio de Defensa, Madrid, 1996, donde analiza el marco jurídico de la defensa en España al final de la Reconquista, las ordenanzas y la justicia, pp. 323-325; «Violencia acerca de los soldados en la Corona de Castilla en el siglo XVI», en *Guerra y sociedad*, *op. cit.*, pp. 73-96.

36 PARKER, Geoffrey: *El ejército de Flandes y el Camino Español, 1567-1659*. Cambridge University Press, 1972.

37 RIBOT GARCÍA, Luis A.: «El Ejército de los Austrias. Aportaciones recientes y nuevas perspectivas», *op. cit.*; *La monarquía de España y la guerra de Mesina (1674-1678)*, Ed. Actas, 2000.

38 PI CORRALES, Magdalena de Pazzis: «Las ordenanzas de las guardas de Castilla: la forma de conocer su existencia vital», en *Revista de Historia Militar*, año LXI, n.º Extra. I, "Ordenanzas Militares de los Austrias", Ed. Instituto de Historia y Cultura Militar, Madrid, 2017, pp. 85-99.

39 MARTÍNEZ RUIZ, Enrique: *Los soldados del rey*. Ed. Actas, 2008; «El ejército de los Austrias y sus ordenanzas» en *Revista de Historia Militar*, año LXI, nº Extra. I, *op.cit.*, pp. 101-133, "Legislación y fuero militar", 2006.

40 MAFFI, Davide: *En defensa del Imperio*, Ed. Actas, 2014; *Los últimos tercios. El ejército de Carlos II*, Ed. Desperta Ferro, 2020.

41 BORREGUERO BELTRÁN, Cristina: «Logros del Imperio español: el poder militar y diplomático», en GARCÍA HERNÁN, David: *La Historia sin complejos. La nueva visión del Imperio español*. Ed. ACTAs, Madrid, 2010, pp. 99-135.

42 ARRANZ GUZMÁN, Ana: «Las raíces de las ordenanzas militares en la Castilla medieval», en *Revista de Historia Militar*, año LXI, n.º Extra. I, *op.cit.*, pp. 15-57; «El ascendiente eclesiástico en el lenguaje bélico jurídico e institucional de Castilla (ss. XIII-XIV)», en *Revista de Historia Militar*, año LXII, n.º Extra. I, "Iglesia y guerra en la Edad Media", Ed. Instituto de Historia y Cultura Militar, Madrid, 2018, pp. 13-75.

43 MARTÍN PRIETO, Pablo: «Fuentes normativas sobre organización militar en la España medieval», en *Revista de Historia Militar*, año LXI, nº Extra. I, *op. cit.*, pp. 59-84.

44 DE MENDIZÁBAL ALLENDE, R.: «La justicia y los jueces en la vida y obra de Cervantes», en *Armas y Letras. La Guerra y el Derecho en el IV Centenario de El Quijote*. Marcial Pons Historia. (SANROMA ALDEA. J. y DÍAZ REVORIO, F. J., Eds.). Madrid, 2006, pp. 133-138.

45 HERAS SANTOS, José Luis: «Los galeotes de los Austrias: la penalidad al servicio de la armada». *Historia Social* n.º 6, año 1990, pp. 127-140;

La justicia penal de los Austrias en la Corona de Castilla. Ed. Universidad de Salamanca. Salamanca, 1991.

46 BERMEJO CABRERO, José Luis: *Poder político y administración de justicia en la España de los Austrias*, Madrid, Ministerio de Justicia, Secretaría General Técnica, 2005.

47 GARCÍA-MERCADAL Y GARCÍA-LOYGORRE, Fernando: *Milicia y Derecho. Origen y evolución histórica del Cuerpo Jurídico-Militar*. Ed. BOE, 2022.

48 SÁNCHEZ GONZÁLEZ, Dolores del Mar: «La Junta de Ejecución: el órgano rector de los destinos de la monarquía», en *Estudios sobre ejército, política y derecho en España (siglos XII-XX)*, coord. Javier Alvarado Planas, Regina María Pérez Marcos, 1996, págs. 131-150.

49 GARCÍA GUERRA, Elena María: «Los oficios de la administración económica militar: ordenanzas, fraudes e intentos de control durante la Edad Moderna», en *Guerra y Sociedad…*, *op. cit.*, pp. 523-565.

50 Cfr. MARTÍNEZ RUIZ, Enrique: «El ejército de los Austrias y sus ordenanzas», en *Revista de Historia Militar*. "Ordenanzas Militares de los Austrias". Ed. Instituto de Historia y Cultura Militar. Año LXI, Núm. Extraordinario I. 2017, pp. 101-133.

51 Una recopilación y transcripción de las ordenanzas militares identificadas hasta el momento se puede consular en GUTIÉRREZ CARRETERO, Mónica: "Recopilación de las ordenanzas militares de los Austrias", en *Revista de Historia Militar*. "Ordenanzas Militares de los Austrias", *op. cit.*, pp. 241-462. Ver: *Ordenanzas de Carlos V*. Biblioteca Histórica de la Universidad de Valladolid, Ms. 053. «En aquel momento había…».

52 Cfr. ALMIRANTE, José: *Diccionario militar*. Madrid, 1869.

53 BOLAÑOS MEJÍAS, M.ª. del Carmen.: «Las ordenanzas de Carlos III de 1768: el derecho militar en una sociedad estamental». En *Estudios sobre ejército, política y derecho en España (siglos XII-XX)*. Ediciones Polifemo, Madrid, 1996. Págs. 163-164.

54 MARAVALL, José Antonio: *Estado moderno y mentalidad social, s. XV a XVII*. Madrid, 1986, vol. 2, p. 512.

55 BARRIOS, Feliciano: *El Consejo de Estado de la monarquía española, 1521-1812*. Madrid, 1984, p. 30: «Fue con Felipe V con quien se implantó el Consejo de Guerra a modo de tribunal de instancia única y como órgano consultivo o Consejo de Estado castrense».

56 BOLAÑOS MEJÍAS, M.ª. del Carmen: «Las ordenanzas de…», pág. 164.

57 PÉREZ MARCOS, Regina M.ª.: «En los orígenes del Ejército Moderno. Las Ordenanzas de Bujía de 1531». En *Estudios sobre ejército, política y derecho en España (siglos XII-XX)*. Ediciones Polifemo, Madrid, 1996, pág. 67. Sobre las ordenanzas militares y la justicia militar en este perío-

do, Cfr. MARTÍNEZ RUÍZ, Enrique: «Legislación y fuero militar», en GARCÍA HERNÁN, Enrique y MAFFI, Davide (eds.): *Guerra y sociedad en la Monarquía Hispánica*…Vol. II, pp. 11-32.; QUATREFAGES, René: «Violencia acerca de los soldados en la Corona de Castilla en el siglo xvi», ídem, Vol. II, pp. 73-93; GONZÁLEZ DE LEÓN, Fernando: «La Administración del Conde-duque y la Justicia Militar en el ejército de Flandes, 1567-1643». En revista *Investigaciones Históricas* n.º 13. Ed. Universidad de Valladolid. Valladolid, 1993, pp. 107-129.

58 MORENO CASADO, J.: *Ordenanza de 13 de mayo de 1587, dispuesta por Alejandro de Farnesio duque de Parma y Plasencia, gobernador y capitán general de los Estados de Flandes, sobre lo que toca al cargo de auditor general y particulares del ejército; fuero de los que sirven en él y sus testamentos*, también conocidas como «Ordenanzas e instrucción del duque de Parma y de Plasencia, lugarteniente, gobernador y capitán general por S. M. en los Estados de Flandes sobre el ejercicio y administración de la jurisdicción y justicia de este felicísimo Exército». En *Anuario de Historia del Derecho Español*, n.º 31, 1961, pp. 431-458.

59 Recopilaciones históricas de las ordenanzas militares se pueden ver en: PORTUGUÉS Y MONENTE, Joseph Antonio: *Colección general de las ordenanzas militares: sus innovaciones y aditamentos, dispuesta en diez tomos, con separación de clases*. Recopilación, 1551-1757, por don Joseph Antonio Portugués. Madrid, A. Marín, 1764-68. (Vol. 5. BNE, sig. 2/38897-2/38907; VALLECILLO, Antonio: *Legislación militar de España antigua y moderna publicada con aprobación de Su Majestad y su texto declarado oficial*. Madrid, 1853. BNE, sig. 5/3155.

60 AGS., S.P., Libro 282: *Ordenanzas para el ejército en Sicilia en el año 1632*.

61 El conservador Esteban de Monreal, a Su Mad., en Mesina, a 2 de agosto de 1574. AGS., E., leg. 1.142, doc. 47.

62 Sobre este aspecto véase GONZÁLEZ-DELEITO Y DOMINGO, Nicolás: "La evolución histórica de la jurisdicción penal militar en España", en *Revista Española de Derecho Militar*, n.º 38. Madrid, 1979, pp. 9-66; BALDOVIN RUIZ, E.: «El fuero militar en las ordenanzas», en *Revista de Historia Militar*, n.º 77, Año xxxvii. Madrid, 1994, pp. 66-106; SALAS LÓPEZ, F.: *Ordenanzas militares en España e Hispanoamérica*. Madrid, 1992.

63 Aunque la jurisdicción militar gozaba ya en la Edad Media de organización propia, fue en la Edad Moderna cuando adquirió una mayor importancia como jurisdicción especial propiamente dicha. Sobre esta cuestión véase GONZÁLEZ ALONSO, B.: «La justicia», en *Enciclopedia de Historia de España*, dirigida por M. Artola, Vol. 2: "Instituciones políticas e Imperio", Madrid, 1988, pp. 377-394.

64 PÉREZ MARCOS, Regina M.ª.: «En los orígenes del Ejército Moderno…», pp. 65- 99. El texto de las Ordenanzas militares de Bujía de 1531 que utiliza Regina Pérez Marcos fue transcrito del texto original

(AGS, Diversos de Castilla, Leg. 48, doc. 20), y publicado junto con un estudio introductorio por Ángel RIESCO TERRERO, en *Revista de Historia Militar*, n.º 71, Año XXV, Madrid, 1991, pp. 105-145. También, cfr. RIESCO TERRERO, Ángel: «Ordenanzas militares de Bujía de 1531», en *Revista de Historia Militar*, n.º 71 (2.º Semestre) Madrid 1991, pp. 105-145; «Análisis jurídico-diplomático de las Ordenanzas Reales de Bujía de 1531», en *Espacio, Tiempo y Forma*, Serie IV, Historia Moderna, t. V, 1992, págs. 51-70.

65 Cfr. ARRANZ GUZMÁN, Ana: «Las raíces de las ordenanzas militares en la Castilla medieval", en *Revista de Historia Militar*. "Ordenanzas militares de los Austrias", *op. cit.*, pp. 15-57.

66 Ídem, pág. 68.

67 Ídem, pág. 81.

68 MONTANOS FERRIN, Emma y SÁNCHEZ-ARCILLA, José: *Historia del Derecho...*, op. cit., p.462.

69 Ídem.

70 BOLAÑOS MEJÍAS, M.ª del Carmen: «Las Ordenanzas de...», *op. cit.*, pág. 181: «El fuero (Ordenanzas de Carlos III) se aplicaría indistintamente a sujetos muy variados: incluía a quienes accedían a la carrera de armas por sentencia, a los alistados forzosamente y retenidos en filas, a los soldados extraídos del pueblo llano bajo la recluta voluntaria, a los civiles que se relacionaban con actividades militares y se extendía hasta los criados o viudas de militares».

71 Ídem, pág. 165.

72 *Riformatione et stabilimento della fantería spagnuola del tercio de Sicilia*. Consta de 37 artículos, todo el texto escrito en italiano. Acompaña a una carta del duque de Terranova a Su Mad., dada en Palermo, a 14 de diciembre de 1571. AGS., Estado, leg, 1.136, docs. 130-133 (el texto original está en italiano). Sobre el Derecho penal militar, ver: DOMÍNGUEZ NAFRÍA, Juan Carlos: «Consejo de Guerra y desarrollo de las estructuras militares en tiempos de Felipe II» en *Las sociedades Ibéricas y el mar a finales del siglo XVI*, vol. II: "La monarquía. Recursos, organización y estrategia". Ed. Sociedad Estatal para las Conmemoraciones de los Centenarios de Felipe II y Carlos V. Pabellón de España Expo'98-Lisboa. Madrid, 1998, pp. 462-464.

73 DOMÍNGUEZ NAFRÍA, Juan Carlos: *El Real y Supremo Consejo de Guerra (siglos XVI-XVIII)*. Ed. Centro de Estudios Políticos y Constitucionales. Madrid, 2001, pág. 465.

74 BARRIOS, Feliciano: *El Consejo de Estado de la monarquía española, 1521-1812*. Madrid, 1984, p. 30: «Fue con Felipe V con quien se implantó el Consejo de Guerra a modo de tribunal de instancia única y como órgano consultivo o Consejo de Estado castrense».

75 Sobre la jurisdicción militar, el auditor general, y los auditores particu-

lares, ver: DOMÍNGUEZ NAFRÍA, Juan Carlos: «Consejo de Guerra y desarrollo...», *op. cit.*, pp. 466-471.

76 DE MENDIZÁBAL ALLENDE, Rafael: «La justicia y los jueces en la vida y obra de Cervantes», en *Armas y letras. La guerra y el Derecho en el IV centenario de El Quijote*. Marcial Pons Historia. (SANROMA ALDEA. J. y DÍAZ REVORIO, F. J., Eds.). Madrid, 2006, pp. 133-138.

77 BELLOSO MARTÍN, Carlos: «Jurisdicción militar y conflictos de competencias en el siglo XVI en el reino de Sicilia», en *La Historia y el Derecho de España: visiones y pareceres*. Homenaje al Dr. Emiliano González Díez, Félix MARTÍNEZ LLORENTE e Ignacio RUIZ RODRÍGUEZ (Coords.); ed. Dykinson, S.L., 2022, pp. 103-128.

78 BAVIERA ALBANESE, Adelaida: «Los Avertimientos del doctor Fortunato sobre el gobierno de Sicilia (1591)». Societá Siciliana per la Storia Patria. *Documenti per servire alla Storia di Sicilia*, serie IV, Vol. XV. Palermo, 1976.

79 Cfr. PEYTAVIN, Mireille: *Visite et gouverment dans le royaume de Naples (XVI-XVII siècles)*. Ed. Casa Velázquez, Vol. N.º 24, Madrid, 2003.

80 Cfr. DE LA PLAZA BORES, Ángel y DE LA PLAZA SANTIAGO, Ascensión: *Inventario de Visitas de Italia (siglos XVI y XVII)*. Valladolid, 1982, pág. 5: «Los abusos cometidos por algunas personas en el desempeño de sus cargos públicos decidió a los reyes españoles a ordenar que los diferentes funcionarios debían de dar cuenta de su gestión al finalizar ésta, ofreciendo la oportunidad a cuantos tuvieran quejas de su proceder de presentar contra ellos los correspondientes "cargos" ante el Visitador, de los que los acusados se defendían y trataban de justificar alegando sus "descargos"».

81 Sobre el sistema seguido en la visita realizada en 1583 en Sicilia durante el gobierno de Marco Antonio Colonna, ver BAZZANO, Nicoletta: *Marco Antonio Colonna*. Salerno Editrice. Roma, 2003. Pág. 284-286; sobre la institución de las visitas ver: CHABOD, Federico: «Usi e abusi nell'amministrazione dellos Stato di Milano a mezzo il'500», en *Studi storici in onore di Gioacchino Volpe*, Florencia, Sansoni, 1958, Vol. I, pp. 93-194; BURGARELLA, P.: *I visitatori generali del regno di Sicilia (secoli XVI-XVII)*, en Archivio Storico per la Sicilia orientale, LXXIII, 1997, pp. 7-88; PEYTAVIN, Mireille: «Le calendrier de l'administrateur. Périodisation de la domination espagnole en Italie suivant les visites générales», en *Mélages de l'Ècole française de Rome. Italie et Méditerranée*, n.º 106, año 1994, pp. 263-332; RIZZO, Mario: «Finanza pubblica, impero e amministrazione nella Lombardia spagnola: le "visitas generales"», en *Lombardia borromaica Lombardia spagnola 1554-1659*, PISSAVINO, Paolo y SIGNOROTTO, Gianvittorio . (eds.), Roma, Bulzoni, 1995, pp. 303-61. Por lo que se refiere a las juntas de visita, que eran las juntas que se formaban en la parte final del proceso de la visita para la deliberación

sobre una determinada cuestión de gobierno o de justicia, ver: BALTAR RODRÍGUEZ, J. F.: *Las Juntas de Gobierno en la Monarquía Hispánica (siglos XVI-XVII)*, Madrid, Centro de Estudios políticos y constitucionales, 1998.

82 DOMÍNGUEZ NAFRÍA, Juan Carlos: «Consejo de Guerra y desarrollo…», *op. cit.*, pág. 473.

83 MALTBY, William S.: *El Gran Duque de Alba*. Ed. Atalanta, Col. Casa de Alba, 2007, pp. 174-5.

84 Cfr. HERAS SANTOS, José Luis de las: «Los galeotes de los Austrias: la penalidad al servicio de la armada». *Historia Social* n.º 6, año 1990, pp. 127-140; *La justicia penal de los Austrias en la Corona de Castilla*. Ed. Universidad de Salamanca. Salamanca, 1991.

Servicio y lealtad: el linaje de Ligne durante el Siglo de Oro español

Laura Perona Guillén
Universidad de Castilla-La Mancha

Este trabajo pretende conocer la trayectoria de algunos de los dirigentes de la Casa de Ligne como agentes que estuvieron al servicio de la Monarquía Hispánica a lo largo del Siglo de Oro español y dieron muestras probadas de una lealtad sin parangón en un tiempo de absoluta inestabilidad, sobre todo desde la década de 1560 hasta el gobierno de los archiduques Alberto e Isabel y, posteriormente, durante la transferencia de los Países Bajos al agregado patrimonial de Felipe IV a partir de 1621. El desempeño de oficios cortesanos, políticos y militares en los círculos más cercanos a los miembros de la familia real permite situarlos en una alta esfera de poder en el gobierno de los Países Bajos católicos.

Durante la revuelta de los Países Bajos, el servicio y la perseverancia sirvieron para acumular méritos en el seno de un linaje, lo que redundó en la obtención de dignidades y honores que permitieron mejorar la posición personal de estos individuos. Como los méritos eran acumulativos, la constancia terminaría garantizando el encumbramiento de un individuo, como experimentó el III príncipe de Ligne, pero también otros nobles flamencos como el conde de Solre[1]. Como ha señalado Alicia Esteban Estríngana, el éxito de incorporación patrimonial en las grandes entidades dinásticas dependió del grado de integración de las élites, por lo que se desarrollaron unas relaciones vertebradas en la fidelidad y la correspondencia de favores[2].

Jean de Ligne, Felipe Jacques, Felipe conde de Ligne, Lamoral I príncipe de Ligne y Claudio Lamoral, III príncipe de Ligne, sirvieron en el mundo flamenco y el castellano y permitieron la articulación de las relaciones hispanoflamencas en el seno de la Monarquía Hispánica. Formaron parte de una red de agentes que supo combinar la lealtad y el servicio al monarca católico sin perder de vista el escenario flamenco[3] y, al pivotar entre las cortes de Madrid y de Bruselas, se convirtieron en una especie de agentes cosmopolitas, adquiriendo una visión global sobre el gobierno de la Monarquía Hispánica. El estudio de las trayectorias vitales de estos personajes permite conocer mejor la dinámica interna de la monarquía, así como profundizar en la historia social del poder y de la política. Para ello, también es clave conocer qué recursos de patronazgo empleó el soberano como medio para reforzar los lazos de lealtad y obediencia con las élites[4].

Un linaje en ascenso: la Casa de Ligne entre los siglos XVI y XVII

El desempeño de oficios políticos y militares en los Países Bajos

Los orígenes de la Casa de Ligne se sitúan en la Alta Edad Media, aunque el salto cualitativo de este linaje se produjo durante el siglo XV, cuando Guillermo de Ligne obtuvo el título de barón. El ascenso y la adquisición de poder se tradujo en la concesión del título de conde a Felipe Jacques de Ligne. Ya en 1448, Jean de Ligne fue nombrado gobernador del condado de Hainaut y, fruto de sus méritos, fue incluido en la Orden del Toisón de Oro en 1484. Lo mismo ocurrió con otro pariente, Jean de Ligne, conde de Arenberg-Ligne, que desempeñó el gobierno en el condado de Frisia (1549-1568)[5].

Felipe, conde de Ligne y de Fauquemberg, toisón desde 1559, fue elegido para formar parte de una comitiva encabezada por el conde de Egmont e integrada por otros toisones como el marqués de Berghes, los condes de Meghem y Mansfelt y el señor de Montigny, para visitar la corte de Felipe II en 1563. Según el cardenal Granvela, el conde de Ligne habría sido nombrado toisón para reforzar su vínculo de lealtad con el soberano, tras haber formado parte de ligas desobedientes al rey el año anterior a la revuelta[6]. En 1576 fue nombrado suplente en el Consejo de Estado que debía gobernar el país tras la muerte del gobernador, junto con el duque de Arschot, el conde de Mansfelt y Rassenghien[7].

Desde 1540 los gobernadores de las provincias de los Países Bajos eran de atribución regia y estuvieron ocupados por la alta nobleza. Como la función del gobierno de las provincias era principalmente militar, estos cargos recayeron en militares profesionales. Esta situación no solo elevó a los miembros de la Casa de Ligne, como se ha mencionado, sino también a otros linajes como Egmont, Lalaing y Cröy[8]. La situación cambió a partir de 1560, cuando la alta nobleza perdió peso político en las provincias frente a las instituciones reales.

Después del alejamiento de buena parte de la nobleza tras los sucesos de la década de 1560 en adelante, la Monarquía Hispánica impulsó una política de pacificación y captación de las voluntades de los súbditos de los Países Bajos a partir de 1610 que, según Bernardo J. García García, se basó en algunos puntos muy concretos: el control de la penetración del culto protestante en los Países Bajos meridionales; el pago puntual de los sueldos y atrasos del ejército de Flandes y, en último lugar, el fomento de las relaciones entre la Corona y los naturales flamencos, prestando particular atención a la participación de la nobleza en los cargos políticos[9].

El proceso de retorno fue paulatino y estuvo sujeto a distintas coyunturas. En 1621, Felipe IV reorganizó el gobierno político y militar de los Países Bajos y designó diez gobernadores internos para asumir el gobierno político del territorio. Cinco gobernadores eran efectivos y el resto suplentes. Entre los efectivos estuvieron: el maestre de campo general, Ambrosio Spínola; el general de caballería, don Luis de Velasco; el embajador real, el marqués de Bedmar; el príncipe Lamoral de Ligne, miembro del Consejo de Estado; y François van der Burch, arzobispo de Cambrai. Entre los suplentes: el castellano de Amberes, don Iñigo de Borja; el de Cambrai, don Carlos Coloma; el consejero de Estado, Charles de Lalaing, conde de Hoogstraten y el abad de Saint-Vaast[10]. Sin embargo, la pérdida de Bois-le-Duc en 1629 y los sucesos de 1632 con el avance de las tropas suecas y holandesas en el marco de la guerra de los Treinta Años, que se saldó con la toma de Venlo, Roermond, Straelen y Maastricht, unido a las desobediencias en la cúpula del ejército, reactivaron las quejas de una nobleza disconforme que protagonizó las conjuras nobiliarias de 1632[11]. Todo ello enrareció el clima de nuevo y, como ha apuntado Manuel Herrero, pausó la reincorporación de la alta nobleza en los altos cargos políticos y militares, que no se reactivó hasta la década de 1640[12].

Aunque Felipe y Jean de Ligne ostentaron algunos cargos políticos y militares de relevancia durante el siglo XVI, es a partir de comienzos del siglo XVII cuando se puede identificar un ascenso más rápido por parte de algunos de los miembros de esta familia nobiliaria, sobre todo a partir de 1601, cuando Lamoral de Ligne obtuvo el título hereditario de príncipe del Sacro Imperio Romano Germánico, convirtiéndose en el primer príncipe de Ligne. En estas circunstancias, los archiduques Alberto e Isabel se vieron en la obligación de elevar el condado de Ligne, situado en la provincia de Hainaut, a principado[13]. Por este motivo, algunos de los linajes flamencos con bienes patrimoniales en el Imperio se beneficiaron notablemente del servicio prestado a ambas entidades políticas.

El rápido ascenso del linaje de Ligne debe explicarse también por la política de enlaces matrimoniales sostenida con otras casas nobiliarias de los Países Bajos, lo que permitió aumentar notablemente las posesiones patrimoniales del linaje e incorporar nuevos títulos a la casa, como fueron el señorío de Roubaix, el condado de Fauquemberg, la baronía de Wassenare y los señoríos de Barbançon y de Arenberg.

La embajada que enviaron los archiduques Alberto e Isabel a Valladolid en 1605 con motivo del nacimiento del príncipe Felipe —futuro Felipe IV— estuvo formada por miembros de la élite flamenca muy cercanos al círculo de confianza de los gobernadores. Lamoral de Ligne formó parte de esta embajada extraordinaria, lo que suponía un acto de servicio a la Corona y probaba la calidad de los méritos y el honor del individuo en cuestión.

Las embajadas solían representar el momento idóneo para pretender algunos méritos. Lamoral de Ligne aprovechó su estancia en Valladolid para solicitar la grandeza de España como una recompensa a los años de servicio. A pesar de la negativa inicial, los intentos persistieron y, desde 1613, se sumó la mediación de su yerno, el marqués de Guadalest —embajador de España en Flandes—. En 1618 medió el obispo de Verdún ante los archiduques, según relató el residente francés en Bruselas[14]. Aunque el reconocimiento de la grandeza de España no llegó, Lamoral de Ligne contó con la confianza de los archiduques en otras ocasiones, ya que también fue elegido embajador para dar la enhorabuena a Luis XIII por su matrimonio con la infanta Ana[15].

La tardanza en obtener la grandeza obligó al príncipe Lamoral de Ligne, a comienzos de 1621, a enviar un memorial a Felipe III en el que insistía en los méritos propios y del linaje y recalcaba la fidelidad que había mostrado a la Corona española durante cuarenta años, desempeñando cargos políticos y militares, incluso durante la rebelión de los Países Bajos. El príncipe recordaba que había destacado como gobernador de la provincia de Artois (1598/1610-1624)[16], gentilhombre de la cámara de Alberto y en el mando de una compañía de ordenanza en 1596[17]. Como gobernador de la provincia de Artois, se integró en el Consejo de Estado de Flandes desde 1622 hasta su fallecimiento en 1624. El profesor René Vermeir ha dado cuenta de los hombres de gobierno que formaron parte de esta institución durante 1622, lo que permite corroborar que estaba integrada por los miembros de las casas nobiliarias más importantes de los Países Bajos católicos, como el duque de Arschot, el conde de Isenghien, el conde de Lalaing o el conde de Saint-Aldegonde, entre otros[18].

Lamoral de Ligne finalmente obtuvo la grandeza el 6 de abril de 1621[19]. La tardanza en concederla fue frecuente y formaba parte de una estrategia de la propia monarquía, que trataba de reforzar su posición: solo quienes siguieran sirviendo a sus soberanos y acumulando méritos, serían premiados[20]. De este modo, la Corona reforzaba su posición al atraerse la lealtad de las generaciones presentes, que veían recompensados sus servicios, y de las generaciones futuras, al optar a una mejora en la posición del linaje.

Cuando la nobleza flamenca afianzó su posición en el ámbito del honor —dignidades, gracias, mercedes— y en el del gobierno territorial, trató de pasar al desempeño de cargos políticos de relieve en el entramado de la Monarquía Hispánica, sobre todo cuando las primeras vías se agotaban. Este mecanismo se hizo extensible a los miembros de la Casa de Ligne que, al haber obtenido la grandeza de España y el collar de la Orden del Toisón de Oro, tras haber ocupado los gobiernos de algunas provincias como Artois, necesitaron de otros medios para distinguirse política y simbólicamente.

Estrategias de ascenso social del linaje de Ligne durante el siglo XVII

El ascenso social de un individuo en un entramado político complejo se inscribe dentro de un conjunto de estrategias y actuaciones desarrolladas por el linaje al que pertenece durante varias generaciones. Para Bartolomé Yun Casalilla, estas estrategias asegurarían el ascenso y la internacionalización del individuo[21]. El estudio de este proceso cobra especial relevancia si tenemos en cuenta que no fue lineal, sino que estuvo sujeto a la coyuntura política, social y económica en la que las élites se vieron obligadas a afrontar una serie de obstáculos y a tomar una serie de decisiones que, aunque podían comprometer a su linaje, también podían garantizar nuevas oportunidades de medro y de mejora. Valorando estos elementos, es posible comprender las motivaciones que condujeron al uso de unas estrategias u otras, así como las contradicciones en las que pudieron incurrir.

Al igual que su abuelo, Claudio Lamoral, III príncipe de Ligne, pretendió la grandeza de España, al ser una de las dignidades más codiciadas en la monarquía de los Austrias. Aunque hasta el momento no se ha hallado ningún documento que pruebe tal concesión, el noble fue considerado grande de España, tal y como se atestigua en las fuentes documentales, en las que recibe el tratamiento de primo, gozando de cierta preeminencia simbólica frente a otros linajes castellanos y flamencos. En este sentido, se debe tener en cuenta la tesis de Enrique Soria Mesa por la que los soberanos llamaron primo a quien quisieron y en el momento en que quisieron, sin necesidad de otorgar el título de grandeza de manear oficial[22].

Vestir el hábito de una orden militar castellana fue otra de las vías por las que las élites alcanzaron un alto grado de prestigio, a pesar de la inflación en la concesión de hábitos durante los reinados de Felipe III y de Felipe IV. En el caso de la nobleza flamenca, solo un 1 % formó parte de las órdenes militares castellanas, aunque la calidad que demostraron, sobre todo en los méritos propios y del linaje, fue superior a la de las élites castellanas[23]. Sin embargo, el costoso y largo proceso al que debía enfrentarse el aspirante —mayor aún en los Países Bajos—, suponía asumir que se reunían las condiciones necesarias para adquirir el hábito, demostrando algunas condiciones como la hidalguía, la limpieza de sangre o la riqueza[24]. El motivo por el que algunos nobles flamencos desearon ingresar en las órdenes militares castellanas fue doble. Por un lado, por el prestigio que garantizaba al linaje en cuestión y, por otro, porque el hábito podía ir acompañado de una encomienda que incrementaba el patrimonio y las rentas familiares.

Henri Ernest, marqués de Roubaix, hijo de Claudio Lamoral, obtuvo el hábito de la Orden de Calatrava en 1655[25]. Tanto en el reinado de Felipe III como de Felipe IV, los miembros de la alta nobleza ingresaron preferentemente en la Orden de Santiago —que aglutinó a la nobleza militar— y en la Orden de Calatrava —que aglutinó a la nobleza política y cortesana—[26].

El ingreso en la Orden del Toisón de Oro y la obtención del collar fue otra de las pretensiones más ansiadas de las élites flamencas para mejorar su posición y su imagen. La Monarquía Hispánica hizo un uso político de esta merced, aprovechándola para comprometer políticamente a la alta nobleza de sus estados patrimoniales mediante el juramento de fidelidad que implicaba el ingreso en la orden[27]. Vestir el collar de la Orden del Toisón de Oro fue, por lo tanto, una manera de ser recompensado por el servicio prestado a la Corona y se convirtió en una distinción propia del reinado de Felipe III, que empleó este recurso de patronazgo como una forma de atraer y estimular futuros servicios por parte de la alta nobleza, premiando a quienes habían permanecido fieles desde 1560[28]. Durante el gobierno de Felipe IV, la concesión de collares del Toisón de Oro se incrementó notablemente. Entre 1621 y 1632, el monarca católico otorgó catorce collares. Sin embargo, los sucesos de 1632 frenaron el proceso y, entre 1633 y 1644, solo se concedieron dos collares más[29].

Desde finales del siglo XV, todos los primogénitos de la Casa de Ligne ostentaron el collar de la Orden del Toisón de Oro[30]. Lamoral de Ligne accedió a la orden en 1599[31] y su nieto, Claudio Lamoral, en 1646[32], coincidiendo con la reimpulso de Felipe IV a la concesión de dignidades y de honores[33]. No obstante, el III príncipe de Ligne había pretendido esta merced desde 1638 y contó con la mediación del cardenal-infante ante Felipe IV[34]. En 1645 intercedió por él el marqués de Castel-Rodrigo, aludiendo a los méritos del príncipe y a las quejas que podría plantear al conocer que se había concedido el collar al conde de Bossu[35]. En 1646 también recibieron el toisón el príncipe de Chimay y el duque de Havré, por sus méritos y fidelidad probados. Los ocho años que transcurrieron desde que el príncipe de Ligne comenzó a pretender el Toisón de Oro hasta que lo recibió, evidencian la estrategia del soberano, que alargó la concesión de esta distinción por dos motivos. En primer lugar, es posible que no hubiese collares disponibles y, en segundo lugar, para prolongar los servicios y los méritos del individuo antes de satisfacer sus demandas.

El establecimiento de lazos matrimoniales entre las casas nobiliarias castellanas y flamencas fue mucho menos habitual y, en consecuencia, tuvo menor importancia en el proceso de vinculación de las élites de los Países Bajos al servicio de la Monarquía Hispánica. En el caso de la Casa de Ligne, no es posible identificar enlaces matrimoniales con las élites castellanas hasta finales del siglo XVI, puesto que el entronque se produjo con otras casas flamencas o del Imperio, como los marqueses de Roubaix, los duques de Havré y las casas de Arenberg y Barbançon. Anne de Ligne fue la primera mujer de la casa en salir del círculo flamenco, al casar con Felipe de Cardona, marqués de Guadalest y embajador en Flandes, en 1613[36], cuya descendencia entroncó posteriormente con los marqueses de Ariza y la casa de Zúñiga.

Coincidiendo con la reincorporación de las élites flamencas a los altos cargos políticos de la Monarquía Hispánica, se incrementaron los enlaces matrimoniales entre las élites castellanas y las flamencas. El hijo primogénito de Claudio Lamoral, Henri Ernest, casó con doña Juana María de Aragón y Benavides[37], hija del duque de Cardona, mientras que su hermana Luisa Clara casó con el X conde de Oñate. Octave-Ignace de Ligne, príncipe de Barbançon, de la rama secundaria de la Casa de Ligne e hijo de Albert de Ligne (1600-1674), casó con Teresa María Manrique de Lara, hija del I conde de Frigiliana en 1672 y dama de la reina Mariana de Austria[38]. A pesar de que los descendientes del III príncipe de Ligne perpetuaron el servicio a la Monarquía Hispánica[39], parece que este tipo de enlaces no fueron tan habituales ni determinantes para el ascenso político y social de esta casa nobiliaria.

El III príncipe de Ligne y su actividad política y militar en los Países Bajos (1646-1669)

Claudio Lamoral, III príncipe de Ligne, desarrolló una carrera política, militar y diplomática al servicio de la Monarquía Hispánica tras heredar la cabeza de la Casa de Ligne a la muerte de su hermano y primogénito, Albert Henri, en 1641. Casó con la viuda de su hermano, que al mismo tiempo era su prima, Clara María de Nassau, hija del conde de Nassau-Siegen, contribuyendo al incremento de los bienes patrimoniales y títulos de la casa[40]. Fruto de este matrimonio fueron sus tres hijos Henri Ernest —primogénito y heredero del principado—, Luisa Clara de Ligne y Carlos Joseph. Los dos primeros enlazaron matrimonialmente con dos casas castellanas, incrementando su prestigio político, social y simbólico frente a otras casas nobiliarias flamencas, así como sus bienes patrimoniales. El hijo menor fue destinado a la carrera militar y política en Flandes. Según Mérode-Westerloo, el príncipe de Ligne nunca habría obtenido el virreinato de Sicilia y el gobierno de Milán si su hijo mayor Henri Ernest no hubiera contraído matrimonio con la hija de una de las casas nobiliarias más importantes de Castilla[41]. A mi juicio, se debe matizar esta afirmación, ya que la trayectoria política y militar de este noble en los Países Bajos fue tan extensa y próxima a los círculos de poder de los gobernadores, que en su nombramiento influyeron otra serie de factores, como su capacidad militar y su cercanía a don Juan José de Austria.

Durante el gobierno del archiduque Leopoldo Guillermo se produjo el nombramiento masivo de gentilhombres de la cámara y de la boca con la intención de involucrar, de nuevo, a las élites locales en el proyecto político de reconfiguración de la monarquía. En este proceso se incorporaron miembros de las casas de Arenberg, Ligne, Lalaing, Croÿ, que recobraron la posición en el ceremonial que habían perdido en las décadas anteriores, según han estudiado Eloy Hortal y Koldo Trápaga[42]. De este modo, durante la década de 1640 ya no se buscaba mantener a una nobleza neutral, sino que había que fortalecer los lazos de unión, sobre todo por la necesidad de la Monarquía Hispánica de contar con unas élites favorables y dispuestas a financiar la guerra contra Francia y la República de Holanda[43].

En 1646, el mismo año en que Claudio Lamoral obtuvo el collar de la Orden del Toisón de Oro, fue elegido para formar parte de la cúpula militar del ejército de Flandes por los méritos acumulados[44]. Por la misma razón fue elegido el príncipe de Chimay, que también había sido distinguido con el collar en la misma fecha. El marqués de Caracena fue nombrado maestre de campo general y don Esteban de Gamarra ocupó el cargo de capitán general de la artillería. Sin embargo, se deben señalar las difíciles relaciones y la rivalidad entre estos militares[45]. Este hecho se puede explicar, en parte, al observar cómo había quedado compuesto el alto mando del ejército de Flandes en 1646. El ejército quedaba encabezado, en su mayoría, por flamencos que ostentaban un enorme peso político tanto en el interior de los Países Bajos como en el seno de la Monarquía Hispánica. Para Madrid debió ser la mejor solución ante la creciente inestabilidad política, ya que al favorecer a estos personajes preeminentes se estrechaban los lazos entre los naturales y la Corona[46]. Sin embargo, algunos castellanos, como el conde de Fuensaldaña, fueron desplazados.

En 1652 el archiduque Leopoldo Guillermo impulsó una gran ofensiva contra Francia con el objetivo de alejar a las tropas francesas que estaban sitiando Cataluña. En ese mismo año, el príncipe de Condé pasó al servicio de la Monarquía Hispánica tras alentar los disturbios durante la Fronda en Francia. Esta estrategia debía permitir al gobernador recuperar algunos territorios perdidos en los Países Bajos. El príncipe de Ligne dirigió el ataque contra Boulonnais y participó en la recuperación de Dunkerque[47]. Sin embargo, la faceta militar del III príncipe de Ligne se desarrolló a mayor escala durante el gobierno de don Juan José de Austria y, principalmente, en las campañas militares de 1656, 1657 y 1658.

La primera campaña militar de don Juan José de Austria se saldó con la toma de Valenciennes el 12 de mayo de 1656. Se trató de una victoria política y religiosa que sirvió para levantar el ánimo y la moral de un ejército agotado por la guerra continuada. La exaltación propagandística de la batalla se tradujo en numerosos grabados, lienzos y relaciones que han sido estudiados por Elvira González Asenjo[48]. Desde la corte madrileña se felicitó a los altos mandos del ejército que habían participado en la toma de la ciudad: el príncipe de Condé, el marqués de Caracena, el príncipe de Ligne, el conde de Marsín y el conde de Henin. Fruto de la victoria se concedieron mercedes y honores a algunos de los principales generales del ejército[49].

El inicio de la campaña militar de 1657 fue favorable a las armas hispanas y se saldó con la toma de Saint-Ghislain el 23 de marzo, después de que el príncipe de Ligne hubiese bloqueado el ataque del general de Turena[50]. Sin embargo, el resto de la campaña fue desastrosa y se saldó con la pérdida de importantes plazas: Gravelinas, Oudenaarde, Comines, Menin, Yprès. A pesar de ello, la Junta de Generales de los Países Bajos redirigió todos sus recursos, sin éxito, para conservar y defender Neupoort y Ostende[51]. El sitio de Dunkerque por las tropas del general Turena, en mayo de 1657, puso en jaque al puerto que dominaba el mar del Norte y representaba la pieza clave del sistema defensivo español. Entretanto, se renovó la alianza entre la Francia de Luis XIV y la Inglaterra de Cromwell, ratificada por el tratado de 1657. Por ello, cuando Dunkerque cayó finalmente en 1658, los franceses entregaron esta plaza a los ingleses, que adquirieron una base naval esencial para el desarrollo de sus actividades mercantiles en el mar del Norte[52].

Debido a las pérdidas territoriales y a la escasez de recursos económicos y militares, el gobernador, a instancias de Felipe IV, planteó una reforma en los altos mandos del ejército, comenzando por el puesto de maestre de campo general. Don Juan José de Austria propuso al príncipe de Ligne, que servía como capitán general de la caballería; a don Esteban de Gamarra, que capitaneaba un tercio de infantería; al marqués de Cerralbo, sargento general de batalla; al marqués de Lede, general de la armada y gobernador de Dunkerque y a don Baltasar Mercader, sargento general de batalla. El gobernador se posicionó a favor del nombramiento del príncipe de Ligne como maestre de campo general, ya que era el individuo más idóneo para dirigir los asuntos de la guerra. Si el noble aceptaba, don Juan proponía al marqués de Cerralbo para sustituirlo en el puesto de capitán general de la caballería[53]. Para el gobernador resultaba esencial proponer a individuos que estaban sirviendo en los Países Bajos como un medio para satisfacer sus pretensiones y recompensar sus servicios.

Felipe IV ignoró las recomendaciones de su hijo y de los consejeros de Estado, de modo que la reforma de los altos mandos del ejército quedó de la siguiente manera: don Esteban de Gamarra como maestre de campo general del ejército de Flandes; Fernando de Solís, superintendente de la gente de guerra de Flandes; el conde de Salazar, general de la artillería; don Baltasar Mercader como castellano de Cambray; el marqués de Cerralbo como castellano de Amberes y quedaban vacíos los puestos del castillo de Gante y el tercio de españoles[54]. Las disposiciones del soberano no deben extrañar, ya que el cargo de capitán general de la artillería recayó habitualmente en grandes títulos y, desde 1652, en castellanos, puesto que eran minoritarios frente a los naturales flamencos[55].

Durante los preparativos de la campaña militar de 1658, don Juan José de Austria formó una Junta con el marqués de Caracena y don Alonso de Cárdenas para plantear una estrategia que les permitiese sortear la falta de medios. A la guerra se añadían otras problemáticas, como el estallido de la revuelta de Amberes[56]. Además, a pesar de la reforma en el ejército, el gobernador no había quedado satisfecho y presionaba para que el conde de Salazar fuese nombrado general de la artillería[57].

El desastre de la campaña militar de 1658 obligó a la reducción de los gastos militares en los Países Bajos meridionales. Se hacía necesaria una reforma de las tropas para acomodarlas a los cuarteles de invierno. El gobernador se encontró con la oposición del príncipe de Condé, que se negó a acometer la reforma[58]. Ello se sumaba a las difíciles relaciones entre los principales dirigentes —don Juan José de Austria, el marqués de Caracena y el príncipe de Condé—, que fueron complicadas, sobre todo en el protocolo y en el reconocimiento del escalafón militar. El príncipe de Condé no estaba dispuesto a dar a don Juan José de Austria un tratamiento de igualdad porque lo consideraba un bastardo[59].

En 1659 se produjo una transformación en la gobernación de los Países Bajos. A partir de este año, el gobierno dejó de estar en manos de los príncipes de sangre y recayó en grandes aristócratas. No obstante, ambos tenían algunas características comunes, como su acción militar y su experiencia diplomática, claves para gobernar un territorio que constituía la pieza clave de la geopolítica hispana en Europa[60]. A partir de 1659 —seguimos a Miguel Conde Pazos— el gobernador actuó más bien como un mediador entre Madrid y Bruselas, dependiente de las demandas de la élite nobiliaria y con un poder más limitado[61].

En 1659 servían en los Países Bajos tres ejércitos diferentes, aunque todos al servicio del monarca católico. El primero era el ejército de Flandes, el más importante numérica y cualitativamente. Por detrás se situaban los ejércitos privados del príncipe de Condé y del rey de Inglaterra, que luchaban a favor de la monarquía contra Francia. Estos ejércitos privados estaban alojados y pagados con los fondos de la monarquía, pero no obedecían a sus órdenes directamente, lo que generó habituales desórdenes y pillajes y provocó las quejas de la población y de los gobernadores de los Países Bajos[62].

Durante el gobierno del marqués de Caracena (1659-1664) se abrió un periodo de estabilidad coincidiendo con la firma de la paz de los Pirineos. El nuevo gobernador aprovechó para reformar de nuevo el ejército de Flandes con el fin de reducir del gasto militar. Algunas de las medidas pasaban por la reducción del número de compañías de caballos y de maestres de campo de caballería[63]. Fruto de estos cambios, tanto el III príncipe de Ligne como otros agentes flamencos que habían servido en el ejército, buscaron acomodo en el ejercicio político. Claudio Lamoral fue nombrado embajador extraordinario para representar a Felipe IV ante el recién restaurado rey de Inglaterra, Carlos II Estuardo. Sin embargo, a su regreso a la corte de Bruselas aumentó la tensión entre la élite flamenca y se produjeron una serie de polémicas y altercados debido al fuerte carácter del marqués de Caracena. En este tiempo fueron habituales los conflictos de precedencias, así como la falta de autoridad y de reconocimiento entre las élites flamencas y castellanas. No fueron hechos extraordinarios, sino que se extendieron por las cortes europeas y ello se debió, en buena medida, a las presiones de una Francia que buscaba un mayor reconocimiento en el escenario internacional.

A pesar de las órdenes de Felipe IV al marqués de Caracena para que mantuviese una buena relación con la élite del país, la tensión incrementó entre 1662 y 1663. La salida del marqués de Caracena de los Países Bajos estuvo motivada en buena parte por el conflicto y los habituales enfrentamientos que mantuvo con otros miembros del gobierno civil y militar. A los choques con Claudio Lamoral se deben sumar otros con Alfonso Litta, arzobispo de Milán y con Charles de Hovynes, presidente del Consejo Privado[64]. Su salida de los Países Bajos a comienzos de 1664 debería ayudar a rebajar las tensiones en la gobernabilidad del territorio. No faltaban, en todo caso, oportunidades de continuar sirviendo a la monarquía en otros escenarios, como así hizo en Portugal.

El gobierno del marqués de Castel-Rodrigo (1664-1668) estuvo marcado por los preparativos de Luis XIV para invadir los Países Bajos y por los incumplimientos de las cláusulas del tratado de Paz de los Pirineos, pues a pesar de la paz no se habían fijado unos límites fronterizos en Flandes. El rey francés aprovechó esta circunstancia para movilizar tropas en 1664 con la excusa de reforzar los presidios. Desde la corte madrileña se destinaron recursos económicos para que el marqués de Castel-Rodrigo estuviese preparado en caso de un rompimiento bélico[65]. Al incrementarse los recursos militares, el gobernador aprobó la formación de cuatro tercios valones nuevos, que estuvieron dirigidos por algunos de los miembros de la alta nobleza flamenca: el duque de Havré, el marqués de Roubaix, hijo del III príncipe de Ligne, y los señores de Herentals y Tornon[66].

El estallido de la guerra no sorprendió a la Corona, que movilizó rápidamente sus resortes diplomáticos para negociar la paz con Portugal y aliarse con Inglaterra y las Provincias Unidas en una Triple Alianza capaz de detener a Francia. Destacó también la intervención del nuevo pontífice, Clemente IX, como mediador entre España y Francia[67]. En el transcurso de la guerra, el marqués de Castel-Rodrigo solicitó que el príncipe de Ligne se reincorporase al ejército. El noble aceptó esgrimiendo su lealtad y servicio a la reina regente, aunque impuso algunas condiciones, como ostentar el cargo de capitán general de la caballería[68]. Finalmente, destacó en algunas acciones, como el socorro de Terramunda y el asalto a las tropas francesas en las cercanías de Jodoigne al mando de una caballería de mil jinetes compuesta por alemanes y valones de reciente reclutamiento y por un cuerpo de veteranos y un tercio de caballos españoles[69].

El tratado de Aquisgrán, de 2 de mayo de 1668, puso fin a la guerra de Devolución, aunque fue difícil frenar las pretensiones de Luis XIV, que presionó y coaccionó a las élites de los Países Bajos, poniendo en juego su patrimonio territorial y económico. Las pérdidas territoriales afectaron gravemente a las familias que tenían propiedades en la frontera. El príncipe de Ligne fue desposeído de algunos de sus bienes, que pasaron a manos del príncipe de Epinoy[70]. Pese a las negociaciones del marqués de La Fuente, el monarca francés incumplió el reglamento de las cesiones territoriales. En el caso del príncipe de Ligne, en 1669 solicitó a la Corona un socorro económico y un puesto político acorde a su dignidad alegando que su familia no tenía nada con que subsistir. La Corona no dudó en conceder asistencias para aliviar el malestar de la élite de los Países Bajos[71], contribuyendo al mismo tiempo a recompensar el servicio continuado de este linaje a la monarquía. Un año después, en 1670, fue nombrado virrey de Sicilia, iniciando un *cursus honorum* en los grandes puestos políticos que le llevarían a ocupar una plaza en el Consejo de Estado en 1678, durante el breve gobierno de Juan José de Austria.

Conclusiones

Una buena parte de la nobleza flamenca se mantuvo fiel a la Monarquía Hispánica, a pesar de las distintas coyunturas que atravesaron los Países Bajos entre 1560 y 1670, principalmente por el recelo que suscitaban la Francia de Luis XIV y la República de Holanda, que amenazaban con atacar los privilegios que las élites habían conseguido en este tiempo. Esa nobleza buscó en la Corona el respeto sus particularismos locales mientras quedaba garantizado el orden social.

En el proceso de ascenso, consolidación e internacionalización de las élites jugó un papel determinante el componente generacional. El desarrollo de estrategias y redes clientelares durante el transcurso de varias generaciones favoreció el ascenso de algunos miembros de los linajes más destacados, que llegaron a ocupar altos cargos políticos en la estructura imperial de la Monarquía Hispánica. La Casa de Ligne dio probadas muestras de fidelidad a la monarquía a lo largo de los siglos XVI y XVII y, tanto Lamoral de Ligne como Claudio Lamoral fueron leales en un periodo marcado por los actos de desobediencia y las conjuras nobiliarias. Al calor de una monarquía favorable, el linaje impulsó una serie de estrategias que le permitió mejorar su posición social y situarse en un plano simbólico superior al de otros linajes. Por ello pretendieron todos los honores, mercedes y dignidades posibles, logrando satisfacer sus demandas con la entrada en la Orden del Toisón de Oro y la obtención de la grandeza de España, que les situaba en un círculo de poder próximo al soberano. La entrada en la Orden Militar de Calatrava y el establecimiento de lazos matrimoniales con familias hispano-flamencas no solo sirvieron para incrementar los bienes patrimoniales de la familia sino también para entretejer una red clientelar con la que mejorar su posición social.

Como recompensa a su servicio y lealtad a la causa hispana, Ligne se incorporó al ejercicio de la caballería y su habilidad como militar le situó en una esfera de poder próxima a la de los gobernadores de los Países Bajos, en especial, de los marqueses de Caracena y Castel-Rodrigo y de Juan José de Austria. El notable *cursus honorum* de Claudio Lamoral, sirviendo como virrey de Sicilia, gobernador de Milán y consejero de Estado, ofrece una singular combinación de voluntades, para quien representó mucho más que un simple agente al servicio de la Corona. El III príncipe de Ligne, al igual que la Casa de su linaje, participó con su servicio de una forma activa en la maquinaria política de la monarquía y logró las compensaciones y gracias desde la corte para resarcirle de las graves pérdidas patrimoniales de su casa debido a una coyuntura política adversa.

Notas

1 ESTEBAN ESTRÍNGANA, Alicia: «Afición, entendimiento y celo al servicio de Su Majestad. El conde de Solre, Jean de Croÿ y la unión hispano-flamenca en el reinado de Felipe IV» en René Vermeir, Maurits Ebben, Raymond Fagel (eds.), *Agentes e identidades en movimiento. España y los Países Bajos, siglos XVI-XVIII*. Madrid, Sílex, 2011, p. 196.

2 ESTEBAN ESTRÍNGANA, Alicia: «Élites flamencas y patronazgo real: gestionar recursos y negociar expectativas en la monarquía de Felipe IV (1620-1630)», "Espacio, tiempo y forma". Serie IV, *Historia moderna*, 23 (2010), p. 60.

3 VERMEIR, René; EBBEN, Maurits y FAGEL, Raymond (eds.): *Agentes e identidades en movimiento. España y los Países Bajos, siglos XVI-XVIII*. Madrid, Sílex, 2011, pp. 20-21.

4 ONIEVA OCAMPO, Guillermo y PAULO CORREA, Marcelo: «Agentes de gobierno en la Monarquía Hispánica durante el siglo XVII: sujetos, vínculos y prácticas», *Libros de la Corte*, 18 (2019), pp. 55-56.

5 PÉREZ BUSTAMANTE, Rogelio: «Los Países Bajos: una república nobiliaria (siglos XIV al XVII)», *Anuario de Historia del derecho español*, 76 (2006), p. 475. Debemos distinguir a ambos individuos, ya que Jean de Ligne, conde de Arenberg fue caballero del Toisón de Oro desde 1546 y gobernador de las provincias de Frisia, Groninga y Overysell. Falleció en la batalla de Heyligerlée el 24 de mayo de 1568. Su hijo fue Charles de Ligne, conde de Arenberg. Véase GACHARD, M., *Correspondance de Philippe II sur les affaires des Pays-Bas*. Vol I. Bruselas, 1848, p. 214.

6 *Ibidem*, pp. 259-260. El cardenal Granvela a Felipe II. Bruselas, 25 de julio de 1563.

7 GACHARD, M., *Correspondance de Philippe II sur les affaires des Pays-Bas*. Vol III. Bruselas, 1858, pp. 454-455. Carta de Jerónimo de Roda al rey. Bruselas, 10 de marzo de 1576.

8 ECHEVARRÍA BACIGALUPE, Miguel Ángel: *Flandes y la Monarquía Hispánica, 1500-1713*. Madrid, Sílex, 1998, p. 26.

9 GARCÍA GARCÍA, Bernardo J.: «Ganar los corazones y obligar los vecinos. Estrategias de pacificación de los Países Bajos (1604-1610)» en HERRERO SÁNCHEZ, Manuel y CRESPO SOLANA, Ana (coords.), *España y las 17 provincias de los Países Bajos: una revisión historiográfica (XVI-XVIII)*, vol. 1. Córdoba, Servicio de Publicaciones de la Universidad de Córdoba, 2002, p. 158.

10 ESTEBAN ESTRÍNGANA, Alicia: *Madrid y Bruselas. Relaciones de gobierno en la etapa postarchiducal (1621-1634)*. Leuven, Leuven University Press, 2005, p. 191.

11 *Ibidem*, p. 176. En la conjura nobiliaria estuvieron involucrados Philippe-Charles de Ligne-Arenberg, que formaba parte de una de las ramas secundarias de la Casa de Ligne y Albert de Ligne, príncipe de Barbançon (1600-1674). Para profundizar en la conjura nobiliaria de 1632 véase ESTEBAN ESTRÍNGANA, Alicia, «Desleales rehabilitados leales: el príncipe de Barbançon, Albert de Ligne, autor de El amigo verdadero y leal, y la construcción de lealtades colectivas en el siglo XVII» en QUIRÓS ROSADO, Roberto y BRAVO LOZANO, Cristina (coords.), *Los hilos de Penélope: lealtad y fidelidades en la Monarquía de España, 1648-1714*. Valencia, Albatros, 2015, pp. 39-55.

12 HERRERO SÁNCHEZ, Manuel: *El acercamiento hispano-neerlandés (1648-1678)*. Madrid, Consejo Superior de Investigaciones Científicas, 2000, p. 216.

13 Este fenómeno se explica por el hecho de que algunas familias de la nobleza flamenca estaban vinculadas a la Monarquía Hispánica y al Imperio, lo que favoreció, en ocasiones, su proceso de ascenso social. Véase VERMEIR, René, «Je t'aime, moi non plus: la nobleza flamenca y España en los siglos XVI-XVII» en Bartolomé Yun Casalilla (dir.), *Las redes del Imperio: élites sociales en la articulación de la Monarquía Hispánica, 1492-1714*. Madrid, Marcial Pons, Universidad Pablo Olavide, 2009, p. 323.

14 LONCHAY, Henri; CUVELIER, Joseph, *Correspondance de la Cour d'Espagne sur les affaires des Pays-Bas au XVIIe siècle, tome premier: précis de la Correspondance de Philippe III (1598-1621)*. Bruselas, 1923, p. 578. Carta de Lamoral de Ligne a Felipe III. Arras, 16 de febrero de 1621.

15 ESTEBAN ESTRÍNGANA, Alicia: «El collar del Toisón y la grandeza de España. Su gestión en Flandes durante el gobierno de los archiduques (1599-1621)» en Krista de Jonge, Bernardo J. García García, Alicia Esteban Estríngana (eds.), *El legado de Borgoña. Fiesta y ceremonia cortesana en la Europa de los Austrias (1454-1648)*. Madrid, Fundación Carlos de Amberes, Marcial Pons Historia, 2010, pp. 542-543.

16 PÉREZ BUSTAMANTE, Rogelio, «Los Países Bajos: una república nobiliaria...», *op. cit.* p. 475.

17 Biblioteca Histórica Municipal de Madrid (en adelante BHM), I, 242-32. El príncipe Lamoral de Ligne pide ser recompensado por sus servicios.

18 La composición del Consejo de Estado de 1622 y de años sucesivos se puede consultar en: VERMEIR, René, *En estado de guerra. Felipe IV y Flandes, 1629-1648*. Córdoba, Universidad de Córdoba, 2006, p. 349.

19 ESTEBAN ESTRÍNGANA, Alicia: «El collar del Toisón...», *op. cit.*, pp. 542-543.

20 *Ibidem*, p. 538.

21 YUN CASALILLA, Bartolomé (dir.), *Las redes del Imperio: élites sociales en la articulación de la Monarquía Hispánica, 1492-1714*. Madrid, Marcial Pons, Universidad Pablo Olavide, 2009, p. 22.

22 SORIA MESA, Enrique: «La grandeza de España en la Edad Moderna. Revisión de un mito historiográfico» en Francisco Sánchez-Montes González, Juan Luis Castellano (coords.), *Carlos V. Europeísmo y universalidad*, vol. 4. Granada, Universidad de Granada, 2001, pp. 619-636.

23 FERNÁNDEZ IZQUIERDO, Francisco: «Los flamencos en las órdenes militares españolas. Algunas notas sobre la integración en el sistema nobiliario de la Monarquía Hispánica» en Manuel Herrero Sánchez, Ana Crespo Solana (coords.), *España y las 17 provincias de los Países Bajos: una revisión historiográfica (XVI-XVIII)*, vol. 1. Córdoba, Universidad de Córdoba, 2002, p. 110.

24 VERMEIR, René: «Je t'aime, moi non plus...», *op. cit.*, p. 326.

25 Archivo Histórico Nacional (en adelante AHN), OOMM, Calatrava, expediente 1397.

26 ESTEBAN ESTRÍNGANA, Alicia: «Élites flamencas y patronazgo real...», *op. cit.*, p. 71.

27 ESTEBAN ESTRÍNGANA, Alicia: «El collar del Toisón...», *op. cit.*, p. 503.

28 *Ibidem*, p. 518.

29 VERMEIR, René, *En estado de guerra...*, *op. cit.*, p. 317.

30 Biblioteca de la Real Academia de la Historia (en adelante BRAH), Colección Salazar y Castro, 21014. Genealogía de la casa de Ligny. 9/293, fols. 24-28.

31 ESTEBAN ESTRÍNGANA, Alicia: «El collar del Toisón...», *op. cit.*, p. 534.

32 AHN, Estado, leg. 7685, exp. 44. Expediente de concesión de la Orden del Toisón de Oro a Claudio Lamoral, príncipe de Ligne.

33 VERMEIR, René: *En estado de guerra...*, *op. cit.*, p. 317.

34 CUVELIER, Joseph; LEFÈVRE, Joseph, *Correspondance de la Cour d'Espagne sur les affaires des Pays-Bas au XVIIe siècle, tome III: precis de la correspondance de Philippe IV* (1633-1647). Bruselas, 1930, p. 218. El cardenal-infante a Felipe IV. Bruselas, 6 de febrero de 1638.

35 *Ibidem*, p. 547. Castel-Rodrigo a Felipe IV. Bruselas, 9 de noviembre de 1645.

36 BRAH, Colección Salazar y Castro, 21325, 9/294, f. 82.

37 Las contribuciones de René Vermeir parecen demostrar, a falta de investigaciones más precisas, que los matrimonios hispanoflamencos fueron poco habituales y no fueron la vía primordial para el ascenso social, al menos desde Castilla hacia los Países Bajos, por lo tanto, no sería posible determinar si estos matrimonios fueron más ansiados en el sentido contrario, desde los Países Bajos hacia Castilla. A diferencia de la estrategia matrimonial, la aspiración a mercedes como la grandeza o el ingreso en la Orden del Toisón de Oro sí fueron instrumentos más deseados por la aristocracia católica flamenca para ver recompensado su servicio a la Corona. VERMEIR, René, «Je t'aime, moi non plus...», *op. cit.*, pp. 332-337.

38 *Ibidem*, p. 327. Octave-Ignace de Ligne, príncipe de Barbançon, corresponde a la rama secundaria del linaje de Ligne, que se desprende de la rama principal durante el siglo XVI.

39 Archivo Histórico de la Nobleza (en adelante AHNOB), Osuna, CT. 67, D. 18.

40 BRAH, Salazar y Castro, 21014, 9/293, fols. 24-28.

41 VERMEIR, René, «Je t'aime, moi non plus...», *op. cit.*, p. 332.

42 HORTAL MUÑOZ, José Eloy; TRÁPAGA MONCHET, Koldo, «La corte de Bruselas durante el reinado de Felipe IV: reconfiguración y consolidación institucional» en José Martínez Millán, Rubén González Cuerva, Manuel Rivero Rodríguez (dirs.), *La Corte de Felipe IV (1621-1665): reconfiguración de la Monarquía católica.* Tomo IV, vol. 2: "Las Cortes virreinales peninsulares y Flandes". Madrid, Polifemo, 2018, p. 1171.

43 VERMEIR, René: *En estado de guerra...*, *op. cit.*, p. 316.

44 Según Ana Quijorna, el marqués de Castel-Rodrigo insistió a Felipe IV para que honrase al príncipe de Ligne por el celo con que este servía, ya que había sido capitán de caballos, maestre de campo y general de los hombres de armas. Véase QUIJORNA RODRÍGUEZ, Ana, «A la búsqueda de la operatividad bélica del ejército de Flandes: don Luis de Benavides Carrillo de Toledo, marqués de Caracena, Maestre de Campo General (1646-1647)» en Porfirio Sanz Camañes (ed.), *Tiempo de cambios: guerra, diplomacia y política internacional de la Monarquía Hispánica (1648-1700).* Madrid, Actas, 2012, p. 483.

45 CUVELIER, Joseph; LEFÈVRE, Joseph, *Correspondance de la Cour d'Espagne...*, *op. cit.*, p. 572: Castel-Rodrigo a Felipe IV. Bruselas 17 de marzo de 1646; p. 576: Castel-Rodrigo a Felipe IV. Bruselas, 22 de mayo de 1646.

46 QUIJORNA RODRÍGUEZ, Ana: «A la búsqueda de la operatividad bélica...», *op. cit.*, p. 485.

47 MAFFI, Davide: *En defensa del Imperio. Los ejércitos de Felipe IV y la guerra por la hegemonía europea (1635-1659).* Madrid, Actas, 2014, p. 122.

48 GONZÁLEZ ASENJO, Elvira: *Don Juan José de Austria y las artes (1629-1679).* Madrid, Fundación de Apoyo a la Historia del Arte Hispánico, 2005, p. 217.

49 Archivo General de Simancas (en adelante AGS), Estado, leg. 2088, doc. 83. Consulta del Consejo de Estado. Madrid, 10 de septiembre de 1656.

50 MAFFI, Davide: *En defensa del Imperio…*, *op. cit.*, p. 143.

51 *Ibidem*, p. 150.

52 GONZÁLEZ ASENJO, Elvira: *Don Juan José de Austria…*, *op. cit.*, p. 244.

53 AGS, Estado, leg. 2091, doc. 86. Don Juan José de Austria a Felipe IV. Dunquerque, 19 de octubre de 1657.

54 AGS, Estado, Leg. 2091, doc. 102. Consulta del Consejo de Estado. Madrid, 24 de noviembre de 1657.

55 MAFFI, Davide: *En defensa del Imperio…*, *op. cit.*, p. 361.

56 AGS, Estado, leg. 2093, doc. 56. Don Juan José de Austria a Felipe IV. Bruselas, 19 de enero de 1658.

57 AGS, Estado, leg. 2093, doc. 79. Don Juan José de Austria a Felipe IV. Bruselas, 26 de enero de 1658.

58 AMIGO VÁZQUEZ, Lourdes, «Instituciones y gobierno extraordinario. Flandes en tiempos del Grand Condé (1651-1659)», *Philostrato: revista de Historia y Arte*. Número extraordinario: "Instituciones de los Países Bajos (siglos XVI-XVII)", 2018, p. 142.

59 *Ibidem*, pp. 237-238.

60 CONDE PAZOS, Miguel: «El gobierno de los Países Bajos en el cursus honorum de la Monarquía hispana», *Revista de Historia*, 30 (2023), p. 2.

61 *Ibidem*, p. 28.

62 RODRÍGUEZ HERNÁNDEZ, Antonio José: *España, Flandes y la guerra de Devolución (1667-1668). Guerra, reclutamiento y movilización para el mantenimiento de los Países Bajos españoles*. Madrid, Ministerio de Defensa, colección ADALID, 2007, p. 68.

63 AGS, Estado, leg. 2095, doc. 119. Consulta del Consejo de Estado. Madrid, 30 de diciembre de 1659.

64 QUIJORNA RODRÍGUEZ, Ana: «Mecanismos y estrategias de promoción, ascenso y consolidación de los Carillo de Toledo, señores de Caracena y Pinto», *Historia y Genealogía*, 2 (2012), p. 233.

65 YETANO LAGUNA, Isabel: *Relaciones entre España y Francia desde la paz de los Pirineos (1659) hasta la guerra de Devolución (1667): la embajada del marqués de La Fuente*. Tesis doctoral. Madrid, Universidad Nacional de Educación a Distancia, 2007, pp. 415-423.

66 RODRÍGUEZ HERNÁNDEZ, Antonio José: *España, Flandes y la guerra de Devolución…*, *op. cit.*, p. 101.

67 SÁNCHEZ BELÉN, Juan Antonio: «Las relaciones internacionales de la Monarquía Hispánica durante la regencia de doña Mariana de Austria», *Studia Historica. Historia Moderna*, 20 (1999), p. 146.

68 AHN, Estado, libro 112, s/f. Carta del príncipe de Ligne a le chef-président. Bruselas, 7 de abril de 1668.

69 RODRÍGUEZ HERNÁNDEZ, Antonio José: *España, Flandes y la guerra de Devolución…*, *op. cit.*, p. 181.

70 CUVELIER, Joseph; LEFÈVRE, Joseph: *Correspondance de la Cour d'Espagne sur les affaires des Pays-Bas au XVIIe siècle. Tome V, precis de la correspondance de Charles II (1665-1700)*. Bruselas, Académie Royale des Sciencies, les léttres et des Beaux-Arts de Belgique, 1935, pp. 73-74. Memorial del Condestable de Castilla enviado a Jerónimo de Quiñones para ser presentado a Luis XIV. Bruselas, 18 de abril de 1669.

71 AGS, Estado, leg. 2109, doc. 265. Carta del Condestable con un memorial incluso del príncipe de Ligne. Bruselas, 4 de junio de 1669.

Bibliografía

AMIGO VÁZQUEZ, Lourdes: «Instituciones y gobierno extraordinario. Flandes en tiempos del Grand Condé (1651-1659)», *Philostrato: revista de Historia y Arte*. Número extraordinario: "Instituciones de los Países Bajos (siglos XVI-XVII)", 2018, pp. 111-148.

CONDE PAZOS, Miguel: «El gobierno de los Países Bajos en el cursus honorum de la Monarquía hispana», *Revista de Historia*, 30 (2023), pp. 1-31.

ECHEVARRÍA BACIGALUPE, Miguel Ángel: *Flandes y la Monarquía Hispánica, 1500-1713*. Sílex. Madrid, 1998.

ESTEBAN ESTRÍGANA, Alicia: *Madrid y Bruselas. Relaciones de gobierno en la etapa postarchiducal (1621-1634)*. Leuven University Press. Leuven, 2005.

—«Élites flamencas y patronazgo real: gestionar recursos y negociar expectativas en la monarquía de Felipe IV (1620-1630)», Espacio, tiempo y forma. Serie IV, *Historia moderna*, 23 (2010), pp. 59-88.

—«El collar del Toisón y la grandeza de España. Su gestión en Flandes durante el gobierno de los archiduques (1599-1621)» en Krista de Jonge, Bernardo José García Garcia, Alicia Esteban Estríngana (eds.), *El legado de Borgoña. Fiesta y ceremonia cortesana en la Europa de los Austrias (1454-1648)*, pp. 503-557. Fundación Carlos de Amberes, Marcial Pons Historia. Madrid, 2010.

—«Agregación de territorios e integración de sus élites. Flandes y la monarquía de Felipe III (1598-1621)», *Studia Histórica. Historia Moderna*, 32 (2010), pp. 261-304.

—«Afición, entendimiento y celo al servicio de Su Majestad. El Conde de Solre, Jean de Croÿ y la unión hispano-flamenca en el reinado de Felipe IV» en René Vermeir, Maurits Ebben, Raymond Fagel (eds.), *Agentes e identidades en movimiento. España y los Países Bajos, siglos XVI-XVIII*, pp. 195-230. Sílex. Madrid, 2011.

—«Desleales rehabilitados leales: el príncipe de Barbançon, Albert de Ligne, autor de El amigo verdadero y leal, y la construcción de lealtades colectivas en el siglo XVII» en Roberto Quirós Rosado, Cristina Bravo Lozano (coords.), *Los hilos de Penélope: lealtad y fidelidades en la Monarquía de España, 1648-1714*, pp. 39-55. Albatros. Valencia, 2015,

FERNÁNDEZ IZQUIERDO, Francisco: «Los flamencos en las órdenes militares españolas. Algunas notas sobre la integración en el sistema nobiliario de la Monarquía Hispánica» en Manuel Herrero Sánchez, Ana Crespo Solana (coords.), *España y las 17 provincias de los Países Bajos: una revisión historiográfica (XVI-XVIII)*, vol. 1, pp. 101-136. Universidad de Córdoba. Córdoba, 2002.

GARCÍA GARCÍA, Bernardo J.: «Ganar los corazones y obligar los vecinos. Estrategias de pacificación de los Países Bajos (1604-1610)» en Manuel Herrero Sánchez, Ana Crespo Solana (coords.), *España y las 17 provincias de los Países Bajos: una revisión historiográfica (XVI-XVIII)*, vol. 1, pp. 137-166. Servicio de Publicaciones de la Universidad de Córdoba. Córdoba, 2002.

GONZÁLEZ ASENJO, Elvira: *Don Juan José de Austria y las artes (1629-1679)*. Fundación de Apoyo a la Historia del Arte Hispánico. Madrid, 2005.

HERRERO SÁNCHEZ, Manuel: *El acercamiento hispano-neerlandés (1648-1678)*. Consejo Superior de Investigaciones Científicas. Madrid, 2000.

—"La Monarquía Hispánica y la cuestión de Flandes" en Porfirio Sanz Camañes (coord.), *La Monarquía Hispánica en tiempos del Quijote*, pp. 501-528. Sílex. Madrid, 2005.

HORTAL MUÑOZ, José Eloy; TRÁPAGA MONCHET, Koldo, «La corte de Bruselas durante el reinado de Felipe IV: reconfiguración y consolidación institucional» en José Martínez Millán, Rubén González Cuerva, Manuel Rivero Rodríguez (dirs.), *La Corte de Felipe IV (1621-1665): reconfiguración de la Monarquía católica*. Tomo IV, vol. 2: "Las Cortes virreinales peninsulares y Flandes", pp. 1147-1219. Polifemo. Madrid, 2018.

MAFFI, Davide: *En defensa del Imperio. Los ejércitos de Felipe IV y la guerra por la hegemonía europea (1635-1659)*. Actas. Madrid, 2014.

ONIEVA OCAMPO, Guillermo y PAULO CORREA, Marcelo: «Agentes de gobierno en la Monarquía Hispánica durante el siglo XVII: sujetos, vínculos y prácticas», Libros de la Corte, 18, pp. 55-58. 2019.

PÉREZ BUSTAMANTE, Rogelio: «Los Países Bajos: una república nobiliaria (siglos XIV al XVII)», *Anuario de Historia del derecho español*, 76, pp. 461-506. 2006.

QUIJORNA RODRÍGUEZ, Ana: «Mecanismos y estrategias de promoción, ascenso y consolidación de los Carillo de Toledo, señores de Caracena y Pinto», *Historia y Genealogía*, 2, pp. 215-237. 2012.

—«A la búsqueda de la operatividad bélica del ejército de Flandes: don Luis de Benavides Carrillo de Toledo, marqués de Caracena, Maestre de Campo General (1646-1647)» en Porfirio Sanz Camañes (ed.), *Tiempo de cambios: guerra, diplomacia y política internacional de la Monarquía Hispánica (1648-1700)*, pp. 459-492. Actas. Madrid, 2012.

QUIRÓS ROSADO, Roberto y BRAVO LOZANO, Cristina (coords.): *Los hilos de Penélope: lealtad y fidelidades en la Monarquía de España, 1648-1714*. Albatros. Valencia, 2015.

RODRÍGUEZ HERNÁNDEZ, Antonio José: *España, Flandes y la guerra de Devolución (1667-1668). Guerra, reclutamiento y movilización para el mantenimiento de los Países Bajos españoles*. Ministerio de Defensa, colección ADALID. Madrid, 2007.

SÁNCHEZ BELÉN, Juan Antonio: «Las relaciones internacionales de la Monarquía Hispánica durante la regencia de doña Mariana de Austria», Studia Historica. Historia Moderna, 20, pp. 137-172. 1999.

SORIA MESA, Enrique: «La grandeza de España en la Edad Moderna. Revisión de un mito historiográfico» en Francisco Sánchez-Montes González, Juan Luis Castellano (coords.), *Carlos V. Europeísmo y universalidad*, vol. 4, pp. 619-636. Universidad de Granada. Granada, 2001.

VERMEIR, René: *En estado de guerra. Felipe IV y Flandes, 1629-1648*. Universidad de Córdoba. Córdoba, 2006.

—«Je t'aime, moi non plus: la nobleza flamenca y España en los siglos XVI-XVII» en Bartolomé Yun Casalilla (dir.), *Las redes del Imperio: élites sociales en la articulación de la Monarquía Hispánica, 1492-1714*, pp. 313-337. Marcial Pons, Universidad Pablo Olavide. Madrid, 2009.

VERMEIR, René; EBBEN, Maurits y FAGEL, Raymond (eds.): *Agentes e identidades en movimiento. España y los Países Bajos, siglos XVI-XVIII*. Sílex. Madrid, 2011.

YETANO LAGUNA, Isabel: *Relaciones entre España y Francia desde la paz de los Pirineos (1659) hasta la guerra de devolución (1667): la embajada del marqués de La Fuente*. Tesis doctoral. Universidad Nacional de Educación a Distancia. Madrid, 2007.

YUN CASALILLA, Bartolomé, (dir.): *Las redes del Imperio: élites sociales en la articulación de la Monarquía Hispánica, 1492-1714*. Marcial Pons, Universidad Pablo Olavide. Madrid, 2009.

El Imperio español en Indias. Ensanchando la frontera en la América Hispana

José María Rodríguez
Universidad de Castilla-La Mancha

La conquista y exploración del continente americano han sido fenómenos muy estudiados y debatidos por la historiografía. La expansión territorial de los dominios hispanos en América nunca cesó durante su presencia en el continente.

Desde las primeras décadas de la presencia española en América, se produjeron dentro del imperio rivalidades entre los adelantados, los gobernadores e incluso con algunos virreyes por conseguir el favor del monarca para explorar y conquistar nuevas tierras. No hay que olvidar tampoco las fricciones con las otras potencias europeas, principalmente con Francia e Inglaterra que se fueron dando posteriormente, pero que sin duda sirvieron de acicate a la ampliación de las fronteras en América. Habida cuenta de la imposibilidad de tratar todo lo que rodea a este fenómeno expansionista, que transcurrió a lo largo de todo un continente y a través de varios siglos. Nos centraremos desde el punto de vista geográfico en el área de la costa del golfo de México y lo que hoy sería el suroeste de Estados Unidos, que un día perteneció al virreinato de Nueva España. Desde un punto de vista cronológico, hablaremos de las expediciones más relevantes a esta región, efectuadas durante los siglos XVI y XVIII, llegando a los albores del siglo XVIII.

El golfo de México constituyó un área conocida e investigada a través de una serie de exploraciones tempranas, que dieron comienzo con el descubrimiento de Ponce de León de la Florida en el año 1513, pero ¿qué impulsaba este tipo de exploraciones? La sed de conocimiento, la ambición, la curiosidad y la fe se pueden considerar como algunos de los factores impulsores más representativos en aquellos que financiaron y participaron en las expediciones que se efectuaron. Son cuestiones de espacio las que nos evitan tratar aquí aquellas expediciones tan afamadas como las de Ponce de León o el propio Hernán Cortes, para centrarnos en otras, quizá no tan conocidas, aunque no menos relevantes por sus consecuencias.

Aproximaciones durante el siglo XVI

Las incursiones a este territorio dieron comienzo tan pronto como los europeos alcanzaron el Caribe en el siglo XVI. El objetivo de estos viajes era el de conocer mejor el área donde se estaban asentando, así como sus recursos, la población nativa, etc. Esta fue la coyuntura que rodeó el primer reconocimiento bordeando el litoral costero del golfo. Esta campaña estuvo capitaneada por Alonso Álvarez de Pineda por orden de Francisco de Garay, gobernador de Jamaica, quien la financió con su fortuna personal. La expedición tuvo su origen principalmente en la necesidad de encontrar un paso desconocido que conectase el Atlántico con el Pacífico, a través del golfo de México[1].

Alonso Álvarez de Pineda comenzó su expedición en 1519 habiendo reunido la tripulación que fue repartida en cuatro buques. Con origen en Jamaica, recorrieron toda la costa del golfo de México en dirección este-oeste. Desde las costas de la Florida, alcanzaron unos meses más tarde a la recién fundada ciudad de Veracruz, poco tiempo después de que Cortés hubiese iniciado su viaje hacia la conquista de Tenochtitlan (conocida posteriormente como la ciudad de México). Alonso realizó la pertinente reclamación oficial de aquellas tierras para la Corona de Castilla, pero sin la menor intención por el momento de establecer enclave alguno en esta área, pero sí en otras.

Pineda llevaba la orden de Garay para establecer una colonia en la costa del golfo, pero a la altura de la desembocadura del río Panuco (actualmente se encuentra la ciudad de Tampico, en el estado de Tamaulipas). Sin embargo, para llevar a cabo este cometido, debía entrar en conflicto con los intereses de Cortés, quien en ese momento se encontraba en rebeldía respecto a Diego Velázquez, gobernador de Cuba. Los buques de Pineda recalaron en lo que hoy es Tampico y encontraron a los hombres de Hernán Cortés, sin entrar en conflicto con ellos. En cualquier caso, la colonia de Pineda no pudo extenderse más allá del actual río Panuco[2]. Allí se fundó un pequeño enclave que resultó extremadamente efímero, ya que tan solo un año más tarde fue destruido por los nativos. En palabras de Bernal Díaz del Castillo:

> Garay había enviado a poblar a Pánuco, que se decía Fulano de Pinedo [Alonso Álvarez de Pineda], que los indios de Pánuco los habían muerto, y a todos los soldados y caballos que había enviado a poblar el Pánuco [...] y navíos se los habían quemado[3].

Conscientes de la situación, se enviaron varios buques en socorro de la colonia en 1520, hallando el enclave hispano asediado por los huastecos. El capitán de la expedición, Diego Camargo, logró rescatar a unos 60 hombres, dando la colonia por perdida. Entre los supervivientes no se encontró a Álvarez de Pineda.

También durante estos años fue cuando se produjo la expedición de Pánfilo de Narváez, considerada como la primera por tierra a través del sur de los actuales Estados Unidos. Se desarrolló de manera accidental, a raíz del fiasco que supuso sobre los planes originales. El objetivo principal de este viaje consistía en colonizar y evangelizar la Florida. De Pánfilo de Narváez sabemos que luchó a junto a Diego Velázquez en la conquista de la isla de Cuba. Precisamente fue este, en calidad de gobernador de Cuba, quien le envió al mando del contingente militar para castigar al insubordinado Cortés en 1520, poniéndose al frente de 19 buques y más de mil hombres[4]. Empeño en el que fracasó, quedando sin su libertad durante un tiempo, y sin la visión de un ojo.

En 1526 Carlos I, le concedió el título de adelantado para «conquistar y poblar las dichas tierras que son desde el río de las Palmas hasta el cabo que dizen (sic) de la Florida»[5].

De todos los expedicionarios solamente cuatro personas lograron regresar a Nueva España por sí mismas, recorriendo toda la distancia que está comprendida entre la Florida hasta y el río Panuco. Cuando Alvar Núñez Cabeza de Vaca se incorporó como tesorero y segundo al mando, ya tenía los 40 años cumplidos. Cabeza de Vaca comenzó su carrera militar en las campañas italianas llevadas a cabo a finales del siglo XVI, bajo el mando del duque de Medina Sidonia. Debido a sus éxitos en el campo de batalla. Se cree que su nombramiento fue un tipo de recompensa por sus servicios prestados en Italia, a pesar de que nunca había estado en América[6].

La mala suerte comenzó cuando varios navíos se perdieron antes de salir del puerto de la isla Fernandina. Luego, la falta de espacio en los buques obligó a que la expedición se redujese a 400 hombres, que fue el número que llegó a las costas de Florida[7].

De todo lo que sucedió en la expedición tenemos el testimonio que aportó Cabeza de Vaca. Según este, Narváez cometió varios errores fatales. La comitiva llegó posiblemente a la bahía de Tampa en Florida, y en lugar de establecer una base en tierra firme se dejaron llevar por los rumores difundidos por nativos que apuntaban a la existencia de una rica ciudad llamada «Apalache, en la cual había mucho oro, y [...] gran cantidad de todo lo que nosotros estimamos en algo»[8].

Pánfilo de Narváez dividió la expedición en dos grupos: el primero debía navegar por la costa y el segundo viajaría por tierra con el objetivo de encontrarse más adelante. Cerca de un año después aquellos que fueron costeando el litoral decidieron regresar a Cuba dando por perdido al otro grupo. El segundo error de Narváez fue tomar a un jefe de los apalahes como rehén para averiguar por la fuerza dónde se encontraba el oro. Tras el ataque de los nativos, no tuvieron más alternativa que huir hacia la costa de nuevo, pero esta vez sin apoyo naval.

Tras un mes y medio de navegación, acabaron naufragando en la que se cree que fue la isla de Galveston o quizá la que queda más al sur, la isla Padre, frente a las costas de Texas[9]. Los supervivientes fueron tomados como esclavos por los nativos karankawas. Durante los siguientes años los supervivientes que llegaron a Texas fueron dispersándose o muriendo, pero Cabeza de Vaca logró adquirir cierta libertad de movimientos a resultas de haberse conver-

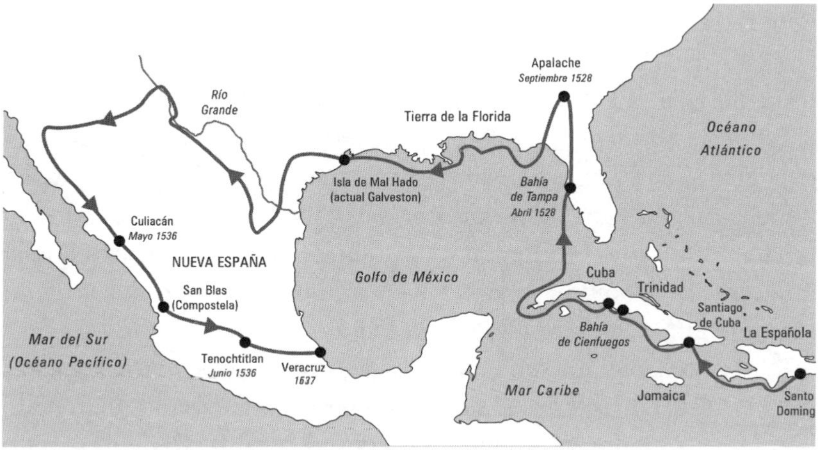

Aproximación al itinerario de la expedición liderada por Pánfilo de Narváez y Alvar Núñez Cabeza de Vaca.

tido en un respetado curandero y comerciante entre las diferentes tribus indígenas. Logró ubicar en otros poblados a quienes serían los otros tres supervivientes de la expedición: Alonso del Castillo Maldonado, Andrés de Dorantes y Esteban, un esclavo de origen africano y propiedad de Dorantes. Los cuatro acordaron fugarse del cautiverio, siendo su objetivo alcanzar el territorio controlado por los castellanos[10]. Casi ocho años después de haber comenzado su viaje, los cuatro fueron hallados en las inmediaciones de la ciudad de Culiacán. Supieron ganarse el favor de los nativos al punto que recibieron víveres, alojamiento e incluso escoltas a lo largo de su travesía.

A la fascinación que despertó Hernán Cortés, tras la conquista del espectacular imperio azteca en 1521, siguió la del imperio inca a manos de Pizarro y Diego de Almagro en 1534. A esto se sumaron los informes de Alvar Núñez Cabeza de Vaca. Considerando esto, se estimuló la curiosidad y ambición para localizar los míticos reinos de Cíbola y Quivira (leyenda de los 7 obispos huidos de Lusitania durante la invasión musulmana)[11].

Hernán Cortés, el virrey de Nueva España y el gobernador de Cuba comenzaron una competencia entre sí para ser los primeros en alcanzar aquellas ciudades míticas que aún quedaban por descubrir. Hernán Cortés decidió comenzar por la exploración de la costa del Pacífico hacia el norte de lo que sería posteriormente California. El virrey de Nueva España, Antonio de Mendoza y Pacheco, se puso en contacto con todos los supervivientes de la expedición de Pánfilo de Narváez en 1537, para liderar otro viaje a aquella misma zona de la que lograron escapar. Todos, excepto Esteban —ahora un hombre libre—, rehusaron participar en aquella empresa. El propio Cabeza de Vaca adujo sus compromisos como segundo adelantado del Río de la Plata.

La expedición bajo el mando de fray Marcos, regresó apenas un año transcurrido desde su partida pero sin Esteban, quien halló la muerte a manos de los nativos, según el testimonio del fraile. Lo relatado por fray Marcos en el viaje fue exagerado hasta tal extremo que, en lugar de proporcionar una referencia honesta sobre lo acontecido, avivó aún más la imaginación y ambición del virrey Mendoza. Fray Marcos dio cumplida información al virrey en el que sostuvo que se había conseguido descubrir la ciudad de Cíbola y el reino de Quivira, anotando que «la población era mayor que la ciudad de México». Sin embargo, admitió no haber entrado en ella, ya que allí fue donde Esteban perdió la vida, por lo que se contentó con divisarla desde lejos[12].

El mismo año que fray Marcos y Esteban partieron hacia Ácoma, Hernando de Soto consiguió mediante cédula real la gobernación de la isla de Cuba y, además, su nombramiento como adelantado de La Florida. Hernando de Soto comenzó su carrera militar pocos años antes, durante la conquista del Imperio inca. Tras encomendar la gobernación de la isla en su esposa, Isabel de Bobadilla, organizó una partida formada por más de 600 hombres. La empresa de Hernando de Soto, recorrió los actuales estados de Florida, Alabama, Mississippi, Arkansas y finalmente Luisiana, donde Hernando de Soto sufrió un grave accidente ecuestre, lo que le impidió regresar con vida a Cuba. Antes de expirar delegó el mando en Luis de Moscoso en 1542[13]. Moscoso continuó con las últimas de Hernando de Soto, siendo su objetivo alcanzar el río Panuco. Esta expedición logró alcanzar la ciudad de México en el verano de 1543 sin conseguir sus objetivos.

No hubo de transcurrir mucho tiempo hasta que el virrey de Nueva España ordenase a Vázquez de Coronado, quien había sido nombrado gobernador de Nueva Galicia en 1538, liderar otra expedición en la búsqueda de la ciudad de Cíbola. Para lograrlo, se reunieron más de 500 hombres con el objetivo de conquistar aquella ciudad mítica y el reino de Quivira[14]. Sin embargo, este viaje que tenía como objetivo principal la conquista de un territorio, se convirtió finalmente en un viaje exploratorio en el que se llevaron a cabo importantes descubrimientos etnográficos, como el de la ciudad de Ácoma, más conocida como «la ciudad del cielo», en el actual estado de Nuevo México. También se tuvo por primera vez contacto con las tribus de las llanuras de Texas y con los actuales estados de Oklahoma y Kansas. Se añadieron, además, importantes descubrimientos geográficos, el más significativo fue el cañón del Colorado, siendo los primeros europeos en divisarlo, además de dejar constancia de todo aquel territorio inexplorado[15]. Los expedicionarios llegaron a la ciudad de México en 1542 con una sensación de fracaso al no haber podido hallar y conquistar el mítico reino de Quivira[16].

Expediciones durante el siglo XVII

El año en que falleció Felipe II y ascendió al trono Felipe III estuvo marcado por la expedición de Juan de Oñate, hijo de Cristóbal Oñate —quien acompañó a Cortés en la conquista de Tenochtitlan—. Oñate logró reclutar a 200 hombres para su expedición, que debía seguir los pasos de las anteriores, en la que obtuvo de la Corona el título de adelantado de Nuevo México. En su camino hacia el norte, parece ser que se ganó el favor de varias tribus indígenas que no mostraron oposición a su presencia y, a su parecer, aceptaron de buena gana ser súbditos de la Monarquía Hispánica[17].

En Ácoma, Oñate experimentó la oposición más grande a la presencia hispana. Tras una primera derrota a manos de los indios pueblo, atacó de nuevo la ciudad, que quedó completamente destruida a manos de sus propios habitantes al ver inevitable la derrota. Esta expedición tuvo como propósito inicial implantar un asentamiento hispano entre los indios pueblo que habitaban el área principalmente. Así, en 1601, se fundó Santa Fe, que prosperó como capital de la nueva provincia hasta 1680, año en que los indios pueblo expulsaron a los hispanos de la provincia, que pudo ser recuperada un tiempo después (1692-93).

El papel de la religión en las exploraciones

En este siglo, hubo varios factores que resultaron fundamentales a la hora de entender las expediciones que se llevaron a cabo en toda esta área. En primer lugar, nos encontramos con el papel que desempeñó la religión. Después de que, en 1537, Pablo III decretase mediante la bula *Sublimis Deus* que los nativos poseían alma y las discusiones sobre el modo de hacer la conquista en América. Los indígenas eran merecedores de la redención de Cristo y los clérigos regulares estaban obligados a facilitarles la salvación de sus almas. De ahí la importancia de la presencia y labor de las órdenes religiosas en América. Acorde con lo anterior, las órdenes competían por el apoyo oficial, con el ánimo de que su congregación fuera la elegida para extender la fe. Los franciscanos ya partían con desventaja en el siglo XVII, pues dominicos y jesuitas tenían la mayor parte del reservorio de almas nativas bajo su auspicio. Debido a este hecho, los franciscanos pusieron su mirada sobre la frontera norte de Nueva España, un inmenso territorio escasamente explorado, pero con la seguridad de albergar a miles de neófitos potenciales.

En 1629, un grupo de unos 50 nativos jumanos, que habitaban al norte del río Grande, llegaron al monasterio de la Vieja Isleta —al sur de la actual Alburquerque, Nuevo México— solicitando, para sorpresa de aquellos frailes, el bautismo y la enseñanza de la catequesis. A las inquisitivas preguntas de los frailes, confesaron que los conocimientos que habían demostrado sobre la fe cristiana los habían adquirido gracias a una mujer que, vestida de azul, les visitaba, y en su propia lengua, les enseñaba nociones de cristianismo. Las visitas de aquella mujer se producirían de manera más o menos regular en el tiempo. El custodio de la misión acudió al arzobispo de México, Francisco Manso de Zúñiga. Al arzobispo de México ya le habían encomendado investigar si se había producido algún milagro relacionado con una monja española, quien presumiblemente sufría bilocaciones y, a través de estas, predicaba a algún tipo de extranjeros sin abandonar su convento en un pequeño pueblo de Soria, llegando a la conclusión de que sor María de Ágreda debía ser la Dama de Azul[18].

Sor María nació en la localidad de Ágreda, Soria, el 2 de abril de 1602, en el seno de una familia de la baja nobleza[19]. Esta familia de hidalgos tenía profundas convicciones religiosas, hasta tal punto, que su madre, Catalina de Arana, decidió transformar su casa en un convento. Desde que María tomó los hábitos comenzó a experimentar sucesos místicos diferentes, como arrobamientos y levitaciones, siendo el más espectacular el de las supuestas bilocaciones en América. Respecto a su vida conventual, su ascenso fue meteórico, pues antes de cumplir los 25 años fue elegida como prelada, para lo que hubo de pedir una dispensa papal especial, debido a que su juventud le impedía tomar posesión de aquel cargo.

El custodio de las misiones de Nuevo México, fray Alonso Benavides, tuvo a finales de 1630 la oportunidad de entrevistarse con la propia María de Ágreda. Benavides plasmó en un memorial dirigido a la corona y a los franciscanos sus conclusiones, apuntando a que aquella monja debía ser la misma persona que se aparecía a los nativos tejanos y coahuiltecanos. El memorial escrito por Benavides fue publicado y tuvo tanta repercusión que incluso el joven rey Felipe IV lo leyó[20]. Tiempo después, nació una amistad epistolar entre los dos que duraría hasta el fallecimiento de ambos en 1665[21]. Este fenómeno representó un factor decisivo, pues a partir de él se tomó la decisión de ampliar las fronteras de Nueva España hacia el norte.

A modo de resumen, Benavides propuso abrir una vía de comunicación hacia el interior desde la denominada Bahía del Espíritu Santo, es decir, hacia el río Mississippi. No le movían solo motivos religiosos, sino también políticos, como dejó reflejado en el memorial:

> [...] si por la vecindad que tienen estas tierras, así por mar, como por tierra con los ingleses y franceses que están poblados al norte de dichas provincias de la Florida se puede recelar algún daño de dichas naciones y proporción referida[22].

El efecto inmediato fue la primera exploración motivada por la fe en 1629 con apoyo oficial. Se internó más de 40 leguas entre los pueblos jumanos, hacia el este de Nuevo México, recorriendo regiones del norte de Texas. Debido al poco auxilio que se le prestó, hubo de regresar a su monasterio, no sin antes dar testimonio de que la Dama de Azul de la Llanura, como la conocían, había estado enseñando el cristianismo a los nativos, ofreciéndose varios testigos para sostener aquella información[23]. En 1632 se decidió llevar a cabo otra incursión en busca de más evidencias sobre el milagro que se estaba produciendo en Texas y Nuevo México.

Si para algo sirvieron estas expediciones, fue para proseguir con el contacto con los indios pueblo y con los jumanos, aunque tampoco llegaron a establecer ninguna misión entre ellos, pero los franciscanos siguieron empleando su historia para afianzar y tratar de expandir el sistema misional a toda la frontera norte de Nueva España[24]. Posteriormente otros franciscanos y seculares utilizaron la figura de esta monja, como el padre Massanet cuando relacionó su figura con la de la tribu de los Cadoadachos en 1690[25]. Aún en la actualidad sigue teniendo gran importancia la figura de la monja soriana entre algunos pueblos nativos de Nuevo México.

La competencia colonial en la segunda mitad del siglo XVII

Además del papel de la religión como factor fundamental en las expediciones del siglo XVII, tampoco es despreciable el relacionado con la competencia colonial en el norte del continente americano. La Monarquía Hispánica no fue la única que se interesó por esta vastísima extensión de terreno para evitar que otras potencias europeas tomasen el control antes que ellos. Respecto a Inglaterra, existen documentos que relatan cómo el contralmirante *sir* John Harman, tras volver de una campaña militar en la Guayana holandesa en 1668, en el marco de la tercera guerra Anglo-neerlandesa, se encontraba buscando un lugar apto para avituallarse a lo largo de la costa de Florida y encontró el delta del río Mechasapi, entendemos Mississippi. Harman tomo la decisión de ascender con su buque a través de esta arteria acuática, y en su informe afirmó haber descubierto dos minas, una de cobre y otra de plata durante su trayecto río arriba[26]. Según el memorial consultado, aquellos colonos llegaron hasta la provincia española de Nuevo México, a unas 150 millas más allá del río Mississippi. De este grupo de colonos destacó el coronel Dundley, quien según este memorial fue el encargado de realizar los informes sobre la travesía para el gobierno de la colonia de Boston[27].

Es llamativa la conexión que establece este documento con la expedición que Robert Cavalier La Salle realizó a lo largo del Mississippi, desde Canadá hasta su desembocadura, en 1682, tan solo cuatro años después de la incursión accidental inglesa. Por tanto, sería más lógico deducir que La Salle obtuvo la información de sus compatriotas para desarrollar la suya unos años más tarde[28].

A medida que se aproxima el final del siglo XVII, se comprueba cómo las exploraciones que van llevando a cabo las principales potencias coloniales confluyen en el espacio, con la consiguiente fricción entre ellas. La expedición de La Salle en 1682 fue considerada como un hito debido a que marcaría el inicio de algún modo de la conquista definitiva de la costa norte del golfo de México por parte principalmente de Francia y España. Hasta este momento existe un «vacío» desde el río Panuco hasta la península de Florida.

Tras las exploraciones del Mississippi entre 1673 y 1682 era cuestión de tiempo que la metrópoli gala concibiese un plan de colonización para aquella zona que poseía una gran importancia geoestratégica. Además, contaba con otras ventajas, como la fácil conexión y posibilidad de socorro con las posesiones que Francia controlaba en el mar Caribe en el sur y con Canadá en el norte, lo que la hacía más atractiva. Inglaterra, el otro gran rival potencial en el golfo, quedaba más rezagada en el continente, pero poseía la isla de Jamaica en el Caribe y su red de espionaje en Francia le proporcionó información vital sobre las intenciones francesas en el golfo de México desde su inicio.

A finales de 1678 el gobierno de Carlos II requirió más información sobre los rumores que apuntaban a la existencia de un español afincado en la corte parisina. Aquellas informaciones sostenían que este individuo se habría ofrecido al rey francés para comandar una flota de guerra con el objetivo de hostigar las posiciones novohispanas. No hubo que esperar mucho tiempo para averiguar que este no era otro que Diego Dionisio de Peñalosa, exgobernador de Nuevo México y cuya trayectoria nos rememora, salvando las distancias, al que fuera secretario de Felipe II: el famoso Antonio Pérez. Diego Dionisio de Peñalosa nació en Lima en 1624 y era un criollo entroncado lejanamente con la nobleza peninsular. Desde su juventud, se le encomendaron varios cargos dentro de la administración civil local limeña, así como de carácter militar como correspondía a su estatus social. En 1660 fue nombrado gobernador, y cuatro más tarde capitán general de la provincia de Nuevo México. Estando al frente de esta gobernación le surgieron problemas con el Santo Oficio. Rivalidad que Peñalosa sancionó encerrando al comisario general del Santo Oficio en su palacio durante ocho días. A su vez, la Inquisición le denunció por blasfemo, aprovechando un viaje que realizó a la ciudad de México. A resultas de esta denuncia, acabó desposeído de su gobernación y encarcelado durante 32 meses. Se añadió después la terrible vergüenza de verse obligado a participar en un auto de fe como reconciliado. Se celebró en Santo Domingo el 3 de febrero de 1668 y quedó recogido su testimonio por escrito, dando cuenta de la desventura que hubo de experimentar el gobernador:

> Asímismo (sic) salió en dicho auto D. Diego de Peñalosa, Gobernador del Nuevo México, por suelto de lengua contra sacerdotes y señores inquisidores, y algunos disparates que tocaban

> en blasfemias: salió en cuerpo (que lo tenía muy bueno), vestido de terciopelo negro; el pelo (que era propio y crecido) muy peinado, las medias arrugadas; puños que se usaban de puntas de Flandes muy grandes, que parece se compuso al propósito, sin capa ni sombrero, con vela verde en la mano; causó mucha lástima[29].

A pesar de que su destierro perpetuo se circunscribía solamente a Nueva España, Peñalosa decidió abandonar América, posiblemente atormentado por la humillación que sufrió en el auto de fe. Hay que tener en cuenta que aquel proceso le trajo la ruina económica y, sobre todo, le dejó marcado socialmente de por vida. Recaló primero en las islas Canarias y desde ahí viajó a Londres, logrando acceder a la corte anglosajona[30].

El exgobernador comenzó a recibir socorros de manera periódica por parte del gobierno inglés a cambio de información sobre la situación de la Monarquía Hispánica en América. Peñalosa proporcionó información más o menos verídica que él pudiera conocer, como el estado de fuerzas o armamento, y les ayudó a confeccionar planos, entre otras cosas. El embajador de España en Londres, Bernardo de Salinas y Román, como es lógico, le vigiló desde un principio, e informó a Madrid que Peñalosa había presentado en la corte anglicana tres planes bélicos diferentes para que los ingleses pudieran hacerse primero con la ciudad de La Habana, luego conquistar Panamá y posteriormente lograr dominar la isla de Santo Domingo. El nuevo embajador en Londres, Pedro de Velasco y Tovar, comenzó a desacreditar en público a Peñalosa, al punto que este hubo de abandonar la corte inglesa.

Siguiendo la estela de Antonio Pérez, Peñalosa recaló en la corte francesa en 1673. De nuevo hambriento y sin dinero logró escalar posiciones hasta relacionarse al más alto nivel con la corte gala. En esta ocasión presentó otros tres planes de ataque contra las posesiones españolas en América. La única pero notable diferencia estribó en que en esta ocasión sí halló una clara predisposición de la corte francesa para llevar a cabo esos proyectos. Sin duda jugaron a su favor los éxitos que obtuvieron las exploraciones francesas de Marquette y de La Salle en la búsqueda de la desembocadura del río Mississippi. Aprovechando esta coyuntura, Peñalosa presentó sus planes a la corte gala entre los años 1682 y 1684[31].

En 1684, tras presentar varios planes de invasión de Nueva España, mostró su última propuesta, en la que La Salle y él trabajarían como un equipo: mientras el francés con ayuda de los nativos atacaría Nueva Vizcaya, Peñalosa estaría al frente de una escuadra de piratas que hostigaría Nueva España desde el mar, desde el sur. Para sustentar su estrategia, falseó un memorial sobre una hipotética expedición que él mismo habría dirigido como gobernador de Nuevo México en 1662. Justificaba tener conocimientos de primera mano sobre la mítica provincia de Quivira, situándola entre Nuevo México y el río Mississippi[32]. En cualquier caso el exgobernador estaba siendo objeto de los servicios de información hispanos, pero también ingleses, que no dudaron en advertir a los españoles de todo cuanto averiguaban, pues a Inglaterra le debía resultar incómoda la posibilidad que Canadá flanquease por el oeste a las trece colonias inglesas. En este sentido, en otoño de 1686, se informó a la corte sobre la voluntad que tenía el rey inglés para ayudar a Carlos II, parece ser que Jacobo afirmó a Ronquillo que «no quiere que el rey de Francia tenga en la América más de lo que hoy posee»[33].

No obstante, al contrario de lo que sucedió en la corte inglesa, el rey de Francia estaba más influenciado por Peñalosa. Como consecuencia, decidió financiar una expedición para establecer una colonia en la desembocadura del Mississippi, que conectaría fácilmente por la vía fluvial con Canadá en el norte y a un tiempo controlaría el tráfico marítimo en el golfo, partiendo los dominios hispanos en dos. Sin embargo, no fue Peñalosa, sino Robert Cavalier, señor de La Salle, el elegido para llevar a cabo esta empresa.

Los planes de Peñalosa finalmente encandilaron al rey francés, quien se decantó por él y le equipó con dos de sus fragatas para escoltarle, y otros dos buques más pequeños, uno para llevar todo tipo de suministros y pertrechos y otro para que se quedase con La Salle en su destino final. Además, Luis XIV ordenó al gobernador de Canadá suministrar a la expedición dos compañías de 50 soldados cada una. Los cuatro buques que llevaban por nombre *Saint François*, *Belle*, *Aimable* y *Joly* partieron del puerto de La Róchele en julio de 1684, pero dejando al margen a Diego de Peñalosa[34].

El Consejo de Indias, en 1685, habilitó al capitán Martín de Echegaray para que llevase a cabo una exhaustiva exploración en torno al golfo, finalizada un año más tarde. También se ordenó un estudio sobre la conveniencia o no de establecer una colonia española en la desembocadura del Mississippi. El único elemento de juicio que tenían los españoles para dilucidar la utilidad de establecer un enclave era el memorial del padre Benavides de 1630, en el que el fraile había solicitado para favorecer la causa franciscana «abrir comunicación con la bahía del Espíritu Santo»[35].

Al año siguiente de la partida de La Salle, el gobierno de Carlos II comenzó a obtener serios indicios sobre la evidencia de que Francia había conseguido establecer definitivamente un asentamiento en la costa del golfo de México. Después de obtener la certeza respecto a la existencia de un establecimiento francés, finalmente llegó el informe que debía estudiar la conveniencia de fundar una colonia española en aquella misma zona. El documento realizaba un análisis exhaustivo que concluyó positivamente sobre la propuesta de establecerse en el golfo. Para su elaboración, se confrontó toda una serie de ventajas y desventajas que estableciesen los elementos de juicio suficientes para deducir la mejor opción sobre dicho proyecto[36].

El gobierno inglés conocía las intenciones de Peñalosa, ya que agentes del gobierno anglosajón se habían puesto tras la pista de las actuaciones del español en París. El nuevo monarca inglés, Jacobo II, tampoco veía con buenos ojos que Francia lograse aumentar sus dominios en América. Como consecuencia, el embajador español en Londres, Pedro Ronquillo, consiguió información pormenorizada sobre los movimientos del español en la corte francesa, gracias a los datos que obtenían los ingleses. Los esfuerzos que realizaron en la corte del rey Luis XIV para mantener aquella información en el mayor secreto, fueron infructuosos. Según se supo, los buques franceses habían hecho escala durante dos meses en la parte francesa de la isla de La Española. En aquella isla perdieron el *Saint François*, a manos de dos buques españoles, con todo lo que llevaba a bordo y quizás este hecho sería lo que posteriormente condenó a la expedición, al quedar seriamente debilitado el convoy. A este desastre se hubo de sumar el fallecimiento de una parte de la tripulación por enfermedad, además de las deserciones que sufrieron. Se supo incluso que el propio La Salle casi perdió la vida por enfermedad, no pudiendo reanudar su marcha hasta su completo restablecimiento. Parecía que el destino de la expedición estaba escrito de antemano[37].

Finalmente lograron partir de la isla de La Española el 20 de noviembre de 1684 y encontraron un lugar donde establecerse, situado entre el actual río Magdalena y la bahía de Matagorda. El explorador francés erró en sus cálculos y acabó a unos 600 km más al oeste de la desembocadura del Mississippi. Se ha abierto todo un debate historiográfico entre quienes apuntan teorías de todo tipo para explicar cómo pudo acabar tan lejos de su objetivo inicial. Se barajaron factores como la dificultad que se tenía en la época para calcular con exactitud las distancias, si lo hizo deliberadamente, o incluso se responsabiliza al estado psicofísico de La Salle. Posiblemente lo que apunta Chipman, junto a Joseph y Richard Francaviglia, sea lo más lógico. Estos autores sostienen que La Salle tras su expedición terrestre hacia la desembocadura del Mississippi, no tuvo manera alguna de saber a qué altura de la costa del Golfo se encontraba, de forma que no logró hallar el destino planificado[38]. En noviembre de 1684 decidieron navegar por la costa sur de la isla de Cuba para, desde ahí, emprender camino al norte, hacia la costa del golfo. En diciembre ya habían alcanzado el litoral, entrando en una zona en la que Nueva España había reclamado sus derechos exclusivos. Como consecuencia, La Salle recaló finalmente en la actual bahía de Matagorda, a la que el explorador francés nombró San Luis. En este lugar, localizado en el actual estado de Texas, se erigió la colonia europea[39].

La Salle fue acompañado aproximadamente de unas 300 personas para establecer el asentamiento, entre ellas destacaban artesanos y albañiles. También había una docena de mujeres y seis religiosos que llegaban con la esperanza de poder evangelizar a

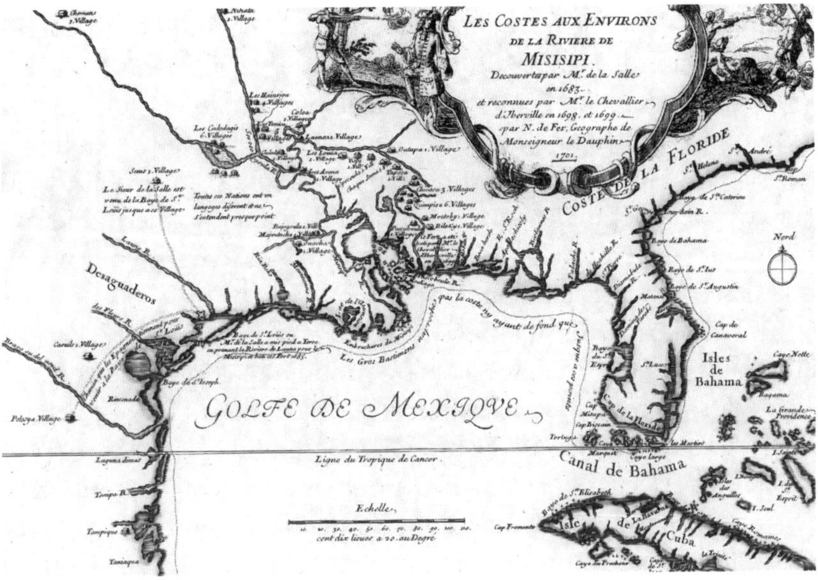

Mapa del golfo de México tras el establecimiento de La Salle. Louisiana Historical Association.

los nativos en la fe católica. Entre aquellos se encontraba el propio hermano de La Salle, perteneciente a la orden de San Sulpicio, quien también llevaba la orden de registrar todos los detalles del viaje en un diario. En febrero de 1685 la expedición sufrió otro gran revés con la pérdida del crucero *Aimable* cuando estaba siendo dirigido desde tierra por La Salle para ingresar en el estrecho, en contra de los criterios del capitán Beaujeu. El buque encalló repleto de todo tipo de suministros, perdiéndose casi todo en una tormenta. Solo se pudo recuperar una pequeña parte de lo que transportaba. Habiendo llegado a aquella situación, Beaujeu sugirió solicitar suministros a la isla de Martinica, pero finalmente se abandonó ese plan. En aquel momento solamente les quedaban dos buques: el *Joly* y el *Belle*[40].

Sin embargo, la mala suerte no dejó de cebarse con el proyecto francés, pues la pérdida en mayo de 1686 en un banco de arena del único buque que ya les quedaba, el *Belle*, sentenció a la colonia. La única salida posible para sobrevivir era encontrar rápidamente una vía de comunicación hacia el lejano Canadá. En el trayecto de aquella expedición se llegó a tener contacto con la confederación hasinai. Para finales de 1686 la situación de la colonia era extremadamente grave, debido a que la pérdida del último buque representó la imposibilidad de poder salir de aquellas tierras en caso de necesidad o de pedir auxilios, y además, en el embarrancamiento del pecio se perdieron alimentos, herramientas y animales, a pesar de que algunos objetos sí se lograron salvar tras una desesperada operación de rescate.

El número de supervivientes fue reduciéndose hasta llegar al punto en el que la desesperación produjo que unos franceses se volvieran en contra de los otros. Mientras tanto, La Salle seguía realizando expediciones que proporcionaron una salvación a la colonia. Robert Cavalier comenzó su última expedición compuesta por unas 17 personas tomando el rumbo norte con la esperanza de conectar vía terrestre con Canadá. El 19 de marzo de 1687 La Salle, junto a otro componente de la expedición, finalizaba un reconocimiento del terreno para poder cazar, cuando fue atraído a una emboscada preparada por sus propios compatriotas, quienes le asesinaron de un disparo. El vacío de poder entre el resto de franceses como consecuencia de su muerte, tuvo como consecuencia que unas semanas más tarde se produjera un derramamiento de sangre aún mayor.

Del resto de la colonia, unos continuaron el viaje que había comenzado el francés desde San Luis hacia Illinois y otros permanecieron entre la tribu de los cenis. Solamente los que estaban mutilados, las mujeres, los niños y algunos religiosos, se quedaron en el fuerte San Luis, de los que se tiene constancia que aún estaban vivos en mayo de 1687. Se ha debatido mucho sobre los factores que condujeron al fracaso de la primera colonia europea en Texas. Seguramente, como apuntan autores como Chipman, Joseph o Weber, la mala suerte se cebó con los galos desde el momento que perdieron el primer buque a manos de los españoles, pero también debieron influir las malas decisiones, las enfermedades, el clima, la hostilidad de algunos nativos y, por último, los motines; todas constituyen las causas que condicionaron el éxito de la empresa francesa[41].

El fracaso de la empresa de La Salle supuso el abandono del rey cristianísimo por comenzar nuevas tentativas en el golfo. Como consecuencia de lo anterior, Peñalosa cayó en desgracia y, arruinado, tuvo la tentativa de regresar a la Península, eligiendo San Sebastián como entrada en busca de algún deudo, pero tuvo que regresar rápidamente a Francia ante la amenaza de su arresto. Hubo de volver a París, donde finalmente falleció tan solo un año más tarde, arruinado y despreciado por británicos, franceses y, obviamente, por los españoles[42].

Conclusiones

La expansión hispana por América fue dirigiendo progresivamente a los españoles hacia el continente americano a partir de las Antillas. Tras el descubrimiento de La Florida en 1513 y la expedición de Pineda en 1519 (junto al el descubrimiento del río Mississippi), se constató la existencia de un enorme golfo al norte del Caribe y con él las posibilidades de expandirse por aquella área ignota. La caída del Imperio azteca en 1521 produjo un revulsivo que justificó toda una serie de expediciones al continente en búsqueda de riquezas y fama. En el área del golfo parecían fascinantes las posibilidades que se abrían tras la aventura de Cabeza de Vaca, que fue conocida a finales de los años 30 del siglo XVI.

Durante el siglo XVII continuaron las expediciones al tiempo que Nueva España acrecentaba su territorio hacia el norte. Dos parecen los elementos decisorios para continuar ahondando en el conocimiento del territorio que se abría al norte del virreinato. En primer lugar, la dimensión religiosa, con fenómenos como la presunta milagrosa bilocación de la Dama de Azul, que sirvió tanto a intereses políticos como religiosos en la futura expansión hacia el territorio que rodeaba el seno mexicano. En este sentido, resultaba fundamental el apoyo oficial con el objeto de facilitar la investigación de aquella área. En segundo lugar, también surgieron innumerables proyectos para conquistar el área del golfo en prevención a que lo llevaran a cabo otras potencias, pero el gobierno hispano nunca terminó por decidirse hasta que emergió en el horizonte la amenaza patente de Francia como rival colonial. La corte hispana tomó conciencia del peligro que representaban en dos hechos: la traición de Peñalosa y el proyecto de La Salle. Florida por el este y Texas al oeste se erigirían como freno a la expansión francesa en el golfo.

Notas

1 La falta de documentación que se conserva entorpece conocer con más exactitud la labor exploratoria que desarrolló Pineda en el golfo. THOMAS, Hugh: *El Imperio español. De Colón a Magallanes*. Barcelona, 2003, p. 568.

2 Después de permanecer por unos 40 días regresó de nuevo a Jamaica antes de emprender de nuevo el viaje definitivo que le llevaría de regreso a lo que se cree que era la desembocadura del río Panuco. CHIPMAN, Donald E. y JOSEPH, Harriet D., *Spanish Texas*..., pp. 25-26.

3 DÍAZ DEL CASTILLO, Bernal: *Historia verdadera de la conquista de la Nueva España*. Edición y notas de Guillermo Serés, Madrid, 2011, Caps. LX, y CXXXII.

4 Véase, *ibidem*, caps. CVIII y siguientes. GIULIANI, Luigi (Ed.): *Historia general y natural de las Indias*. Gonzalo Fernández de Oviedo. Madrid, 1991.

5 Le ordenó establecer al menos «dos pueblos o más que a vos os pareciere», para lo que debía llevar a los suficientes hombres y armas. Archivo General de Indias [AGI] Indiferente, 415.

6 Puede existir alguna contradicción si desempeñó el cargo de tesorero o factor. Es posible que finalmente fuera el tesorero de la expedición a pesar de existe en los archivos una Real Cédula nombrándole factor de la misma. Cfr. AGI Patronato, 20.

7 AGI, Indiferente, 421.

8 NÚÑEZ CABEZA DE VACA, Alvar, *Naufragios*, S/L, 2000, pp.17-19.

9 Durante el naufragio, Pánfilo de Narváez murió ahogado. Cfr. RESÉNDEZ, Andrés: *Un viaje distinto. La exploración de Cabeza de Vaca por América*. Barcelona, 2008, p. 159.

10 NÚÑEZ CABEZA DE VACA, Alvar, *Naufragios*... p. 99.

11 Esta leyenda se retrae a la época medieval en la que supuestamente siete obispos huidos de la Lusitania durante la invasión musulmana fundarían a su vez siete ciudades fantásticas en América. Se dedujo que el Imperio azteca se correspondería con la primera de ellas, quedando por descubrir las otras seis. Esta leyenda se enmarca entre otras muchas de falsos dorados que se popularizaron durante toda esta época a lo largo de todo el

continente. Cfr. SANZ CAMAÑES, Porfirio, Las ciudades en la América hispana, siglos xv al xviii. Madrid, 2004, pp. 74-79.

12 Según el testimonio del fraile, Esteban mostró siempre un exceso de confianza introduciéndose en el poblado indígena. Es posible que la suerte que corrió en su anterior experiencia en aquellas tierras y el dominio de alguno de los idiomas nativos le incitaron a acercarse al poblado sin tomar ninguna precaución. AGI Patronato, 20.

13 BANON, Francis: *The Spanish Borderland Frontier, 1513-1821*. Albuquerque, 1974.

14 AGI Guadalajara, 5.

15 CHIPMAN, Donald E. y JOSEPH, Harriet D.: *Spanish Texas*..., pp.37-38.

16 De la comitiva que viajó con Coronado varios frailes decidieron permanecer en aquella tierra para predicar a los nativos. De ellos uno falleció a manos de estos y el resto hubo de deshacer el camino a pie cruzando toda la futura provincia de Texas para lograr llegar a tierra novohispana. *Ibidem* p. 39.

17 WEBER, David: *La frontera española en América del Norte*. México, 2000, p.114.

18 En 1629 Perea, el padre responsable de la Vieja Isleta, llegó a Nuevo México con la misión de poner en conocimiento del obispo este fenómeno. El propio Perea fue testigo de la llegada de los 50 indios jumanos pidiendo el bautismo. Con toda la información el padre Benavides volvió a la Península en 1630 para informar de lo que había logrado averiguar. MORTE ACÍN, Ana, «Sor María de Ágreda y la orden franciscana en América». *Antítesis*, v. 4, n.º 7, 2011, pp. 291-316.

19 Véase MORTE ACÍN, Ana: *Misticismo y conspiración. Sor María de Ágreda en el reinado de Felipe IV*. Zaragoza, 2010, p. 48.

20 KESSEL, John L.: *Spain in the Southwest. A Narrative History of Colonial New Mexico, Arizona, Texas and California*. Oklahoma, 2002, p.104.

21 Destaca la obra clásica, pero de necesaria consulta: SILVELA, Francisco, *Cartas de la venerable sor María de Ágreda y del señor rey don Felipe IV*. Madrid, 1885. 2 vols. Además de Felipe IV también se cuentan en esa relación epistolar otros miembros de la familia real como por ejemplo Isabel de Borbón, el príncipe Baltasar Carlos, Mariana de Austria y don Juan José; y otras personalidades de su época como Francisco de Borja, general de la Compañía de Jesús o el duque de Híjar. Cfr. MORTE ACÍN, Ana, «Profetas en la corte de Felipe IV: Aragón testigo privilegiado (1643-1648)» en SANZ CAMAÑES, P. (Coord.) *La monarquía hispánica en tiempos del Quijote*. Madrid, 2005, pp. 339-340. Para una mayor aproximación a la relación epistolar entre el monarca y la prelada véase la obra de MORTE ACÍN, A. *Misticismo y conspiración*.

22 En aquella época los límites de Florida no estaban definidos, de modo que, en su parte occidental, podría considerarse llegar más allá del río Mississippi. AGI Estado, 43.

23 A pesar de las evidencias que creían haber encontrado los frailes en sus investigaciones no se llegó a cristalizar su labor con el establecimiento de alguna misión. Sin embargo, se estableció una vía de contacto entre jumanos y novohispanos que se rompió con la rebelión de los indios pueblo. VITO ROBLES, Alessio: *Coahuila y Texas en la época colonial*. México D.F., 1978, p. 318.

24 WEBER, David, *La frontera española*..., p. 146.

25 En 1690 se relacionaba este fenómeno con la tribu de los tejas. AGI México, 617.

26 Carolana es como los ingleses denominaban a la península de la Florida. No ha de confundirse con la colonia de las dos Carolinas. Véase, «A demostration of the just pretentions of the King of England to the Province of Carolana "alias" Florida», en MACKIE AND Co. LD. (Impresor). *Calendar of State Papers, Colonial series, Ameria and West Indies, 1699. Also Agenda 1621-1698*. Londres, 1908, pp. 522-526.

27 *Ibidem*.

28 AGI, México, 616.

29 FERNÁNDEZ DURO, Cesáreo: *Don Diego de Peñalosa y su descubrimiento del reino de Quivira*. Informe presentado a la Real Academia de la Historia. Madrid, 1882, p. 85.

30 Según relató el embajador español su ascenso social comenzó con la relación que mantuvo en primer término con los mercaderes interesados en desarrollar sus actividades en las Indias, de ahí tuvo acceso a la Secretaría del Consejo, al ministro *lord* Arlington, al príncipe Robert, duque de York, y, finalmente, al mismo monarca británico. *Ibíd*., p. 87.

31 Peñalosa intentó convencer a la corte francesa de que la invasión de Nueva España sería muy sencilla pues entendía que al menos habría unos «15.000 indios» que marcharían con los franceses gracias al odio que tenían a los españoles. WEBER, D. *La frontera española*..., p. 218.

32 WEDDLE, Robert S.: *The French Thorn. Rival Explorers in the Spanish Sea, 1682-1762*. College Station, 1991, p. 14.

33 Según las informaciones que envió el embajador español en Londres. AGI, México, 616.

34 AGI, México, 616.

35 AGI, Estado, 43.

36 En aquel caso la burocracia hispana funcionó rápidamente. En un plazo aproximado de un mes se recibieron las informaciones, y el consejo del virrey tuvo el tiempo necesario para tomar una decisión. GÓMEZ CANEDO, Lino: *Primeras exploraciones y poblamiento de Texas*. México, 1968, p. 17.

37 CHIPMAN, Donald E. y JOSEPH, Harriett. D.: *Spanish Texas*..., pp. 69-71.

38 FRANCAVIGLIA, Richard V.: *From Sail to Steam. Four Centuries of Texas Maritime History. 1500-1900*. Austin, 1998, pp. 109-110.

39 CHIPMAN, Donald E. y JOSEPH, Harriett. D.: *Spanish Texas...*, pp. 70-71.

40 WEDDLE, Robert. S.: *The French Thorn. Rival Explorers in...*, pp. 16-17.

41 Aquellos que lograron llegar a San Luis, Illinois, pudieron relatar las condiciones en las que habían quedado los compañeros, hombres, mujeres y niños que decidieron permanecer en aquella maltrecha colonia. Gracias a ellos se tiene constancia de que en mayo de 1687 algunos seguían con vida, justo cuando Alonso de León ya había comenzado una serie de búsquedas para encontrar aquel enclave galo. WEDDLE, Robert. S.: *The French Thorn...*, p. 26-27 y 38.

42 El fracaso de La Salle no solo afectó a Peñalosa, sino también al miembro de la corte que le había facilitado el acceso al rey Sol, Segnelay, quien perdió toda influencia en París. El soberano galo también tomó la decisión de cesar por el momento la intención de repetir otra empresa similar en América. FERNÁNDEZ DURO, Cesáreo: *Don Diego de Peñalosa y su descubrimiento...* pp. 109-110.

Bibliografía

BANON, Francis: *The Spanish Borderland Frontier, 1513-1821.* University of New Mexico Press. Alburquerque, 1974.

CHIPMAN, Donald E. y JOSEPH, Harriet D.: *Spanish Texas, 1519-1821.* Revised Edition. University of Texas Press. Austin, 2010.

DÍAZ DEL CASTILLO, Bernal: *Historia verdadera de la conquista de la Nueva España.* Edición y notas de Guillermo Serés. Real Academia Española. Madrid, 2011.

FERNÁNDEZ DURO, Cesáreo: *Don Diego de Peñalosa y su descubrimiento del reino de Quivira.* Informe presentado a la Real Academia de la Historia. Manuel Tello (impr.). Madrid, 1882.

FRANCAVIGLIA Richard V.: *From Sail to Steam. Four Centuries of Texas Maritime History. 1500-1900.* Texas University Press. Austin, 1998.

GIULIANI, Luigi (Ed.): *Historia general y natural de las Indias.* Gonzalo Fernández de Oviedo. Bruño. Madrid, 1991.

GÓMEZ CANEDO, Lino: *Primeras exploraciones y poblamiento de Texas*. Porrúa. Ciudad de México, 1968.

KESSEL, John L.: *Spain in the Southwest. A Narrative History of Colonial New Mexico, Arizona, Texas and California*. University of Oklahoma Press. Oklahoma, 2002.

MACKIE AND Co. LD. (Impr.): *Calendar of State Papers, Colonial series, Ameria and West Indies, 1699. Also Agenda 1621-1698*. Great Britain, Public Record Office. Londres, 1908.

MORTE ACÍN, Ana: *Misticismo y conspiración. Sor María de Ágreda en el reinado de Felipe IV*. Institución Fernando el Católico. Zaragoza, 2010.

—«Sor María de Ágreda y la orden franciscana en América». *Antítesis*, v. 4, n.º 7, pp. 291-316. 2011.

—«Profetas en la corte de Felipe IV: Aragón testigo privilegiado (1643-1648)» en SANZ CAMAÑES, P. (Coord.) *La monarquía hispánica en tiempos del Quijote*. Sílex. Madrid, 2005.

NÚÑEZ CABEZA DE VACA, Alvar: *Naufragios*. Elaleph (Ed.), 2000.

PÉREZ HENARES, Antonio: *Cabeza de Vaca*. Ediciones B. Madrid, 2020.

RESÉNDEZ, Andrés: *Un viaje distinto. La exploración de Cabeza de Vaca por América*. Libros de Vanguardia. Barcelona, 2008.

SANZ CAMAÑES, Porfirio: *Las ciudades en la América hispana, siglos xv al xviii*. Silex. Madrid, 2004.

SILVELA, Francisco: *Cartas de la venerable madre sor María de Ágreda y del señor rey don Felipe IV precedidas de un bosquejo histórico*. Impresores de la Real Casa. Madrid, 1886.

THOMAS, Hugh: *El Imperio español. De Colón a Magallanes*. Booket. Barcelona, 2003.

VITO ROBLES, Alessio: *Coahuila y Texas en la época colonial*. Porrúa. Ciudad de México, 1978.

WEBER, David: *La frontera española en América del Norte*. Fondo de Cultura Económica. Ciudad de México, 2000.

WEDDLE, Robert S.: *The French Thorn. Rival Explorers in the Spanish Sea, 1682-1762*. College Station, Texas A&M University Press. 1991.

Don Fernando Álvarez de Toledo, III duque de Alba. Obra atribuida a Willem Key realizada en 1568. Fundación Casa de Alba.

Sepulcro de Fernando Álvarez de Toledo y Pimentel, III duque de Alba de Tormes en el convento de San Esteban de Salamanca.

Alegoría de la tiranía del duque de Alba en los Países Bajos Obra anónima de 1622. Rijksmuseum, Ámsterdam.

Felipe II, soberano de la Monarquía Hispánica desde 1556 hasta su muerte en 1598, en la jornada de San Quintín. Durante su reinado la carga fiscal sobre Castilla se cuadruplicó y la riqueza procedente de América alcanzó valores históricos. Obra de Antonio Moro realizada en 1560. Real Monasterio de San Lorenzo del Escorial.

Convoy del ejército dirigido por un capitán a caballo acompañado por su esposa e hijo. Obra de Antonio González Velazquez realizada entre 1776 y 1778. Museo del Prado, depositado en el Ministerio de Asuntos Exteriores, Unión Europea y Cooperación. Madrid.

Las Guardias Viejas de Castilla en 1508. Constituían el último residuo de la caballería feudal, con capitanes procedentes de la más alta nobleza. Carlos V dotó a sus miembros de un tribunal unipersonal privativo para cualquier litigio de naturaleza civil o criminal. Dibujo de Villegas para Álbum de la caballería española, *publicado en 1861 por Serafín María Sotto, conde de Clonard.*

Carlos V, junto a sus ministros del Consejo, recibe en la residencia de los condes de Oropesa, en Jarandilla, la visita del comisario general de los jesuitas en España, Francisco de Borja y Aragón, posteriormente canonizado. Obra de Joaquín María Herrer y Rodríguez realizada en 1862. Subdelegación del Gobierno, Albacete.

Claudio Lamoral, noble, militar y político de origen flamenco, III príncipe de Ligne, príncipe del Sacro Imperio Romano, príncipe de Epinoy, marqués de Roubaix y conde de Fauquemberg, entre otros títulos, grande de España y caballero del Toisón de Oro. Obra anónima del siglo XVII. Museo Nacional de Bellas Artes, Río de Janeiro.

Trajes de la Orden del Toison de Oro en 1547. En el capítulo de Valenciennes Carlos el Temerario estableció el uso del chaperón, ropa talar y manto de terciopelo carmesí con forro de raso blanco y en cuyo borde aparecían bordadas las divisas ducales. Para el oficio de difuntos se utilizaba paño negro y en el que se celebrara en honor a la Virgen, el tercer día capitular los caballeros llevaban vestiduras blancas de Damasco.

Mapa mundial de doble hemisferio grabado y coloreado a mano por Rumold Mercator (1545-1599), una versión reducida del mapa de Gerard Mercator de 1569 (sin la proyección de Mercator), publicado originalmente en Duisburg en 1587. Felipe II gobernó el vastísimo imperio

integrado por Castilla, Aragón, Cataluña, Navarra, Valencia, el Rosellón, el Franco-Condado, los Países Bajos, Sicilia, Cerdeña, Milán, Nápoles, Orán, Túnez, Portugal y su imperio afroasiático, toda la América descubierta y Filipinas. Biblioteca Chester Beatty, Dublín.

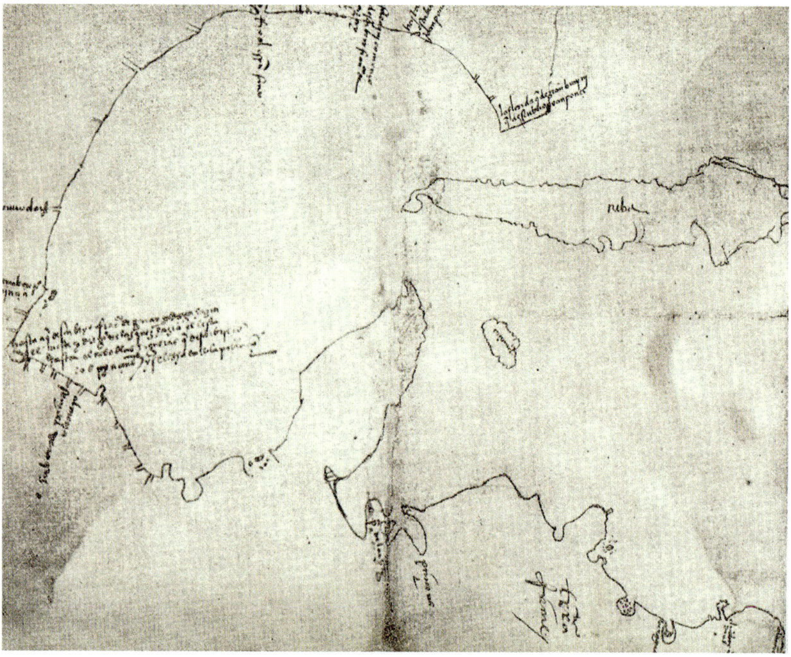

Resultado de la expedición de Pineda en 1519. Gracias al «mapa de Pineda» se adquirió conciencia de que existía un formidable continente, hasta ese momento ignorado por completo, al norte de las tierras recién descubiertas por los españoles al otro lado del Atlántico. Archivo General de Indias, Sevilla.

Álvar Núñez Cabeza de Vaca, natural de Jerez de la Frontera, que participó en la expedición del gobernador Pánfilo de Narváez, con la barca con la que en 1527 recorrió las costas de Florida, Alabama, Misisipi y Luisiana. La expedición se dispersó por las corrientes de la desembocadura de un gran río y Álvar naufragó en Texas en 1528. Grabado romántico de 1880 que lo representa junto sus hombres.

Desembarco de Hernando de Soto al frente de una flota de nueve navíos, con 650 hombres y 237 caballos a bordo, en la bahía de Espíritu Santo, Tampa, en 1539. De Soto, de origen extremeño, había amasado una gran fortuna desde 1514 en Centroamérica y en la conquista del reino inca del Perú junto a Francisco Pizarro en 1532. Ilustración de American Aboriginal Portfolio, *publicado en 1853.*

María de Ágreda, la Dama de Azul de la Llanura. Obra anónima realizada en el siglo XVIII. *Escuela mexicana.* Colección particular.

La expedición de Francisco Vázquez de Coronado en 1540, desde Nueva España, a las Grandes Llanuras del actual Estados Unidos. Obra de Frederic Remington dibujada y publicada en 1898.

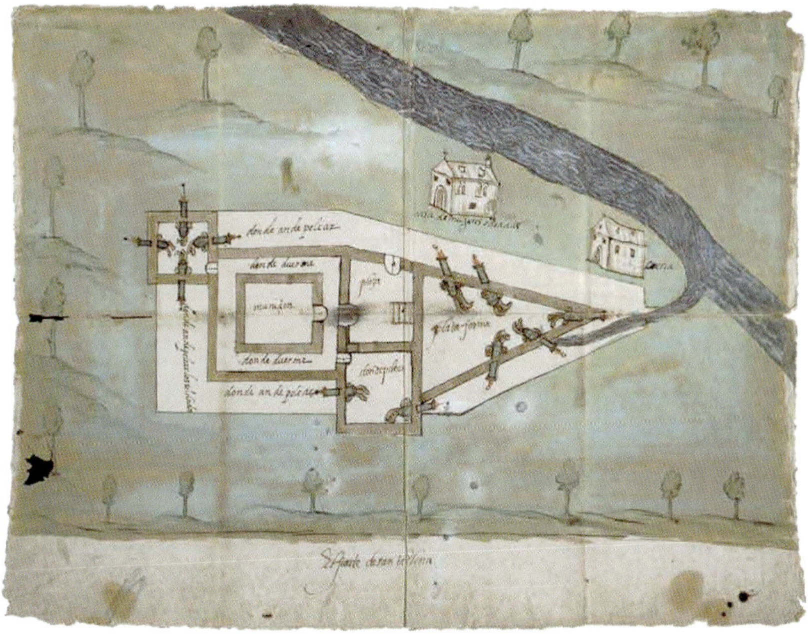

El fuerte de Santa Elena, uno de los primeros en La Florida, construido en 1576 en la actual Parris Island, en Carolina del Sur. Archivo General de Indias, Sevilla.

Expedición de Robert Cavelier de La Salle a la Luisiana en 1684, pintado en 1844 por Théodore Gudin. La Belle *está a la izquierda,* Le Joly *en el centro y* L'Aimable *a la derecha. Los barcos se encuentran en la entrada de la bahía de Matagorda.* Museo Nacional del Palacio de Versalles.

Casa natal de Pedro Menéndez de Avilés, según la tradición local, actual escuela municipal de cerámica.

Galeón español del siglo XVI. Obra de Andries van Eertvelt realizada en 1628. National Maritime Museum, Greenwich.

Monumento a Pedro Menéndez de Avilés, situado en una de las entradas del Parque El Muelle, realizado en 1917 por Manuel Garci González. La estatua se levanta en el eje de una pequeña plazuela redonda cercada de cañones y parterres. Representa una plataforma de mármol acompañado por cuatro esculturas de combatientes labrados en piedra, encima de la cual se levanta de este gran marino, realizada en bronce. Teresa Imaz de las Alas-Pumariño fue la responsable de las intervenciones sobre el monumento, en 2007 y 2012; dos trabajos que devolvieron el brillo a una obra siempre amenazada por la humedad y la vegetación que la rodea. La restauradora advierte que, viendo cómo se valora a Menéndez de Avilés en San Agustín de la Florida, en los Estados Unidos, cree necesario reivindicar su figura como uno de los más grandes marinos de la época y fundador de la primera ciudad europea en la actual Norteamérica.

Estatua de Pedro Menéndez de Avilés en San Agustín, Florida, frente al Lightner Museum.

Medius hic Meridianus est: 17 reliqui ad hunc inclinantur pro ratione 39 & 42 parallelorum.
Leucæ Hispanicæ
Milliaria Germanica
Septe
Meri
Occidens
PORTUGALLIAE PARS.
CASTILIA
CASTI
Estremadura
ANDALUZIÆ
Leon
Astorga ASTURICA
Burgos Metropolis Castiliæ veteris
Palencia PALANTIA
Camora SENTICA
Miranda
Valadolid PINCIA
Simancas SEPTIMANCE
Bragança
Lamego
Salamanca SALAMANCA
Segovia SEGOBIA
Avila ABULA
Ciudad Rodrigo MIROBRIGA
Coria CAURITA
Plazencia PLACENTIA
Alcantara NORBA CÆSAREA
Vera de Placencia
Toledo TOLETUM
Talavera
AUGUSTOBRIGA
Merida olim EMERITA
Medelino
Badajos olim PAX AUGUSTA
Elvas
Ciudad real
Campo de Alcoçer
ALCUDIA
Andujar CLASTO
Corduba
Duero flu.
Tagus fl. vulgo Taio.
Taio R.
Guadiana R.
Anas flu.
Guadalquivir Rio

Castillae veteris et novae descriptio, *publicado en 1606, durante el reinado de Felipe II. pertenece a la obra* Atlas sive Cosmographicae Mediationes de Fabrica mundi et fabricati figura *de Gerard Mercator, cuyas planchas adquirió Jodocus Hondius en 1604* Instituto Geográfico Nacional, Madrid.

Don Quijote por los campos de Montiel. Obra de Audet, según los dibujos de Gustavo Doré. Publicado en la edición de El ingenioso hidalgo Don Quijote de la Mancha *de la viuda de Luis Tasso. Barcelona, 1905.*

Localización del castillo de Albaladejo en la hoja 840-I del mapa topográfico nacional a escala 1:25000, publicado por el Instituto Geográfico Nacional.

La forja de un marino de excelencia: Pedro Menéndez de Avilés

Magdalena de Pazzis Pi Corrales
Universidad Complutense de Madrid

Pedro Menéndez de Avilés fue uno de los marinos más extraordinarios que hubo en el reinado de Felipe II, de esos que hacen historia, excelente militar, almirante, general de la Carrera de Indias, aventurero, descubridor, señor del Mar Océano, adelantado de la Florida, caballero de la Orden de Santiago y, además…corsario. Su profesión basculó entre su asistencia en la milicia castellana, su cometido en la Flota de Indias, su quehacer como naviero al modo de la familia Bazán y sus acciones corsarias, todo ello con una excepcional y singular perspectiva e intuición de la acción naval de su época. Al igual que muchos conciudadanos de aquella época, con nada contaba cuando murió, pues empeñó sus recursos económicos, sus conocimientos y percepción al servicio de su patria y de su rey.

Conocemos las hazañas de Cristóbal Colón, Vasco Núñez de Balboa, Fernando Magallanes, Juan Sebastián Elcano, Hernán Cortés, Francisco Pizarro, Pedro de Valdivia, entre otros, porque la representación del mundo tal y como entonces se conocía cambió con los logros que alcanzaron: descubrieron territorios ignotos, combatieron con indígenas anónimos y llevaron a cabo grandes conquistas. Sin embargo, nuestro avilesino es hoy aún un gran desconocido y, en general, se sabe poco de él, salvo haber sido el español que fundó la urbe más vetusta de Estados Unidos, Agustín, en la Florida. Incluso con esa gran hazaña, para algunos resultó fortuito o accidental en aquel remoto lugar, un territorio de exiguos medios y gran pobreza de habitantes, desperdigados e indisciplinados, que vivía prácticamente en la prehistoria. Y lo que Menéndez de Avilés llevó a cabo en la mar igualmente es muy desconocido, algo legítimo en aquella época, pues en el momento en el que un navío, una flota o una armada partían hacia un destino incierto y

El almirante español Pedro Menéndez de Avilés (1519-1574) de Francisco de Paula Martí (1762-1827). Biblioteca Nacional, Madrid.

los embarcados dejaban atrás sus familias y hogares, habitualmente su relato se perdía en la memoria, pase a haber sido protagonistas de grandes logros, notables desafíos con corsarios y piratas, tempestades, naufragios, combates y otras penurias. Todas ellas circunstancias que vivió este ilustre marino durante muchos años de su existencia. Su historia resulta extraordinaria, muy intensa en vicisitudes, experiencias y resultados. El propósito de estas páginas que siguen es ilustrar al lector en sus vicisitudes vitales en las múltiples facetas que asumió durante su existencia.

Tuve la suerte de conocer a este ilustre marino en 1981, en mi primer viaje al Archivo de Simancas, al acabar la entonces Licenciatura de Historia, cuando mi primer maestro, don José Alcalá Zamora y Queipo de Llano, nieto del presidente de la República Española entre 1931 y 1936, don Niceto, me dio la pista que habría de servir más tarde para la realización de mi memoria de Licenciatura (la antigua «tesina») y la publicación de mi primer libro —en 1982—, por el que obtuve el Premio Virgen del Carmen de la Armada española. La documentación localizada en dicha entidad me hizo empatizar inmediatamente con sus aventuras al servicio de la Monarquía Hispánica, su trayectoria vital y su muerte cuando prestaba su servicio en la organización de una armada en Santander hacia los Países Bajos en 1574[1]. Conozcamos su historia.

Acerca de los primeros años de su vida hay poca información documental, en ocasiones imprecisa y, a veces, discordante; pero de lo que no cabe duda es que en aquellos momentos fue cuando fraguó su personalidad, se instruyó como hombre de mar, y cultivó una enérgica identidad que haría de él uno de los individuos de océano más sobresalientes del periodo. Pedro Menéndez de Avilés nació en el seno de una estirpe de indiscutible linaje, de raigambre hidalga, acomodada pero con pocos recursos, el 15 de febrero de 1519 en la villa portuaria de Avilés, en el principado de Asturias[2]. Según la tradición, su casa natal es la que se halla actualmente en la plaza de Camposagrado, un espacio al final de la calle La Fruta, hoy sede del Museo Escuela Municipal.

Era el segundo hijo de cinco hermanos —algunos de ellos luego también destacados marinos— que compartieron aventuras con don Pedro. Perdió a su progenitor cuando tenía nueve años y su madre se volvió a casar, naciendo de sus segundas nupcias la friolera de quince, de manera que se encontró con diecinueve hermanos con los que repartir una exigua herencia. Dada el frágil estado económico familiar, nuestro personaje quedó bajo la protección y custodia de unos allegados, circunstancia que, quizá por el entorno marinero de su Avilés nativo, don Pedro debó sentirse atraído por la llamada de la mar. Merced a un talante resuelto, con aptitudes de caudillaje desde su temprana niñez, en sus esparcimientos con otros chiquillos era habitualmente el cabeza, el capitán o el guía; y las noticias y conversaciones que escuchaba de gente de mar sobre casos y sucesos acaecidos durante sus navegaciones, facilitaron la inclinación de este muchacho aun, por las cosas relacionadas con el medio marítimo.

Así las cosas y porque seguramente la vida casera no le atraía en exceso, huyó de la casa familiar que lo había amparado —según distintas fuentes cuando tenía entre 8 y 14 años— y hubo de regresar seis meses más tarde, tiempo que tardaron en localizarlo. De nuevo, con dieciséis años marchó de nuevo, en dirección a Santander, puerto en el que se enganchó en un bajel de guerra en calidad de grumete (aprendiz de marinero) con nombre supuesto, iniciando su existencia de hostigar contrabandistas francos que por aquel entonces infestaban las aguas del Cantábrico y la zona de Finisterre, asaltando a los navíos españoles, por encontrarse España y Francia en guerra[3]. A partir de entonces, comenzaría su vida como hombre de mar, que iba a estar repleta de triunfos.

Modelo de un patache portugués de la época. Museo Naval de Madrid.

Tras dos años de navegación y de sus consiguientes aventuras navales, regresó a su casa, viviendo un breve periodo en tierra, en donde le esperaba el concierto de un matrimonio acordado cuando él contaba ocho años, con María Solís, dos o tres años mayor, si bien se desconoce el momento exacto de la celebración de los esponsales, ya que no figura en las crónicas o manuscritos de la época. A pesar del poco tiempo que estuvo viviendo en tierra y en su casa en espaciadas ocasiones, apenas volvería a Avilés[4]. Su nuevo estado civil no supuso un freno para don Pedro quien, con diecinueve años, adquirió y aparejó un sencillo patache, parva embarcación de guerra que acostumbraba a emplearse en el amparo de dársenas, la inspección de litorales y, en las escuadras, para trasladar avisos. Con cincuenta hombres entre parientes, amigos y conocidos (entre ellos su cuñado, Gonzalo Solís de Merás, que con el tiempo sería su cronista), emprendió por su cuenta la labor de luchar contra los hostiles a los intereses de España, en acciones de aventuras corsarias, sin patente de corso aún, es decir, sin el permiso real.

Un año después, en 1544, protagonizó un momento de riesgo frente a una pequeña escuadra francesa contra la que demostró gran destreza, victoria que le sirvió para empezar a ser conocido: esta es la hazaña que llaman de La Rochelle, en referencia al puerto del que don Pedro logró recuperar cinco de los dieciocho barcos capturados por el francés Alphonse de Santonge en una de sus numerosas correrías en las costas cántabras. En concreto, abordó *La Marie*, su nave capitana, hirió en un combate personal al propio pirata, quien sucumbiría como resultado de las lesiones, saliendo luego del puerto con una audacia rayana en la temeridad. El hijo del infortunado corsario francés también murió en sus manos poco después, en una batalla naval frente a las islas Canarias, cuando buscaba vengar a su padre, perdiendo de paso las tres naves que llevaba. Enterado de estos valerosos actos, el entonces rey de España, Carlos I, lo tomó a su servicio, le extendió la patente de corso, la primera, y otra después, ya en 1550. Menéndez de Avilés persistió procediendo en el mar y continuó con sus singladuras, en ocasiones con ciertas incursiones ciertamente arriesgadas, de las que salió exitoso. Con el paso de los años alcanzó una considerable habilidad marítima y en el particular arte de navegar (arte de marear) y continuaron sus actividades: en 1548 dotó un galeón poniendo fin con sus éxitos a las acciones corsarias francesas por las costas gallegas y asturianas.

Es cierto que estaba falto de instrucción teórica castrense y de navegación, sin embargo se ilustró en el conocimiento de los cúmulos y cirros, las brisas, los astros, las variables meteorológicas, los anocheceres, el planeo de los pájaros y de aquello lo que un hombre de mar debía saber. Todo ello, unido a su energía, providencia, capacidades de caudillaje e iluminación de nociones, hicieron de él un semejante único en su profesión. Estuvo al corriente en los momentos que se le mostraron para instruirse y desplegar su intuición y juicio, y por su conocimiento especialmente práctico, muchas veces optó por el comportamiento resuelto, inmediato y eficaz, en vez de seguir lo indicado en los libros, reglas y ordenaciones. El temperamento del asturiano, sin instrucción marítima de ninguna clase, se forjó sobre la veteranía, la práctica y la destreza, ya fuera en las costas mediterráneas, cántabras o en las aguas caribeñas.

En los años siguientes nuestro protagonista prolongó sus travesías a América como cabecilla de diferentes navíos, experimentando aventuras variadas en la persecución de corsarios en aguas caribeñas, entre otras, ser hecho prisionero por los corsarios franceses y llevado a Santiago de Cuba. Fue liberado previo pago de un rescate, pero fueron esas travesías por el Atlántico las que acrecentaron ampliamente su experiencia como nauta y extendieron sus discernimientos marítimos. En el momento en el que se hallaba cautivo y acordaba su liberación y la de su navío, Menéndez pudo conocer los propósitos franceses para irrumpir en las Indias. En consecuencia, notificó a los dirigentes de Nueva España, La Habana y Santo Domingo. Apoyándose en sus nociones y —en especial— en su granadas vivencias, redactó un memorial acerca de piratería en el Caribe y los riesgos que significaba. En él, además, mostraba un método para enfrentarse a ella, invalidar sus secuelas, proporcionar el progreso en los territorios americanos cercanos, además de favorecer los provechos estatales y monetarios de la Casa de Contratación. Entre otras cuestiones, expresaba su propuesta de emplear como fondeadero de abrigo la isla dominica, a la entrada del Caribe, entre las ínsulas Martinica y Guadalupe.

Resultaba un escrito conciso, sereno, bien expresado, que el virrey de Nueva España envió a la Corte, para su estudio y evaluación, admitiendo y comprobando el calado de la reflexión y competencia de Menéndez, así como su aptitud para formularlos. El emperador le designó capitán general de la Carrera de Indias, lo que le supuso un importante ascenso profesional y social[5]. No obstante, de igual modo, le propició una marca desavenencia con los oficiales de la Casa de Contratación, pues desde la creación de dicho organismo en 1503, los capitanes generales de la Carrera de Indias se habían designado por sus oficiales. Su hostilidad causaría a Menéndez de Avilés graves dificultades durante casi el resto de su existencia.

A partir de 1552 hallamos al avilesino realizando viajes al Nuevo Mundo, comandando diferentes armadas. Dos años después, fue nombrado consejero por Felipe II, en su viaje a Inglaterra para sus esponsales con quien sería su segunda mujer, María Tudor. En esa ocasión, dirigió una armada de ciento cincuenta barcos[6]. Una vez formalizado el sacramento, don Pedro regresó a España, en un periplo bastante abrupto, al sufrir las dos zabras en las que navegaban la agresión de corsarios franceses, si bien logró esquivarlos al entrar en Laredo[7].

El perjuicio corsario en el litoral español seguía aumentando y el emperador confiaba en su excelente marino para acabar con él. A principios de febrero de 1557, Carlos I se retiró a Yuste, lugar en el que fallecería el 21 de septiembre de 1558. Estando en el mes de mayo en Laredo, Menéndez de Avilés fue designado capitán general de la armada con destino a Flandes, para escoltar veinticuatro navíos con lana, y transportar mil quinientos soldados en calidad de auxilio, y más de un millón de ducados. Cuando recibió el despacho, don Pedro solo contaba con cuatro barcos pertrechados de los ocho que harían de escolta a la mercancía. No obstante, decidió salir a la mar, encontrándose poco después con la escuadra de François Le Clerc, el conocido corsario apodado Pata de palo, haciendo huir a siete de sus ocho barcos mientras hundía uno de ellos. Quince días más tarde se hallaba procediendo al desembarco de los infantes y el dinero en Calais con la mercancía a salvo[8]. Este auxilio fue decisivo para el éxito de la batalla de San Quintín contra los franceses (10 de agosto de 1557). En Flandes estaría dos años más sirviendo en la organización y pertrecho de armadas, así como en la custodia de aquellas aguas, poniendo de manifiesto su entrega al servicio y causa del nuevo soberano, Felipe II.

El recién entronizado monarca encomendó al avilesino el cometido de acarrear los tesoros de Indias, labor que —como ya he señalado— lo acabaría indisponiendo persistentemente con los oficiales de la Casa de Contratación, al no haber sido consultados para tal acción, como era la costumbre. La verdad es que había sido una cesión personal del soberano. También ha de señalarse que fue muy notable su quehacer como naviero, de la misma forma que lo había sido la familia Bazán y otras del periodo, con una notable perspectiva del dinamismo marítimo de la época.

En 1559, Felipe II lo escogió para estar al frente de la escuadra con la que debía regresar desde Amberes a territorio español; y en el derrotero, una furiosa tempestad con riesgo de naufragio volvió a poner a prueba a nuestro marino que, con pericia y destreza logró alcanzar Laredo, eso sí, sin poder evitar el naufragio de algunos de los navíos que viajaban en el séquito real. Un año después hallamos a Menéndez de Avilés al frente de una importante flota de galeones que trasladaba metales preciosos y cueros procedentes de México hasta la metrópoli y, a su regreso, pidió consentimiento para regresar, al tener noticia de que uno de los barcos —en el que iba su hijo Juan y otros parientes y compañeros—, no había retornado[9]. Pese a sus grandes servicios a la Corona, no lo recibió. No fue lo peor que tuvo que vivir don Pedro porque poco después fue apresado junto con su hermano Bartolomé, también marino, por la Casa en Sevilla, y hecho prisionero por espacio de casi dos años por razones insuficientes en los cargos de contrabando de metales, cueros y otras mercancías. La grave enfermedad de este último y la recomendación de algunos amigos influyeron en Menéndez de Avilés para suplicar al rey y entrevistarse con él. Esta acción fue determinante pues salieron de la cárcel, una vez celebrado el juicio, tras haber abonado solo unas multas. Habían pasado en prisión casi dos años de sus vidas.

Felipe II siguió confianza en el marino avilesino cuando le presentó un escrito que diseñaba un procedimiento para proteger las flotas españolas que habría de subsistir por espacio de más de doscientos años; en él, don Pedro remodeló la concepción de la flota de Indias, pormenorizando las puntualizaciones que la definirían durante su existencia: organización, apelativo, pertrechos y equipos, efectivos, arqueo y capacidad de los navíos, etc. De igual manera, le comunicó al soberano un prototipo naval «el galeoncete», una embarcación en la que se alargaba la quilla en relación con la manga, que más tarde tendría un resultado favorable en acciones marítimas, al resultar muy veleras.

Durante su encierro, la Florida había pasado a ser una cuestión estatal, de tal manera que una vez libre y con la intención de seguir averiguando el paradero de su hijo desaparecido, se ofreció voluntario para viajara hasta allí. En esta ocasión Felipe II dio su consentimiento para poner en marcha una expedición —de carácter público y privado— con la intención de reconocer y someter aquel territorio en calidad de adelantado, título que el propio soberano le concedió en 1565[10].

¿Qué era aquel lugar, la Florida? Los derechos de España sobre esta vasta área estaban fundamentados en los viajes expedicionarios realizados durante el siglo XVI. Descubierta por Juan Ponce de León, se había explorado consecutivamente por Pánfilo de Narváez, Álvar Núñez Cabeza de Vaca y Hernando de Soto, entre otros, si bien no se había establecido sin conseguir levantar una colonia estable y permanente. La dificultad primordial estribaba en que los franceses también se habían sentido atraídos por aquellos parajes; de hecho, habían fundado un asentamiento denominado Fort Caroline, a cuyo frente se mantuvo René Goulaine de Laudonnière, un oficial y navegante hugonote francés, a la cabeza de un intento de colonizar toda la zona.

Este nauta, bajo el mando del almirante Gaspar de Coligny, había asistido como teniente al marino Jean Ribault, instituyendo ya el puesto de avanzada de Charlesfort, en Parris Island, en la actual Carolina del Sur y se mantenía a la espera de su vuelta (Ribault había regresado a Francia por más socorros y colonos). Por su parte, Felipe II aspiraba con esta empresa a expulsar a los hugonotes de la Florida.

Al mando de Pedro Menéndez de Avilés, la expedición contaba con los barcos reunidos en los puertos de Gijón, Avilés, Cantabria y Cádiz. Al conocer que ya Ribault había zarpado de La Rochela y con la pretensión de adelantársele, salió del fondeadero gaditano el 28 de julio de 1565, sin aguardar a los navíos cántabros, que se reunirían con posterioridad a las altura de las islas Canarias. Según Solís de Merás, se trataba de una armada de veintiséis barcos y más de dos mil quinientas personas, incluyendo en esa cifra los soldados, labradores con sus familias y algunos religiosos[11]. Tras una compleja travesía —al ser sorprendidos por un huracán en mitad del Atlántico— tan solo un tercio de los barcos lograron alcanzar el litoral oriental de Florida, en el mes de agosto. En aquel lugar, en el estuario del río St. John, muy próximo a la ciudad actual de Jacksonville, don Pedro hizo frente a cuatro navíos franceses que, pese a estar bien pertrechados en hombres y armamento, salieron a mar abierto, suceso del que sacó provecho nuestro ilustre avilesino para volver sobre sus pasos

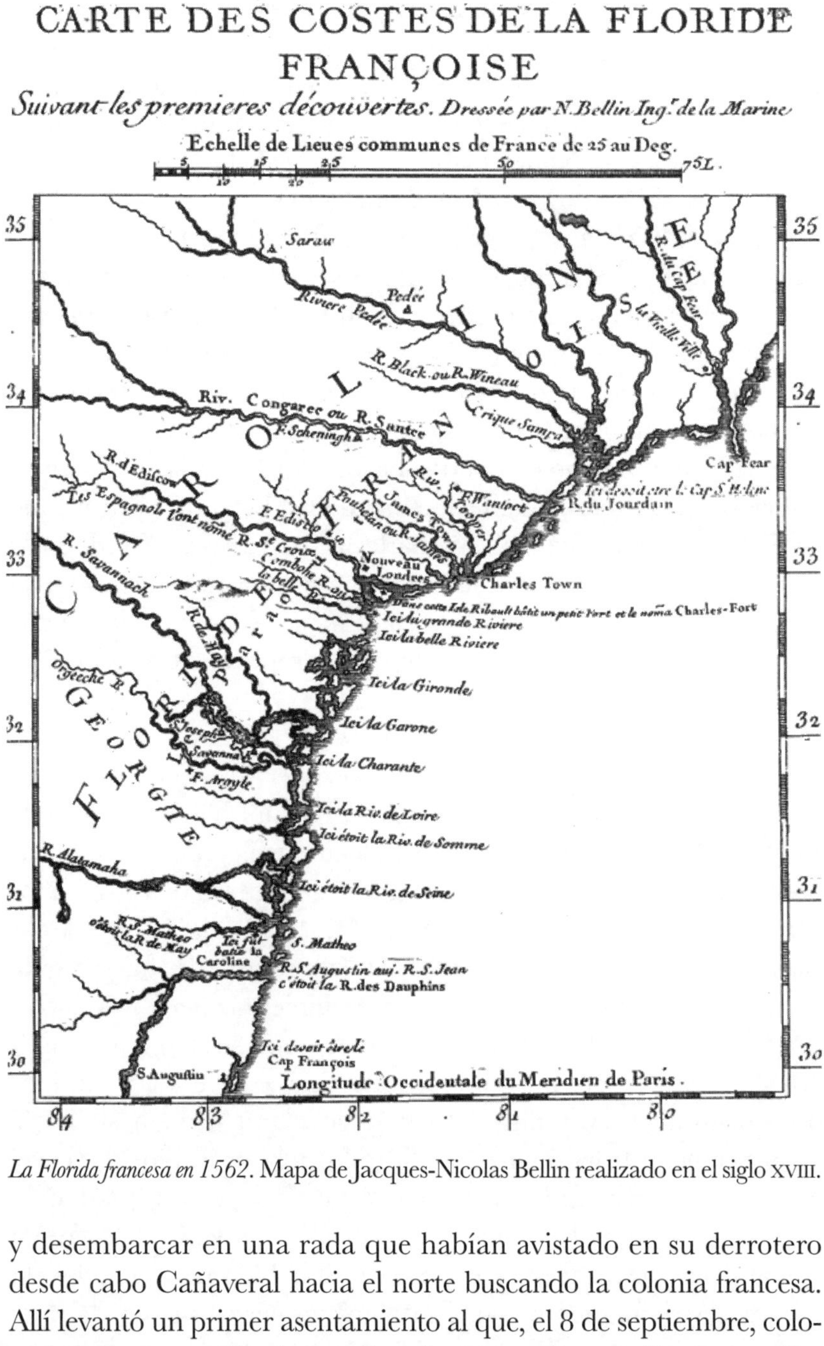

La Florida francesa en 1562. Mapa de Jacques-Nicolas Bellin realizado en el siglo xviii.

y desembarcar en una rada que habían avistado en su derrotero desde cabo Cañaveral hacia el norte buscando la colonia francesa. Allí levantó un primer asentamiento al que, el 8 de septiembre, colocó bajo la protección de san Agustín, tomando posesión de aquellas tierras en nombre del rey de España, convirtiéndose esta urbe en la primera ciudad de Norteamérica.

Temeroso de que los franceses se hicieran con dos barcos de gran calado que no podían entrar en el puerto, el adelantado dio orden de desembarcar a hombres (trescientos), pertrechos, provisiones, municiones y otros utensilios, enviando uno de ellos a España y otro a Santo Domingo, a esperar al resto de la armada que aún no había llegado. Sin embargo, muy pronto comprobó que se acercaban a San Agustín cuatro galeones y dos pinazas francesas, con seiscientos hombres y una potente artillería, dispuestos al ataque. La suerte favoreció a Menéndez de Avilés, pues una tormenta obligo a los galos a buscar abrigo.

El temporal impedía también a los franceses regresar a Fort Caroline, una circunstancia que decidió a provechar don Pedro para atacar por tierra. Al frente de quinientos soldados, en una marcha de cuatro días, atravesó la intrincada selva con terrenos pantanosos y cieno hasta la cintura. Caminó con sus hombres, entre ellos aliados indígenas, ocho kilómetros en territorio inexplorado, bajo una torrencial lluvia que había convertido el terrero en un continuo lodazal, casi una zona pantanosa. De esta forma pudo tomar por asalto, inesperadamente, Fort Caroline, defendido con dificultad por menos de doscientos habitantes, escasamente una veintena apta para combatir, dirigidos por Laudonnière, que se hallaba enfermo, postrado en su lecho. No obstante y dada la confusión, logró escapar con sesenta hugonotes. Don Pedro ordenó de forma contundente que el resto de los pobladores, unos ciento cuarenta y dos, fueran ejecutados, excepto las mujeres y los niños menores de quince años, alrededor de setenta, que se declararon católicos. Rebautizó el fuerte con el nombre de San Mateo, por ser esta festividad la de ese día, el 20 de septiembre de 1565.

Los españoles volvieron entonces a San Agustín, que estaba prácticamente indefensa, encontrándose por el camino a dos centenares de náufragos enemigos a los que Menéndez ordenó ejecutar. Después marchó contra Ribault y este se rindió: la tropa fue exterminada «no por ser franceses, sino por herejes»[12]. El lugar donde ocurrieron los hechos se llama actualmente Bahía de Matanzas y hay quien dice que aquella fiereza del adelantado se debió a la amargura de no haber encontrado a su hijo. A continuación, prolongó la persecución de herejes, de manera que a principios de noviembre había logrado acabar con la presencia francesa en Florida: un total de trescientos cincuenta franceses fueron asesinados, salvándose las mujeres y los niños de la masacre. Las fuentes francesas, no obstante, afirman que fue una escabechina y que los españoles además se ensañaron con aquellos[13]. En cualquier caso, la noticia de la matanza se recibió en Europa con una gran conmoción y muy pronto la literatura se encargó de difundir episodios brutales que nada tuvieron que ver con la realidad[14].

La falta recurrente de provisiones obligó a don Pedro a marchar a Cuba en busca de víveres, una solicitud que le fue denegada por el gobernador García Osorio, por lo que el adelantado se vio obligado a vender parte de su ajuar personal a cambio de maíz y harina. Al regresar a San Agustín se encontró con el arribo de una armada de diecisiete barcos que portaba pertrechos y el despacho real en el que se le instaba a fortificar las principales islas del Caribe. Procedente de España llegaban también varios jesuitas con la misión de evangelizar la Florida. Desde entonces, Menéndez de Avilés inició una delirante labor que durante casi dos años le facilitó la colonización de aquel territorio, apuntalando la presencia española, reconociendo los efectivos estados de Georgia y Carolina del Sur, donde fundaría fortines y otros asentamientos organizando la vida militar, civil y religiosa. A diferencia de numerosos conquistadores, que solían sacar partido de las rivalidades efectivas entre los clanes indígenas, el adelantado siempre se empeñó en acabar con los conflictos entre las tribus, buscando la mediación de sus jefes.

A su vuelta a la corte en 1567, inquieto por el crítico estado en el que se encontraba la colonia —la continuada ausencia de víveres y la ausencia de paga a los soldados allí destinados— solicitó socorro a Felipe II, quien se lo facilitó y, además, le nombró gobernador de Cuba, capitán general de una nueva armada de guarda y defensa de las aguas del Caribe, caballero de la orden de Santiago y comendador de la orden de Santa Cruz de la Zarza[15]. De nuevo en San Agustín en 1568, Menéndez continuó limpiando de corsarios las costas americanas, además de fundar seminarios de instrucción para los indígenas y otros institutos. Tiempo después, en 1573, fue llamado de nuevo por el rey, que le nombró consejero de Indias y un año más tarde fue nombrado capitán general de una gran armada que se iba a enviar desde España (Santander) en ayuda al gobernador general de los Países Bajos, entonces Luis de Requesens[16]. Sin embargo, enfermó gravemente de tabardillo (tifus) y el 9 de septiembre de 1574 expiró[17]. Tenía 55 años. Su fallecimiento dejó incompleta la colonización de la Florida. Murió pobre porque a lo largo de su vida había empeñado todos sus bienes en financiar barcos y tripulaciones, pagar soldados y ayudar a amigos. Incluso su hija Catalina se vio obligada a suplicar una pensión a la Casa de Contratación y, pese a su concesión, le fueron embargados la casa y los bienes.

En los días previos a su fallecimiento, estableció en el testamento su lugar de enterramiento —la villa de Avilés— en la iglesia de San Nicolás, donde descansaban los restos de sus ancestros. A fin de efectuar su deseo, el cadáver fue embarcado, pero un fuerte temporal exigió que su primer entierro tuviera lugar en Llanes, en la iglesia de esa localidad, la villa donde se refugió, al objeto de celebrar sus funerales. En 1591, diecisiete años después de su muerte, siguiendo su deseo póstumo, el ataúd fue trasladado al altar mayor de la parroquia avilesina de Nicolás de Bari, donde permaneció sesenta años, hasta que unas reformas en el templo, obligaron a moverlo a un espacio lateral de dicho edificio de los padres franciscanos. En su honor, la villa de Avilés recibe el nombre de Villa del Adelantado.

Y esta es la historia de aquel gran marino autodidacta, formado en la escuela práctica del mar, los barcos y las navegaciones, sin otro tipo de estudios, pero con una clara inteligencia y una gran determinación, complementados con un valor y una tenacidad a prueba de desalientos.

Notas

1 Véase mi libro *La "otra Invencible", 1574.* San Martín. Madrid,1983. La razón de este título obedece a la información manuscrita del destino de los barcos que se reunían en Santander: conquistar Inglaterra o prestar ayuda naval en la lucha contra los rebeldes neerlandeses sublevados en 1574 contra Felipe II.

2 Curiosamente, no se conserva su partida de bautismo, aunque la mayoría de los historiadores que han investigado sobre esta figura histórica coinciden en el lugar y la fecha, de ahí la celebración del V Centenario en el año 2019. Véase la *Revista de Historia Naval*, Cuaderno Monográfico n.º 79, del Instituto de Historia y Cultura Naval, resultado de las conferencias impartidas por diferentes autores en las LVIII Jornadas de Historia Marítima. V Centenario del nacimiento de Pedro Menéndez de Avilés. Madrid, 2019.

3 Hay que tener en cuenta el contexto histórico de los primeros años de actividad de don Pedro. Por un lado, las llamadas «guerras de Italia», el enfrentamiento entre Francia y España por los territorios en suelo italiano de Nápoles, Sicilia y Milán; un conflicto duradero en el tiempo, arrastrado ya desde la época de los Reyes Católicos, que favorecieron los movimientos corsarios franceses en el litoral de Flandes, en el Canal de la Mancha, en el Cantábrico y en otras zonas del Atlántico, que atacaban sistemáticamente el tráfico español europeo y el del Nuevo Mundo, en una tentativa continuada de quebrar la economía española. Estas razones empujaron a Pedro Menéndez de Avilés a ser corsario.

4 En una ocasión estuvo fuera más de dieciocho años seguidos. Tendría a lo largo de su vida cuatro hijas legítimas, y un hijo —que también elegiría la profesión marinera— además de una hija bastarda.

5 Este cargo lo ostentaría nueve veces más hasta su fallecimiento en 1574, obteniendo el máximo grado dentro de la armada española, con cuarenta y seis años.

6 Hay disparidad de criterios y opiniones respecto al número de barcos que comandó. Se habla de ciento cincuenta barcos, pero también de setenta y más de cuatro mil personas.

7 Las zabras eran embarcaciones ligeras muy comunes en el litoral del norte de España, por regla general con dos palos, velas cuadras y un promedio de ciento cincuenta toneladas de arrastre.

8 Al pirata francés Pata de palo la pierna se la arrancó un cañonazo inglés y la vida un cañonazo español en 1549.

9 Juan Menéndez solía acompañar a su padre, don Pedro, en sus viajes. En uno de ellos, naufragó en las Bahamas. Aunque el progenitor lo creía vivo junto con otros compañeros, nunca los encontró.

10 El título de Adelantado de la Florida continuó en los condes de Revillagigedo.

11 SOLÍS DE MERÁS, Gonzalo: *Memorial de todas las jornadas y sucesos del adelantado Pedro Menéndez de Avilés y de la conquista de la Florida y justicia que hizo en Jean Ribault y otros franceses, 1565*. Grupo Editorial Asturiano. Oviedo, 1990.

12 Para las cuestiones de Menéndez de Avilés con los hugonotes en la Florida, véase PI CORRALES, Magdalena de Pazzis: «Conflictos religiosos en Europa: los hugonotes y Pedro Menéndez de Avilés», V Centenario del nacimiento de D. Pedro Menéndez de Avilés, Madrid, 2019, pp. 65-91.

13 *Ibídem*

14 CERVERA MORENO, César, «Pedro Menéndez de Avilés: el español que fundó la ciudad más antigua de EE.UU», *The Spanish Council, Policy Paper* n.º 13/ Marzo 2019, pp. 1-15., p. 9.

15 Santa Cruz de la Zarza es un pueblo de repoblación fundado por la Orden de Santiago entre 1174 y 1193. En 1171 la orden recibe el término del Castillo de Oreja y un año después el de Alharilla, entre los que se encuentra Santa Cruz. Desde 1174 la orden establece su sede en Uclés, cabeza del priorato de su nombre.

16 La historia y organización de esta armada puede verse en el libro ya citado PI CORRALES, Magdalena de Pazzis, *La "otra Invencible", 1574.*

17 *Ibídem.*

Pensar en español. Panorámica de la filosofía española renacentista

Santiago Fernández Campos
Universidad de Granada

HABLAR DE PENSAMIENTO ESPAÑOL parece llevar aparejada la contraposición de algo ínfimo y apenas significante frente a un mar de reflexión y conocimiento de renombre que inunda folios y bibliotecas.

Nada más lejos de la realidad. Algunos han querido ver un enfrentamiento entre el pensamiento germánico y el mediterráneo[1]. Como si de una guerra de prestigio se tratara. Sin embargo, estos no han tenido en cuenta que cada cual es fruto de una circunstancia concreta, histórica, idiomática y vital[2].

De esto se sigue que antes de hablar de pensamiento español recorramos brevemente las circunstancias que guían, sostienen y acompañan tal desarrollo y concluyamos tras este ensayo si verdaderamente no merece la pena detenernos en la explosión reflexiva y cognoscitiva renacentista y su concreción en tierras hispanas.

La riqueza filosófica del momento hace que el pensamiento no quede reflejado solamente en grandes tratados sistemáticos, que los hubo, sino que atraviese de forma trasversal todas las artes del momento. Así pues, quedan difuminadas las líneas divisorias entre filosofía, teología, poesía... conformando un *unum* que muestra la multitud de ámbitos en los cuales se mueve y desarrolla la riqueza creativa personal.

No debe ser obviada, por otra parte, la mediación histórica. El pensamiento se desarrolla en el tiempo, en un momento social concreto, y a su vez, es pensamiento individual —dentro de la circunstancia propia—. De esta circunstancia surge el concepto de intrahistoria en toda su potencia. En ella, se dan la mano la Historia, entendida como acontecimientos extraordinarios dignos de ser contados, con las historias de aquellos individuos conocidos o ignorados por la eternidad que le dieron forma. De hecho, de este ponerse frente a frente del hombre con la realidad, del enfrentamiento con la circunstancia concreta, y la impresión que deja está en el hombre, surge la Historia ajena al mito.

Ahora bien, dos aptitudes pueden ensombrecer esta aventura de pensar en español: nacionalismo y menosprecio. Estas, a pesar de su aparente antagonismo, no se hayan muy lejos la una de la otra. La primera no tendría otra intención que absolutizar el pensamiento patrio como aislado, único, superior e incontaminado por las demás corrientes del pensamiento.

Por otra parte, el menosprecio ha sido compañero continuo de los autores españoles en todo tiempo. El mismo Gracián lo reconocía ya en el siglo XVII: «abrazan todos los [autores] extranjeros pero no estiman los propios»[3].

Así pues, sabiendo a qué atenernos, comenzamos este pequeño viaje por el pensamiento español del Siglo de Oro.

Lugares de este viaje. Escolástica renacentista y su renovación

Considerada como el movimiento predominante en la España renacentista, debe precisamente su fulgor a la nueva visión humanista que jalonaba el ámbito académico europeo.

A principios del siglo XVI la escolástica europea había degenerado en consideración bizantinistas que poco tenían que ver con su afán original por un conocimiento verdadero y real. Esta aparente depresión[4] conllevaría su despegue y punto álgido, en la Península, a mediados de siglo.

Por otra parte, la concepción nominalista había calado en el ámbito universitario de forma gradual: mientras que en Salamanca apenas se había hecho patente su presencia; en Alcalá, había sido impulsada por el propio Cisneros.

Volviendo a la depresión escolástica su error radica en la marginación de sus autores e impulsores principales. San Buenaventura, santo Tomás de Aquino y Escoto se dejaron de lado en pos de cuestiones secundarias, principalmente de carácter lógico, sin otro ánimo que defender y mantener las posturas doctrinales tradicionalmente heredadas[5]. Los maestros de la filosofía limitaban su quehacer a la explicación y el comentario de Aristóteles, Porfirio o Lombardo con fe ciega en sus postulados.

Esto conllevará discusiones estériles entorno a problemas como: ¿podría Dios haber cumplido su empresa de redención en caso de venir al mundo en forma de guisante?[6]

Dos hechos claves marcarán el comienzo de esta renovación, por una parte la irrupción en España de los escritos de Erasmo. Por otro, las novedosas cuestiones suscitadas por el descubrimiento de América.

En Salamanca Francisco de Vitoria será el encargado de restaurar el tomismo. Su ardua labor tendrá como objetivo, armonizar la doctrina del Aquinate con las nuevas corrientes humanistas y nominalistas. De igual modo destaca la labor, vital en esta empresa, de jesuitas y dominicos.

Merece ser mencionada la renovación teológica que conllevó este nuevo impulso humanista. Ramas como el estudio patrístico, la liturgia o la homilética comenzarán a desarrollarse en este momento[7].

Por la brevedad del articulo no es posible descender a pormenores. Sin embargo, valga como corolario a este apartado resaltar la capital importancia de la aportación escolástica castellana a la filosofía renacentista. Sería un error no estudiar junto a esta, la influencia del desarrollo teológico al que está estrechamente vinculado. De hecho, sus tratados incluyen cuestiones propias de la filosofía: Lógica, Cosmología, Derecho…

Una aproximación sincera y calmada puede todavía encontrar mucho bueno y provechoso para el pensamiento actual entre aquellos documentos injustamente juzgados por espíritus superficiales[8].

Platonismo, neoplatonismo y estoicismo

Es innegable la fuerte corriente neoplatónica que atravesó la filosofía medieval. Las ramas de neoplatónicas se entrecruzan en este periodo de la maneras más diversa. Autores como Plotino llegan a Occidente a través de las obras de san Agustín o Escoto Eriúgena. Por su parte, Domingo Gundisalvo pone en circulación el neoplatonismo judío y musulmán. La apertura de este nuevo horizonte es observable en autores tan prolíficos como san Alberto y su discípulo santo Tomás de Aquino.

Los pensadores renacentistas españoles de esta corriente se alinean de manera independiente, influenciados por la filosofía realista de corte cristiano[9]. Dejando a un lado el platonismo de los místicos, encontramos autores como Fernando de Córdoba, Sebastián Fox Morcillo, León Hebreo o Miguel Servet.

León Hebreo (1460-1535) fue un judío español cuya vida discurre a caballo entre Portugal, España e Italia. Siendo expulsado de las dos primeras acabará sus días en Venecia[10].

Su único escrito conocido *Dialoghi d'amore*, fue traducida al castellano por el Inca Garcilaso de la Vega a pesar de estar prohibida por la Inquisición. Obra de gran belleza, se compone de tres diálogos: el primero sobre la naturaleza o esencia del amor y el deseo; el segundo, de la universalidad del amor en el mundo físico y el tercero que versa sobre la causa y el origen del amor.

De fuerte carácter metafísico, busca la constitución de una doctrina universal del amor, donde este llena absolutamente todo. El ser verdadero y el bueno, se convierten en uno solo ser en sí mismo, verdadero en cuanto que se imprime en el entendimiento, y bueno al hacer surgir, del entendimiento y la voluntad, el amor y el deseo.

Miguel Servet (1511-1553) nacido en Tudela[11] estudia latín, griego, matemáticas, filosofía y teología en Zaragoza. Posteriormente estudiará derecho y medicina en Toulouse. Como miembro de la corte de Carlos V viajará por Italia y Alemania.

Asentado en Basilea publica su primera obra, de corte antitrinitario, *De Trinitatis erroribus libri septem*. A causa de sus ideas se traslada a París donde traba amistad con Calvino. Tras ser perseguido por la Inquisición en Viena huye a Ginebra. Allí, reconocido por Calvino, convertido ahora en enemigo por cuestiones doctrinales, es condenado a morir en la hoguera.

Traspasando el ámbito de la medicina, como descubridor de la circulación pulmonar de la sangre llegando a atisbar la existencia de la general[12], Servet recurre a la filosofía de corte neoplatónico para defender su reflexión teológica antitrinitaria que, por deseo de Calvino, le costará la vida. Comienza negando la Trinidad de personas divinas para desembocar en un pancristianismo (todas las cosas se identifican con Dios y las almas de todos los cristianos son sustancialmente una misma cosa con Cristo).

De este modo, imbuido por neoplatónicos como Filón y Jámblico, defiende la vuelta a «la unidad de la realidad en el seno de Dios»[13].

Servet es por tanto, uno de los mejores ejemplos de la élite intelectual ibérica renacentista. Hombre en cuyos escritos se atisban deseos de reforma social pero a su vez imbuido de una piedad sincera, se convertirá en precursor de autores como: Malebranche, Spinoza o Strauss, abriendo las puertas a una concepción del cristianismo asimilada por muchos autores modernos[14].

Para concluir el epígrafe, el estoicismo, menos espectacular que la corriente anterior, pero de consecuencias más profundas, llega a la Península gracias a la traducción de Séneca por parte de Erasmo, que coincide en el tiempo con la llegada de la traducción francesa de Epicteto.

En muchos casos por su carácter práctico, los postulados estoicos aparecen mezclados con los propios del cristianismo. La idea de autodominio, sobreponerse con serenidad y dignidad a los agentes externos, propugnada por este movimiento supone una buena base para los principios morales vigentes.

Su visión de la conducta humana, puramente naturalista, es una de sus principales herencias. Prueba de ello son las múltiples traducciones al castellano que se hicieron del *Enquiridion* de Epicteto incluso por parte de Quevedo[15].

Precisamente, Quevedo resume la esencia estoica de la siguiente manera:

> La doctrina toda de los estoicos se cierra en este principio: que las cosas se dividen en propias y ajenas; que las propias están

en nuestra mano, y las ajenas en la mano ajena; que aquellas nos tocan, que estotras no nos pertenecen, y que por esto no nos han de perturbar ni afligir; que no hemos de procurar que en las cosas se haga nuestro deseo, sino ajustar nuestro deseo con los sucesos de las cosas, que así tendremos libertad, paz y quietud; y, al contrario, siempre andaremos quejosos y turbados; que no hemos de decir que perdemos los hijos ni la hacienda, sino que los pagamos a quien nos los prestó, y que el sabio el sabio no ha de acusar, por lo que le sucediese, a otro, ni a si, ni quejarse de Dios.[16]

Filosofía del derecho

Dentro del desarrollo renacentista de esta rama de la filosofía también confluyen problemas medievales: la controversia en torno a los dos poderes, eclesiástico y civil, y su relación, será una constate fuente de disputa.

Posteriormente, la obra de Maquiavelo y su pensamiento oportunista, que deja a un lado el derecho moral, serán clave para el desarrollo de esta disciplina en la modernidad.

En España, el siglo XVI arranca con una concepción del derecho inspirada en el concepto jurídico del tomismo cuyo principal exponente es la escuela teológica salmantina. Entre otras cosas, sienta las bases de lo que hoy conoceríamos como derecho internacional[17] como respuesta a las múltiples guerras que se desarrollan en España y en todo el mundo conocido.

La educación de los gobernantes será otra constante en los tratados del momento. Ahora bien, la reflexión ibérica entorno a esta será de corte anti maquiavélico. Prueba de ello es la obra *Contra lo que Nicolás Machiavelo y los politicos deste tiempo enseñan* del jesuita Pedro Rivadeneira. Otro de estos tratados será el de F. Monzón, gallego, profesor en Coímbra y confesor de Carlos III: *Libro primero del espejo del príncipe christiano que trata como se ha de crear un príncipe o niño generoso desde su tierna niñez con todos los exercicios e virtudes que le convienen hasta ser varón perfecto.*

Por otra parte, el derecho de guerra, ocupa un importantísimo lugar dentro de la estructura reflexiva del siglo XVI. Las empresas militares españolas y el descubrimiento y colonización de las Indias originarán una abundante literatura sobre el tema.

El conocido como derecho legítimo del dominio de América lleva implícita la cuestión del derecho a la guerra legitima en los territorios conquistados. Se planteaba como debe darse ese domino. Es decir, sí era lícito establecer y defender a cualquier precio el territorio con quistado o, por el contrario, debería establecerse sin violencia.

Por tanto, de la particularidad del tema americano se pasa, casi inconscientemente, a la generalidad en cuanto a la guerra y su legitimidad.

Tres serán los tratadistas principales en torno a este problema: Sepúlveda, defensor a ultranza de la guerra; Vitoria y su defensa de la guerra justa; y De las Casas, con su postura opuesta, sin excepción, a la guerra[18].

Filosofía política

Se mueve en coordenadas muy similares a la filosofía del derecho anteriormente descrita. Las perspectivas bien definidas en las que se enmarca esta reflexión es, en primer lugar, la de origen medieval e influencia agustiniana. Esta defiende la soberanía radical del poder espiritual —papado— frente al temporal.

Por otra parte, la corriente antimaquiavelista que rejuvenece el modo de defender la moralidad tradicional frente a la laicización integra de la política expuesta en *El príncipe*.

En tercer lugar, destaca el grupo de filósofos españoles que comienza a esbozar los que ahora son algunos de los pilares de la democracia moderna[19]. Siendo estos firmes opositores de toda tiranía: Soto, Molina, Suárez y Mariana fueron defensores de la rebelión contra los tiranos e incluso estuvieron a favor del tiranicidio.

Ahora bien, entrado en el siglo XVII encontraremos una postura más relajada frete al tiranicidio, autores como: Quevedo, Gracián, Márquez… valorarán más los daños que podría provocar una guerra civil en caso de estallar una revolución tiranicida.

Entre los autores del primer periodo destacan: Juan de Mariana, Pedro de Rivadeneira y Fadrique Furió Ceriol.

Profundizar en Ceriol nos hace conscientes de un intento de superación de las vías en que se movía la filosofía política del momento. Es decir, frente al tiranicidio defendido por Mariana y el Estado como servidor de la religión en Rivadeneira, el valenciano propone una tercera opción: la vía de la tolerancia.

Su razonamiento de corte laico, a pesar de ser teólogo además de doctor en derecho civil, aboga por la tolerancia frente a cualquier ideología, guiada por la universalidad. A nivel político, el gobernante valido ha de ser «hombre de la razón»[20].

En su tratado de 1575, *Remedios*, ignorado por sus compatriotas, rechaza cualquier tipo de conflicto —ya sea en pos de la extensión o defensa de la fe— dando al traste con el concepto de guerra justa defendido por Vitoria.

En definitiva Furió Ceriol, influenciado por Maquiavelo, aboga por una concepción del gobernante basada en la idea del buen hacedor. Es decir, el político como el hombre que al igual que el artesano, independientemente de sus virtudes privadas, conoce bien su oficio y sabe desarrollarlo de forma sublime. Así ha de ser el gobernante según la razón.

El erasmismo español

A pesar de ser un movimiento primordialmente religioso que busca renovar la espiritualidad católica —muy decaída ya a finales de la Edad Media— la supera al afectar a todas las facetas vitales: cultura, política, filosofía… esta corriente va a dominar la vida cultural española de 1516 a 1559[21].

Es curioso que a pesar de la fama internacional de Erasmo y el interés que suscitó entre reyes, papas y humanistas sea en la Península donde goce de mayor crédito intelectual.

Se apunta que esta influencia se debe por una parte al apoyo de Erasmo a Carlos I y por otra a la influencia que tendrán sus ideas reformistas a nivel eclesiástico en una nación —donde al igual que el resto de Europa— había comenzado el proceso de degradación moral al que muchos ya se habían opuesto[22].

La obra de Erasmo causó sensación en todos los estratos sociales: «apasionó a la aristocracia, alta y baja, y llegó a las capas populares»[23]. Tuvo capital importancia la traducción que hizo de su *Enchiridion* el arcediano de Alcor: Alonso Fernández de Madrid. Esta obra no es la mera adaptación de una obra latina a romance. Se trata de una adaptación de tal calibre que podría considerarse un libro original en nuestra lengua[24].

Una regla interior atraviesa toda la obra, a saber: tener en poca estima las cosas visibles para así elevarse a las invisibles. Para ello, se hacen necesarios el conocimiento de la ley divina, manifestado en las Escrituras, y la sustitución de la oración vocal por la mental.

Por otra parte, critica el culto a las imágenes cuando esta imbuido de fanatismo, quedando vinculado a la superstición gentil. Ante todo es una reforma de mentalidad cuyo efecto inmediato ha de ser la reforma de costumbres. Erasmo aboga por escuchar el juicio propio frente el común de la mayoría, que puede ser arrastrado por la pesadez de la costumbre insustancial. De este modo, la libertad del cristiano imita la libertad del mismo Cristo.

Podemos situar dos focos erasmistas: el de mayor importancia en Alcalá de Henares, con la *Biblia políglota* y el *Colegio trilingüe*, seguido por el establecido en la ciudad de Sevilla, cronológicamente previo al alcalaíno, que alcanzará su cenit en fechas posteriores a este. Personajes sobresalientes del erasmismo serán los hermanos Valdés: Alfonso y Juan.

De orígenes conquenses, Juan estudia en Alcalá de Henares con Francisco de Vergara —parte del movimiento alumbrado—. Acusado de hereje por la Inquisición, abandona España con destino a Roma. En la Ciudad Eterna, forma un círculo compuesto por personalidades como Vitoria Colonna amor platónico de Miguel Ángel.

Es en tierras italianas donde ven la luz la mayoría de sus obras de carácter doctrinal y heterodoxo como *Dialogo de la lengua, Alfabeto cristiano*. A la vez que se aleja de la Península, Valdés lo hace también paulatinamente del erasmismo, cayendo en un radicalismo místico lejos ya de la ortodoxia católica. Ahora bien, la radical novedad de algunas de sus ideas le aleja del resto de corrientes heterodoxas: iluminismo y protestantismo.

Su hermano Alfonso, no abandonará el sendero erasmista. Se le considerará «el erasmista español más representativo»[25]. Viaja por Europa acompañando a Carlos I, alcanzándole la muerte en Viena. Impugnador de la escolástica y cercano a posiciones protestantes acaba fundando su secta iluminista particular.

Su doctrina que podríamos considerar misticismo ontológico[26]. Concibe el camino hacia la verdad como dependiente de la iluminación recibida de Dios, sin mediadores, en la oración.

En cuanto a su faceta de lingüista destaca su *Diálogo de la lengua*, una joya de la literatura castellana.

Queda pues patente la importancia que tendrá la corriente erasmista no solo en la filosofía patria sino en todo su ámbito intelectual durante el Renacimiento. Por otra parte, sería completamente falso comprender el pensamiento en castellano como algo desconectado y desactualizado de la Europa renacentista.

La Escuela de Salamanca

Quizá su característica principal fue la capacidad de salir al paso de las nuevas tendencias sin ningún tipo de cerrazón previa. Claro ejemplo de ello es la creación de cátedras consagradas al nominalismo[27]. Podríamos decir sin temor a equivocarnos que «la restauración teológica y filosófica del siglo xvi tiene su centro en España y Portugal… la Universidad de Salamanca es su cuna»[28].

Sin embargo, sería más acertado hablar de rejuvenecimiento pues las viejas formas escolásticas atacadas por el bizantinismo más monótono fuero reformadas desde sus mismas raíces. Aunque la reforma Tridentina tiene un fuerte impacto en estos autores no es su objetivo ideológico únicamente defender el catolicismo sino ir más allá, a la raíz del cristianismo como lo más precioso y salvador donde de algún modo, confluye con la intención de los heterodoxos.

Dentro de la propia escuela encontramos varios grupos: tomistas, jesuitas, agustinos platonistas ...

Dentro de los tomistas destaca Francisco de Vitoria (1480-1546): el teólogo del emperador. Este dominico burgalés fue buen conocedor tanto de la escolástica como de las ideas nominalistas que pululaban por París. Tras volver de Francia obtiene la cátedra en Salamanca donde su fama llevará al emperador Carlos I, a consultarle muy a menudo. Invitado por Pablo V al Concilio de Trento hubo de rehusar su participación, debido a su mala salud, muriendo un año después.

Su rasgo principal a nivel reflexivo es volver a las obras de santo Tomas en sí mismas, sin comentarios posteriores, rechazando también invocar continuamente a Aristóteles como argumento de autoridad.

En cuanto al derecho natural, frente a la visión luterana[29] defiende su existencia como ley instaurada por Dios que nada tiene que ver con los convencionalismos humanos, sujetos al capricho y al cambio constante. La consecuencia inmediata de lo anterior, por tanto, es tiranía en el seno de la nación.

De Vitoria ataca esta concepción. Para él, la sociedad no es una institución humana y convencional sino que hunde sus raíces en las necesidades naturales del hombre. Además, aparece compuesta de dos niveles: el Estado nacional y la comunidad internacional. En su teoría también hay un espacio para la crítica del poder temporal del papado.

El cuanto al Estado, el pueblo es anterior a él. A su vez, el fin del Estado no es otro que su carácter moral, siendo su deber librar a los hombres de la miseria y la guerra, protegiendo y permitiendo el desarrollo de sus facultades.

En los jesuitas destaca el granadino Francisco Suarez (1548-1617) conocido entre otras cosas por su participación en la conocida como Controversia de Auxiliis entorno a la libertad del hombre y la actuación en él de la gracia. El conocido como doctor *eximius et pius* no rechaza la tradición escolástica sino que la sopesa y critica en todos sus pormenores, distinguiendo entre lo desfasado de lo válido. Postula además una metafísica previa y autónoma como filosofía primera —separada de la teología— convirtiéndola así en disciplina sistemática y raíz tanto de la teología como de cualquier otro conocimiento.

Por último, encontramos a fray Luis de León (1528-1591) agustino y platonista. Máximo exponente salmantino en cuanto al desarrollo de la doctrina platónica y agustiniana frente al suarismo y el aristotelismo. Sus escritos giran en torno a cuestiones como el amor, la voluntad o la comunión con la creación. Nacido en Belmonte, pronto ocupa la cátedra salmantina de Biblia, de ahí su encarcelamiento por parte de la Inquisición al traducir el *Cantar de los cantares*. Restituido en su cátedra mantiene relación con los escritos de santa Teresa de Jesús. Tras la publicación de su tratado filosófico-teológico y poético-místico, *De los nombres de Cristo*, sufre su segundo juicio por parte de la Inquisición.

Su intención no es otra que incorporar al mensaje judeo-cristiano todo lo que de aprovechable veía en el humanismo pagano y oriental[30].

La importancia del nombre va a ser el lugar predilecto de su metafísica. Partiendo de como Dios reúne en si la plenitud de ser y a su vez todas las criaturas participan de ser divino, entendemos que lo criado ha sido a su imagen y semejanza. Ahora bien, el agustino admite la existencia de cierta gradualidad tanto en cuanto el ser de la criatura se asemeja más o menos al ser en plenitud del creador.

Así pues, cada criatura busca la perfecta semejanza con el creador y para ello es necesario que «contenga a todos y que, por otra parte este contenida en todos»[31].

Debido a la imposibilidad de que las cosas materiales estén unas dentro de otras, fray Luis distingue dos tipos de existencia en el ser: su existencia física y su existencia espiritual, ambas concretadas en el nombre. Este ser espiritual es como el físico pero más delicado, y en cierta manera lo corpóreo deriva de él.

Los nombres quedan como imágenes de las cosas —nótese la influencia platónica— que representan la realidad. De este modo, su función no es otra que permitirnos participar en todo aquello que de suyo no nos pertenece.

Como consecuencia de lo anterior el cisne del Tormes estudia lo que cada vocablo requiere para ajustarse fielmente a lo representado: derivación, timbre y forma.

Por último destaca su ardiente defensa de la lengua castellana como lugar perfecto para traducir los matices filosóficos más sutiles.

¿Filosofía en los místicos?

La cuestión radical que nos atañe es ¿hay filosofía en los místicos? Cuentan que García Morente, exiliado en Francia, se quejaba a Bergson de la falta de filósofos en España a lo que el galo respondió:

> *Mais vous avez de bien plus grands maîtres que tous nos philosophes; vos mystiques, saint Jean de la Croix, sainte Thérèse, que sont élevés d'un bond beaucoup plus haut que le seuil auquel nous parvenons par l'effort de notre spéculation*[32].

Otros autores no son tan entusiastas de la mística. Estos afirman que poca relación tiene esta con la metafísica «pues al español ha aborrecido siempre las abstracciones y sutilizas y tampoco ha gustado de sistemas en general, y nunca se ha encontrado a su gusto con los profesores de filosofía»[33].

En terreno patrio también se han dado ambas tendencias opuestas:

Por una parte autores como Unamuno se inclinan a una postura muy similar a la de Bergson. Para él, la filosofía española está extendida por la literatura, la vida la acción, la mística pero nunca encerrada en sistemas filosóficos. Menéndez Pelayo también se muestra favorable a esta postura, reconociendo la mística como «la filosofía más alta y sublime»[34].

Sin embargo, autores como Marcial Solana niegan que la mística sea capaz de responder a las preguntas que se hace la filosofía. Para el, sería un error introducirla como una escuela más en la filosofía española del XVI.

Ahora, ya podemos enfrentarnos a la cuestión en sí, ¿es o no el misticismo filosofía? La facción que responde negativamente se alinea entorno a carácter distinto y opuesto de cada una de estas realidades. Mientras la mística es de suyo sobrenatural, el objeto de la filosofía es la realidad natural. Además, toda actividad mística tiene un carácter pasivo por lo que el entendimiento, si interviene, lo hace mediante intuición no desde la aprehensión y la racionalidad.

Por otra parte los primeros principios y los fines de la filosofía y la mística son completamente opuestos. Mientras que la primera, parte de principios meramente naturales, y cuyo fin es conocer con certeza la verdad y las causas ultimas de todo lo que existe. La segunda busca, partiendo de las verdades reveladas, la unión con el creador.

Ahora bien, no debemos considerar esta oposición como acérrima pues no lo es. De hecho, su finalidad si es la misma aunque de distinto modo. Ambas buscan el conocimiento del último fundamento de la realidad. Además, estas distinciones dan por supuesto que existe una separación insalvable entre lo natural y lo sobrenatural. Si se partiera de un presupuesto distinto, todas las razones anteriores para establecerlas como opuestas caerían como un castillo de naipes.

Reconocer que la mística no es una rama de conocimiento, peculiar y única eso sí, no solo sería limitar las capacidades de tal sino que abriría la puerta a la eliminación de otros modos de conocer cómo podría ser la razón vital.

Si conozco, es precisamente porque me muevo en el plano de la vida. Eliminar la mística como plano de conocimiento sería eliminar una parte de esta.

Ahora bien, no es propia a todos los hombres esta experiencia. Sin embargo, para el místico si se ha convertido en su experiencia vital pues no podría entender la vida sin esa relación estrechísima con la divinidad. Esta relación le otorga un conocimiento profundo de la realidad —a un que solo podamos encuadrarlo dentro del conocimiento intuitivo—.

Así pues, siguiendo a Menéndez Pelayo podríamos decir que:

> El místico, si es ortodoxo, acepta esta teología —la católica—, la da por supuesto y base de todas sus especulaciones,

> pero llega más adelante: aspira a la posesión de Dios por unión de amor, y procede como si Dios y el alma estuviesen solos en el mundo. Este es el misticismo como estado del alma, y su virtud es tan poderosa y fecunda, que de él nacen una teología mística y una ontología mística en que el espíritu, iluminado por la llama del amor, columbra perfecciones y atributos del Ser al que el seco razonamiento no llega; [...] y una poesía mística, que no es más que la traducción en forma de arte de todas esas teologías y filosofías, animadas por el sentimiento personal y vivo del poeta que canta sus espirituales amores.[35]

El místico es precisamente la persona que desciende desdc la unión amorosa con la divinidad no solo al plano filosófico, sino al teológico y psicológico[36]. De este modo, podemos considerar que el misticismo supone toda una filosofía. Ahora bien, también se hace patente la necesidad de distinguir lo propiamente filosófico del misticismo en sí y la circunstancia cultural en la que se da.

> Así pues, el origen de la disociación anteriormente citada sería fruto del desarrollo del conocimiento o de los saberes en contextos especialmente universitarios [que configuran lo que denominamos la escolástica], y su manera de quedar encorsetada en rígidas formas expresivas, impersonales, argumentativas, —las que— abrieron una brecha que la modernidad reformuló en opuestos: razón frente amor, como máxima expresión de la voluntad; conocimiento frente a sentimiento; la posesión de palabras, frente al dejarse poseer por el dador de la vida ...[37]

En definitiva, podemos afirmar con Machado que «todo poeta supone una metafisica; [...] claro está, implícita o explicita» y negársela a nuestros místicos supondría convertir en verborrea sentimental aquello que es verdadera metafisica hecha verso[38].

La utopía americana

Si bien este punto ha quedado para el final, va a ser el descubrimiento de América la piedra de toque de la filosofía española del Siglo de Oro. Sus problemas de corte antropológico, político, jurídico y religioso van a devolver al candelero cuestiones que se habían perdido dentro del rigorismo formal.

Autores como fray Antonio de Guevara contraponen la fingida vida cortesana a aquella sencilla vida de aldea cuyo máximo exponente será el estado de comunión con la naturaleza puramente humana alejada de la vanidad nobiliaria.

Así, la indeterminación salvaje que ofrecen los descubrimientos de ultramar capta la atención de aquellos que reflexionan entorno a la necesidad de las leyes o las bondades connaturales al hombre —antes de ser «culturizado»—.

De Guevara llegará a afirmar la superioridad del hombre primitivo frente al civilizado[39]. Pues, el valor natural de la humanidad, será el mayor exponente de su propia de racionalidad. Así, queda la cultura como domesticadora de la racionalidad.

Antonio de Torquemada sigue la línea de De Guevara:

> Cuanto las cosas están más cercas y allegadas a lo que manda y muestra querer la naturaleza, tanto se podrían decir que tienen mayor bondad y que son más perfectas; todo esto he dicho para mostraros que siendo la vida pastoril [...] más allegada a la naturaleza...[40]

Nos encontramos con autores que, en medio de una situación social agobiante por la rigidez de costumbres, sueñan con lugares donde el hombre pueda ser como por naturaleza es, libre del encorsetamiento social.

De este modo, el descubrimiento de América abre el horizonte del conocimiento en torno al posible estado natural del hombre. Partiendo de que este hombre aún no ha sido civilizado, a través de él, se pueden extraer las manifestaciones de la pura naturaleza humana. Se ha de tener en cuenta que, en tal estado natural ,como lo concebían los utópicos americanos, el nativo vivía en medio de una sociedad con su propia organización.

Una de las obras a destacar dentro de esta categoría pastoril sería *La Galatea* de Cervantes. De clara influencia erasmista —entre quienes se formó— queda fascinado por la fantasía moral y verosímil del hombre en estado natural[41].

Por otra parte América ofrece a los hispanos la posibilidad de crear un mundo nuevo basado en el ideal renacentista: arte y razón. Así pues, el utopismo pasa de un primer momento bucólico y mítico, Guevara y el hombre en estado natural, Pinelo y la idea del paraíso en América… a un segundo momento racional y moderno.

Dentro de este segundo momento se encuentra *De Optimo Reipublicae Statu deque Nova Insula Utopia* de Tomas Moro (1516). Influenciado por Erasmo y cansado de la oscura situación política europea, describe una serie de principios que debieran gobernar toda sociedad idealmente constituida y situada en América.

Así, el nuevo continente se convierte en un folio en blanco donde poder construir una sociedad más equitativa, feliz y libre frente a la Europa renacentista arrasada por las guerras. Los descubrimientos de la población americana abren también una nueva línea de reflexión antropológica y jurídica.

El conocido como «mito del buen salvaje» nace íntimamente ligado al carácter utópico del paraíso terrenal. Los pueblos primitivos se convierten en ejemplo de felicidad y bondad para todos los hombres:

> Cuentan nuestros navegantes que en las Indias existen algunos pueblos que, entre los bienes de esta vida, ponen la concordia con carácter exclusivo y que, en el caso de que entre dos estalle la enemistad, por tan honrado se tiene al que insinúa proposiciones de paz como entre nosotros ese mismo se considera vilipendiado y menguado. ¡ Cuánto más sabios son ellos, adoctrinados por sólo el magisterio de la naturaleza, que nosotros, ahitados y regoldando letras y libros y haciendo aplicación abusiva y sacrílega al mal de la filosofía bajada del cielo! ¿Será que aquellos indios los hizo la Naturaleza más semejantes a Dios que a nosotros la formación cristiana?[42]

En este extracto del *De concordia y discordia del género humano*, de Vives, queda resumido ese mito del buen salvaje. Este escucha la ley natural y la pone en práctica. Esto lo hace más virtuoso que todos los letrados europeos que gastan sus fuerzas en estériles disputas o justificaciones antinaturales como la defensa de la guerra.

Así pues, vemos en estas reflexiones el precedente al ideal del hombre como bueno por naturaleza en Rousseau y la contraposición entre el estado natural y el estado civil.

Ahora bien, la línea hispana se distingue de Rousseau al afirmar, como hace Quiroga, que para que este buen salvaje se mantenga en la virtud y evite los vicios, es necesario que se incorpore a la sociedad y siga siendo educado dentro de ella ya que esta sociedad se rige por principios morales virtuosos.

Será en la obra de Bartolomé de las Casas donde este mito alcance su máximo esplendor. En la *Brevísima relación de la destrucción de las Indias* (1552) se acentúa de forma tan extrema la oposición entre nativos y españoles que los primeros aparecen como «ovejas mansas criadas por Dios» frente a los colonizadores «tigres y leones cruelísimos y hambrientos»[43]. Es en esta concepción de ambos grupos donde se cimienta la posterior crítica de fray Bartolomé a los conquistadores, más lejanos por su naturaleza del catolicismo que los propios indios, que por su carácter pacífico son tratados por los segundos como «estiércol en las plazas»[44].

Así pues, su antropología —repartida por toda su obra— fruto de su experiencia directa con los nativos se basa en proposiciones tan radicales como inamovibles: la igualdad entre todos los hombres, su capacidad para gobernarse a sí mismos o la necesidad de resolución pacífica de conflictos.

Para él, la naturaleza del nativo, por el medio físico en que se desarrolla, es más positiva que la de los europeos que habitan en otras islas civilizadas como Inglaterra, Sicilia o Creta. Su grado de entendimiento natural se debe también a su capacidad racional para autogobernarse sin necesidad de la tutela de otros pueblos.

De las Casas va más allá e incluso llega a defender la superioridad racional de los indios frente a los europeos en algunos aspectos: «[a los griegos y romanos] en muchas buenas y mejores costumbres, los vencieron y sobrepujaron. Sobrepujaron también a los ingleses, franceses y algunas gentes de nuestra España»[45].

Es curioso ver como el dominico también justifica los sacrificios humanos por parte de estos pueblos. Si el hombre sabe por naturaleza que ha de ofrecer sacrificios a la divinidad. Por tanto, cuanta mayor calidad posean sus sacrificios, incluso humanos, más alto ha de ser su concepto de Dios.

De su antropología se sigue su posterior crítica al término bárbaros referido a los indios. Estos no son feroces, desordenados ni degenerados sino que se caracterizan por su humana benignidad. Además, los nativos tienen su propia lengua y ejercicio de las letras por lo que no se les puede considerar iletrados.

En tercer lugar, sus costumbres no los hacen crueles y feroces como aquellos que no se rigen por la razón pues se desarrollan en sociedad conforme a leyes virtuosas.

En definitiva, De las Casas quiere mostrar que el destino del indio no es el de siervo por naturaleza sino que, por esta misma, es tan capaz, o más, como el colonizador de desarrollarse según la razón y la virtud en la comunidad universal humana.

De la cuestión racional del indio se deduce otra aún más radical: Si el nativo es racional y se organiza a nivel social creando incluso estados ¿Tiene derecho el Imperio español al dominio americano? De su respuesta dependen polémicas subsidiarias como la licitud de la guerra contra los indios y, de serlo esta, que leyes deberían ser implantadas en los nuevos territorios.

Se hace así patente no solo la necesidad de una reflexión filosófica, jurídica o administrativa sino práctica. Dentro de este ámbito encontramos autores que partirán de los presupuestos filosófico-jurídicos medievales para ofrecer una respuesta satisfactoria.

Sin embargo, vamos a centrarnos en aquellos que intentaron adaptarse a las nuevas circunstancias elaborando tesis originales de gran repercusión[46].

La cuestión se plantea tras una prédica de fray Antonio Montesinos. El dominico afirma que si los indios son hombres, son plenamente humanos y han de ser tratados según el derecho. La consecuencia directa de este llamamiento de los dominicos en Hispanoamérica va a ser la junta de Burgos (1512) donde se reconoce la libertad de los indios y la grave responsabilidad de aquellos que los emplean en sus encomiendas.

Sin embargo, olvidan la cuestión radical sobre la legitimad moral de la soberanía española. Ahora bien, dos tratadistas: Palacios Rubios y Matías de Paz acudieron de forma sobresaliente a su resolución.

Por una parte, Palacios Rubios canonista de la Universidad de Salamanca y consultor de la corona aboga por la legitimad de la soberanía española en América. Esta se sostiene en el reconocimiento otorgado por el papa como soberano temporal y espiritual. Así pues, ha de salvaguardarse la libertad y derechos de los indios pues ante todo son cristianos y súbditos españoles. Así pues, no solo se hayan bajo la jurisdicción de la corona sino también del papado.

Por otra parte fray Matías de Paz, catedrático de la universidad de Valladolid, defiende que los Indios por su condición pacifica no han de ser tratados como recalcitrantes —turcos— que presentan batalla. Por tanto, no ha de usarse la violencia contra los americanos ya que sus príncipes tienen derecho natural sobre sus tierras y súbditos. Incluso va más allá al afirmar que aun en caso de no aceptar el cristianismo no pueden ser despojados de su potestad ya que el derecho divino no elimina el derecho humano[47].

Ahora bien, esto no resta responsabilidad al monarca cristiano en su deber de propagar la fe y de hecho esta debe ser su única motivación. Por tanto, actúa de forma errada cuando actúa por ansia y búsqueda de riqueza.

No debe entenderse la opción del dominico como una negación del derecho papal y de los príncipes cristianos a invadir territorios infieles. Con lo que se enfrenta es contra la coacción en las conversiones. Remarcando además, que precisamente el papado tiene potestad para privar de autoridad a los jerarcas en caso de infidelidad.

Sea como fuere, en caso de conquista nunca han de ser considerados como esclavos a no ser que se revelen explícitamente contra la fe y puedan ser considerados recalcitrantes.

Han de volver a tomarse en cuenta las reflexiones de Francisco de Vitoria y fray Bartolomé de las Casas en este asunto. De Vitoria muestra muchos escrúpulos a la hora de tratar el tema de la legitimidad como muestra al ser cuestionado por el tema de los peruleros[48]: «no veo bien la seguridad y justicia que hay en ello, que lo consulten con otros que lo vean mejor»[49]. En cuanto a la guerra ve impropio de cristianos que esta se haga con malas artes y en beneficio propio.

Los indios son legítimos dueños de sus tierras y en última instancia ambos, conquistadores e Indios, súbditos del mismo monarca. Los supuestos pecados contra natura de estos legítimos dueños no justifican la intervención violenta de los españoles.

De las Casas es aún más radical defendiendo que lo único que legitima la presencia de España en América, basándose en la donación pontificia, es el deber de predicar y difundir el evangelio. Solo se podría extender al dominio de tierras y hombres si estos aceptaran libremente tal soberanía. En cuanto al comercio afirma que es bueno para ambas partes que se respeten los bienes de los indígenas, pues les pertenecen por derecho natural, frente cualquier extranjero que quisiera adueñarse de ellos.

En su última obra, *De Thesauris* compila toda su doctrina al respecto. Denunciando que la bulas de Alejandro VI , *Inter caetera, Eximiae devotionis, Dudum siquidem* (1493), deberían haber tenido en cuenta el consentimiento de los indígenas ya que como hemos visto anteriormente no podían ser considerados infieles al uso.

Así pues, al no haberse dado una aceptación voluntaria y explicita, por parte de los indios, de la soberanía española sobre sus territorios, salvo en la zona de *Vera Paz*, los conquistadores no tendrían derecho a ocupar sus territorios.

Fray Bartolomé concluye afirmando que salvo los bienes que los originarios donaron o intercambiaron libremente con los conquistadores el resto de posesiones han sido hurtadas y han de ser devueltas a sus legítimos dueños. Esto no solo hace referencia al oro, plata o tierras sino que, también se incluirían los cargos de gobierno autóctonos ocupados de forma ilegitima.

En definitiva, aquellos que habían obrado con afán de acaparar y robar bienes habían de restituirlos, estaba en juego la salvación de sus almas, y a su vez mostrarse arrepentidos pues con sus actos, lo único que han conseguido ha sido infamar a la fe.

Por tanto, como podemos observar, el descubrimiento de América no solo es una epopeya histórica sino que, es el pórtico de un elevado debate teórico entorno a la justicia como superior a los intereses y pasiones humanas.

Para concluir, en cuanto a lo que se podría definir como filosofía autóctona en Hispanoamérica, su punto de partida es la escolástica, tan propia en la educación de los religiosos de la época y que llega con ellos proveniente de la Península.

Ahora bien, esta viene acompañada por las determinaciones propias de cada escuela: tomistas, suarecianos, escotistas…que con el paso del tiempo se irán mezclando con las concepciones modernas culminando en una suerte de eclecticismo. Este a su vez, irá desplazando poco a poco a la escolástica en pos de las nuevas corrientes de pensamiento[50].

Este periodo escolástico ve su fin a principios del siglo xviii por lo que su desarrollo escapa al ámbito del presente artículo. Por otra parte, de esta época, más que obras originales nos han llegado los conocidos como «mamotretos»[51]: lecciones copiadas por los alumnos al dictado. Estos permiten apreciar la estructura y el contenido de los cursos impartidos.

Todo lo anterior es posible por la serie de fundaciones universitarias que se darán a lo largo del siglo xvi. Abre camino la Universidad Mayor de San Marcos en 1551, separada del resto de colegios limeños fundados por las órdenes religiosas, que un siglo después alcanzará su edad de oro[52].

Ahora bien, hasta el siglo xvii el centro de la vida cultural americana será México. A esta universidad, fundada a la zaga de la peruana, se trasladan las disputas peninsulares de corte humanista. Destaca fray Alonso Gutiérrez, su obra *Cursus philosophicus* será de las primeras editadas en América.

Concurre en el tiempo con fray Tomás de Mercado. Sevillano de nacimiento, realiza sus estudios filosófico-teológicos en México, donde posteriormente impartirá clases. Alcanzada la madurez acaba enseñando en su ciudad natal donde publica lo escrito durante su estancia mexicana[53].

A modo de corolario no podríamos dejar de preguntarnos qué significa pensar en español. Esta pregunta a su vez está estrechamente ligada por una parte al lugar que ha ocupado y ocupa nuestro pensamiento en el mundo, de nuevo la vinculación entre historia y filosofía, y por otra a la necesidad de investigar si verdaderamente como afirma Unamuno la filosofía española solo puede encontrarse en la literatura y la mística. Esta respuesta, repetida hasta la saciedad, deja en buen lugar nuestra literatura a costa de eliminar cualquier atisbo de rigor en el pensamiento español[54].

Sin embargo, como hemos podido observar, en el momento previo a la modernidad encontramos un desarrollo filosófico propio que si bien parte de los postulados sistemáticos que rondan la Europa del momento, se desarrolla por sí mismo alcanzando la cima de lo completamente original.

Quizás, ahora más que nunca se hace necesario repensar nuestra concepción del idioma para no convertirnos en dependientes del pensamiento ajeno o por el contrario no salir de la realidad exclusiva del propio idioma.

La mejor forma de cerrar este articulo son las palabras de uno de esos olvidados de la filosofía cuya vida se vio inevitablemente ligada a los azarosos acontecimientos del siglo XX en España:

> La negación de la índole de filosófico —al pensamiento hispánico— es conclusión de razonamientos que pueden sintetizarse en esta fórmula: Filosofía es la *Metafísica* de Aristóteles, la *Ética* de Spinoza, la *Crítica de la razón pura*, la *Lógica* de Hegel. Es así que los *Motivos de Proteo*, *Del sentimiento trágico de la vida*, las *Meditaciones del Quijote*, *La existencia como economía*, *Desinterés y caridad*, se parecen muy poco a aquellas obras. Luego estas no son Filosofía. Mas ¿Por qué no razonar de esta otra manera? los *Motivos*, *Del Sentimiento*, *las Meditaciones del Quijote*, *La existencia*, se parecen muy poco a la *Metafísica*, a la *Ética*, a la *Crítica*, a la *Lógica*. Y son filosofías. Luego Filosofía no es exclusivamente la *Metafísica*, etc., sino también los *Motivos*, etc.[55]

Notas

1 Se suele sacar a colación aquella supuesta sentencia Heideggeriana: «Únicamente se puede pensar en alemán o en griego». Realmente lo dicho por el alemán —y que puede parecerse en algo— es lo siguiente: «Pienso en el

particular e íntimo parentesco de la lengua alemana con la lengua de los griegos y con su pensamiento. Esto me lo confirman hoy una y otra vez los franceses. Cuando empiezan a pensar, hablan alemán; aseguran que no se las arreglan con su lengua». HEIDEGGER, Martin: «La autoafirmación de la Universidad alemana. El Rectorado 1933-1934», entrevista *Der Spiegel*. Madrid, Tecnos, 1989. p. 80.

2 La historia de la filosofía no son solo los caminos de la razón a lo largo de veintisiete siglos para intentar alcanzar la verdad y el conocimiento, también son los itinerarios del ingenio, del sentimiento, de la pasión, del corazón, en definitiva. NOVELLA, Jorge: *La aventura del pensamiento español*. Madrid, Sindéresis, 2021. p. 13.

3 GRACIÁN, Baltasar: *El criticón*. Madrid, Espasa Calpe, 1998. p. 353.

4 Los juicios entorno a este periodo están siendo revisados exhaustivamente. ABELLÁN, José Luis: *Historia crítica del pensamiento español: La edad de oro* (tomo II). Madrid, Espasa Calpe, 1986. p. 527.

5 Cf. ABELLÁN, José Luis: *Historia crítica del pensamiento español...*, *op. cit*, p. 528.

6 Cf. ABELLÁN, José Luis: *Historia crítica del pensamiento español...*, *op. cit*, p. 529.

7 Cf. FRAILE, Guillermo: *Historia de la filosofía española desde la Ilustración*. Madrid, BAC, 1972. p. 327.

8 Cf. FRAILE, Guillermo: *Historia de la filosofía española ...*, *op. cit*, p. 328.

9 Cf. FRAILE, Guillermo: *Historia de la filosofía española ...*, *op. cit*, p. 249.

10 Cf. ABELLÁN, José Luis: *Historia crítica del pensamiento español ...*, *op. cit*, p. 136.

11 Según otras fuentes en Villanueva de Sigena. FRAILE, Guillermo: *Historia de la filosofía española…*, *op. cit*, p. 258.

12 Cf. FRAILE, Guillermo: *Historia de la filosofía española…*, *op. cit*, p. 260.

13 GUY, Alain: *Historia de la filosofía española*. Barcelona, Anthropos, 1985. p. 134.

14 Cf. GUY, Alain: *Historia de la filosofía española…*, *op. cit*, p. 136.

15 Cf. FRAILE, Guillermo: *Historia de la filosofía española…*, *op. cit*, p. 272.

16 QUEVEDO, Francisco: «Defiéndase Epicuro de las calumnias vulgares» en FRAILE, Guillermo: *Historia de la filosofía española…*, *op. cit*, p. 272.

17 Cf. FRAILE, Guillermo: *Historia de la filosofía española…*, *op. cit*, p. 276.

18 Cf. ABELLÁN, José Luis: *Historia crítica del pensamiento español…*, *op. cit*, p. 449.

19 Cf ABELLÁN, José Luis: *Historia crítica del pensamiento español…*, *op. cit*, p. 146.

20 Cf. GUY, Alain: *Historia de la filosofía española…*, *op. cit*, p. 156.

21 Estas fechas han de tomarse con precaución, como momentos flexibles y meramente indicativos (…) de ningún modo marcan hitos inamovibles. ABELLÁN, José Luis: *Historia crítica del pensamiento español…*, *op. cit*, pp. 35-36.

22 Merece ser mencionada aquí la reforma previa del cardenal Cisneros que se centrará en: la vuelta a sus raíces de la Orden franciscana, la fundación de la universidad de Alcalá y el impulso de la Biblia poliglota complutense. ABELLÁN, José Luis: *Historia crítica del pensamiento español…*, *op. cit*, p. 37.

23 Cf. ABELLÁN, José Luis: *Historia crítica del pensamiento español…*, *op. cit*, p. 49.

24 Cf. ABELLÁN, José Luis: *Historia crítica del pensamiento español…*, *op. cit*, p. 48.
25 ABELLÁN, José Luis: *Historia crítica del pensamiento español…*, *op. cit*, p. 57.
26 Cf. FRAILE, Guillermo: *Historia de la filosofía española…*, *op. cit*, p. 223.
27 La gravedad de este paso radica en que la filosofía nominalista se opone frontalmente a la escolástica de tradición tomista. El interés de esta cátedra no sería acabar con el tomismo sino, purificarlo y enriquecerlo con los nuevos recursos disponibles.
28 Cf. GUY, Alain: *Historia de la filosofía española… op. cit*, p. 93
29 Lutero defendía que la naturaleza humana se hallaba completamente corrompida por el pecado. A causa de esta corrupción manifiesta la primacía absoluta y arbitraria de la voluntad divina sobre la razón humana . Su consecuencia inmediata es la eliminación del derecho natural e inmutable y la imperativa necesidad de una ley positiva —hechura de manos humanas— cuya consecuencia inmediata es la obligación de absoluta obediencia al Estado como fuente de todo derecho.
30 Cf. GUY, Alain: *Historia de la filosofía española… op. cit*, p. 123.
31 *Ibídem*
32 Pero vosotros tenéis maestros más grandes que todos nuestros filósofos. Tus místicos, san Juan de la cruz, santa Teresa, que se elevan, con un brinco mucho más alto, que al umbral al que nosotros nos las arreglamos —para llegar— con el esfuerzo de nuestra especulación [N.A]. CHEVALIER, Jackes: Cadences en ABELLÁN, José Luis: *Historia crítica del pensamiento español…*, *op. cit*, p. 292.
33 PEERS, Edgar Alison: «El misticismo español» en ABELLÁN, José Luis: *Historia crítica del pensamiento español…*, *op. cit*, p. 293.
34 ABELLÁN, José Luis: *Historia crítica del pensamiento español…*, *op. cit*, p. 293.
35 MENÉNDEZ PELAYO, Marcelino: «La poesía mística en España» en ABELLÁN, José Luis: *Historia crítica del pensamiento español…*, *op. cit*, p. 296.
36 CILVETI, Ángel: «Introducción a la mística española» en ABELLÁN, José Luis: *Historia crítica del pensamiento español…*, *op. cit*, p. 296.
37 ZORROZA HUARTE, Idoya y LÁZARO PULIDO, Manuel: *Mística y filosofía en el Siglo de Oro*. Pamplona, EUNSA, 2017. pp. 9-10.
38 Cf. MATE, Reyes: *Pensar en español*. Madrid, Editorial CSIC, 2021. p. 12.
39 ABELLÁN, José Luis: *Historia crítica del pensamiento español…*, *op. cit*, p. 364.
40 TORQUEMADA, Antonio: «Menosprecio de corte y alabanza de aldea» en ABELLÁN, José Luis: *Historia crítica del pensamiento español…*, *op. cit*, p. 365.
41 Cf. ABELLÁN, José Luis: *Historia crítica del pensamiento español…*, *op. cit*, p. 370.
42 ABELLÁN, José Luis: *Historia crítica del pensamiento español…*, *op. cit*, p. 409.
43 DE LAS CASAS, Bartolomé: «Brevísima relación de la destrucción de las Indias», en ABELLÁN, José Luis: *Historia crítica del pensamiento español…*, *op. cit*, p. 412.

44 DE LAS CASAS, Bartolomé: «Brevísima relación de la destrucción de las Indias», en ABELLÁN, José Luis: *Historia crítica del pensamiento español...*, *op. cit*, p. 413.

45 DE LAS CASAS, Bartolomé: «Brevísima relación de la destrucción de las Indias», en ABELLÁN, José Luis: *Historia crítica del pensamiento español...*, *op. cit*, p. 422.

46 Cf. ABELLÁN, José Luis: *Historia crítica del pensamiento español...*, *op. cit*, p. 429.

47 Cf. ABELLÁN, José Luis: *Historia crítica del pensamiento español...*, *op. cit*, p. 433.

48 Aquellas personas que durante la conquista de Perú se habían apoderado de riquezas de forma inapropiada. ABELLÁN, José Luis: *Historia crítica del pensamiento español...*, *op. cit*, p. 433.

49 ABELLÁN, José Luis: *Historia crítica del pensamiento español...*, *op. cit*, p. 433.

50 Cf. LÉRTORA MENDOZA, Celina: «La filosofía en la época de la colonia» en FORNET-BETANCOURT, Raúl y BEORLEGUI, Carlos (eds.): *Guía Comares de filosofía Latinoamericana*. Granada, Comares, 2014. p. 47.

51 LÉRTORA MENDOZA, Celina: «La filosofía en la época de...» *op. cit.* p. 46.

52 LÉRTORA MENDOZA, Celina: «La filosofía en la época de...» *op. cit.* p. 54.

53 LÉRTORA MENDOZA, Celina: «La filosofía en la época de...» *op. cit.* p. 50.

54 Este cuestión ha sido desarrollada en profundidad por R. Mate en su reciente obra *Pensar en español*: Madrid, Editorial CSIC, 2021.

55 GAOS, José: «Confesiones profesionales» en NOVELLA, Jorge: *La aventura del pensamiento... op. cit.* p. 21.

Bibliografía

ABELLÁN, José Luis: *Historia crítica del pensamiento español: La edad de oro* (tomo II). Espasa Calpe. Madrid, 1986.

FRAILE, Guillermo: *Historia de la filosofía española desde la Ilustración*. BAC. Madrid, 1972.

GRACIÁN, Baltasar: *El criticón*. Espasa Calpe. Madrid, 1998.

GUY, Alain: *Historia de la filosofía española*. Anthropos. Barcelona, 1985.

HEIDEGGER, Martin: «La autoafirmación de la Universidad alemana. El Rectorado 1933-1934», entrevista *Der Spiegel*. Tecnos. Madrid, 1989.

LÉRTORA MENDOZA, Celina: «La filosofía en la época de la colonia» en Fornet-BETANCOURT, Raúl; BEORLEGUI, Carlos, (eds.) *Guía Comares de filosofía Latinoamericana*. Comares. Granada, 2014.

MATE, Reyes: *Pensar en español*. Editorial CSIC. Madrid, 2021.

NOVELLA, Jorge: *La aventura del pensamiento español*. Sindéresis. Madrid, 2021.

ZORROZA HUARTE, Idoya y LÁZARO PULIDO, Manuel: *Mística y filosofía en el Siglo de Oro*. EUNSA. Pamplona, 2017.

Segunda parte

Albaladejo, villa castellana

El paso de la alquería a las aldea en los territorios de la Orden de Santiago: el caso de la fortaleza de Albaladejo (ss. IX-XVI)

David Gallego Valle
Universidad de Castilla-La Mancha

El llamado castillo de Albaladejo se localiza en la población del mismo nombre, en la provincia de Ciudad Real, dentro del casco urbano, en su extremo occidental, asentada sobre la zona más escarpada del mismo. De lo que fue el recinto fortificado, por desgracia, es poco lo que se puede observar, lo que ha provocado que, en muchos casos, se suela identificar con una simple torre o casa fuerte asociada a la Orden de Santiago.

La realidad de este enclave, a lo largo de su historia, es bien distinta. Como analizaré a lo largo de las siguientes páginas[1], se trata de un lugar con una dilatada historia y que, además, sirvió como referencia para la organización del poblamiento en su entorno inmediato, en un espacio de gran valor geoestratégico para las comunicaciones de La Meseta y Andalucía. Su fundación, dejando de lado la etapa Prehistórica, omnipresente en la mayor parte del origen de las poblaciones del Campo de Montiel, habría que buscarla en época islámica, posiblemente desde los primeros momentos de asentamiento, lo que concuerda con los modelos de ocupación de este territorio, donde proliferara la presencia de pequeñas fortalezas de las que dependerán abundantes alquerías que se diseminan por el valle del río Villanueva. Con la conquista cristiana, a partir del primer cuarto del siglo XIII, el lugar tendrá un cierto protagonismo dentro de la repoblación del territorio de la Orden de Santiago, siendo una de las primeras aldeas que fundan los freires, en la que se alza un castillo y una parroquia y, además, se feudaliza el espacio circundante, con lo que claramente transformará el paisaje. La fortaleza y su entorno sobrevivirán, a grandes rasgos, hasta principios del siglo xvi, cuando se inicia un proceso de amortización que culminará con el uso del lugar como cementerio.

A pesar de su importancia histórica, por desgracia, el sustrato arqueológico del edificio y su entorno inmediato se ha perdido, en gran medida, por los avatares de la historia y, claramente, por una restauración totalmente inadecuada que se hizo a principios del siglo xxi, que destruyó la estratigrafía de subsuelo. A pesar de ello, el objetivo de este trabajo es reconstruir, combinando las herramientas arqueológicas, en todas sus dimensiones, y las fuentes escritas, cómo fue la evolución de este enclave y su territorio circundante, ya que con los distintos trabajos que se han realizado hay una información lo suficientemente amplia para conocerlo.

Pero, obviamente, nos somos los primeros que nos hemos acercado al estudio de esta fortaleza o la población centrándonos en el periodo medieval. Contamos con varios trabajos que de una manera u otra lo han ido abordando, aunque en muchos casos la bibliografía ha ido repitiendo los datos de unos autores a otros, en especial para la identificación del lugar en las primeras menciones que se hacen sobre el mismo en la documentación escrita. Hervás y Buendía[2] será el primero que recoja una cita sobre la posible conquista de Albaladejo en 1187, procedente de un documento de donación de las posesiones del conde Pedro de Lara y su mujer a favor de la Orden de Calatrava. Posteriormente Corchado[3] y Madrid[4] seguirán proponiendo esta posibilidad, pero creo que para esas fechas era poco probable, por la fuerte presencia del poder almohade en este espacio. La solución a este problema, como ya se planteó, se da al realizar un estudio de la toponimia en otros espacios manchegos, donde vemos como este documento realmente se refiere a Albaladejo del Cuende, en la provincia de Cuenca, lugar que en estos momentos sí que está claramente bajo dominio cristiano.

El primer estudio desde la materialidad de la fortaleza y el entorno los realiza el profesor Ruibal[5], un pionero en los estudios castellológicos a nivel nacional que tristemente ha fallecido en fechas recientes. A él se debe la primera monografía sobre el lugar, donde analiza desde la materialidad los restos constructivos conservados y levanta las primeras plantas. Para este autor, el problema viene dado en intentar resolver el momento de fundación del lugar y la relación de su nombre con «Paterno» o «Villar de Casa Paterno», citado en las bulas de Honorio III en 1215[6], lo que le lleva a plantear un origen romano para este edificio o el entorno. No obstante, Albaladejo y Casa Paterno son dos enclaves totalmente distintos. El segundo se corresponde con un asentamiento romano que, posteriormente, dará lugar a una alquería que, posiblemente, contó con una fortificación de la que hoy en día quedan algunos vestigios. En esta misma línea, se vuelve a tratar el edificio en dos obras sobre los castillos de la provincia de Ciudad Real, una del propio Ruibal[7], donde se reafirma en sus investigaciones y otra de Melero[8], esta última prácticamente una guía de viajes carente de rigor científico.

Otros autores, de referencia sobre la orden de Santiago, han apuntado algunas referencias sobre Albaladejo, sobre todo en relación con los procesos de repoblación, pero sin ahondar en el análisis de la fortaleza. Por poner algunos ejemplos, debemos citar desde Lomax[9], pasando por González y, más recientemente, los trabajos de Matellanes[10], De Ayala[11], Ruiz[12] y López[13]. De mayor interés por los datos sobre la materialidad del territorio que aportan, podríamos mencionar a Palacios[14] y, especialmente a Porras[15] por los vaciados que realiza de los libros de visitación.

Posteriormente, aunque de una forma secundaria, Molina, tanto en su obra sobre las iglesias parroquiales del Campo de Montiel[16] como en su monografía sobre la arquitectura religiosa de la Orden de Santiago, se acerca al estudio del castillo[17]. Dentro de sus aportaciones las más destacada para nosotros, de una forma muy acertada, fue la de proponer la existencia del castillo junto a la parroquia como modelo de fundación de estas primeras aldeas. Esta autora, además, propone la posible existencia de una capilla en el interior del edificio en los momentos de uso, que serviría de primer lugar de culto hasta la construcción del templo, hoy en día la actual iglesia de Santiago Apóstol.

Aunque no de una manera estrictamente ligada a la investigación, a partir de 2006 se realizó la carta arqueológica del término municipal de Albaladejo[18], donde se registraron todos los elementos patrimoniales de la localidad. Destacamos, la importancia de los elementos recogidos en el entorno rural, que mostraron la amplia densidad de ocupación del territorio desde el Paleolítico hasta fines de la Edad Media. Para el caso del castillo solo se realizó, como es pertinente en estos casos, una ficha de registro y se propuso su entorno de protección.

Más recientemente, Rubio[19], en su monografía sobre el Campo de Montiel, busca hacer un acercamiento al edificio y su entorno, intentando aunar los datos que se conocían a ese momento. Dentro del trabajo, también se propone un croquis de su planta en el siglo XV y la localización de los diversos ámbitos que se citan en los libros de visitación de la Orden de Santiago, aunque se vuelve a dejar de lado cualquier tipo de la materialidad constructiva del edificio.

Como vemos, esta fortaleza prácticamente no ha contado con estudios arqueológicos que aunaran una nueva información y permitieran reinterpretar las fuentes históricas. En este sentido, han sido pioneros los trabajos realizados en el Campo de Montiel desde hace más de una década que han permitido solventar ese vacío y que he podido publicar en varios artículos de forma preliminar para, finalmente, dar lugar a un primer estudio en detalle de la fortaleza en 2020 dentro de mi tesis doctoral[20]. En la misma analizo este recinto y su relación a lo largo de su dilatada historia, con otros elementos castrales del entorno. Por otro lado, acometo un estudio de paramentos que, al haberse perdido la estratigrafía de subsuelo del lugar, era la única fuente fiable de datos que, combinada con la información de la documentación escrita, me permitió aportar su primera reconstrucción cronológica.

En este texto quiero, como comentaba anteriormente, ir un paso más, ampliando los datos tanto de los estudios de paramentos, con una propuesta de reconstrucción virtual, como con la nueva información fruto de las prospecciones arqueológicas en el entorno, que me ha permitido reconstruir un intenso poblamiento asociado al mismo. Para ello, articularé este trabajo, con un primer epígrafe dedicado a analizar la evolución geohistórica del lugar, posteriormente estudiaré en detalle el edificio y las intervenciones que se han realizado sobre el mismo y, finalmente, aportaré una propuesta de reconstrucción cronotipológica del edificio. Todo esto lo acompañaré con un amplio aparato gráfico que complementa los resultados del estudio, tanto desde el punto de vista de los sistemas de información geográfica, como de las propias planimetrías del inmueble y su entorno.

Análisis geohistórico del castillo de Albaladejo y su espacio de influencia: del poblamiento andalusí a la feudalización del territorio

El lugar de Albaladejo, por su propio topónimo, tiene claramente un origen andalusí que parece hacer referencia al camino que discurre al píe del mismo. Como bien propone Chavarria[21] en su obra sobre la toponimia islámica de la región manchega, el término al-Balat podría estar relacionado con una posible vía que, normalmente, se ha asociado a los caminos de origen romano que discurren por su entorno, de los que tenemos un importante trabajo fruto de la excavación de la cercana vía Augusta[22] en Montiel. Creo, por el contrario, que el camino que da lugar al nombre es otro, que no se suele mencionar, pero que es capital para entender la viaria de este momento, como fue la comunicación entre Segura de la Sierra y Montiel, hoy fosilizado como una vereda ganadera que sirve de límite entre los términos municipales de Albaladejo y Terrinches, cuya importancia ya mencioné en estudios anteriores[23].

En este sentido, todavía a finales del siglo XV se habla de la importancia que había tenido esta vía dentro del organigrama de las vías de época cristiana, clara heredada de su fundación andalusí:

> …en la dicha villa un portadgo el qual antes de aquello se solian coger en Terrinches de la encomienda mayor e no en la dicha villa e que agora se coje en anbos logares con en los preveymientos que estan sennalados del secretario jurado de la provinçia en la margen de la rrelaçion que se saco por mandado de sus altesas (...)[24]

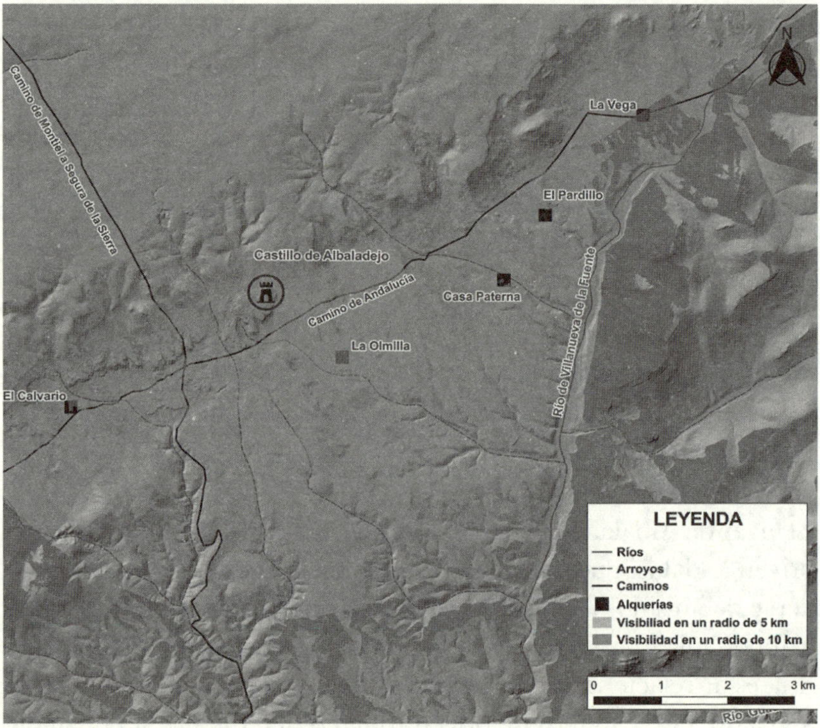

Mapa de visibilidad del castillo de Albaladejo.

Albaladejo está, claramente, vinculado al valle que se abre al sur de su posición, formado por el río Villanueva y sus afluentes, donde existe un intenso poblamiento desde la Prehistoria, como demostraron los numerosos yacimientos documentados en la carta arqueológica del municipio. Será a partir de época romana, como ocurre en gran parte del Campo de Montiel, cuando se configure el espacio rural de este territorio, claramente asociado a la cercana ciudad iberorromana de Mentesa Oretana. A lo largo del territorio[25] se abren numerosos asentamientos de este momento, especialmente intensos a partir del siglo III con la proliferación de *villae*, *mansios* o *mutationes* que, posteriormente, serán transformadas en aldeas visigodas, a veces con un leve traslado del poblamiento. Destacan, por su importancia, la villa de Puente la Olmilla, intensamente investigada o el ya mencionado Villar de Casa Paterna donde se hallaron, en un espacio cercano, los denominados sarcófagos del Talar de la Vega[26], muy similares a otros de la provincia.

Con la conquista musulmana el paisaje no debió sufrir una transformación muy acusada ya que, como ya planteaba Zozaya[27] de una forma general, y he comprobado para este territorio, asistimos a una transformación de las aldeas en las unidades básicas de poblamiento andalusí, las alquerías. Las prospecciones arqueológicas nos muestran, por ejemplo, como en el caso de Casa Paterna el asentamiento islámico va a ocupar la parte más elevada del yacimiento romano, donde posiblemente existió algún tipo de defensa como muestra la presencia de varios muros en el corte del terreno. Por su parte, en la Vega y el Pardillo, así como en el propio Puente la Olmilla, asistimos a un desplazamiento de la posición del asentamiento, unos centenares de metros, hacia puntos ligeramente más elevados y, como en el último caso, al otro lado del arroyo que corre de sur a norte. Además, sobre el propio valle existen dos pequeñas fortificaciones o lugares de refugio como son Montilviejo y, reaprovechando un antiguo poblado prehistórico, Cerro Castellar.

En el propio cerro de Albaladejo, en las terreras al este y sur del castillo, sí que se documentan materiales cerámicos islámicos con una amplia horquilla que va desde el periodo omeya hasta los imperios norteafricanos, aunque obviamente estas piezas se encuentran descontextualizadas por los arrastres. Por tanto, muy probablemente, en este punto debió existir algún tipo de elemento fortificado de época islámica, quizás relacionado con el propio control de las vías de comunicación como muestra el topónimo al-Balat[28], así como de las alquerías que se extendían a lo largo de esta vía. Me inclino a pensar que, probablemente, se trate de un *manquil*, como en el caso de la cercana Alcubillas[29] o, también, de una alquería fortificada como la que he documentado en las excavaciones del castillo de Rochafrida (Ossa de Montiel)[30].

Este poblamiento, en un primer momento, seguramente hasta la *fitna* emiral de finales del siglo IX, estuvo vinculado a la antigua ciudad de Villanueva de la Fuente, la Menteixa de época islámica. A partir de la reorganización califal de todo el espacio, en el siglo X y, especialmente, con la llegada de los imperios norteafricanos, almorá-

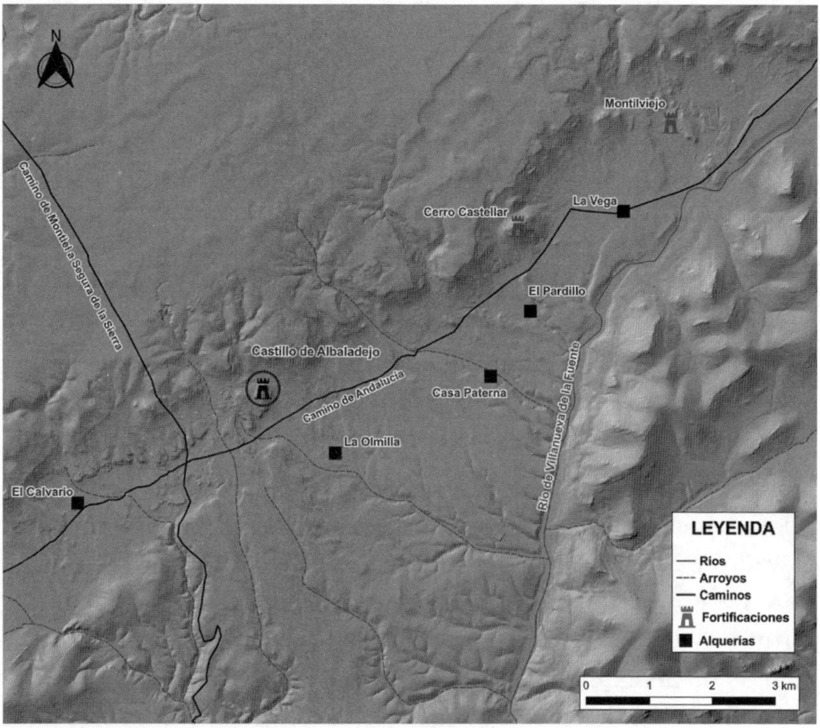

Mapa del poblamiento andalusí entorno a Albaladejo.

vides y almohades, su relación debemos buscarla con el *hisn* de Munt Gil (Montiel) que ya en estos momentos dependía de la cora de Jaén, y a su vez estuvo muy relacionado con la cercana Segura de la Sierra. La posición intermedia de Albaladejo entre estos dos grandes núcleos, aparte de servir de referencia a los asentamientos agropecuarios, tuvo un fuerte impacto del control del camino mencionado, con unas funciones muy similares a la alquería de Zarraconti (Génave), esta ya en la provincia de Jaén, y en la que sí se conservan las evidencias de una torre islámica que dio paso a una aldea de repoblación cristiana.

Las primeras referencias escritas que tenemos de este lugar son de 1223. A pesar de la confusión con la identificación de Albaladejo, como vimos anteriormente, ya que la alusión de este lugar en 1181 se corresponde con Albaladejo del Cuende, en la provincia de Cuenca. Es en esta segunda fecha, 1223, claramente en un momento posterior a las Navas y en pleno proceso de conquista del Campo de Montiel, que aparece ya como uno de los enclaves pertenecientes a las posesiones de la Orden de Santiago, aunque aún se refieren al mismo como Paterno[31].

En 1238 se documenta su iglesia dentro de las reclamaciones del arzobispo Jiménez de Rada[32] ante los santiaguistas, en un proceso muy interesante para conocer el valor de las parroquias[33] como elementos de repoblación del territorio, un hecho fundamental para las tierras de estas institución que parecen solapar los nuevos sistemas de poblamiento sobre los antiguos patrones islámicos. Lo que no tenemos claro, como en la mayor parte de los casos, es que el nuevo templo, dedicado a Santiago Apóstol en la actualidad, creciera sobre una mezquita, algo que, en la mayor parte de los casos es imposible de demostrar salvo con las herramientas arqueológicas y, en los casos que los hemos podido estudiar, no han aparecido estos registros[34].

En 1243, Albaladejo es citado dentro de las aldeas pertenecientes a los santiaguistas en la sentencia por la disputa con Alcaraz, quedando dentro de los términos de Villanueva de la Fuente[35]. Tras la conquista de Segura de la Sierra, en 1242 y con el traslado a este punto de la Encomienda Mayor de Castilla, empezará a formar parte de la misma[36], denominándose tanto como Albaladejo de la Sierra como Albaladejo de los Freires, este último nombre lo mantenía aún en el siglo xvi en los diferentes documentos conservados.

A mediados del siglo xiii debía estar configurada la aldea de repoblación que, a grandes rasgos, se ha conservado en el callejero actual de la localidad, con la típica forma almendrada de este periodo y que, como he podido comprobar, estuvo totalmente cercada, conservándose solo parte del arranque de la muralla en la zona cercana a la fortaleza. Le delimitación de la puebla corría siguiendo las líneas topográficas del cerro, siendo su extremo meridional la actual calle Ojeda para, posteriormente, cerrar en la plaza de la Constitución, donde debió estar la puerta principal, y, por el límite septentrional, menos claro por las modificaciones, daba por el camino o la vereda de ganados, que servía de trasera, por la elevación en este punto, a las viviendas que se apoyaban sobre la muralla. Debió tener varias calles, dejando de lado la Mayor, orientadas de este a oeste, cuyos topónimos son ciertamente reveladores de su pasado medieval, de San Juan[37],

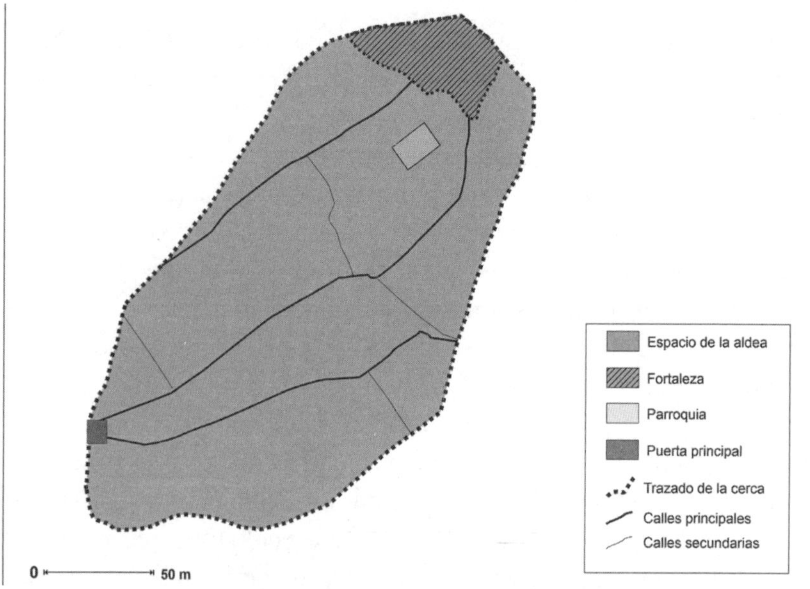

Croquis a escala del posible trazado de la aldea de Albaladejo a mediados del siglo XIII.

del Arco y, finalmente, del Hospital, lo que entronca con este tipo de edificios dentro de la población de la Orden de Santiago[38].

En la zona superior de la aldea, al noroeste, se coronaba con la fortaleza que, como veremos, debió tener su propia cerca o un foso que lo separara del resto de la población, cuya fisonomía se marca en la topografía del terreno. Junto a este elemento castral, también como referente del paisaje urbano, se disponía la iglesia, en una dupla común en estos primeros elementos de repoblación. Partiendo de este primer entramado urbano, a partir del siglo XVI se desarrollaría el resto de la población hacia el oeste, ocupando toda la meseta del cerro y las laderas, contando una planta ciertamente concéntrica y regular, muy curiosa por los condicionantes geográficos del lugar.

Será en este momento, a mediados del siglo XIII, cuando en la propia configuración de la aldea de repoblación, se debió levantar la fortaleza que podemos observar en la actualidad, en un proceso común para las tierras de todo el Campo de Montiel y la Sierra de Segura, como ya he tratado en otros trabajos previos[39]. Esta construcción, más allá de permitir una defensa en profundidad de todo este territorio de la orden, tuvo unas funciones muy claras en el organigrama santiaguista, sirviendo como elemento para la fijación y defensa de los nuevos poblados y, además, como elemento para la explotación del territorio y valedor del señorío de la propia institución, en un punto que pronto tendrá graves fricciones con el concejo de Alcaraz, como lo muestra la presencia de una línea física de mojones en el límite sur del término de Albaladejo, en el que destaca el propio castillo de los Baños del Santo Cristo.

A lo largo de los siglos bajomedievales, la información es mucho más parca aunque tendremos un proceso muy claro que afectará, especialmente, al paisaje rural donde, las antiguas alquerías e incluso, las pequeñas aldeas o caseríos como el villar de Casa Paterna irán desapareciendo para la creación de amplias dehesas, bien documentadas a partir de los siglos XIV y XV[40]. Además, tanto en los arroyos cercanos como, especialmente, en los ríos Villanueva y Guadalmena[41], se desarrollarán importantes centros de molienda que, en muchos casos, tuvieron un amplio recorrido cronológico, siendo muy relevante el edificio que hoy se conserva, denominado El Molinillo.

A fines del siglo XV, dentro de las descripciones que se realizan en las visitas de la Orden de Santiago, se describe la fortaleza como «...la casa de la horden que es como fortalesa...»[42], apuntando que solo se conservaba en buen estado el núcleo del castillo, aunque con algunas deficiencias, mientras que todo a su alrededor estaba perdido. En 1535 se había comenzado a realizar una nueva casa de bastimentos junto al antiguo edificio medieval, algo que los visitadores no vieron conveniente, proponiendo que se hiciera en el centro de la población[43], como detallaré más adelante, ya que no se aprecia en el edificio actual la materialidad de este proceso.

Dentro de las *Relaciones topográficas* se cita el edificio aún en uso, perteneciente al comendador de Segura y destinado a recoger las rentas de la encomienda[44]. A partir de esos momentos son pocos los datos con que contamos, por lo que muy probablemente el castillo fue cayendo en desuso en favor de otros inmuebles mejor ubicados y de más fácil acceso, que heredaron sus funciones, y quedando su solar, como en otros muchos casos, destinado al cementerio de la población a partir de los siglos centrales de la Edad Moderna hasta bien entrado el pasado siglo XX.

Estudio del castillo de Albaladejo

El castillo ha llegado hasta nosotros en un estado lamentable para poder realizar un estudio arqueológico que englobe una metodología de amplio espectro. A la ruina y amortización propia del abandono a lo largo de toda la Edad Moderna, se ha sumado negativamente, en especial, la intervención que se realizó a principios del siglo XXI por parte del Ayuntamiento de la localidad, sin ningún tipo de estudio y con materiales impropios, como describiré en el apartado correspondiente de este trabajo. A pesar de ello, gracias al análisis de paramentos, el estudio de las fuentes documentales, los trabajos de microprospección del callejero y el entorno de la fortaleza, así como a los trabajos de arqueología virtual, estamos en condiciones de poder tener datos suficientes para reconstruir históricamente el edificio.

De cara a abordar el estudio del edificio dividiremos el capítulo en tres partes. En el primero realizaremos un análisis arqueológico del inmueble actual y su entorno, apoyándonos en la documentación escrita. Seguidamente, por su trascendencia, abordaremos la reconstrucción que se hizo sobre el castillo en el siglo XXI y que alteró por completo los vestigios medievales que aún se conservaban y el registro arqueológico. Finalmente, haremos una propuesta de evolución constructiva de la fortaleza, desde sus orígenes al momento de su amortización.

Análisis de la fortaleza

El inmueble que apreciamos en la actualidad, por los restos conservados, así como por la descripción que se nos hace en los libros de visita, se corresponde con una casa de bastimentos de la Orden de Santiago, aunque posiblemente, antes del siglo XV, podía haber estado relacionada con un elemento de mayor envergadura y que se condensó en el edificio actual. El estudio de la propia topografía de lugar, el callejero, e incluso importantes evidencias en los trabajos sobre la roca, nos hacen plantearnos la presencia de una fortificación más compleja de la que hoy en día solo apreciamos

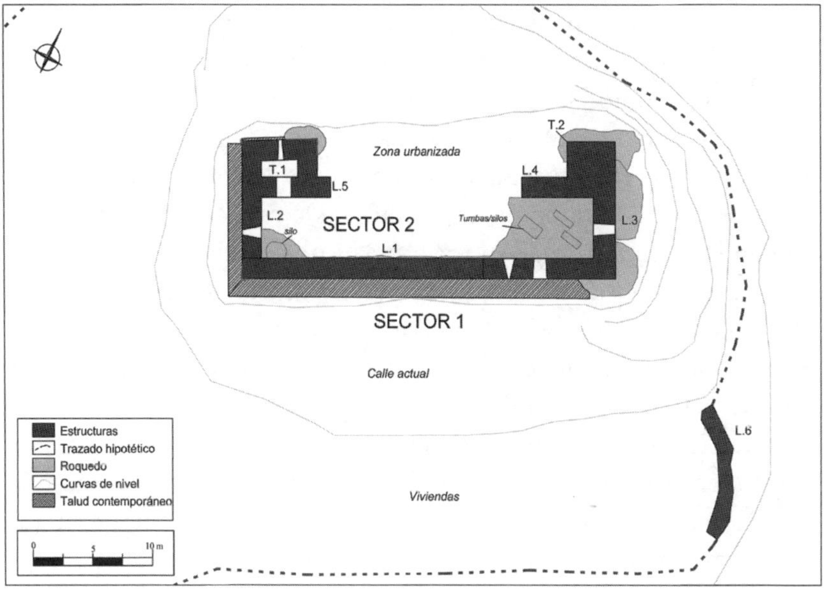

Planta de la fortaleza de Albaladejo.

su zona nuclear, habiendo desaparecido el resto, o estando amortizada bajo el subsuelo.

Dentro de la investigación se han podido documentar dos sectores dentro de la fortaleza, al que habría que un unir un tercero que se correspondería con la cerca de la aldea. El primero sería un antemuro que debía rodear por completo la fortaleza y que coincide, en la zona conservada, con la muralla de la villa. El segundo está asociado a los vestigios que quedan del propio castillo, muy perdidos y de difícil interpretación. El tercero, sobre el que no entraré en su análisis material al estar perdido, se correspondería con la cerca de la villa, de la que he intentado crear su delimitación a través de la fosilización del callejero, y que describe un espacio almendrado, muy común en las aldeas de repoblación cristianas.

Sector 1

Estaba formado por un recinto exterior, de tendencia cuadrangular, de unos 3.000 m², que aprovechaba la zona más elevada del terreno, hoy ciertamente disimulada por las aportaciones de tierra y los aterrazamientos que se hicieron durante la transformación de este espacio como elemento ajardinado. Este sector estaba cerrado mediante un paño que se encuentra en la actualidad prácticamente perdido y creaba un antemuro bajo para la fortaleza, el cual ya citaba Ruibal[45], aunque sin dar detalles. De esta cortina exterior he podido localizar parte de su trazado, al sur del edificio actual, en la zona en que podría unirse a la cerca de la aldea, aunque las reconstrucciones de los vecinos, ya que sirve a las traseras de las viviendas como apoyo, impiden apreciar el punto de unión. Continuaba hacia el norte, bajo el cierre oriental del castillo, apreciándose en la ladera los retallados en la roca donde iban asentando toda la cortina. Su fábrica, en la zona conservada, es base de mampostería de arenisca y caliza tobacea que se apoya en los crestones de roca, estando trabada tanto con barro como con restos de mortero de cal. Su fisonomía es muy similar al de otros casos cercanos como el de Almedina, Alhambra o Beas de Segura (ver imágenes en color).

En el costado occidental parece volver a localizarse su trazado, en este caso formado por microrelieves y abultamientos del terreno. De este muro aún se tenían algunas noticias en el siglo XV, ya que se cita en la vista de 1480 que «...el çerramiento todo por de fuera esta caydo e todo por el suelo...»[46]. Dentro de este sector debían ubicarse una serie de casas, como ocurría en la torre de Puebla del Príncipe o Terrinches, anexas al frente oeste del castillo, que en la mayor parte de las descripciones se citan ya como caídas y que, en el año 1494, se mandaba volver a cercar el patio que se ubicaba al norte de la casa fuerte, en este caso, mediante un muro de dos tapias de alto[47]. No obstante, debido a la urbanización de todo este espacio, no nos ha sido posible localizar evidencias arqueológicas de estos elementos.

Sector 2

Lo forma la fortaleza propiamente dicha, que hoy en día tiene una planta rectangular de 420 m^2, no muy distinta a cómo debió ser en el momento final de su uso. Está compuesta por dos torres, una hueca y otra maciza, que flanqueaban una gran cámara que se cubría con una bóveda de cañón de ladrillo. No obstante, en las distintas visitas se cita la presencia de una tercera torre, también maciza, que debía estar próxima a la entrada y, muy probablemente cercana a la Torre 2 de este trabajo.

Dentro del edificio[48] existía una planta baja, formada por un atajo que se usaba para guardar el pan. Al lado contrario, quizás en el frente este, se localizaba una pequeña estancia desde la que se subía hasta las cámaras de la bóveda, desde las que accedía a la torre hueca. De estos elementos, actualmente, se pueden intuir una serie de silos excavados en la roca, localizándose en el costado occidental incluso los restos de una posible tumba, esto último algo ciertamente inusual ya que el cementerio cristiano de la villa se ubicaba junto a la iglesia parroquial.

Desconozco, ya que no se cita explícitamente en la documentación, si el remate superior de la fortaleza se hacía mediante un tejado, como existía en la Torre 1, o, por el contrario, existía una terraza defensiva como se podría plantear también. En la visita de 1535 se refiere a este tema diciendo «...lo alto de la torre tiene neçesidad de se cobrir de su tejado como a los maestros pareçiere que más convenga...»[49], por lo que pudo tener una terraza sobre el extradós de la bóveda.

La restauración de principios del siglo xxi

En el castillo se intervino entre fines del siglo xx e inicios del siglo xxi, dentro de una actuación promovida por el ayuntamiento de la localidad y que no contó con un proyecto de restauración y, aún menos, de control y estudio arqueológico. Durante este proceso se realizaron cuatro actuaciones básicas[50]. En primer lugar se creó un gran basamento en el Lienzo 1 y 2, a base de mampuestos aparejados con cemento, que forran un núcleo de hormigón. En segundo, se cerró gran parte del Lienzo 1 con un muro de bloques de hormigón que, en la zona superior, se coronó por un conjunto de almenas troncopiramidales. En tercero, se hizo un rejuntado muy agresivo en toda la fortaleza, tanto de cemento gris como de proyectado de cemento blanco, que conllevó que se hallan perdido gran parte de las evidencias de antiguos revestimientos y, hoy en día, impide poder hacer cualquier tipo de lectura arqueológica con garantías. Por último, se embaldosó todo el espacio interno de la fortaleza, salvo algunos afloramientos en roca, así como el antiguo área que debía ocupar el patio que se extendía en el frente norte.

El resultado, dejando de lado la desagradable estética, está siendo nefasto para la conservación del recinto, creando nuevos problemas que amenazan con arruinar por completo la construcción. Los rejuntados con cemento, muy arenizados, actualmente han machacado los revestimientos originales, propiciando que muchas piezas estén sueltas. Por otro lado, los zócalos y los embaldosados impiden la evaporación de las humedades por capilaridad y hacen que estas suban hacia la parte alta de los muros creando sales que no se pueden tratar debido a que el cemento gris no deja transpirar. Finalmente, los nuevos paramentos creados a base de bloques han comenzado a desplomarse, y con ellos arrastran a los cuerpos de fábrica originales, como muestra la presencia de fisuras.

Estamos, por tanto, ante una intervención perjudicial para la fortaleza, ya que no solo se ha perdido la mayor parte del registro arqueológico, tanto parietal como de subsuelo, sino que la obra amenaza con arruinar por completo los vestigios medievales que aún se conservan.

Evolución histórica y arqueológica de la fortaleza

Fase I (siglos del IX al XIII)

La primera etapa de la que tenemos constancia en el castillo de Albaladejo, dejando de lado la clara ocupación prehistórica de todo el cerro donde se asienta el municipio y un posible asentamiento romano como hemos podido comprobar en los rodaderos del cerro, debemos buscarlo en la etapa andalusí. Es muy probable que en este punto pudiera existir algún tipo de recinto fortificado a lo largo de los siglos de establecimiento islámico, posiblemente un *manquil* para el refugio de la población de la vega

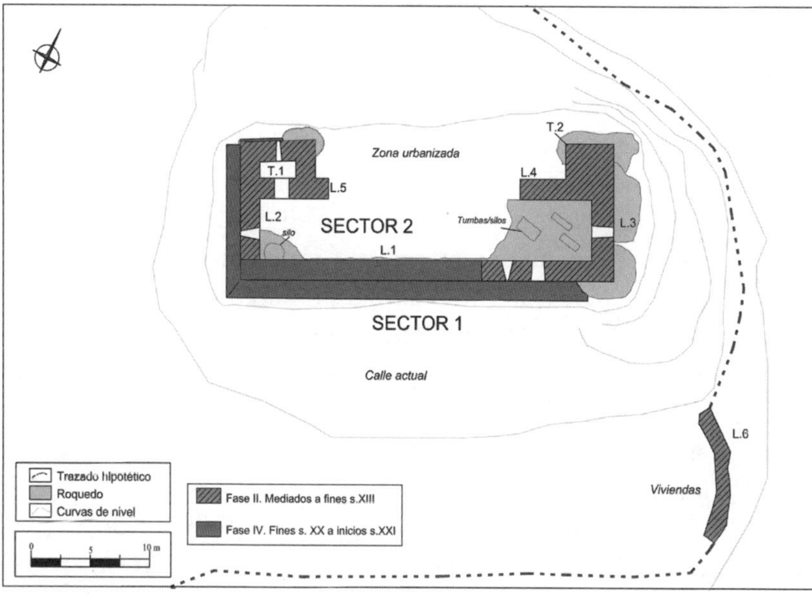

Planimetría del castillo con las fases históricas apreciables en su planta.

o, también, una alquería cercana, dentro de una dinámica muy común a lo largo del Campo de Montiel, como hemos visto, y que estaba en uso en el momento de la conquista, como así se desprende de la documentación[51].

Desde el punto de vista material solo tenemos constancia tanto por el referente cerámico como por la propia toponimia del lugar. No obstante, es probable que el antemuro identificado en el Sector 1 pueda tener un origen en este momento, aunque los restos que aún son visibles pertenecen a la Fase II de nuestro estudio. Su fisonomía, donde un recinto de mayor tamaño va a servir posteriormente como antemuro al castillo cristiano, es muy común en lo largo de las fortificaciones feudales del siglo xiii en las tierras de frontera[52].

Fase II (de mediados a finales del siglo xiii)

Durante esta fase se erigió la mayor parte del recinto fortificado que conocemos hoy en día aunque, como hemos visto anteriormente, se nos hace difícil estudiar los distintos procesos arqueológicos debido a la transformación del espacio que ocupa el castillo.

Este proceso creemos que debemos encuadrarlo entre mediados y el tercer cuarto del siglo XIII, asociado a un momento donde la orden de Santiago está llevando a cabo un importante proceso de construcción de fortalezas asociadas a una lenta repoblación y reorganización del espacio existente entre el Campo de Montiel y la Sierra del Segura[53], tras finalizar la gran expansión hacia el sur por el valle del Guadalquivir. En este momento se creó un modesto edificio militar que contaba con un antemural, como hemos mencionado[54], que debía rodear por completo tanto el espacio del castillo como, quizás, incluir en su interior tanto la primera parroquia como un gran patio, ubicado en el frente norte, donde se localizaban varias casas y otras infraestructuras que aún seguían en uso a lo largo del siglo XV[55].

El recinto principal, identificado con el Sector 2 de este estudio, fue erigido sobre una serie de afloramientos de roca, en este caso toba caliza, que fueron trabajados para asentar sobre los mismos tanto las torres como los lienzos y que claramente sirvieron de cantera para la construcción. Para la edificación de las distintas construcciones parece que trabajaron dos cuadrillas de obreros, de forma que varían ligeramente los aparejos a lo largo de los cuerpos de fábrica. En la zona occidental (L.1, L.2, T.1), se usaron, nuevamente, unas técnicas similares a la documentadas en los castillos de Montiel, Terrinches o Alhambra, formada por piezas ordenadas por hiladas de 0,3 m de altura que, en la mayor parte de los casos, se van enripiando de forma individualizada, trabándose mediante mortero de cal y revistiéndose con el mismo material, lo que permitía extraer los mampuestos de la cantera e ir asentándolos de forma rápida.

En el costado contrario, el frente oriental (L.3, L.4, T.2), se usó una mampostería que difiere de la obra anterior en que no solo se enripian los mampuestos individualmente, sino que, además, algunas hiladas se regularizan mediante esquistos o pequeñas lajas del mismo material, dando la sensación, falsa en este caso, de tratarse de una mampostería encintada. En esta fase, para rematar los ángulos creados se usó, al igual que en las aspilleras, un sillarejo formado por piezas de caliza que se trabajaron de forma tosca para poder crear los encadenados de todo el atado de los ángulos.

En el interior del cuerpo principal, en este periodo, o seguramente en una etapa ligeramente posterior pero que no se puede acotar más al no contar con los necesarios datos arqueológicos, se cubrió todo el espacio mediante una bóveda de cañón realizada con ladrillos, usado también en la Torre 1, dispuesto tanto a soga como a tizón, siguiendo una técnica de piezas dispuestas a bocetón que encontraremos en prácticamente todas las fortalezas de nuestro espacio[56], lo que posiblemente nos está hablando de una cuadrilla de alarifes que se está moviendo de obra en obra bajo el mandato de la Orden de Santiago.

Esta cubierta se apoyaba sobre una línea de imposta de sillares de arenisca gris, que claramente fueron labrados ex profeso, traídos de las canteras ubicadas al pie de la población, en los que hemos podido documentar la presencia de marcas lapidarias, en este caso, un signo en forma de ángulo agudo, similar a otros que he localizado en Alhambra, Montizón y Terrinches y, como he dicho ya anteriormente, creo que se trata de marcas que guían para la colocación de las piezas y no elementos relacionados con los sistemas económico de su conteo.

Fase III (segunda mitad del siglo xv a primera mitad del siglo xvi)

Este periodo lo encuadramos dentro de las reparaciones que se llevaron a cabo en la fortaleza y que, muy probablemente, las tenemos descritas en los libros de visita de la Orden de Santiago, entre 1480 y 1535. Dentro de este proceso he podido documentar dos actividades principales, la primera, la reparación de la parte baja de algunos paramentos (L.1, L.2, L.3, T.1) con el fin de parchear varias zonas que se encontraban en mal estado, «…e rreparo de otras e çerrar çiertos agujeros y cuevas que estan hechas en la muralla e sea de rreparar todo muy bien con su cal y arena…»[57], para lo que se usó una mampostería formada por pequeñas piezas, tanto de caliza como de mampostería, que se trababan con mortero de yeso. En esta actuación también se revistieron gran parte de los paramentos mediante un llagueado de yeso, pero prácticamente se ha perdido por la restauración que se realizó[58].

Propuesta de reconstrucción virtual del estado del edificio en el siglo XVI.

La segunda actividad la he podido documentar en los encadenados de unión de los ángulos de la fortaleza, así como en la zona conservada del Lienzo 1, donde se rehicieron mediante una obra formada por sillares, principalmente de arenisca gris y roja aunque también existe alguno de granito, que claramente fueron reaprovechados de otras construcciones, y dispuestos a soga y tizón. Esta actuación fue mandada realizar en 1535, ante el mal estado que presentaban estos elementos: «...se a de rreparar de buenas esquinas de cantería, que tengan una vara de medir de una parte y de otra, guarnesçida de su mampostería por los costados de las esquinas...»[59].

Este proceso debió completarse eliminando las casas que rodeaban al castillo, quedando el edificio como una especie de casa de bastimentos para recoger las rentas del entorno, estando en un estado de conservación aceptable durante los siguientes años de uso. De este inmueble, con los datos recogidos, se ha realizado una propuesta de reconstrucción virtual, en la que aún quiero seguir trabajando. Lo que no se ha podido documentar en el inmueble actual es la presencia de rastros arqueológicos de la posible casa de bastimentos que citaba la documentación[60], por lo que, posiblemente se debió desistir de la obra ya que, en el mismo libro de visitación, se habla del inicio de otros trabajos en la zona principal del pueblo, posiblemente en la ampliación que se produce desde la plaza Mayor a partir de la Edad Moderna.

Fase IV (finales del siglo xx a inicios del siglo xxi)

Esta actuación se corresponde con la intervención que se realizó para consolidar la fortaleza, en un mal intento, que se ha descrito anteriormente. Para ello se usaron bloques de cemento para la reconstrucción del Lienzo 1, así como para rematar los extremos del Lienzo 4 y 5, que claramente en origen estuvieron unidos. Posteriormente, se ha creado un zócalo que sirve de basamento a los Lienzos 1, 2 y la zona norte de la Torre 1, para la que se utilizó la «Mamp4.Alb», a base de un núcleo de hormigón que se chapa con este tipo de piedra y se traba todo con cemento gris. Finalmente, todo el espacio norte se explanó, adoquinó y embaldosó, por lo que se arrasó completamente el registro arqueológico.

Conclusiones

A pesar de las limitaciones arqueológicas actuales que presenta el castillo de Albaladejo para realizar un estudio, en este trabajo he querido reconstruir histórica y arqueológicamente la fortaleza y su espacio de influencia. Para ello he contado con todas las herramientas que nos proporciona la disciplina, en especial el estudio estratigráfico de paramentos y los trabajos de prospección arqueológica del entorno, lo que, sumado al estudio de las fuentes documentales, ha permitido ver su evolución desde, prácticamente el siglo viii al siglo xvi.

La fundación de este recinto, muy probablemente se produjo en época islámica, asociado a un *manquil* o alquería fortificada, ligada al control del camino que comunicaba Montiel con Segura de la Sierra, atravesando Sierra Morena. Además, sirvió de referencia al poblamiento del entorno, donde se han registrado todo un conjunto de alquerías como la del Villar de Casa Paterno, La Olmilla o el Pardillo que, en muchos casos, procedían de enclaves altomedievales.

Con la conquista cristiana, que se produce a partir de 1213, llegó la transformación de Albaladejo en una aldea de la que ha quedado fosilizado su trazado urbano de forma almendrada. La misma, probablemente, contó con muralla, y en su interior se abrieron varias vías que comunicaban el acceso principal con la zona superior, donde se ubicaba el castillo y la parroquia, una dupla fundamental en los procesos de repoblación. El entorno, especialmente en la vega, se fue feudalizando con el abandono de las antiguas alquerías que dieron lugares a zonas de cultivo de cereal y dehesas y, además, asociados a arroyos y el río Villanueva, la presencia de varios molinos.

Será a partir de mediados del siglo XIII y hasta inicios del siglo XIV, en un proceso común en toda la Orden de Santiago en el Campo de Montiel y la Sierra de Segura, cuando se levante el castillo cristiano. El mismo, de planta rectangular, abovedado y con tres torres, se debió insertar sobre el antiguo recinto islámico, que fue usado de antemural, aunque prácticamente nos ha llegado desaparecido. Entre fines del siglo XV e inicios del XVI, a pesar de las obras de reparo del edificio, usado de casa de bastimentos, se fue amortizando el inmueble y su espacio inmediato, convirtiéndose a partir de ese momento en cementerio. Por si no fuera poco, entre fines del siglo XX e inicios del XXI se destruyó todo el registro histórico del inmueble con una reconstrucción agresiva y sin ningún tipo de respeto por el edificio.

Este trabajo no pone, ni mucho menos, fin a la investigación sobre la evolución histórica del castillo de Albaladejo y su entorno a lo largo de la Edad Media. El mismo debe servir de base para la recuperación, con las herramientas adecuadas, del inmueble, así como para seguir estudiando tanto la evolución de la propia población como su espacio de influencia, ya que guarda importantes claves para reconstruir la evolución de los paisajes y el territorio entre el mundo andalusí y el feudal.

Notas

1 Este trabajo se enmarca en el Proyecto Nacional Órdenes militares y fenómenos socio-religiosos en perspectiva comparada (siglos xii-1/2 xvi). Estudio desde la arqueología y la documentación escrita. Referencia: PID2022-138803NB-I00 Financiado por MCIN/AEI/10.13039/501100011033/ FEDER una manera de hace Europa.

2 HERVÁS Y BUENDÍA, Inocente: *Diccionario histórico, Geográfico, Biográfico y Bibliográfico de la provincia de Ciudad Real.* Ciudad Real, 2003 (ed.facsímil de la de *Ciudad Real,* 1899), pp.13-14.

3 CORCHADO SORIANO, Manuel: *Avance de un estudio geográfico-histórico del Campo de Montiel.* Ciudad Real. Instituto de Estudios Manchegos, 1971.

4 MADRID Y MEDINA, Ángela: «Un señorío de la Orden de Santiago: el Campo de Montiel en la Edad Media», *Cuadernos de Estudios Manchegos,* 28, 2004, pp. 145-176.

5 AGUADO DE CÓRDOBA, A. F., ALEMÁN Y ROSALES, A.A. y LÓPEZ ARGULETA, J. (eds.): *Bullarium Equistris Ordinis S. Iacobi de Spatha.* Madrid, 1719.

6 RUIBAL RODRÍGUEZ, Amador: «El castillo de Albaladejo, ¿Villar de Casa Paterna? un enclave medieval de origen romano», en I Congreso de Historia de Castilla-La Mancha (1988), Toledo, vol. 5, pp. 287-296.

7 RUIBAL RODRÍGUEZ, Amador: *Castillos de Ciudad Real.* León, Editorial Lancia, 1992.

8 MELERO CABAÑAS, Domingo: *Ciudad Real: tierra de castillos.* Ciudad Real, Diputación Provincial, 2005, pp. 121-123.

9 LOMAX, D.: *La Orden de Santiago (1170-1275).* Madrid. CSIC, 1965.

10 MATELLANES MERCHÁN, Jose Vicente: «La Orden de Santiago y la organización social de la Transierra castellano-leonesa (ss. xii-xiv)», *Cuadernos de Historia Medieval,* Sección Monografías 1, Madrid, 1999.

11 AYALA MARTÍNEZ, Carlos: «Las órdenes militares y la ocupación del territorio manchego (siglos xii-xiii)», en IZQUIERDO, Ricardo y RUIZ, Francisco. (eds.): *Alarcos 1195. Actas del congreso internacional conmemorativo del VIII centenario de la batalla de Alarcos.* Cuenca, 1996, pp. 49-104.

12 RUIZ GÓMEZ, Francisco: *Los orígenes de las órdenes militares y la repoblación de los territorios de La Mancha (1150-1250).* Madrid, CSIC, 2003.

13 LOPEZ FERNÁNEZ, Manuel: «El Campo de Montiel en tiempos del maestre Pelay Pérez Correa», *Revista de las Órdenes Militares,* 5, 2009, pp. 45-76.

14 PALACIOS ONTALVA, José Santiago: *Fortalezas y poder político. Castillos del reino de Toledo.* Guadalajara, AACHE, 2008.

15 PORRAS ARBOLEDAS, Pedro Andrés: *La Orden de Santiago en el siglo xv. La provincia de Castilla.* Madrid, Dykinson, 1997.

16 MOLINA CHAMIZO, Pilar: *Iglesias parroquiales del Campo de Montiel (1243-1515)*. Ciudad Real, Diputación Provincial, 1994.

17 MOLINA CHAMIZO, Pilar: *De la fortaleza al templo. Arquitectura religiosa de la Orden de Santiago en la provincia de Ciudad Real. Siglos XV-XVIII*. Ciudad Real, Diputación Provincial. 2006.

18 BENÍTEZ DE LUGO ENRICH, LUIS *et alii*: *Carta arqueológica del término municipal de Albaladejo*, Ciudad Real. Año 2004-2006.

19 RUBIO MARTÍNEZ, Carlos Javier: *El Campo de Montiel en la Edad Media*. Ciudad Real, Diputación Provincial, 2017.

20 GALLEGO VALLE, David: *Las fortificaciones del Campo de Montiel (ss. VIII al XVI) historia, arqueología y análisis constructivo*. Tesis Doctoral, Universidad de Castilla-La Mancha, 2020.

21 CHAVARRIA VARGAS, J. A.: *Cuando Castilla-La Mancha era al-Ándalus. Geografía y toponímia*. Ciudad Real, Añil, 2011, p. 61.

22 BENÍTEZ DE LUGO ENRICH, Luis *et alii*: «Estudio arqueológico en la Vía de los Vasos de Vicarello, A Gades Romam, entre las estaciones de Mariana y Mentesa (Puebla del Príncipe-Villanueva de la Fuente, Ciudad Real)», *Archivo Español de Arqueología*, 85, 2012, pp. 101-118.

23 GALLEGO VALLE, David: «Del emirato a la conquista cristiana: propuesta de reconstrucción del paisaje histórico del Campo de Montiel (ss. IX-XIII)», *Revista de Estudios del Campo de Montiel*, Extra 1, 2015, pp. 9-53.

24 Año de 1494. Archivo Histórico Nacional (AHN). Órdenes Militares (OO.MM). Libro 1067. Visita a los partidos de la Mancha, Ribera del Tajo, Campo de Montiel y Sierra de Segura. Montiel, p. 222.

25 El espacio de influencia de la fortaleza islámica de Albaladejo se extiende de este a oeste, como muestran los resultados de las prospecciones arqueológica, por los términos municipales de Villanueva de la Fuente, el propio del municipio y Terrinches.

26 ÁLVAREZ GARCÍA, Honorio, BENITEZ DE LUGO ENRICH, Luis y MORALEDA SIERRA, Jaime: «Una necrópolis visigoda en las estribaciones meridionales de los Montes de Toledo: el Santuario de la Virgen de la Sierra (Villarrubia de los Ojos, Ciudad Real). Estudio arqueológico y antropológico», en PACHECO, César (coord.): *La muerte en el tiempo. Arqueología e historia del hecho funerario en la provincia de Toledo*. Talavera de la Reina. Diputación Provincial, 2011, pp. 241-262.

27 ZOZAYA STABEL-HANSEN, Juan: «¿Poblados? ¿Ciudades? ¿Campamentos? ¿Recintos castrales? en la Marca Media: hacia una tipología», en *Al-Ándalus, país de ciudades. Actas del congreso celebrado en Oropesa (Toledo)*. Toledo, Diputación Provincial, 2008, Toledo, pp. 23-63.

28 Sobre el estudio del topónimo asociado a la viaria islámica ver FRANCO SÁNCHEZ, Francisco: «La toponimia árabe de los espacios viales y los espacios defensivos en la Península Ibérica» en CARVALHO, C., PLANELLES IVÁÑEZ, M., SANDAKOVA, E. (éds): *De la langue à l'ex-*

pression: Le parcours de l'espérience discursive. Hommage à Marina Aragón Cobo. Alicante, Universidad de Alicante, 2017, pp. 167-190.

29 GALLEGO VALLE, David: *Las fortificaciones del Campo de Montiel…, op. cit.*, pp. 446-447.

30 MOLERO GARCÍA, Jesús Manuel; GALLEGO VALLE, David y OCAÑA CARRETÓN, Andrés: «Arqueología y paisaje histórico. La comarca de las Lagunas de Ruidera en la Edad Media», en LÓPEZ, Francisco Javier (coord.): *Miscelánea arqueológica de la provincia de Albacete (2015-2020)*. Albacete, Instituto de Estudios Albacentenses, 2022.

31 LOMAX, Derek: *La Orden de Santiago…, op. cit.*, p. 65.

32 Año de 1238. Doc. publ. LOMAX, Derek: «El arzobispo Don Rodrigo Jiménez de Rada y la Orden de Santiago», Hispania: *Revista Española de Historia*, 76, 1959, pp. 323-365, doc. 1.

33 TORRES JIMÉNEZ, Raquel: «La Iglesia y el territorio (II). Las Órdenes Militares y su proyección eclesiástica y religiosa», en *Historia de la Iglesia en Castilla-La Mancha*. Ciudad Real: Almud, Biblioteca Añil, 2010.

34 GALLEGO VALLE, David y MOLERO GARCÍA, Jesús Manuel: «Las primeras iglesias de la Orden de Santiago en el reino de Castilla (siglos xii-xiii): Perspectivas desde la arqueología», en TORRES, Raquel y MOLERO, Jesús Manuel (coord.): *Órdenes militares y religiosidad (C. 1150-1550) Ideología, memoria y cultura material*. Madrid, Marcial Pons, 2023, pp. 153-186.

35 Año de 1243. Doc. publ. por GONZÁLEZ GONZÁLEZ, Julio: *Reinado y diplomas de Fernando III*. 3 vol. Córdoba, 1980, doc. 705.

36 MATELLANES, José Vicente: *La Orden de Santiago…, op. cit.*, p. 130.

37 En otros lugares de órdenes militares, como en Montiel o Daimiel, los libros de visita tanto de Santiago como de Calatrava mencionan que, con la conversión de los mudéjares a partir de 1502, las mezquitas de ambos lugares se convirtieron en ermitas dedicadas a San Juan.

38 GARCÍA CARPINTERO LÓPEZ DE MOTA, Jaime: «La hospitalidad santiaguista a finales de la Edad Media: el proyecto de reconstrucción del hospital de Alarcón», Espacio, tiempo y forma. Serie III, *Historia medieval*, 31, 2018, pp. 343-376.

39 GALLEGO VALLE, David: «La Orden de Santiago y la construcción de sus fortalezas en Castilla. El caso del Campo de Montiel en la segunda mitad del siglo xiii e inicios del siglo xiv», en TORRES, Raquel y RUIZ, Francisco: *Ordenes militares y construcción de la sociedad occidental (siglos xii-xv)*. Madrid. Sílex, 2016, pp. 167-194.

40 ARIAS SÁNCHEZ, Beatriz: *Pastos y rebaños en los dominios de las órdenes militares en La Mancha. Siglos xiii al xv*. (Tesis Doctoral s. p.). Universidad de Castilla-La Mancha, 2016, p. 176.

41 PORRAS ARBOLEDAS, Pedro Andrés: *La Orden de Santiago…, op. cit.*, p. 260.

42 Año de 1480. AHN, OO.MM, Libro 1064: Visita a los partidos de la Mancha, Ribera del Tajo, Campo de Montiel y Sierra de Segura. Albaladejo, p. 221.

43 Año de 1535. AHN, OO.MM, Libro 1081: Visita a los partidos de La Mancha y Ribera de Tajo. Albaladejo, p. 236.

44 CAMPOS Y FERNÁNDEZ DE SEVILLA, F. J.: *Los pueblos de Ciudad Real en las relaciones topográficas de Felipe II*. Ciudad Real, Diputación provincial, 2009, p. 29.

45 RUIBAL RODRIGUEZ, Amador: *El castillo de Albaladejo…*, *op. cit.*, p. 289.

46 Año de 1480. AHN, OO.MM, Libro 1064: Visita a los partidos de la Mancha, Ribera del Tajo, Campo de Montiel y Sierra de Segura. Albaladejo, p. 221.

47 Año de 1494. AHN, OO.MM, Libro 1067: Visita a los partidos de la Mancha, Ribera del Tajo, Campo de Montiel y Sierra de Segura. Albaladejo, p. 463.

48 Año de 1480. AHN, OO.MM, Libro 1064: Visita a los partidos de la Mancha, Ribera del Tajo, Campo de Montiel y Sierra de Segura. Albaladejo, p. 221.

49 Año de 1535. AHN, OO.MM, Libro 1081: Visita a los partidos de La Mancha y Ribera de Tajo. Albaladejo, p. 237.

50 Agradezco a Juan Carlos Macías la información y la documentación gráfica proporcionada sobre el proceso de reconstrucción del castillo, siendo una de las pocas personas que intentó evitar esta actuación.

51 LOMAX, Derek: *La Orden de Santiago…*, *op, cit.*, p. 365.

52 MOLERO GARCÍA, Jesús Manuel: «Los primeros castillos de ordenes militares. Actividad edilicia y funcionalidad en la frontera castellana (1150-1195)», en TORRES, Raquel y RUIZ, Francisco (coord.): *Ordenes militares y construcción de la sociedad occidental (siglos xii-xv)*. Madrid, Sílex, 2016, pp. 103-134.

53 GALLEGO VALLE, David: *La orden de Santiago…*, *op. cit.*, pp. 170.

54 Estas fábrica la identifico dentro de mi tesis doctoral como la «Mamp1. Alb», muy similar a la de otros recintos urbanos como el de Alhambra o Almedina.

55 Año de 1480. AHN, OO.MM, Libro 1064: Visita a los partidos de la Mancha, Ribera del Tajo, Campo de Montiel y Sierra de Segura. Albaladejo, p. 221.

56 MOLERO GARCÍA, Jesús Manuel; GIL CRESPO, Ignacio Javier y GALLEGO VALLE, David: «Bóvedas de ladrillo sin cimbra en las fortalezas de las órdenes militares en el Campo de Montiel y el Campo de Calatrava (Ciudad Real)», en VEGAS, Fernando *et alii*: (eds.) Valencia, Editorial Universitat Politècnica de València, 2022, pp. 16-35.

57 Año de 1535. AHN., OO.MM, Libro 1081: Visita a los partidos de La Mancha y Ribera de Tajo. Albaladejo, p. 237.

58 El uso de morteros ricos en yeso es constante en esta fases de obras dentro de las fortificaciones de la Orden de Santiago, asociado a trabajos de bajo presupuesto destinados a solventar las grandes deficiencias de las construcciones.

59 Año de 1535. AHN, OO.MM, Libro 1081: Visita a los partidos de La Mancha y Ribera de Tajo. Albaladejo, p. 237.

60 Año de 1535. AHN, OO.MM, Libro 1081: Visita a los partidos de La Mancha y Ribera de Tajo. Albaladejo, p. 236.

Bibliografía

ÁLVAREZ GARCÍA, Honorio, BENITEZ DE LUGO ENRICH, Luis y MORALEDA SIERRA, Jaime: «Una necrópolis visigoda en las estribaciones meridionales de los Montes de Toledo: el Santuario de la Virgen de la Sierra (Villarrubia de los Ojos, Ciudad Real). Estudio arqueológico y antropológico», en PACHECO, Cesar (coord.): *La muerte en el tiempo. Arqueología e historia del hecho funerario en la provincia de Toledo*. Talavera de la Reina. Diputación Provincial, pp. 241-262. 2011.

AGUADO DE CÓRDOBA, A. F., ALEMÁN Y ROSALES, A. A. y LÓPEZ ARGULETA, J. (eds.): *Bullarium Equistris Ordinis S. Iacobi de Spatha*. Madrid, 1719.

ARIAS SÁNCHEZ, Beatriz: *Pastos y rebaños en los dominios de las órdenes militares en La Mancha. Siglos XIII al XV*. (Tesis Doctoral s. p.). Universidad de Castilla-La Mancha, 2016.

AYALA MARTÍNEZ, Carlos: «Las órdenes militares y la ocupación del territorio manchego (siglos XII-XIII)», en IZQUIERDO, Ricardo y Ruiz, Francisco. (eds.): *Alarcos 1195. Actas del congreso internacional conmemorativo del VIII centenario de la batalla de Alarcos*, Cuenca, pp. 49-104. 1996.

BENÍTEZ DE LUGO ENRICH, LUIS *et alii*: *Carta arqueológica del término municipal de Albaladejo*, Ciudad Real. Año 2004-2006.

—«Estudio arqueológico en la vía de los Vasos de Vicarello, A Gades Romam, entre las estaciones de Mariana y Mentesa (Puebla del Príncipe-Villanueva de la Fuente, Ciudad Real)», *Archivo Español de Arqueología*, 85, pp. 101-118. 2012.

CAMPOS Y FERNÁNDEZ DE SEVILLA, F. J.: *Los pueblos de Ciudad Real en las relaciones topográficas de Felipe II*. Diputación provincial. Ciudad Real, 2009.

CHAVARRIA VARGAS, J. A.: *Cuando Castilla-La Mancha era al-Ándalus. Geografía y toponímia*, p. 61. Añil. Ciudad Real, 2011.

CORCHADO SORIANO, Manuel: *Avance de un estudio geográfico-histórico del Campo de Montiel*. Instituto de Estudios Manchegos. Ciudad Real, 1971.

FRANCO SÁNCHEZ, Francisco: «La toponimia árabe de los espacios viales y los espacios defensivos en la Península Ibérica» en CARVALHO, C., PLANELLES IVÁÑEZ, M., SANDAKOVA, E. (éds): *De la langue à l'expression: Le parcours de l'espérience discursive. Hommage à Marina Aragón Cobo*, pp. 167-190. Universidad de Alicante. Alicante, 2017.

GALLEGO VALLE, David: «Del emirato a la conquista cristiana: propuesta de reconstrucción del paisaje histórico del Campo de Montiel (ss. IX-XIII)», *Revista de Estudios del Campo de Montiel*, Extra 1, pp. 9-53. 2015.

—«La Orden de Santiago y la construcción de sus fortalezas en Castilla. El caso del Campo de Montiel en la segunda mitad del siglo XIII e inicios del siglo XIV». En TORRES, Raquel y RUIZ, Francisco: *Ordenes militares y construcción de la sociedad occidental (siglos XII-XV)*. Madrid. Sílex, 2016, pp. 167-194.

—*Las fortificaciones del Campo de Montiel (ss. VIII al XVI) historia, arqueología y análisis constructivo*. Tesis Doctoral, Universidad de Castilla-La Mancha, 2020.

GALLEGO VALLE, David y MOLERO GARCÍA, Jesús Manuel: «Las primeras iglesias de la Orden de Santiago en el reino de Castilla (siglos XII-XIII). Perspectivas desde la arqueología», en

TORRES, Raquel y MOLERO, Jesús Manuel (coord.): *Órdenes militares y religiosidad (C. 1150-1550) Ideología, memoria y cultura material*, pp. 153-186. Marcial Pons. Madrid, 2023.

GARCÍA CARPINTERO LÓPEZ DE MOTA, Jaime: «La hospitalidad santiaguista a finales de la Edad Media: el proyecto de reconstrucción del Hospital de Alarcón», Espacio, tiempo y forma. Serie III, *Historia medieval*, 31, 2018, pp. 343-376.

HERVÁS Y BUENDÍA, Inocente: *Diccionario histórico, geográfico, biográfico y bibliográfico de la provincia de Ciudad Real*, (ed.facsímil de la de *Ciudad Real*, 1899), 13-14. Ciudad Real, 2003.

LOPEZ FERNÁNEZ, Manuel: «El Campo de Montiel en tiempos del maestre Pelay Pérez Correa», *Revista de las Órdenes Militares*, 5, pp. 45-76. 2009.

LOMAX, Derek: «El arzobispo don Rodrigo Jiménez de Rada y la Orden de Santiago», *Hispania: Revista española de historia*, 76, pp. 323-365. 1959.

LOMAX, D.: *La Orden de Santiago (1170-1275)*. CSIC. Madrid, 1965.

MADRID Y MEDINA, Ángela: «Un señorío de la Orden de Santiago: el Campo de Montiel en la Edad Media», *Cuadernos de Estudios Manchegos*, 28, pp. 145-176. 2004.

MATELLANES MERCHÁN, Jose Vicente: «La Orden de Santiago y la organización social de la Transierra castellano-leonesa (ss. xii-xiv)». *Cuadernos de Historia Medieval*, Sección Monografías, 1. Madrid, 1999.

MOLERO GARCÍA, Jesús Manuel, «Los primeros castillos de órdenes militares. Actividad edilicia y funcionalidad en la frontera castellana (1150-1195)», en TORRES, Raquel y RUIZ, Francisco (coord.): *Ordenes militares y construcción de la sociedad occidental* (siglos xii-xv), pp. 103-134. Sílex. Madrid, 2016.

MOLERO GARCÍA, Jesús Manuel; GIL CRESPO, Ignacio Javier y GALLEGO VALLE, David: «Bóvedas de ladrillo sin cimbra en las fortalezas de las órdenes militares en el Campo de Montiel y el Campo de Calatrava (Ciudad Real)», en VEGAS, Fernando *et alii*: (eds.) Valencia: Editorial Univertitat Politècnica de València, pp. 16-35. 2022.

MOLERO GARCÍA, Jesús Manuel; GALLEGO VALLE, David y OCAÑA CARRETÓN, Andrés: «Arqueología y paisaje histórico. La comarca de las lagunas de Ruidera en la Edad Media», en LÓPEZ, Francisco Javier (coord.): *Miscelánea arqueológica de la provincia de Albacete (2015-2020)*, pp. 319-370. Instituto de Estudios Albacentenses. Albacete, 2022.

MELERO CABAÑAS, Domingo: Ciudad Real: tierra de castillos, pp. 121-123. Diputación Provincial. Ciudad Real, 2005.

MOLINA CHAMIZO, Pilar: Iglesias parroquiales del Campo de Montiel (1243-1515). Diputación Provincial. Ciudad Real, 1994.

—*De la fortaleza al templo. Arquitectura religiosa de la Orden de Santiago en la provincia de Ciudad Real*. Siglos xv-xviii. Diputación Provincial. Ciudad Real, 2006.

PALACIOS ONTALVA, José Santiago: *Fortalezas y poder político. Castillos del Reino de Toledo*. AACHE. Guadalajara, 2008.

PORRAS ARBOLEDAS, Pedro Andrés: *La Orden de Santiago en el siglo xv. La provincia de Castilla*. Dykinson. Madrid, 1997.

RUBIO MARTÍNEZ, Carlos Javier: *El Campo de Montiel en la Edad Media*. Diputación Provincial. Ciudad Real, 2017.

RUIBAL RODRÍGUEZ, Amador: «El castillo de Albaladejo, ¿Villar de Casa Paterna? un enclave medieval de origen romano», en *I Congreso de Historia de Castilla-La Mancha*, vol. 5, pp. 287-296. Toledo, 1988.

—*Castillos de Ciudad Real*. Editorial Lancia. León, 1992.

RUIZ GÓMEZ, Francisco: *Los orígenes de las órdenes militares y la repoblación de los territorios de La Mancha (1150-1250)*. CSIC. Madrid, 2003.

TORRES JIMÉNEZ, Raquel: «La Iglesia y el territorio (II). Las órdenes militares y su proyección eclesiástica y religiosa», en *Historia de la Iglesia en Castilla-La Mancha*. Almud, Biblioteca Añil. Ciudad Real, 2010.

ZOZAYA STABEL-HANSEN, Juan: «¿Poblados? ¿Ciudades? ¿Campamentos? ¿Recintos castrales? en la Marca Media: hacia una tipología», en *Al-Ándalus, país de ciudades. Actas del congreso celebrado en Oropesa (Toledo)*, pp. 23-63. Diputación Provincial. Toledo, 2008.

Conflictividad y justicia en Albaladejo en los inicios de la Edad Moderna

F. Miguel Gómez García de Marina
Archivo Municipal de Torralba de Calatrava

Con el presente estudio nos planteamos una aproximación a la justicia en una pequeña población perteneciente a la Orden de Santiago, en la provincia de Castilla, como es Albaladejo, en los inicios de la Edad Moderna, mediante del análisis de una serie de documentos, extraídos de entre la documentación digitalizada disponible en la red, que servirán como muestra de diferentes conflictos acontecidos en esta época.

A partir de su estudio podemos entresacar una valiosa información histórica sobre el municipio, su relación con la encomienda de Segura, el funcionamiento de la justicia, la actuación de diferentes instituciones de la época, la conflictividad en este tiempo, e incluso retazos de la vida cotidiana en el Albaladejo de los momentos a que nos referimos.

En los diferentes casos estudiados, aparecen reflejados diferentes agentes implicados en el poder judicial. Asimismo, podemos establecer algunas generalidades sobre la justicia en el ámbito estudiado, como la pervivencia de un régimen prácticamente feudal, la indiferenciación de poderes propia de la Edad Media y Moderna, los conflictos de competencias en la propia organización de la justicia, u otros aspectos más de carácter inmaterial, como la solemnidad de los actos jurídicos, que queda plasmada en la documentación, etc.

Para el presente estudio se han empleado cuatro documentos procedentes del Archivo Histórico Nacional y del Archivo General de Simancas, cuya transcripción se ofrece al final de este artículo. En primer lugar, una carta ejecutoria de 1478[1], procedente del Archivo General de Simancas, por un pleito entre la villa de Segura de la Sierra y el lugar de Albaladejo, sobre la propiedad y jurisdicción del segundo, sobre lo que hubo sentencia anterior a favor de la villa de Segura, no habiéndose cumplido por parte de Albaladejo.

El segundo documento consiste en otra ejecutoria de 1500[2], que procede del Archivo General de Simancas, y que se redacta a partir de un robo y el ataque a los alcaldes de la Hermandad, quienes reclamaban justicia para los culpables.

El tercer documento[3] es una provisión real de 1500, sobre un recurso de apelación de un vecino de Albaladejo, por una sentencia que habían dictado contra él los alcaldes de la Hermandad de la villa de Montiel por robo.

El cuarto documento analizado procede del *Libro de visitas de las villas de los partidos de Murcia y Segura de la Sierra*, de 1498[4]. Gracias a este documento, podemos seguir la actuación de los visitadores, quienes además de sus habituales funciones de control e inspección, podían llevar a cabo una actividad judicial. Además, testimonia acciones injustas por parte de los comendadores.

Asimismo, he basado este estudio en otra importante fuente documental, como son las *Relaciones topográficas de Felipe II.*

Contexto histórico

El lugar de Albaladejo perteneció a la Orden Militar de Santiago. La orden de la espada surge con el fin de derrotar a los musulmanes, pero con el paso del peligro bélico, su función principal fue derivando en primer lugar, en ocupar, es decir, repoblar las tierras recientemente conquistadas y, más tarde, administrar el territorio y los bienes. Con el tiempo, se convierte en mera intermediaria para la redistribución de rentas entre la nobleza peninsular, como ha sido definida la orden a partir del siglo xv[5].

Tras la campaña de las Navas de Tolosa, Albaladejo pasa definitivamente a manos cristianas. En esta época, probablemente, la población no sería más que una pequeña alquería, como se la denomina en un documento de principios del siglo xv, citado por Hervás[6]. Con Fernando III se amojonan los términos, siendo entregado Albaladejo al concejo de Segura, por lo que pasó a depender de su encomienda.

El pleito entre la villa de Segura de la Sierra y el lugar de Albaladejo, muestra cómo en el paso de la Edad Media a la Edad Moderna, esta pequeña población lucha por independizarse de la villa de Segura, lo que logrará a principios del siglo XVI, constituyéndose el concejo de Albaladejo[7]. En la visita a Albaladejo de 1498 (documento 4), los visitadores piden a los regidores y alcaldes que les diesen cuenta de los caballeros contyosos[8] existentes en Albaladejo. Sin embargo, estos responden:

> que non eran obli / gados a ello por quanto la dicha villa tyene privillegio del señor ynfan /te don Enrique" y poco más adelante se recoge lo siguiente: "el qual dicho previlegio vieron los / dichos visytadores e por el pareçer que esyme la dicha villa de to / dos los tributos rreales e conçejales e otras qualesquier cosas / que serán contra la libertad de la dicha villa e vesindad della por / lo qual non les apremiaron a mostrar ni tener cavallos a los contyosos / de la dicha villa.

Se trataría probablemente de la carta de población de Albaladejo, que se habría concedido en la primera mitad del siglo XV y que, según parece, no se ha conservado. Conocemos varias de estas cartas en el Campo de Montiel[9], que tienen similitudes, pudiendo servir de referencia para acercarnos a cómo sería la de Albaladejo.

En este punto hay que destacar que en las *Relaciones topográficas de Felipe II*, de 1575, se señala que «no saben los privilegios y fueros que esta villa tiene (...). Y que si esta dicha villa ha tenido algunos privilegios no los alcanzan a saber aunque oyeron decir a sus padres y más ancianos que esta villa tenía privilegios muy bastante pero que no los han visto»[10].

Por lo tanto, casi cien años más tarde, se había perdido la memoria sobre este privilegio al que apelaban los alcaldes de Albaladejo en 1498, es decir, habían desaparecido los papeles, lo que probablemente indica la inexistencia de un archivo concejil en Albaladejo en este momento, bien porque se perdió, fruto de alguna catástrofe o porque nunca se llegó a crear. Era habitual en esta época, ante la falta de un arca de las escrituras, la disgregación de la documentación generada en las residencias de los diferentes cargos. De haber existido un archivo, la documentación probablemente se habría preservado, manteniéndose la información sobre estos privilegios.

Es interesante también en este momento, la diferenciación de los términos «lugar» y «villa», que aparece reflejada en la documentación. En el pleito entre la villa de Segura de la Sierra y el lugar de Albaladejo, de 1478 (documento 1), se emplean estos términos para referirse a ambas localidades. La denominación «lugar» haría referencia a una población pequeña, con una categoría jurídica o administrativa inferior a la de una villa. Sin embargo, la palabra lugar es polisémica, y en determinados contextos puede ser sinónimo de villa, como se refleja en el comienzo de *El Quijote*, lo que no debe llevarnos a confusión. Así, Covarrubias (1611: 528r) señala en su diccionario que «Lugar significa muchas vezes ciudad, o villa, o aldea, y así dezimos en mi lugar, en el pueblo donde nací». Sin embargo, en el contexto en que nos encontramos, se emplea para diferenciar dos realidades jurisdiccionales diferentes, como vemos en tantos y tantos ejemplos de la época. En la documentación posterior, aparece ya el sintagma «villa de Albaladejo», lo que denotaría sin duda el cambio de estatus de la población.

Probablemente, tras un proceso repoblador lento y costoso, a partir de 1212, donde la extensión y el medio físico supondrían un gran lastre, nos encontramos aún, en los albores del siglo XVI, una población escasamente poblada y casi en formación. En este proceso serán fundamentales la concesión de privilegios, que ya hemos señalado, y la ganadería, otra cuestión que aparece igualmente reflejada en la documentación estudiada.

En relación al proceso repoblador de la zona y de formación de la población, es interesante el propio topónimo de Albaladejo, que muy probablemente hace referencia a una tierra o lugar habitado, a partir de la raíz árabe *balad*, a la que se añade el sufijo «ejo», que tendría un valor como diminutivo.

Además, el nombre Albaladejo suele aparecer en los siglos XV y XVI acompañado por el determinador de propiedad «de los freires», aludiendo claramente a su pertenencia a la Orden de Santiago, aspecto que interesa destacar en un contexto de constantes conflictos jurisdiccionales.

La Justicia civil

La administración de la justicia en el período que nos ocupa es una materia excesivamente amplia y compleja, debido a la gran cantidad de agentes que intervienen: Consejo Real, Consejo de Órdenes, así como las Chancillerías, etc. además de las diferentes jurisdicciones existentes, nobiliarias, civiles y eclesiásticas. Incluso, al no existir la separación de poderes, la confusión es aún mayor.

En las *Relaciones topográficas de Felipe II* se refleja esta complejidad y los principales agentes que intervienen en la administración de justicia en el siglo XVI. La figura del rey se encuentra en la cúspide del poder, incluido el judicial, y los diferentes órganos que intervienen, lo hacen por orden de su majestad[11].

Como cualquier localidad de la Castilla de la época, en Albaladejo, había dos alcaldes ordinarios, que eran los jueces en primera instancia y conocían los pleitos judiciales civiles y penales ocurridos en la población, como aparece explicado en las mencionadas relaciones:

> Dijeron que las apelaciones de los pleitos que se tratan ante los alcaldes ordinarios de la dicha villa, y ante el gobernador del dicho partido. Van y se presentan en la villa de Madrid y ante los señores presidente y oidores del Consejo Real y de las Órdenes, que residen en la dicha villa de Madrid, que está de esta villa cuarenta leguas poco más o menos, y ante los señores presidente y oidores de la Real Chancillería de la ciudad de Granada, que hay de esta villa treinta leguas poco más o menos, y que allí van las dichas apelaciones, y las apelaciones de los alcaldes pueden ir ante el dicho gobernador del dicho partido del Campo de Montiel, o donde cada parte le parece presentarse con las tales apelaciones. Esto responden al dicho capítulo.[12]

La debilidad del entramado concejil en la zona y la pujanza de las órdenes militares dio lugar a conflictos y problemas de competencias[13], como vemos reflejado en el tenor del documento 1. Se trata de una carta, intitulada por los Reyes Católicos, dirigida al maestre de la Orden de Santiago don Alfonso de Cárdenas, a quien informan sobre el pleito, que consiste en que la villa de Segura de la Sierra alega su propiedad sobre el lugar de Albaladejo. Sobre dicho pleito se había dictado una sentencia anterior por parte de los jueces comisarios, en favor de la villa de Segura, que no había sido cumplida por parte de Albaladejo. Por ello, sus majestades, ordenan al juez mero ejecutor Juan de Proaño, que haga cumplir la sentencia, pero sin entrometerse la causa. La complejidad de la justicia se aprecia en el documento, donde aparecen reflejadas algunas de las categorías de jueces de las muchas que existían en la época[14]. Asimismo, el poder judicial, en determinados casos, podía convertirse en una merced que el monarca concedía a un noble por sus servicios, es el caso de la figura del comendador, como se muestra en la documentación estudiada.

La Hermandad

Siguiendo con las *Relaciones topográficas de Felipe II*, dentro del entramado judicial, existen, en el contexto en que nos encontramos, dos alcaldes de la Hermandad[15]. Se trata de oficiales de la administración de justicia que conocían en primera instancia asuntos relacionados con el orden público dentro de su jurisdicción[16].

En la documentación estudiada (documentos 2 y 3), se aprecia la importancia de esta institución, que actuaba como una corporación rural, una «corte rural de justicia», como la ha calificado Gómez Vozmediano, que sigue el esquema orgánico de los concejos, con la figura del alcalde, ejerciendo funciones policiales y judiciales fuera del ámbito urbano. Por lo tanto, la Hermandad desempeñaba un papel crucial dentro de la justicia en las áreas rurales de España durante el siglo XVI y períodos anteriores, muy relacionada con el proceso repoblador y la actividad ganadera.

Uno de los elementos característicos de la justicia de la Hermandad era el hecho de que estaban autorizados a aplicar la ley y ejecutar de forma inmediata la pena sobre los delincuentes dentro de su jurisdicción[17].

El documento 2 relata, a partir del robo de unas gallinas, cómo a raíz de la investigación, los alcaldes de la Hermandad encuentran a los culpables y, a continuación, son atacados por ellos con lanzas, espadas y puñales. Dentro de sus funciones estaba impartir justicia en asuntos menores y casos urgentes como robos, riñas o altercados, lo que los llevaba, en determinados casos, a dictar sentencias sobre la marcha. Este aspecto queda reflejado en el documento 2, cuando dice que ellos (los alcaldes de la Hermandad) «condenaron». Como vemos esa función policial les lleva a sufrir los contratiempos derivados de su oficio, como se desprende del ataque al alcalde de la Hermandad Hernán García Palomeque. Cuando los alcaldes piden hacer justicia según la ley, se refieren a las Leyes de la Hermandad, publicadas en Salamanca en 1553[18], que aplica las penas en función del valor de lo robado, y pueden comprender desde el destierro, pena de azotes, y devolución con intereses de lo robado, hasta morir asaeteado.

La aplicación de una sentencia por robo aparece en el documento 3, donde el vecino Sancho Rodríguez, de Albaladejo, apela a una instancia superior por una sentencia que contra él han dictado los alcaldes de la Hermandad de la villa de Montiel, condenándole por un supuesto robo. El delito de destierro en las leyes de la Hermandad está contemplado para los casos de robo de cierta valoración:

> Y mandamos que los delinquentes que ovieren robado, o furtado en yermo o en despoblado: sean punidos y castigados en esta manera: Que si el robo, o furto fuere de valor de cient y cinquenta maravedís y dende abaxo que sea desterrado, y le den pena de açotes, y pague más lo que assi robó con el dos tanto a la parte: y con el quatro tanto para los gastos de la Hermandad.[19]

Vemos aquí cómo esta jurisdicción criminal sumaria de que gozaban las hermandades les permitía impartir su justicia sin dependencia alguna sobre los delitos cometidos en montes, yermos y despoblados[20], lo que en ocasiones podía derivar en una aplicación arbitraria de la justicia.

Sancho Rodríguez solicita la nulidad de la sentencia y que, por ser pobre, le concedan un tribunal más cercano que la corte. Finalmente, los reyes mandan al alcalde mayor de la provincia de Castilla, el bachiller Cano, que dirima el caso.

El alcalde mayor ejercía la justicia superior en grado de apelación. Además, actuaba como corregidor, supervisando el funcionamiento de los concejos y regimientos y aplicando las provisiones y mandamientos emanados del Consejo de las Órdenes para el mejor gobierno de los vasallos de la Orden de Santiago[21]. Al ser un oficio de justicia se nombraba para desempeñarlo a un bachiller o un licenciado en leyes. La función del alcalde mayor en esta ocasión es, por tanto, actuar como juez de apelación de sentencias emitidas en primera instancia por alcaldes, en este caso, de la Hermandad.

La Justicia eclesiástica

Por otro lado, la justicia eclesiástica la ejercía el arzobispo de Toledo a través del vicario del Campo de Montiel, que era nombrado por el rey[22].

Dentro de la justicia eclesiástica se van a producir claros conflictos de competencias jurisdiccionales, como ocurre con el resto de órdenes militares, y que quedan patentes en la declaración de los visitadores en el cuarto documento objeto de estudio:

> E luego los dichos visitadores dixeron que por quanto habían seydo ynfor / mados que algunos visytadores del arçobispado vienen a visytar / la dicha yglesia e tomar las cuentas della al mayordomo lo qual es / en perjuysio de la juridición de la horden mandaron al dicho Juan Martínes cura / e a los alcaldes e regidores que presentes estavan que non consynentan visytar / a ninguno de los dichos visytadores del arçobispado la dicha yglesia ni bie / nes della salvo sy quisieren visytar el santo sacramento e olio e purísima...[23]

A principios del siglo XVI, la potestad judicial que detenta el consejo de la Orden de Santiago, puede ejercerse mediante los visitadores, por mandato real. Así es señalado en la visita mencionada, cuando los visitadores presentan los poderes otorgados por sus altezas reales.

Un aspecto a destacar en la justicia de la época es el llamativo acto jurídico de acatamiento. Tras la presentación de los visitadores y la lectura del poder real, ante los alcaldes y regimiento de la villa, como suele ser habitual, tiene lugar el de acatamiento de los papeles, que aparece reflejado en el documento mediante la ceremonia de besar los papeles y colocarlos sobre sus cabezas:

> E así leída e notificada la dicha carta de sus altezas de suso incorporada /los dichos ofiçiales la tomaron en sus manos y la besaron y pusyeron ençima de /sus cabeças con aquel acatamiento que dedevian e dixeron que la obedeçían y obe /deçieron como acatamiento de su rrey e rreina (...)[24]

Este acto ha sido relacionado con un ritual de legitimidad política, siendo más frecuente en aquellos lugares menos proclives al acatamiento de las órdenes reales[25].

Hay que resaltar también la importancia de la lectura de los papeles dentro de los actos jurídicos, algo que puede resultar extraño hoy día, pero lógico en este momento al tratarse de una sociedad eminentemente analfabeta. Para ello se reclama la figura del pregonero.

En el documento 4 vemos cómo la influencia de la encomienda de Segura sobre Albaladejo continuó en los años siguientes, como observamos en la queja que los regidores presentan a los visitadores:

> Se ovieron / quexado los vesinos de la dicha villa del sennor don Pedro desiendo que por / que llevava la mytad de los quentos de los ganados que se prendan entre la çib / dad de Alcaras y la dicha villa a estorvado fazerse çierta fermandad / entre la dicha villa y la dicha çibdad de Alcaras.

A lo que el representante de Pedro de Portocarrero contesta lo siguiente:

> Dixo que él nun / ca avía estorvado ni estorvava de hazer la dicha hermandad an / tes avría plazer que aquella se hiziese con la dicha çibdad de Alcaras / y los dichos visytadores mandaron a los alcaldes e regidores que presentes / estavan e viendo que cumple al pro e utilidad de la dicha horden y de / la dicha villa que soliçite con la dicha çibdad de Alcaras y con la villa / de Montyel como se haga la dicha fermandad como cumpla a la / dicha orden.[26]

Vemos aquí cómo la Orden militar de Santiago, se ha convertido meramente en un instrumento de reparto de rentas entre la nobleza. En este caso, mediante el cobro de un impuesto llamado «cuarentena» sobre la compraventa de productos en el municipio.

Los visitadores actúan como jueces, primero pidiendo la declaración de las partes y finalmente dirimiendo la controversia mediante una cláusula conminatoria para que no se siga cobrando este impuesto, como leemos en la transcripción (ver documento 4).

Las conclusiones que obtenemos del tenor de esta visita son varias. Por un lado, como hemos visto, existen claros conflictos de competencias jurisdiccionales entre las autoridades religiosas. Por otro, queda plasmada la capacidad judicial de los visitadores, que tienen entre sus cometidos la vigilancia de la justicia. Además, vemos claros ejemplos de la acción de los comendadores y otras figuras de poder, quienes ejercen su autoridad de manera arbitraria, herencia del sistema feudal, primero entorpeciendo la creación de la Hermandad y después imponiendo tributos abusivos. El poder del comendador, queda limitado por el rey.

Dentro del entramado de la administración de justicia en el contexto de la Orden de Santiago en el siglo XVI, los visitadores de la orden, también conocidos como «veedores», eran una especie de «inspectores», encargados de realizar comprobaciones o inspecciones periódicas a las distintas encomiendas y posesiones de la propia Orden de Santiago, nombrados por ella misma o por autoridades eclesiásticas y civiles superiores. Podían ser miembros destacados de la orden, clérigos o juristas con experiencia y conocimientos en asuntos administrativos y legales.

El papel de los visitadores de la Orden de Santiago, como en el resto de órdenes, era multifacético. Su función principal y más conocida era la supervisión y examen de la gestión administrativa de las encomiendas y las cuentas económicas para asegurarse de que se manejaban adecuadamente y de acuerdo con las regulaciones establecidas.

Por otro lado, además del control de la disciplina religiosa, tenían el encargo de vigilar la administración de la justicia, para que se llevase a cabo de manera justa e imparcial y en línea con las directrices y normativas de la orden. Esto implicaba revisar los procesos judiciales, el cumplimiento de las leyes y el respeto a los derechos de los habitantes en los territorios bajo su control.

Para la resolución de conflictos, los visitadores actuaban como mediadores para resolver disputas entre los miembros de la orden, los habitantes y otras partes interesadas.

Conclusiones

Los conflictos que hemos visto reflejados en los casos expuestos son paradigmáticos de la problemática y la acción de la justicia de la época en que nos situamos.

Por un lado, asistimos a la lucha por la independencia de la villa de Segura a través de la defensa de sus intereses frente al comendador y el no acatamiento de ciertas disposiciones reales.

La documentación alude directamente a la figura de los Reyes Católicos, de quienes emana el poder (también judicial) y que desde la desaparición del último maestre (1494) y la obtención del maestrazgo, se afanan en el fortalecimiento de la justicia real.

Los casos analizados reflejan una sociedad rural, con una actividad eminentemente ganadera, supeditada a los intereses propios de los comendadores, en este caso de Segura y a la Orden de Santiago, donde se hace mención a abusos de poder cometidos. Podemos hablar, por tanto, de la pervivencia de un modelo medieval.

Finalmente, los tres primeros documentos analizados consisten en provisiones reales. El análisis de su forma diplomática ayuda a la mejor comprensión de los mismos. El formulario de las reales provisiones suele ser repetitivo, conteniendo en primer lugar la intitulación, que consta del nombre del o los soberanos, en este caso los Reyes Católicos, precedido del tratamiento de don y doña; la fórmula de derecho divino (por la gracia de Dios); el cargo (rey y reina); y la enumeración de los dominios sobre los que ejercían su poder, a veces abreviada por un etcétera. Los dominios siempre se enumeraban siguiendo el mismo orden y su fórmula varió muy poco en toda su historia. En los documentos expedidos en el Consejo de Órdenes figura siempre la fórmula «administrador perpetuo de la Horden de la cavallería de Santiago por autoridad apostólica» al final de la intitulación. Pero en el primer documento, los reyes aún no son administradores de facto de la orden, por lo que no aparece este punto, y en los otro dos, se elide esta dignidad.

Tras la intitulación, sigue la dirección al correspondiente órgano de justicia, seguida de la fórmula cortés de la salutación (salud e gracia) y la notificación (sepades). En los diferentes expositivos aparece la relación de los asuntos tratados, los cuales han sido analizados, seguidos del dispositivo. Finalmente, se reflejan las datas, tópica y la fecha y, en su caso, la validación. En la validación siempre aparecen los oidores o consejeros que intervinieron en el asunto. La real provisión se utilizaba para diferentes fines, como resolver pleitos judiciales, denominándose en este caso, ejecutorias.

Anexo documental

Documento 1. Carta ejecutoria.
Archivo General de Simancas (1478)[27]

> Don Ferrando e dona Ysabel por la gracia de Dios rey e reina de Castilla, de León, de Toledo, de Çeçilia, de Portogal, de Gallisia, de Sevylla, de Córdova, de Murçia, de Jahén, de los Algarbes, de Algesira, e de Gibraltar, prinçipes de Aragón e señores de Viscaya e de Molina a vos don Alfonso de Cárdenas maestre de la orden de la cavallería de Santiago del nuestro consejo, salud e gracia sepades qué pleito paso antel rreverendo padre prior de Veles e el deán Rodrigo Maldonado de

Talavera e el liçençiado Pedro de Horosco todos
del nuestro consejo entre el consejo, alcaldes, regidores,
cavalleros, escuderos ofiçiales e omes buenos de la
villa de Segura de la Sierra de la dicha orden
vuestra e su procurador en su nombre de la una parte
e el logar de Alvadalejo ques de la dicha orden
e su procurador en su nombre de la otra so la rasón
que la dicha villa de Segura dyxo e allegó
el dicho logar de Alvaladejo ser suyo e de su
jurediçión e que non pudo ni devió ser apartado
del e sola las otras cabsas e rasones en el proçeso
del dicho pleito contenydos en el qual dicho pleito
los dichos nuestros jueses comysaryos dieron sentencia
en favor de la dicha villa de Segura en que
pronunçiaron el dicho logar de Alvaladejo ser
suyo e de su jurediçion e los condenaron en
ciertos maravedís de costas e los mandaron dar e
se los dio nuestra esecutoria dello e despues
porque por parte del dicho consejo e omes buenos
de la dicha villa de Segura nos fue fecha
rrelaçion quel dicho consejo e omes buenos de Al
valadejo non avían querido quedar ni conplir
la dicha sentencia e carta executoria ni las dichas
justiçias eran poderosas para lo executar e ellos
e nos les mandamos dar esta nuestra carta para Juan de
Proaño nuestro vasallo que viese la dicha sentencia e carta
executoria della e la cunpliese e executase e truxese a
devida esecuçión ab efeto e pusiese en la posesión
del dicho logar al dicho consejo e omes buenos
de la dicha villa de Segura según que esto e
otras cosas más largamente en la dicha sentencia e las
executoryas do se contiene e agora por quanto
los dichos logares son de vuestra orden e a vos yncunbe
e pertenesçe faser e conplir e executar la dicha sentencia
e las dichas nuestras cartas execuctorias que so la rason de lo
suso dicho mandamos dar acordamos de vos
lo come[ti]eren por ende nos vos rogamos
e mandamos que veades la dicha sentencia
e cartas execuctorias que por parte del dicho

conçejo e omes buenos de la dicha villa [de]
Segura vos serán mostrados e las mandades
e fagades luego executar e traer a devida
execuçión con efeto en todo e por todo segun lo
que en ella se contiene e que contra e tenor e forma
della non vayades ni pasedes ni consyntades yr
ni pasar e por esta nuestra carta mandamos a las
dichas nuestras justiçias e al dicho Juan de Proaño
nuestro jues mero executor e a cada uno dellos
que se non entremetan por virtud de la dicha sentencia
e cartas executorias do conosçe de lo suso dicho
ni de cosa dello ni de faser ni proçeder en ello
cosa alguna ca nos por esta carta lo ynybymos
e avemos por ynybydos a ellos e a cada uno
dellos en todo ello e los unos ni los otros
non fagan ende al por alguna manera so pena
de la nuestra merced e de dies myll maravedís a cada uno
dellos por quien fincare de lo así faser e cunplir
para la nuestra cámara dada en la çibdad de
Sevilla a veinte e çinco días de agosto
ano del nasçimiento de nuestro Senor Jesucristo de
myll e quatroçientos e setenta e ocho anos. Va escripto
so lo raydo o dis cometer valen. Yo el rey
yo la reyna. Yo Juan Ruys del Castillo se
quretario del rrey e de la rreyna nuestros senores
la fis escrivir por su mandado o ¿?
sego licenciado Rodriego doctor Iohanes doctor Herrández
doctor.

Documento 2. Ejecutoria
Archivo General de Simancas (1500)[28]

Hernán García Palomeque
y Miguel Pelais alcaldes
de la fermandad

[cruz]
Para que les fagan justiçia

Don Fernando e donna Ysabel por la graçia
de Dios etçétera a vos el nuestro governador
de la orden de Santiago en la provinçia
de Castylla salud e graçia sepades que
Hernand Garsía Palomeque e Miguel
Pelaes alcaldes de la hermandad de la
villa de Alvaladejo de los Frayles
nos fizieron relaçión por su petyçion
disiendo que por que les fue quexado e de
nunçiado que en los términos de la dicha villa
se avían fecho çiertos furtos de noche
ellos fisieron pesquisa e ovieron ynfor
maçión e fecha por ella dis que paresçió
que Francisco Yvannes e Ferrando Alfanbra e
Juan de Pinilla e otros ferán culpantes
en tomar e furtar çiertas gallinas
que serían en vezes çinquenta vinien
do de sus fatos[29] e de ganados
e que ellos fueron a prender al
dicho Francisco Yvanes e quando le yvan
a prender se fue de la dicha villa
fuyendo e que después estando
ellos fablando con Juan Lópes alcalde
ordinario de la dicha villa
a boca de noche[30] dis que fue
el dicho Francisco Yvanes con
çiertos parientes suyos
por donde ellos es
tavan e que le
salieron a prender
y sabiéndolo dis que salió a
ellos Luis de la Madris e Sancho
Gómes e Pedro de Sarria
e Fernando Yvanes e García Recuero con dos
fijos suyos e Françisco Lópes e su
fijo con otras çiertas personas
con lanças e espadas e
punales e fueron tras los dichos
alcaldes de la fermandad e les

quitaron el dicho plito[31] e dieron
al dicho Fernando Palomeque un golpe
en la mano e cuchilladas en las
varas lo qual dis que fue en
mucho menospresçio de nuestra
justiçia de lo qual todo presentaron
avian nos en el nuestro consejo çierta
pesquisa e ynformaçión synple
porquel escribano non se la quiso dar
sygnada en pública forma

en manera que fiziese fee disiendo quel
bachiller Cano vuestro alcalde mayor
se lo mandó asy mismo ellos con
denaron a çiertas personas
de los delinquentes en contra
de tres mill maravedís poco más
o menos de los quales a
plicaron para la vuestra justiçia
el qual entretanto e que tyenen çiertas pren
das e quel dicho alcalde dise que
se las buelvan. Por ende que nos
suplicavan e pedian por merçed man
dasemos castigar a los delinquen
tes segnd el thenor e forma de la ley
que en este caso fabla executando en ellos e
en sus bienes las penas en ellas contenidas
mandando asy mismo faser de las dichas
penas lo que la nuestra merçed fuese o que sobrello
proveyesemos de rremisión con justicia o como la
nuestra merçed fuese a vos Tomas Lophe por
que vos mandase que veades lo suso dicho e ayays
ynformaçión dello e llamadas e oydas
las partes lo punnays e castigueys e sobre
todo fagays brevemente cumplimiento de justiçia
por manera que los que fisieron e cometieron lo
suso dicho sean castigados e todos lo
alançen e ninguno reçiba agravio
contra justiçia de que tenga rrasón de quexarse

e non fagades ende al etcétera dada en la
çibdad de Sevilla a xviii días de mayo de
mill e quinientos años Felipe doctor liçençiado,
liçençiado Çapata, liçençiado Muxica y Alfonso de
Merino?

Documento 3. Provisión real sobre un recurso de apelación (1500)[32]

[Cruz]
Comisyón al alcalde mayor de la provincia de Castilla
a pedimiento de Sancho Rodríguez de Alvaladejo

Don Fernando e donna Ysabel por la graçia de Dios etcétera
a vos el bachiller Cano alcalde mayor en la provin
çia de Castilla en la forden de Santiago salud e graçia
sepades que ante los alcaldes de la nuestra casa e corte juezes
dados e diputados para nos para en las cosas tocan
tes a la fermanad destos nuestros reynos e sin otros
paresçió Sancho Rodríguez de Albaladejo de los
Frayles que es en la dicha provynçia el qual se presentó ante
ellos [tachado: en grado] con un proçeso çerrado e sellado en
grado de apelaçión nulidad o agravio o en la mejor
forma e manera que podía e de derecho devia de una
sentencia que contra él diz que dieron e pronunçiaron los
alcaldes de la fermandad de la villa de Montiel por la qual
dicha sentencia diz que le condenaron en mill maravedís que
diese e pagase a la persona que le avía prendido e en el dos tanto
e quatro tanto de una cabra y en çierto destierro [tachado: segund]
e en las cosas segund que más largamente en la dicha su sentencia
diz que seyr la qual dicha sentencia dixo ser ningun e de ningund
efeto e valor e do algund si justa e muy agravada contra
él para todas las cabsas e rasones de nulidad e agravio que de la
dicha sentencia e de lo proçesado se podían e devían colegir e por
las que protesto desir e alegar en la prosecuçión desta cabsa syendo
le dado copia e treslado de dicho proçeso
e que por quanto el hera onbre pobre e por no lo poder
seguir en esta nuestra corte donde se le farán munchos gastos
e dannos su derecho podría peresçer por ende que nos
suplicava e pedía por merçed que lo [tachado: cometiésemos] man

dásemos cometer a una persona syn sospecha desta
dicha provinçia para que en ello le fisiese justiçia o
que sobre ello le mandásemos proveer
como la nuestra merçed fuese lo qual visto
por los dichos nuestros alcaldes confirmado de
vos que soys tal persona que guardáredes nuestro servicio
e el derecho a cada una de las dichas partes e que bien e fiel
e diligentemente fareys lo que para nos vos fuere man
dado e encomendado acordaron que vos lo devíamos
encomendar e cometeter e por la presente vos lo encomen
damos e cometemos porque vos mandamos que luego que
con esta nuestra carta fueredes requerido tomedes el dicho pro
çeso (tachado: e) en el estado en que está e llamadas e oydas
las partes a quien como e atane o tannen puede en qual
quier manera brevemente e de plano solamente la ver
dad sabyda libredes e determinedes aquello lo que
fallaredes por justiçia por vuestra sentencia o sentencias ansy
ynterlocutoras como difinytas la qual e las quales
e el mandamiento o mandamientos que çerca dello dierdes lle
guedes e fagades llegar a pura e devyda esençión
con efeto tanto quanto con fuero e con derecho devades e
mandamos a las personas de que la entendiéredes
ser ynformado (que crean de lo suso dicho) que vengan e parescan
nuestros? a vuestros llamamientos e enplasamientos a los plasos so
las penas que de nuestra parte les pusyerdes las quales
nos por la presente les ponemos e avemos propuestas
para lo qual todo que dicho es e para cada una cosa e parte
dello sy nesçesario es vos damos poder conplido
con todas sus ynçidençias e dependençias e
mergençias anexadas e conexidas e non fa
gades [tachado: ende] ni fagan ende al etcétera de pena XV [reales?]

dada en la çibdad de Sevilla a dies e siete días del
mes de março de mill e quinientos annos Iohanes
liçençiatus, liçençiatus Gallego liçençiatus? liçen
çiatus yo Niculas? Gómes escribano de cámara del
rrey e de la rrey (sic) e de la rreyna nuestros sennores escribano
de la cárçel real de la su corte la fiso escribir
por su mandado con acuerdo de los dichos sus
alcaldes.

Documento 4. Libro de visitas de las villas de los partidos de Murcia y Segura de la Sierra (1498)[33]

(...)
[p. 29]
E después de lo suso dicho en la dicha villa de Alvaladejo
este dicho día e mes e anno suso dicho ante los dichos sennores visytadores pareçieron los regidores de la dicha villa e presentaron una petiçión su tenor de la qual es este que se sigue:
Muy virtuosos sennores
La villa de Alvaladejo de los Freyles suplica a sus mercedes que les remedie de çiertos agravios que han reçebido de los comendadores de Segura

[p. 30]
espeçialmente del comendador don Pedro Manrrique[34] comendador que fue de Segura de una ynpusyçión que puso en esta villa nuevamente estava en costùnbre en esta villa que todas las personas que vendiesen e conprasen en esta villa los forasteros quc de las cosas que así vendieren pagasen de quarenta maravedis uno al comendador e de las cosas que conprasen non pagasen cosa ninguna y como dicho es sennores desde la vida de don Pedro Manrri que a esta parte fazen pagar así a los que venden como a los que conpran por donde da cabsa mucho a los vesinos desta villa que non vendiesen sus granos e vinos e panes e otras qualesquier cosas porque desto reçibe grand perjuysio la dicha villa porque non vienen los mercades a conprar las mercaderías por los dichos que son tan sobrados por que les suplicamos nos guarde de justiçia.

E así presentada la dicha petiçión los dichos visytadors dixeron que vyan lo que desía e que mandarían a mí el dicho escrivano lo notifique a la parte del sennor don Pedro e que responda a terçero día e asymismo manda van a los dichos regidores en nombre de dicho conçejo que den sus testimonios de ynformaçión de todo lo que piden e que están prestos de les faser conplimiento de justicia testigos Ferrán Lópes e Francisco Lópes alcaldes de la dicha villa.

E luego los dichos regidores presentaron por testigos a Juan García Córdova el viejo (e a Francisco Lópes) e a Gil García e (e a Rruy

Martínes) a Gonzalo Martínez e Alonso Martínes de Campos vesinos de la dicha villa de los quales e de cada uno dellos se reçebió juramento sobre la sennal de la crus e las palabras de los Santos Evangelios que dirán verdad de lo que sopie ren çerca de la dicha quarentena e a la confusyón del dicho juro dixeron ellos e cada uno dellos sy juro e amén testigos que fueron presentes los suso dichos.

E luego este dicho día yo el dicho escrivano en presençia de los dichos testigos noti fiqué al dicho Pero Vasques en presençia de los dichos vysitadores todo lo suso dicho al qual le notifiqué que sy quería dar e presentar algunos testigos que los dichos visytadores estavan prestos de los mandar reçebír sobre la dicha ynpusyçión de la dicha quarentena de que se entyenda aprovechar el qual dicho.

Pero Vasques dixo que los sennores visytadores fallaran por los testigos presentados por los dichos regidores los arrendadores que fan tenydo la dicha

[p. 31]
rrenta llevar los dichos dichos (sic) lo qual dandole término convenible es presto de provar los dichos visytadores dixeron que ya le abían dado otro testimonio?
en que juntamente provase su yntençión con el dicho conçejo por que a mayor abondamiento dixeron que le daban otros tres días para que presente los testigos que quisiere testigo Juan de Madrid e Martín Días criados del comendador Rodrigo Dávalos.
Lo que los dichos testigos dixeron e dipusyeron çerca de lo suso dicho es lo syguiente:

El dicho Juan García de Córdova el viejo testigo jurado etcétera preguntado por los dichos visytadores çerca de la dicha quarentena dixo e depuso lo que adelante dirá:

Dixo que puede aver quarenta annos e dende arriba queste testigo casó en esta dicha villa e que usando en la casa del comendador Çepeda que vido llevar la dicha quarentena del que conprava y del que vendía que fuese forastero e que quién la ynpuso o no que non lo sabe y que este testigo puede aver veynte e çinco o treynta annos que es arrendador de las rentas del encomyenda de la dicha villa y que él lo llevó como dicho tiene e que esto es lo que sabe para el juramento que fizo.

El dicho Gil García vesyno de la dicha villa testigo jurado etcétera, preguntado por los dichos visytadores çerca de lo suso dicho de la dicha quarentena el qual declaró lo syguiente:

Dixo que sabe que puede aver veynte e çinco annos poco más o menosvque en vida del dicho don Pedro Manrrique se demandó la dicha quarentenavsegunda que agora se demanda de los forasteros que conpran ensta dichavvilla e que no se acuerda de más tiempo.

El dicho Francisco Lópes alcalde testigo jurado etcétera preguntado por los dichos visytadores çerca de la dicha quarentena dixo lo syguiente:

Dixo que sabe que puede aver veynte e çinco o treynta annos que se lleva la dicha quarentena de las personas que conpran e que después que ay arrendador de la dicha renta vesinos de la dicha villa se lleva la dicha quarentena y non de antes a todo lo que se le acuerda.

El dicho Pero Martínes testigo jurado etcétera preguntado por los dichos visytadores çerca de la dicha quarentena el qual dixo e depuso lo syguiente:

[p. 32]
dixo que sabe que puede aver veynte annnos poco más o menos que se lleva esta dicha quarentena de los que vienen a esta villa que venden por que los que conpran toda su vida se acuerda pagar quarentena por que los que venden de veynte annos a esta parte e que quien la puso o ynovo que no lo sabe e que non sabe otra cosa para el juramento fizo.

El dicho Ruy Martínes testigo jurado etcétera preguntado por los dichos visytadores çerca de la dicha quarentena dixo e dispuso lo sigyente:

Dixo que se acuerda que puede aver veynte annos poco más o menos que se lleva la dicha quarentena de los forasteros que conpran en esta villa e que quien la puso non lo sabe.

El dicho Alonso Martínes de Campos testigo jurado etcétera preguntado por los dichos visytadores çerca del caso de la dicha quarentena dixo lo siguiente:

Dixo que lo que sabe es que se solía pagar la quarentena de las cosas que vendían los forasteros e que de veynte e ocho annos a esta parte la llevan a los que conpran así mismo forasteros y que sabe que la ynpuso el comendador Cepeda que estovo aquy e que antes nunca se llevava syno de los que vendían e non más.

E después de lo susodicho los dichos visytadores dixeron que vista la ynformaçión fecha sobre la dicha quarentena e visto cómo era ynpusyçión nueva que devyan mandar e mandavan al dicho conçejo de Alvaladejo de los freyles que non consientan llevar la dicha quarentena de aquy adelante a ninguna persona que conprare qualesquier cosas en la dicha villa so pena de dos mill maravedís para la cámara de sus altezas para lo qual mandaron dar su mandamiento por escripto firmado se sus nonbres el qual dicho mandamiento fue notificado al dicho Pero Vasques de Paradinas por mí el dicho escrivano el qual dicho mandamiento quedó en poder de los alcaldes de la dicha villa.

(...)

Notas

1 ES.47161.AGS//RGS, LEG,147808,112, http://pares.mcu.es/ParesBusquedas20/catalogo/description/1600491?nm

2 RGS, LEG,150005,530 (1500), http://pares.mcu.es/ParesBusquedas20/catalogo/description/6140888?nm [consulta: 06/09/2023].

3 Archivo General de Simancas, RGS, LEG,1500 03,380, http://pares.mcu.es/ParesBusquedas20/catalogo/description/6135080?nm

4 FR, AHN, R-1/5, https://archivogeneral.carm.es/archivoGeneral/arg.detalle_documento?idDetalle=2288209&pidses=0 [consulta: 06/09/2023].

5 RODRÍGUEZ LLOPIS, Miguel: «Poder y parentesco en la nobleza santiaguista del siglo xv», *Noticiario de Historia Agraria*, n.º 12, 1996, p. 57.

6 HERVÁS Y BUENDÍA, Inocente: *Diccionario histórico geográfico, biográfico y bibliográfico de la provincia de Ciudad Real*. Ed. facs. Ciudad Real: Diputación de Ciudad Real, 2002-2003, 1899, p. 9.

7 *Ibidem*.

8 Los caballeros de contía constituían una especie de milicia, de caballería villana, que en la escala social no llegaban a ser hijosdalgo, sino más bien una escala intermedia entre las clases pecheras y la baja nobleza (DOMÍNGUEZ ORTIZ, Antonio: *Las clases privilegiadas en la España del Antiguo Régimen*, Madrid, 1973, p. 52). Tenían una serie de privilegios y de obligaciones. La contía se refiere a la cantidad de renta que un individuo tiene que poseer para poder pertenecer a esta caballería.

9 MADRID MEDINA, Ángela: «Un señorío santiaguista en la Edad Media: el Campo de Montiel», en *Cuadernos de Estudios Manchegos*, n.º 28, Ciudad Real, 2004, p. 158.

10 CAMPOS Y FERNÁNDEZ SEVILLA, F. Javier: *Los pueblos de Ciudad Real en las "Relaciones topográficas" de Felipe II*. Diputación Provincial de Ciudad Real, 2009, p. 19. http://publicaciones.dipucr.es/puebloscrealrelaciones-topograficas.pdf [Consulta: 02/08/2023].

11 CAMPOS Y FERNÁNDEZ SEVILLA, F. Javier: *Los pueblos de Ciudad Real en las "Relaciones topográficas" de Felipe II*. Diputación Provincial de Ciudad Real, 2009, p. 8. http://publicaciones.dipucr.es/puebloscrealrelacionesto-pograficas.pdf [Consulta: 02/08/2023].

12 *Ibidem*, p. 8.

13 MADRID MEDINA, Ángela: «Un señorío santiaguista en la Edad Media: el Campo de Montiel», en *Cuadernos de Estudios Manchegos*, n.º 28, Ciudad Real, 2004, p. 236.

14 DE LAS HERAS SANTOS, José Luis: «La organización de la justicia real ordinaria en la corona de Castilla durante la Edad Moderna», *Estudis*, 22, Valencia, 1996, p. 135.

15 CAMPOS Y FERNÁNDEZ SEVILLA, F. Javier: *Los pueblos de Ciudad Real en las "Relaciones topográficas" de Felipe II*. Diputación Provincial de Ciudad Real, 2009, p. 18. http://publicaciones.dipucr.es/puebloscrealrelaciones-topograficas.pdf [Consulta: 02/08/2023].

16 REAL ACADEMIA ESPAÑOLA: Diccionario panhispánico del español jurídico (DPEJ) [en línea]. < https://dpej.rae.es/ > [Fecha de la consulta: 01/07/2023].

17 FERNÁNDEZ RODRÍGUEZ, Manuela y MARTÍNEZ PEÑAS, Leandro: *La guerra y el nacimiento del Estado Moderno*. Valladolid: Asociación Veritas para el Estudio de la Historia, el Derecho y las Instituciones, 2014, p. 297.

18 Santa Hermandad: Leyes de la Hermandad, Salamanca, 1553.

19 *Ibidem*, p. 2r.

20 MADRID MEDINA, Ángela: «Un señorío santiaguista en la Edad Media: el Campo de Montiel», en *Cuadernos de Estudios Manchegos*, 28, Ciudad Real, 2004, p. 235.

21 RODRÍGUEZ RODRÍGUEZ, Elías: «Actuaciones de los alcaldes mayores de la Orden de Santiago en Villafáfila». Anuario 1999, Instituto de Estudios Zamoranos Florián de Ocampo, Zamora, 1999, pp. 248-236.

22 CAMPOS Y FERNÁNDEZ SEVILLA, F. Javier: *Los pueblos de Ciudad Real en las "Relaciones topográficas" de Felipe II*. Diputación Provincial de Ciudad Real, 2009, p. 18.

23 Libro de visitas de las villas de los partidos de Murcia y Segura de la Sierra, de 1498 FR,AHN,R-1/5.

24 *Ibidem*, p. 6.

25 PUÑAL FERNÁNDEZ, Tomás: «Práctica y ceremonial de la comunicación escrita entre el rey y las ciudades castellanas en la Baja Edad Media», *Mélanges de la Casa de Velázquez*, 46-2, 2016, pp. 199-217.

26 Libro de visitas de las villas de los partidos de Murcia y Segura de la Sierra, de 1498 FR,AHN,R-1/5.

27 ES.47161.AGS//RGS, LEG,147808,112, http://pares.mcu.es/ParesBusquedas20/catalogo/description/1600491?nm

28 RGS, LEG,150005,530 (1500), http://pares.mcu.es/ParesBusquedas20/catalogo/description/6140888?nm [consulta: 06/09/2023].

29 Hatos: porción de ganado mayor o menor. REAL ACADEMIA ESPAÑOLA: Diccionario de la lengua española, 23.ª ed., [versión 23.6 en línea]. <https://dle.rae.es> [01/07/2023].

30 A boca de noche: Al anochecer. REAL ACADEMIA ESPAÑOLA: Diccionario de la lengua española, 23.ª ed., [versión 23.6 en línea]. <https://dle.rae.es> [01/07/2023].

31 Pleito.

32 Archivo General de Simancas, RGS, LEG,1500 03,380, http://pares.mcu.es/ParesBusquedas20/catalogo/description/6135080?nm

33 FR, AHN, R-1/5, https://archivogeneral.carm.es/archivoGeneral/arg.detalle_documento?idDetalle=2288209&pidses=0 [consulta: 06/09/2023].

34 Hijo del primer Conde Paredes de Nava y hermano del poeta Jorge Manrique (Montero Tejada, 1994: 222).

Bibliografía

CAMPOS Y FERNÁNDEZ SEVILLA, F. Javier: *Los pueblos de Ciudad Real en las "Relaciones topográficas" de Felipe II*. Diputación Provincial de Ciudad Real, 2009.

CORCHADO SORIANO, Manuel: *Avance de un estudio geográfico-histórico del Campo de Montiel*. Ciudad Real, 1971.

DE LAS HERAS SANTOS, José Luis: «La organización de la justicia real ordinaria en la corona de Castilla durante la Edad Moderna», p. 135. *Estudis*, 22, Valencia, 1996.

DOMÍNGUEZ ORTIZ, Antonio: «Las clases privilegiadas en la España del Antiguo Régimen». Madrid, 1973.

FERNÁNDEZ RODRÍGUEZ, Manuela y MARTÍNEZ PEÑAS, Leandro: *La guerra y el nacimiento del Estado Moderno*. Asociación Veritas para el Estudio de la Historia, el Derecho y las Instituciones. Valladolid, 2014.

GÓMEZ MACÍAS, Juan Carlos: *Los topónimos de Albaladejo: una forma didáctica de acercamiento a la historia y la geografía de los municipios del Campo de Montiel*. Ciudad Real, 2013.

GÓMEZ VOZMEDIANO, Miguel Fernando: «Una corte rural de justicia: La Santa Hermandad Vieja de Almodóvar del Campo (1456-1808)», *Cuadernos de Historia Moderna*, número 22, pp. 107-135. 1999.

—*La Santa Hermandad Vieja de Ciudad Real en la Edad Moderna. Siglos xvii-xviii* (Tesis doctoral), Universidad Complutense. Madrid, 2002.

—«Delincuencia y conflictividad morisca en tierras toledanas (ss. xv-xvii)». *Anales toledanos* n.º 37. 1999.

GONZÁLEZ, Julio: *Repoblación de Castilla la Nueva*. Universidad Complutense. Madrid, 1975.

HERVÁS Y BUENDÍA, Inocente: *Diccionario histórico geográfico, biográfico y bibliográfico de la provincia de Ciudad Real*. (Ed. facs. Ciudad Real: Diputación de Ciudad Real, 2002-2003), 1899.

MADRID MEDINA, Ángela: «Las órdenes militares y la Hermandad vieja de Ciudad Real: un problema de competencias», en *I Symposium de Historia de La Mancha. Derechos e Instituciones*, pp. 154-189. Valdepeñas, 1983.

—«Un señorío de la Orden de Santiago en la Edad Media: el Campo de Montiel», en *Cuadernos de Estudios Manchegos*, pp. 143-176. Ciudad Real, 2005.

—«Ordenamiento jurídico en Castilla-La Mancha: la presencia de las órdenes militares», *Revista Zurita*, 78-79, pp. 229-264. 2014.

MATELLANES MERCHÁN, José Vicente: «La colonización santiaguista del Campo de Montiel», *Actas del Congreso Internacional conmemorativo del VIII centenario de la Batalla de Alarcos*, pp. 389-413. Cuenca, 1996.

MENDOZA GARRIDO, Juan Miguel: *Delincuencia y represión en la Castilla bajomedieval (los territorios castellano-manchegos)*. Granada, 1999.

MONTERO TEJADA, Rosa María: «Los señoríos de los Manrique en la baja Edad Media», Espacio, Tiempo y Forma, Serie III, H.ª Medieval, t. 7, pp. 205-258. 1994.

PESCADOR DEL HOYO, M. del Carmen: «Los órganos de la Santa Hermandad», en VII Centenario del Infante D. Fernando de la Cerda, pp. 171-178. IEM. Ciudad Real, 1976.

PORRAS ARBOLEDAS, Pedro Andrés: *La Orden de Santiago en el siglo XV: la provincia de Castilla*. Dykinson. Madrid, 1997.

—*Los señoríos de la Orden de Santiago en su provincia de Castilla durante el siglo XV*. Madrid, 1981.

PUÑAL FERNÁNDEZ, Tomás: «Práctica y ceremonial de la comunicación escrita entre el rey y las ciudades castellanas en la Baja Edad Media», *Mélanges de la Casa de Velázquez*, 46-2, p. 199-217. 2016.

RIVERA GARRETAS, Milagros: *La encomienda, el priorato y la villa de Uclés en la Edad Media (1174-1310)*. Consejo Superior de Investigaciones Científicas. Madrid, 1985.

RODRÍGUEZ LLOPIS, Miguel: «Poder y parentesco en la nobleza santiaguista del siglo XV», *Noticiario de Historia Agraria*, n.º 12, pp. 57-90. 1996.

RODRÍGUEZ RODRÍGUEZ, Elías: «Actuaciones de los alcaldes mayores de la Orden de Santiago en Villafáfila», Anuario 1999, pp. 248-236. Instituto de Estudios Zamoranos Florián de Ocampo. Zamora, 1999.

SÁNCHEZ BENITO, José María: *Colección de documentos de la Santa Hermandad (1300-1500)*. Toledo, 1990.

Albaladejo a mediados del siglo XVI: población y espacios de la villa

Carlos Fernández-Pacheco Sánchez-Gil
Centro de Estudios del Campo de Montiel
Bernardo Sevillano Martín
Universidad de Castilla-La Mancha
Concepción Moya García
Centro de Estudios del Campo de Montiel

LA LOCALIZACIÓN ACTUAL DE ALBALADEJO se estableció después de la batalla de las Navas de Tolosa en 1212, y sobre todo, tras la conquista del castillo de Montiel a los musulmanes en 1228, cuando el proceso de repoblación del Campo de Montiel comenzó a hacerse efectivo. Sin embargo, en época romana ya se encontraba la zona poblada, siendo favorecida por su proximidad a la vía Augusta, cuyo vestigio principal es la existencia de la villa romana de Puente de la Olmilla, ubicada a dos kilómetros de la localidad.

Población y vecindario

El término de Albaladejo, que había sido adjudicado a Villanueva de la Fuente para que pudieran labrarlo, pasó a depender del concejo de Alcaraz por la sentencia de 18 de febrero de 1243, del monarca Fernando III, en la que se establecían los límites entre la Orden de Santiago y el concejo de Alcaraz en la zona, otorgando tres cuartas partes del territorio en disputa a Montiel y el resto a Alcaraz[1]. Sin embargo, en septiembre, la orden obtenía los derechos de la iglesia de Villanueva de la Fuente, y en marzo del año siguiente conseguía su cesión efectiva junto a Gorgojí, recibiendo Alcaraz en compensación Tobarra.

La posesión efectiva de Villanueva de la Fuente por la orden de Santiago fue confirmada oficialmente en 1248, lo que provocó que en los años siguientes hubiera varias revisiones de límites. En

1272, ya aparece Albaladejo de forma clara como perteneciente a la orden santiaguista, por lo que se había añadido a su nombre de los freires, para evitar cualquier duda sobre su condición[2]. Finalmente en 1286 se llegó a un acuerdo definitivo sobre límites entre la orden y el concejo de Alcaraz, que confirmaba a Albaladejo como parte integrante del Campo de Montiel.

En un primer momento, la localidad fue un lugar poco poblado, y no sería hasta finales del siglo XIII, cuando la Orden de Santiago abordó de forma más decidida su repoblación, reforzando su torre fortificada. En una carta de 1333, que un vecino de Génave dirige al maestre Vasco Rodríguez, aparece la concesión de una casa a Pedro Gil, vecino de Albaladejo[3].

Debido al escaso número de vecinos, en mayo de 1404, el maestre Lorenzo Suarez de Figueroa, les concedió una heredad conocida como Alcaria de Alvaladejo para su utilización como dehesa boyal, ordenando a los alcaldes y cuatro hombres buenos de la localidad que la amojonaran[4]. Con ello se buscaba favorecer el aumento de la población y una mejora de su economía, al dotarla de un terreno en el que pudieran pastar los bueyes de sus vecinos.

Aunque estaba ubicada en el Campo de Montiel, Albaladejo (ver mapa) fue integrada en la encomienda de Segura de la Sierra. Su tierra era pobre para el desarrollo de la agricultura y la ganadería, carecía de cerca, y estaba dotada solo de una torre defensiva o casa fortificada, por lo que el número de vecinos en un principio fue escaso[5].

En la segunda mitad del siglo XV, su población fue aumentando de forma que en 1468 tenía 70 vecinos (315-330 habitantes)[6], contando con una torre muy buena de cal y canto, junto con un cortijo mal reparado. En la última década del siglo, el número de vecinos subió ligeramente hasta los 75, aunque se indicaba que era «dicho logar de pocos vecinos». En los momentos finales del siglo XV y los primeros años del XVI, se produjo una fuerte subida demográfica, ascendiendo el número de vecinos hasta los 150 en 1507, pero en los años siguientes, se perdió población.

Una grave epidemia de peste entre los años 1506 y 1507, junto a varios años de malas cosechas con anterioridad a 1510,

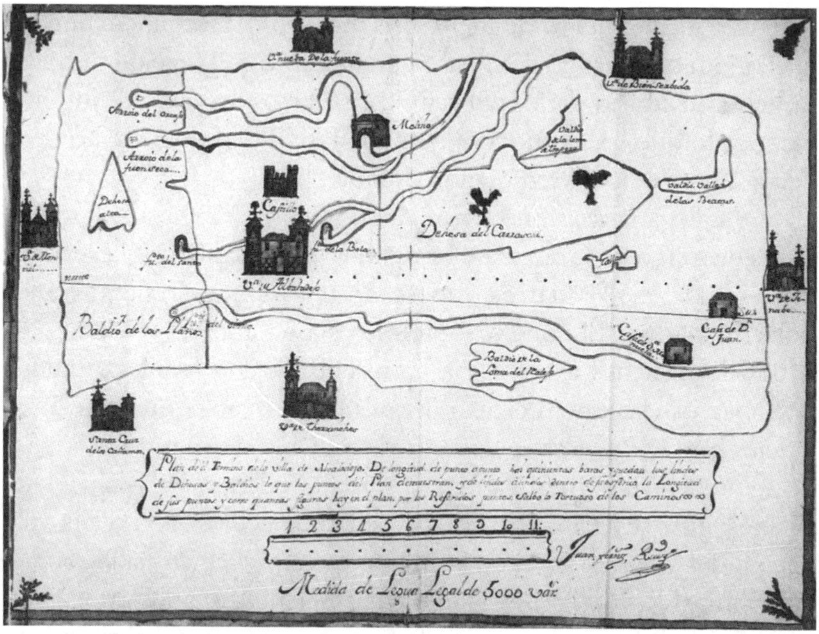

Mapa de Albaladejo y su término. , Catastro de Ensenada, *volumen 629, Albaladejo, respuestas generales.* Archivo Histórico Provincial de Ciudad Real.

causaron una fuerte caída demográfica, pasando los vecinos de Albaladejo de 150 hasta 86 en sólo cuatro años. Esta bajada, que provocó una disminución del 42,6 % del número de hogares, no fue algo exclusivo de la localidad, sino que afectó a otras poblaciones del Campo de Montiel, perdiendo muchas de ellas en el mismo periodo altos porcentajes de población: Torres (72 %), Terrinches (57,8 %), Puebla del Príncipe (48,9 %), Santa Cruz de los Cáñamos (32 %), Carrizosa (36 %), Fuenllana (31,8 %), La Solana (18,4 %) y Villanueva de los Infantes un 12,7 %[7].

A partir de 1512 se superó el período de crisis, con años de buenas cosechas, lo que unido al aumento del precio de los cereales, favoreció un lento pero continuado crecimiento poblacional. De los 86 vecinos de 1511 se pasó a 125 en 1535, y a mediados del siglo se alcanzaron los 156, duplicando casi su población en apenas cuarenta años.

En 1557 se llegó a los 212 vecinos, una subida considerable de un 35 %, en apenas ocho años, lo que muestra cómo se estaba viviendo un momento de fuerte crecimiento demográfico, aunque el económico era algo desigual, pues una tercera parte de sus habitantes eran considerados pobres (72), a efectos del pago de impuestos, por lo que las cantidades que abonaban de las alcabalas de la carne, el aceite y el viento, eran menores[8].

La llegada de moriscos granadinos, entre 1569 y 1571, expulsados del reino de Granada y repartidos por Castilla tras la revuelta y guerra de las Alpujarras, supuso un nuevo empuje demográfico para Albaladejo. El número de moriscos asentados en el Campo de Montiel en dichos años, oscila entre 800 y 1000 familias, aunque no sabemos el número exacto de los que se establecieron en Albaladejo. En las *Relaciones de Felipe II*, se informa de su presencia pero no se precisa su número, aunque estaría alrededor de los cincuenta vecinos, pues se indica que en 1575 «habra vecinos en la dicha villa con viudas y menores, y con los moriscos que viven en esta villa que vinieron del Reyno de Granada hasta trescientos vecinos y que antes no había tantos por que podría haber hasta doscientos e cinquenta vecinos»[9]. En apenas veinticinco años, el número de vecinos casi se había duplicado hasta los 300 (1.300-1.400 habitantes).

Debido posiblemente a su pobreza, fue considerada franca y exenta del pago de impuestos, por un privilegio del «Señor Ynfante don Enrique[10] e confirmado de los maestres despues y por los Reyes Católicos en el capítulo general de Tordesillas, por el que esyme a la dicha villa de todos los tributos reales»[11]. Pero la situación cambió a comienzos del siglo XVI, posiblemente por el crecimiento de su economía y población. Este hecho tendría lugar hacia 1510 o 1515, pues en 1575 los oficiales del concejo indicaron, que según recordaban sus abuelos y mayores, haría unos «sesenta o sesenta y cinco años a esta parte mas o menos pagan a su magestad los dichos tributos llanamente», pese a que pleitearon para no hacerlo[12].

Un ejemplo del crecimiento económico que vivió Albaladejo a mediados del siglo XVI, lo encontramos en el número de vecinos con rentas cuantiosas, que eran aquellos pecheros cuyos bienes superaban los 80.000 maravedíes[13], gracias a lo cual ascendían al escalón más bajo de los caballeros, estando obligados a mantener caballo y armas. En los años finales del siglo XV y comienzos del XVI no había ninguno en Albaladejo, pero en 1515 encontramos tres, que diez años después descienden a dos. Sin embargo, en 1549, cuando contaba con 156 vecinos, había un total de 19 con rentas cuantiosas[14], lo que muestra una considerable riqueza entre sus habitantes[15].

Este hecho contrasta con el elevado número de pobres, cuantificados en un tercio de su población, frente a cerca de un 10 % con altos ingresos, lo que muestra una fuerte desigualdad social y económica. Pese a la existencia de numerosos vecinos cuantiosos, no había nobles, ni siquiera en sus escalones más bajos, hidalgos o hijosdalgo.

Su economía se basaba sobre todo en la agricultura, con el cultivo de cereales (trigo, cebada y centeno) y vid, contando también con una pequeña, aunque variada cabaña de ganado ovino, caprino, porcino y vacuno. Además, había algunos artesanos: herreros, sastres y zapateros.

El gobierno de la villa estaba en manos de los oficiales del concejo, varios de los cuales se renovaban anualmente. Había dos alcaldes ordinarios, dos alcaldes de hermandad, dos regidores, un alguacil mayor y otro menor. Entre los empleados del concejo encontramos: un mayordomo, un escribano público y un cuadrillero de hermandad[16].

Los alcaldes ordinarios tenían varias funciones: judiciales de primera instancia, resolviendo los pleitos y querellas de carácter civil y criminal; administrativas, ejerciendo de policía urbana, junto con la ejecución de deudas y la comprobación de los mojones; y económicas, con el control de pesos, medidas y precios para evitar los fraudes. En noviembre de 1549, las dos personas que ocupaban dichos cargos eran Juan Martínez Campos y Juan Martínez de Ginés García.

Los regidores se encargaban de temas relacionados con la administración, como la autorización de gastos y la confección de ordenanzas, junto con importantes competencias económicas, siendo Antón Quesada y Martín Gómez, quienes ostentaban ese cargo a mediados del siglo XVI[17].

Los alcaldes de hermandad eran una especie de policía rural, que se ocupaban de los delitos y abusos que se producían en el campo, siendo ayudados por el cuadrillero, que cumplía funciones de vigilancia. Los alguaciles eran los oficiales que ejecutaban las resoluciones de la justicia local, cumpliendo las órdenes de los alcaldes y llevando a cabo las detenciones de los delincuentes.

El mayordomo y el escribano eran cargos más profesionales, por lo que recibían un salario. El primero era el responsable de la administración económica, encargándose de la recaudación y de la autorización y ejecución de los pagos, llevando una relación pormenorizada de las cuentas municipales, mientras que el escribano dejaba testimonio escrito de todas las decisiones tomadas por el ayuntamiento, no como un simple escribiente, sino con funciones parecidas a un notario que daba fe de lo tratado[18].

Iglesia parroquial de Santiago

Construcción de la iglesia

La iglesia de Albaladejo no aparece citada en la relación de 1243, por lo que tuvo que construirse en la segunda mitad del siglo XIII, cuando el pueblo comenzó a desarrollarse y estabilizar su situación. Las primeras referencias documentales aparecen en 1480, en las que se indica que tiene las paredes bien reparadas y está cubierta de madera y teja[19].

El edificio era pequeño de una sola nave rectangular y sin capillas, por lo que cuando comenzó a aumentar la población se mostró claramente insuficiente para dar cabida a sus habitantes, debiendo hacer frente a su ampliación y reforma. En las últimas décadas del siglo XV, la mayoría de las iglesias del Campo de Montiel se levantaron de nuevo, se reconstruyeron o ampliaron, sufriendo importantes reformas, que dieron lugar a una profunda renovación y transformación de los edificios parroquiales de la comarca[20].

En algunas localidades se construyó una iglesia totalmente nueva, con una ubicación distinta a la anterior, como sucedió en

Membrilla, Torrenueva, Fuenllana o Manzanares, esta última en el Campo de Calatrava; en otras se mantuvo el edificio ampliándolo con nuevas naves, como ocurrió en Terrinches, o se construyó una nueva sobre la ya existente, de forma que según se iba levantado el edificio nuevo, se derribaba el viejo, conviviendo durante algún tiempo ambas construcciones, como aconteció en Villanueva de los Infantes, La Solana o Alcubillas. En Albaladejo se utilizó esta última opción, construyendo una iglesia nueva sobre la primitiva.

En 1494, donde ya aparece con la advocación de Santiago, «tiene fechas tres arcadas de nuevo de cal y canto cubierta de madera de pino acapillada e lo otro esta de lo viejo que tenia». Contaba en ese momento con tres altares, estando una imagen de bulto de Nuestra Señora en el altar mayor, y al lado el sagrario metido en la pared[21]. Cuatro años más tarde la situación era muy similar, aunque en esos momentos se estaba trabajando en la portada. El mayordomo Ruy Martínez había tomado «maestros que tiene al destajo del hazer de la yglesia de la portada y arcos» por doce mil quinientos maravedíes, de los cuales ya les había abonado siete mil quinientos setenta y siete[22].

Habrá que esperar hasta la primera década del siglo XVI, para dar un nuevo impulso a las obras, de forma que en 1507 se estaba cerrando la última arcada, y cuatro años después, prácticamente se había terminado la nueva nave, aunque todavía faltaba por construir la torre de campanas.

La nave del edificio estaba dividida por cinco arcos fajones de cantería, en varias crujías, y cubierta por una armadura de madera de pino. En la zona de los pies se había construido una torre campanario, reforzada con sillares para la que ya se había adquirido una campana. Faltaba por hacer una capilla bautismal, en la que la pila estuviera situada sobre gradas y protegida por una reja de madera, y un coro alto con su tribuna de madera, que se debía situar en los pies del templo[23].

En 1526 se habían concluido las obras, siendo descrita como «una yglesia bien edificada con sus arcos atravesados e fecha de una nave e de buen maderamiento con tribuna de madera e sus altares…e su torre de campanas bien fecha con escalera de caracol». En los diez años siguientes se construyó una sacristía, junto a la capilla mayor, en el lado del evangelio[24].

A mediados del siglo xvi, la iglesia de Santiago es descrita como un cuerpo sobre cinco arcos de cantería y cubierta de buena madera de pino labrada. El Santísimo Sacramento se hallaba en un sagrario de talla dorado, con su cerradura y llave, en el cual había una caja de plata, y dentro de ella el Santísimo puesto sobre una hijuela de corporales. La pila del bautismo «estava a una parte de la dicha yglesia dentro de una red de madera limpiamente», y en ella el olio, el crisma y el «olio ynfermorum» en unas ampollas de plata bien cebadas, y el libro de bautizados, conforme a lo indicado por la orden de Santiago. En 1554 se indica que estaba «debaxo de la tribuna».

Había tres altares, el primero de ellos en el altar mayor con las imágenes de Santiago de bulto «dorada y plateada» y otra de Nuestra Señora de bulto con el niño Jesús en brazos. Estaba bien aderezado, con su frontal, manteles y ara. A mano derecha en la parte del evangelio «en fin del altar mayor», había otro con la imagen de Nuestra Señora de bulto, cubierta con un manto negro; y casi frontero de la puerta, estaba el último con otra imagen de la Virgen María de bulto, dorado, también con el niño en brazos, en un tabernáculo de talla dorado, con su ara, corporales, manteles y frontales.

Un nuevo elemento que se estaba construyendo en esos momentos era un retablo para el altar mayor. El maestro tallista era Juan de la Barreda, el cual ya había completado su labor de tallado, por la que había cobrado lo acordado. Pero quedaba pendiente el dorado y pintado, con el que dar mayor realce y policromía al retablo, para lo que se contrató al pintor Pedro Juan, quien en ese momento ya había recibido una parte del pago concertado. Un lustro después la obra estaba terminada en su totalidad, indicando que esta «bien labrado»[25].

Bienes y ornamentos

Los ornamentos que poseía la iglesia en 1549, solían ser de plata, entre ellos una cruz que pesaba seis marcos, y dos cálices, uno de marco y medio, y el otro, donado por Alonso Martínez de Campos el Viejo, que pesaba dos marcos y medio, con la copa dorada y un letrero. En 1554 se habían comprado dos cálices nuevos de plata con su patena.

Otros bienes de la iglesia eran las vestimentas de las que disponían los sacerdotes para los distintos tiempos litúrgicos. Contaba con siete casullas, de las que tres eran viejas, una de terciopelo con cenefa de oro bajo bordada, otra de manteles, y la tercera de zarzahán procedía de la donación de una persona muy destacada, que la habría entregado hacía varias décadas, la «reyna catholica» Isabel I de Castilla. Las otras cuatro casullas tenían diversos colores, una de damasco amarillo con cenefa de terciopelo morado con su alba, estola, manípulo, amito y cinta; la otra de paño verde con una cenefa de raso falto de cortaduras, y las restantes eran blancas, una de chamelote con una cenefa de raso falso colorado y la otra, adquirida recientemente, de damasco con cenefa de terciopelo carmesí y bordada de amarillo. También contaban con dos capas, una de damasco blanco muy vieja con una cenefa de hilo de oro y otra nueva de damasco colorado con cenefa de terciopelo azul, dos sobrepellices, cinco albas, una estola de damasco y un velumtempli.

Para la celebración de la liturgia, había varios libros: dos misales viejos, uno de la orden y el otro toledano, un oficiero viejo, un manual para los sacramentos, un cuaderno viejo para procesiones, habiendo adquirido en los últimos años un salterio nuevo, dos cuerpos de libros dominicales y un cuaderno de quirios y glorias. El resto de los elementos del ajuar de la iglesia, se utilizaban para adornar y engalanar los altares y el templo: dos mangas de cruz, dos frontales, tres frontaleras de lienzo, cuatro pares de manteles buenos y una sábana para el bautismo.

Para la procesión del Corpus, contaban con unas andas de madera y un palio de lienzo para el Santísimo Sacramento con unas flocaduras de colores. También tenía otras andas para los difuntos. Había siete escaños de madera para que se sentaran los fieles, pero como eran escasos, se habían construido hacía poco, otros trece. En la torre había dos campanas grandes. Otros objetos de metal eran: un esquilón, una rueda de campanillas y dos campanillas «para quando alçan», así como unos hierros para hacer las hostias, un acetre y una lámpara de azófar[26].

Posesiones, ingresos y gastos

Los principales ingresos de la iglesia procedían del dezmero escusado, que consistía en el cobro del diezmo más alto que se pagaba en la localidad, y que la orden de Santiago cedía a las parroquias para cubrir sus gastos. A ello se sumaba la producción de las tierras pertenecientes a la iglesia, que había ido adquiriendo o recibido mediante donaciones y mandas testamentarias, junto con otros ingresos menores, como las limosnas y el cobro de las sepulturas.

El mayordomo a finales de 1549 era Pedro Cano, que cuando presentó las cuentas el 19 de noviembre ante los visitadores de la orden de Santiago, declaró unos ingresos desde que ocupaba el cargo en diciembre del año anterior, de 36.469 maravedíes y medio. De ellos 18.195 y medio procedían del alcance (superávit) del mayordomo anterior Martín López del Pino, y del resto la mayor parte eran por la venta de los bienes del escusado: 3.128 de 23 borregos del año anterior, 1.615 de «ciertos cochinos que se vendieron del escusado del presente año», 6.307 de 26 fanegas y media de trigo, a siete reales cada una, 2.380 de 17 fanegas y media de cebada, a cuatro reales, y 255 de fanega y media de centeno, a cinco reales la fanega.

Otros 300 maravedíes se obtuvieron de la venta de un manto que «avia dado una difunta» y el resto, algo más de cuatro mil maravedíes, del pago por el rompimiento de sepulturas, de los capitos entregados de los niños bautizados y del cepo (limosna).

El gasto había ascendido a 26.637 maravedíes, que se dividían de la siguiente forma: 8.942 que se entregaron al pintor Pedro Juan, como parte del pago del retablo de la iglesia; 6.072 que se utilizaron para comprar una casulla junto con siete ducados que se tomaron de la limosna de Nuestra Señora; 7.480 de un dominical de vísperas de dos cuerpos; y 1.353 que se dieron a Juan de la Barrera, con lo que se acabó de pagar la talla del retablo. El resto de los pagos fueron 727 maravedíes, dados al vicario por tomar la cuentas, 400 del salario del mayordomo y lo demás «en otros gastos de por menudo que se vieron por su libro que se dio por bien gastado».

Los desembolsos más importantes fueron, por tanto, para pagar al tallista y al pintor del retablo que se estaba haciendo para la iglesia, así como para renovar las vestimentas y los libros litúrgicos. Pese a ello, todavía sobró una cantidad respetable, aunque menor que la declarada por el anterior mayordomo, 9.832 maravedíes y medio.

La cuenta se dio por buena, y con el parecer del cura y de los oficiales del concejo se eligió a su sucesor Francisco el Rubio, al que le hicieron varios mandatos, comprar un vestimento cotidiano «con parescer del cura», así como un incensario de latón y unas ampollas. Además, se ordenó al párroco y a los miembros del ayuntamiento, que «con brevedad hagan al pintor acabe de dorar e pintar el retablo e ponerlo porque el sagrario que al presente tiene no es conveniente». Para acelerar las obras, ordenaron que se le diesen 10.000 maravedíes al dorador Pedro Juan «y que si nos los tuviese los pagase del pan que tenia la dicha yglesia».

Los visitadores fueron informados de que el mayordomo, Pedro Cano, había ido muchas veces a pedir justicia al vicario de Montiel «para ser pagado del alcance que se hizo al mayordomo antes del y otros que debían a la dicha iglesia», pues al parecer estos alcances no se habían abonado, así como otras deudas que se tenían pendientes.

Ante esta situación ordenaron al vicario que cuando tomase cuenta a la iglesia, el alcance que se hiciera al mayordomo fuera pagado sin dilación, y que «el pan (cereales) no lo mande vender si no fuese con extrema necesidad fasta el mes de mayo de cada un año», que era cuando los precios estaban más altos, para no causar perjuicio a la iglesia, y que cuando vaya a tomar las cuentas se modere en sus gastos.

También se mandó al mayordomo que no pidiese justicia ni ejecución de deudas ante ningún juez seglar, como había hecho en algunas ocasiones, sino que lo hiciese ante el vicario y que le pida ejecución de «qualquier alcance que se deviere a la dicha yglesia» con la mayor brevedad, y al vicario que si se le solicitase justicia que la haga con la mayor diligencia, bajo pena de diez ducados, si no lo hiciese[27].

Beneficio curado

Hace referencia a un término de origen medieval que estaba ligado a la «cura de almas», y que designaba el derecho de un cargo eclesiástico a percibir las rentas adscritas a esa entidad jurídica. Los bienes que se asociaban al beneficio solían ser derechos, primicias o tierras, y sus rendimientos servían para asegurar la manutención y gastos del sacerdote de la orden que estuviera al frente de una parroquia.

En 1494 el cura de Albaladejo era Juan Martínez de Campos, clérigo de la orden de Santiago, el cual gozaba del beneficio de la iglesia por presentación del maestre Alonso de Cárdenas y del arzobispo de Toledo. Disfrutaba de tres cuartas partes del pie de altar, que estaba valorado en unos 6.000 maravedíes, mientras que la otra parte era para el sacristán. Contaba además, con una tierra que le rentaba cada año unas tres fanegas de cebada[28].

Cuatro años más tarde, percibía los mismos ingresos por el pie de altar, pero las posesiones del beneficio curado habían aumentado, contando con unas casas a la espalda de la iglesia, donde residía el cura. Sin embargo, el mayor incremento se había conseguido gracias a las mandas o donaciones testamentarias de tierras de varios vecinos de la villa: ocho fanegas de tierra y una cuarta de viña por Sancho y Elvira Martínez, con la condición de que se dijera una misa por sus ánimas cada año el día de Santa Catalina; y otras dos cuartas de viña que mandaron Mayor García de Cózar, y la mujer de Rodrigo Mexía, para que se dijera un aniversario el día de Nuestra Señora y el de Santiago, respectivamente[29]. Como se puede observar, el beneficio iba creciendo gracias a las mandas dejadas por los vecinos en sus testamentos, con la condición de que se dijeran misas por sus almas, en fiestas o días destacados del año.

Si a finales del siglo XV, Albaladejo contaba con un cura de la Orden de Santiago, medio siglo después el sacerdote Rodrigo de Baeza, ya no pertenecía a la misma, sino a la de San Pedro, lo que significaba que eran curas seculares con una menor formación que los santiaguistas. Ello era debido a que el beneficio no había crecido lo suficiente para ser atractivo a los clérigos pertenecientes a la Orden de Santiago, que buscaban unos ingresos mayores.

El beneficio en esos momentos, seguía poseyendo las casas junto a la iglesia y el pie de altar en su totalidad, junto con siete cuartas y media de viñas, que habían donado varios vecinos de la villa (Aparicio Martínez, Juan Sánchez, Juan de Rui Martínez, Juan Martínez de las Heras y las mujeres de Hernán García de Cózar y Juan Gómez Hernández). Su valor total ascendía a doce mil maravedíes, lo que suponía que apenas había llegado a duplicar su valor en más de cincuenta años, cuando los precios habían subido con mayor rapidez[30].

Religiosidad popular: ermitas y demandas

En los comienzos de la Edad Moderna la religiosidad popular estaba configurada por una mezcla de elementos y formas de actuación del pueblo llano, ante las difíciles circunstancias que se vivían. En esta forma en la que el pueblo veía la religión, se incluían varios factores: el fervor popular, la superficialidad de sus creencias y la cotidianeidad de sus formas de expresión religiosa, que en ocasiones tenían un carácter milagrero y simplista.

Las ermitas se construyeron como espacios expiatorios en los que la comunidad buscaba la protección divina ante las grandes dificultades que afectaban a su sencilla forma de vida: auxilio y amparo frente a las enfermedades y epidemias, salvaguarda del trabajo agrícola y de las cosechas frente a las plagas y las condiciones atmosféricas adversas, y la protección a sus animales. Los santos eran los intermediarios que auxiliaban a los fieles, proporcionando su protección y la de Dios para alejar todos los males que les acechaban, y más aún si se realizaban ofrendas y donaciones[31].

La ermita más antigua de Albaladejo era la de San Sebastián. Este santo era el protector contra la peste, siendo uno de los cultos más antiguos y extendidos, no sólo a lo largo de La Mancha sino de otras muchas regiones. La construcción de las ermitas con dicha advocación estaba generalmente ligada a algún momento epidémico, que de forma regular solía diezmar a la población, por lo que se encomendaban al santo para que los librara de la enfermedad.

En 1494, aparece citada la ermita de San Sebastián, indicando que está situada en término de la villa, y era pobre, al carecer de renta alguna[32]. En 1549, se dice que está cerca de la villa, y es de un cuerpo con paredes de mampuesto cubierta de madera de pino y de sabina. Contaba con su altar, adornado con un frontal, manteles, una alfombra y una lámpara pequeña.

La única posesión que tenía en ese momento era una huerta pequeña, ubicada junto a la ermita, que se entregaba al santero que la tenía a su cargo, a cambio de su cuidado. El mayordomo, en noviembre de 1549, era Miguel Ximénez, el cual ocupaba el puesto desde el año anterior. Sus ingresos se limitaban a las limosnas que se recogían en el bacín de la ermita, que habían ascendido a ciento cuarenta y seis maravedíes durante su mandato, de los cuales no había gastado nada. Como había sido prudente en la gestión de las cuentas y «una buena persona», tanto el cura como los oficiales del concejo, lo confirmaron en el cargo.

Los mandamientos que le hicieron fueron que acabara de construir el caballete de la ermita con su cal y canto tal y «como va», y que hiciera limpiar la zanja que estaba en la parte norte, para que el agua tuviera buena corriente. Como no había muchos fondos y el tiempo no era apropiado para ello, le encargaron que primero limpiase la zanja, y luego hiciera «lo demás a la primavera», bajo pena de un ducado para obras pías, si no lo realizaba[33].

La otra ermita de la localidad era la de San Juan, que se empezó a construir en el segundo cuarto del siglo xvi. En 1535, los gastos de construcción eran mayores a los ingresos por lo que estaba en deuda con su mayordomo que había adelantado el dinero. Los visitadores encargaron al mayordomo que una vez «pagado de la devda que se le debe, los maravedíes que demás tuviere los gaste en proseguir la obra de la dicha hermita hasta la fenecer y acabar»[34].

En 1549 las obras estaban avanzadas, aunque no habían concluido. El edificio era de un cuerpo y las paredes estaban hechas de mampostería, aunque «aun no tienen la altura que es menester», pero ya contaba con sus puertas de madera. El mayordomo era Juan Martínez de Gil García, al cual le había tomado las cuentas el vicario de Montiel, el 10 de diciembre de 1548, que seguían siendo deficitarias, pues se le debían 542 maravedíes. Desde ese momento hasta el 28 de noviembre del año siguiente, recaudó 997 maravedíes de «limosnas del bacin y de penas aplicadas a la dicha hermita».

Como los ingresos eran escasos y sus cuentas deficitarias, el mayordomo no había gastado nada en las obras, por lo que le quedó un sobrante de 455 maravedíes. Se nombró nuevo mayordomo a Pascual García, con el parecer del concejo y del cura, el cual aceptó el cargo y quedó encargado de cobrar 112 maravedíes que debían los herederos de Francisco Rodríguez de Sarria y no los habían entregado. Con ese dinero y lo que pudiera recaudar se le mandó que «prosiga la obra como esta començada fasta averla acabado»[35]. Los escasos ingresos provocaban que la construcción se estuviera alargando en el tiempo, aunque en 1575 se indica que está totalmente levantada[36].

El mantenimiento de las ermitas solía estar a cargo de los concejos o de las cofradías. Estos colectivos se encargaban del culto y fiestas de su titular, del cuidado de las imágenes y del edificio. En ocasiones, los vecinos no llegaban a constituir una cofradía, sino que en su lugar se formaban capellanías o demandas. Las primeras eran unas instituciones creadas con el permiso de las autoridades eclesiásticas, y establecidas por personas particulares, religiosas o seglares, que las dotaban con unas rentas suficientes para que con sus beneficios se realizaran las obligaciones fijadas por sus fundadores, que solían ser misas por sus almas y las de sus familiares. Las demandas eran una agrupación de personas en torno a una imagen o culto, que no llegaban a constituirse en cofradía, pero que pedían limosna para su sostenimiento y atención.

A mediados del siglo XVI, en Albaladejo había una capellanía y dos demandas. La capellanía de Gómez Hernández fue instituida por Gómez Hernández de Nájera, con cargo de dos misas cada semana, que se debían decir los lunes y los viernes en el altar de San Sebastián de dicha villa. Sus patronos eran Alonso Román y

Juan Gómez del Pilar, y su capellán Francisco García, clérigo de la orden de San Pedro, por colación del arzobispo de Toledo, Juan de Tavera, con fecha 20 de febrero de 1545.

Las posesiones, con las que se financiaban las dos misas y el resto de los gastos eran: unas casas linderas de Juan Martínez de Gil García; nueve hazas, de las que dos se encontraban situadas en Montalbán y el resto en el camino de Santa Cruz, el rollo de Alfonsuela, el hoyo del Olmo, el Cardoncial, San Sebastián, la hoya de San Sebastián, el rollo de Montalbán y el moral de la Vega; un cañamar en el rollo de la cañada; tres herrenales en el camino de Montiel, las peñas del Pastel y el pie de la cuesta del Pilar; dos huertos, uno en el Ojuelo y el otro en la Fuente; y seis viñas de las que tres estaban en el rollo de la dehesa, una en el rollo de las viñas, otra en el camino que va a la dehesa y la última en la callejuela. Finalmente tenía en la plaza sesenta arrobas de vaso para vino[37].

Había dos demandas, con las que se pagaba la cera que se ponía en dos de los lugares más importantes de la iglesia. Una era la cera del Santo Sacramento, que tenía por mayordomo en 1548 a Alonso Martínez de Campos, el cual a tuvo un sobrante de 173 maravedíes, cuando le tomó las cuentas el vicario de Montiel, los cuales acrecentó en el año siguiente hasta los 396 y medio, gracias a las limosnas y donativos recibidos. De ellos gastó 391 en hacer un arca, comprar cera y en otros gastos menores, con lo que tuvo un insignificante superávit de cinco maravedíes y medio. La demanda contaba, a mediados del siglo XVI, con un arca donde guardar la cera que se encendía ante el Santísimo Sacramento, así como dos hachas que pesaban doce libras de cera, siendo nombrado Alonso Hernández como nuevo mayordomo, al que se le ordenó que «tenga cargo de pedir limosna según se acostumbra pedir e tenga la cera que fuera necesaria»[38].

La segunda demanda era la de la cera de Nuestra Señora, que tenía una economía más saneada gracias a sus mayores ingresos. Su mayordomo, Juan González de Sarria, había recibido de alcance 2.461 maravedíes y medio, que acrecentó hasta los 4.091 gracias a las limosnas recibidas. Entre diciembre de 1548 y noviembre del año siguiente gastó 3.640 maravedíes y medio, de los cuales entregó siete ducados al cura «para ayudar a comprar la casulla para la iglesia», con su estola y manípulo. Otros 892 maravedíes se utilizaron en comprar catorce libras y media de cera «a diversos precios» y los demás en incienso y en vigilias «que sean hecho». El sobrante de las cuentas ascendió a 451 maravedíes, y por su buena gestión y «por ser buena persona» fue confirmado en el cargo, con los mismos mandamientos que en el caso anterior: pedir limosna y tener la cera necesaria[39].

Fortaleza: torre y casa de la orden

Las fortificaciones del Campo de Montiel en los momentos finales de la Edad Media ascendían a una veintena de castillos y torres, que se repartían a lo largo del territorio. Una vez conseguida la pacificación de la zona, estas construcciones perdieron parte del carácter militar y defensivo que los caracterizaba, aunque no llegaron a adoptar la función económica que comenzaban a esbozar como depósitos de los impuestos y diezmos de las encomiendas, que con el tiempo dio lugar a la aparición de unas edificaciones mejor adaptadas a estas necesidades: las casas de bastimento y encomienda[40].

La torre de Albaladejo era una fortificación modesta, que ejercía de defensa y casa de la orden, encontrándose en 1480 en un estado ruinoso. En la entrada había una sala abovedada grande, que estaba atajada en su lado izquierdo. Dentro de este cortado se encontraba otro más pequeño, con una cámara alta en la que se almacenaban los cereales. Tenía tres torres a un lado, dos de ellas macizas y una hueca, encontrándose «todo mal reparado e maltratado que ni es fortalesa ni casa llana». En las esquinas había dos garitas derribadas[41].

A finales del siglo XV, es citada como casa de la orden, y descrita como una «casa fuerte de cal y canto y de bóveda en lo alto pretilada de almenas». Delante de la puerta había una casa de morada pequeña, hecha de tapial y arrimada al edificio principal con un corral delante, el cual «esta derrocado»[42]. La torre tenía caídos dos pedazos de pretil y almenas, mandando al comendador que reparase y cerrase el corral con un muro de dos tapias en alto, y que echase un suelo a la bóveda de la torre, porque estaba dañada por el agua «de los ynviernos»[43].

En 1536, la situación del edificio había mejorado algo, pues se dice que es grande con una bóveda buena con ciertos apartamentos, aunque necesitaba varias reparaciones, que debía tasar el maestro de cantería Francisco de Luna. La primera de ellas afectaba a la parte alta de la torre del homenaje que «tiene necesidad de se cobrir de su tejado como a los maestros paresçiere», al hallarse descubierta y maltratada. En la parte situada hacia la iglesia había que reparar la esquina primera de buenas piezas de cantería, que tengan una vara de medir de una parte y de otra, guarnecida de su mampostería por los costados de las esquinas «en toda la cantidad que agora esta aportillada la dicha torre hasta lo falto del suelo de las bóvedas sea de guarnecerse como dicho es», lo cual se valoró en quince mil maravedíes. Por último, era preciso construir veinte almenas y reparar otras, así como cerrar «ciertos gujeros y cuevas questan fechos en la muralla», teniendo que repararse todo «muy bien con su cal y arena y piedra según que esta la otra obra de la dicha torre fecha», tasándose en otros diez mil maravedíes[44]. Todas estas obras fueron notificadas al depositario de la encomienda, para que las llevase a cabo.

En noviembre de 1549, pese a haber realizado algunas reparaciones mejorando algo el estado del edificio, todavía quedaban por cubrir los tejados de la bóveda, para lo que había que adquirir seis mil tejas, con un coste de seis mil maravedíes de maestros y mano de obra y otro tanto del valor de las tejas, así como reparar la escalera con cincuenta fanegas de yeso, que valían veinticinco reales (850 maravedíes)[45].

Como la torre no estaba en condiciones de servir como lugar de almacenamiento de los diezmos y productos de la encomienda, se barajó la posibilidad de construir junto a ella una nueva casa de bastimento. En 1531, las obras fueron reconocidas por el alcalde mayor de Segura y los maestros de cantería Juan

Martínez y Juan de Múgica, que revisaron la obra «questa fecha en la casa de bastimento de dicha villa junto a la torre de la fortaleza». No quedaron satisfechos con lo que vieron, pues se habían levantado algunas paredes, pero las piedras estaban puestas sin argamasa y la arena era mala, lo que hacía que la construcción no cumpliera las expectativas.

Los maestros recomendaron que se pusiese cal, arena y argamasa en las paredes, y que se «pueden fazer otras tantas paredes quantas al presente ay fechas», aprovechando la argamasa que había hecha, para arena de las paredes nuevas. Calcularon el valor de la piedra necesaria en 5.746 maravedíes, y sumando la mano de obra, oficiales y cal, el gasto total ascendería hasta los 9.411 maravedíes[46]. Pero las obras no avanzaban y la casa no contaba con un buen acceso, según se observa en la visita de 1535 en la que se dice que «esta començada a hazer junto a la torre el qual edificio no esta bueno ni en parte conveniente por razón que no pueden allegar los carros a descargar los diezmos»[47].

Por ello, se decidió cambiar de lugar y levantar una casa nueva, «mirose donde se pudiese hazer», y se eligió un sitio en la plaza de la villa, que estaba en una zona más conveniente y «mas a la mano del pueblo», junto a la casa de Juan Peláez, en el coso. Su coste se estimó en trescientos ducados, con un tamaño de 60 pies de largo, 20 de ancho y 24 de alto, conforme a la traza elaborada por el maestro Francisco de Luna[48]. Sin embargo, todo quedó en un proyecto por su alto precio, pues en 1575 todavía se almacenaban los diezmos en la torre, y se dice que «en esta villa y en su termino no le conocen otra casa ninguna»[49].

El hospital

Los hospitales en los inicios de la Edad Moderna no tenían la misma función que en la actualidad. Eran un lugar de acogida para los pobres del lugar y los transeúntes que pasaban por allí. En estos establecimientos se les proporcionaba alojamiento y comida durante algún tiempo.

El aumento demográfico, las sucesivas crisis agrarias que crearon importantes bolsas de marginados, junto al desarrollo de los concejos, provocaron que estas instituciones se fueran generalizando por todo el territorio, incluso en las poblaciones más pequeñas. En la mayoría de los casos, su origen se debía a una donación, siendo patrocinados y administrados, generalmente, por los concejos o cofradías[50].

Las órdenes militares promocionaron los hospitales ya existentes, mientras que en las villas en las que no surgía dicha iniciativa ordenaban a los concejos su construcción, y en aquéllos carentes de recursos les encargaban que se ocuparan de su mantenimiento. La orden de Santiago, ya desde su fundación en 1170 había tenido una clara inclinación a la atención de pobres y viajeros, como queda reflejado en su propia bula fundacional confirmada en 1175, en la que se destaca la atención a huéspedes, pobres, ancianos y enfermos[51].

En el Campo de Montiel no fue hasta finales del siglo xv y, sobre todo, a principios del xvi, tras el aumento demográfico y económico, cuando comenzaron a surgir los hospitales, extendiéndose en las primeras décadas del siglo xvi a la mayoría de sus poblaciones[52]. A esta labor de atención a pobres y necesitados, se fue uniendo el cuidado de los enfermos. Las personas acogidas en los hospitales pertenecían a los sectores más humildes de la sociedad, siendo las más expuestas a las numerosas epidemias que se sucedían de forma cíclica y sin poder pagar un médico. Todo ello favoreció la diversificación de las funciones de los hospitales, que acabaron asumiendo la de facilitar atención sanitaria y medicinas a los pobres[53].

El hospital de Albaladejo contó con la donación de un edificio para tal fin por uno de sus vecinos, Sancho Sánchez, aunque no lo dotó de bienes ni dejó renta alguna, por lo que desde sus comienzos fue una casa pobre, carente de recursos, bienes y rentas estables[54]. A finales del siglo xv, el hospital ya funcionaba, aunque en una situación precaria. Los visitadores de la orden lo reconocieron en octubre de 1498, encontrando una casa que tenia comprada el concejo para hospital, muy maltratada, sin puertas y sin ninguna renta ni posesiones. Ante esta situación «encomendaron al concejo que ponga las dichas puertas e tenga la ropa para los pobres, dixeron que lo haga»[55]. Este es un claro ejemplo de cómo la orden santiaguista, ante la falta de recursos, ordenaba al concejo que se encargara de que el edificio del hospital tuviera unas condiciones mínimas y lo dotara de ropa necesaria para atender a los pobres.

La situación a mediados del siglo xvi apenas había cambiado. El hospital se habría trasladado de la casa comprada por el concejo, a la donada por Sancho Sánchez, aunque sus condiciones seguían siendo modestas y humildes. El edificio era una casa de dos cuerpos, la cual «es muy pobre». Tenía un inventario con la ropa, que estaba en poder del mayordomo. Contaba con dos arcas para guardar la ropa y otros utensilios, dos camas de madera y tres colchones, limitándose el ajuar a tres mantas y dos sábanas[56], lo que significa que su capacidad de acogida era de dos o tres personas, teniendo el mismo número de camas que el de Torre de Juan Abad, mientras que el de Villamanrique tenía tres, el de Torrenueva y Terrinches cuatro, el de Almedina y Villahermosa cinco, y el de Villanueva de los Infantes doce[57].

El mayordomo a finales de noviembre de 1549, era Juan Alonso del Coso, habiendo tomado el cargo el 10 de diciembre del año anterior. Había recibido en dicho tiempo 156 maravedíes de limosnas, que sumados al sobrante que le dejó su antecesor Juan Barbero, le supuso unos ingresos de 258 maravedíes. De ellos había gastado solo 48 en «cosas para el hospital según se vio por su libro», por lo que tuvo un superávit de 210 maravedíes que dejó a su sucesor.

El cura y los oficiales del concejo dieron por buenas sus cuentas, y nombraron de mutuo acuerdo al nuevo mayordomo, Cristóbal de Escoriaza, al que le mandaron poner al frente del hospital una persona «en el dicho hospital para que tenga cuidado de acoger los pobres lo qual hagan luego porque no lo ay», con pena de dos ducados para obras pías si no lo cumplía. El hospitalero era muy necesario para el buen funcionamiento del establecimiento, pues se encargaba del cuidado del edificio y de la ropa, así como de la atención de las personas acogidas en él. Otro mandato iba dirigido al mal estado del edificio, que necesitaba algunas reformas y arreglos, por lo que le ordenaron «cerrar ciertos agujeros que ay en el» y comprar una cerradura para la puerta, porque carecía de ella y no se garantizaba la seguridad de sus bienes e instalaciones[58].

Molino y horno

Los molinos hidráulicos contaban con una o varias muelas móviles, una solera fija debajo y los mecanismos necesarios para transmitir la fuerza motriz del agua a las muelas. Para llevar el agua del río hasta el molino se construía un canal conocido como caz con sus compuertas, y una balsa donde se acumulaba el agua y se vaciaba de golpe desde el cubo sobre el rodezno (rueda motriz horizontal) que se encontraba situado en una cueva o hueco construido con sillares, llamado cárcavo, donde movían los álabes, paletas cóncavas que transmitían el movimiento a las piedras, y una vez molido el grano se acumulaba en unas tolvas. El agua sobrante se desaguaba por otro canal, el socaz, hacia el cauce del río o hasta otro molino situado a continuación. Su funcionalidad era variada, aunque la mayoría eran harineros, aplicándose en otros casos a la producción textil recibiendo el nombre de bataneros[59].

La construcción y aprovechamiento de estos molinos en el Campo de Montiel se acometió desde los primeros momentos de la repoblación, existiendo constancia documental de ello. Así está recogido en un documento del año 1330, cuando el maestre Vasco Rodríguez hizo entrega de un molino en el término de Carrizosa, a Juan González, vecino de Alhambra, y a Juan Ordóñez y su mujer Elvira, vecinos de Terrinches[60].

Un número importante de los molinos pertenecían a la Orden de Santiago, mientras que otros eran propiedad de conventos, nobles o particulares. Su uso solía ser arrendado por el pago de un canon o alquiler. En el Campo de Montiel, la mayoría estaban distribuidos a lo largo de los ríos Azuer, Cañamares, Jabalón y Villanueva, quedando constancia en la primera edición del mapa topográfico nacional de la existencia de setenta y cuatro molinos y tres batanes en la comarca, a los que habría que sumar los que habían desaparecido y no quedaban restos ni recuerdo de ellos[61].

En Albaladejo, es citada la existencia de un molino a finales del siglo XV, situado a una legua en el río Villanueva, y perteneciente a la encomienda de Segura de la Sierra, conocido con el nombre de Trapero, aunque estaba en término de Alcaraz, justo en el límite de las dos poblaciones[62].

En 1494 los visitadores de la orden vieron cómo los vecinos de Albaladejo y de otros lugares de la orden que están «atributados» van a moler al dicho molino de Trapero, pero tenían el problema de que muchas veces «por mengua de agua e por no ser mas de una rueda» se hallaba mal abastecido[63]. Cuatro años más tarde lo encontraron bien reparado de paredes e madera, aunque necesitaba algunas mejoras y reformas, como retejarlo, echarle un «caballizo de cal por cama» y ponerle una puerta con su cerradura[64].

En ese momento el molinero era Andrés Martínez Ballestero, el cual informó a los visitadores de los pertrechos necesarios para que el molino estuviera bien reparado: un par de picos harineros, dos ranguas y dos gorrones[65]. También indicó que tendría mayor utilidad, si se realizara la molienda más a menudo, lo cual sería beneficioso para la villa. Por ello, los visitadores encargaron al comendador de Segura, Pedro Portocarrero, que hiciera todo lo dicho «e faga el tejado e puertas del dicho molino»[66].

A mediados del siglo XVI, el molino seguía operativo, aunque para su funcionamiento había que realizar continuas obras de mantenimiento. En 1536, se mandó hacer una grada de yeso y piedra a la redonda del harnal[67], que tuviera cuatro pies de ancho y uno de alto, por encima de la madera que agora esta por suelo. El resto de las mejoras que precisaba eran la reparación de unas pesebreras y unas arcas que servían de granero, retejar la cubierta y echarle cal y arena a los caballetes[68].

En noviembre de 1549, fue reconocido de nuevo por los visitadores de la orden. Tenía necesidad de revocar las paredes con cal y piedra, con un coste entre mano de obra y materiales de seis ducados; había que reparar las canales (canalones), quitando las que estuvieran podridas y poniendo otras de nuevo, lo que valdría tres ducados; hacer un gorrón de hierro nuevo por dos ducados; recorrer el caz y «adereçallo» lo que suponía otros tres ducados, y finalmente la reparación más cara era «poner unas piedras porque las que tienen no valen ninguna cosa que costara veinte ducados»[69]. Como en los casos anteriores, se encargó a su propietario, el comendador de Segura, que seguía siendo Pedro Portocarrero, que realizara y abonara todas estas obras de mantenimiento.

La poya era un impuesto o derecho que se pagaba por el uso de un horno común. Este pago se realizaba tanto en las poblaciones de realengo y nobiliarias, como en las pertenecientes a las órdenes militares. Los concejos, nobles o comendadores tenían la obligación de construir un edificio apropiado, conocido como horno de poya, donde los vecinos debían cocer el pan, pagando un porcentaje, bien en especie (pan) o en dinero.

Los hornos de poya eran una sencilla edificación, generalmente rectangular, dotada de una capilla con chimenea donde se cocía el pan, a cuyos lados había unos poyos o bancos, en los que se colocaba la masa y el pan una vez cocido, tomando posiblemente los hornos y el impuesto su nombre de este elemento del edificio. También contaban con un corral donde se almacenaba la leña. La Orden de Santiago poseía este monopolio en todos sus territorios, dotando a sus encomiendas de hornos, que solían arrendar a particulares.

El horno de poya de Albaladejo en 1494 estaba bien reparado, precisando sólo que se alzaran media tapia las paredes que había sobre su capilla, echarle una capa encima y volverlo a cubrir[70]. Cuatro años más tarde se había hecho todo lo mandado y el horno se encontraba en perfecto estado[71].

A comienzos del siglo XVI, los Reyes Católicos enviaron un juez de los Estancos y Nuevas Imposiciones por los territorios de la orden de Santiago, para eliminar los impuestos que se consideraban abusivos, entre los cuales se incluyó el de los hornos de poya y los portazguillos ilegales[72]. La orden concedió licencia en muchos pueblos para que los vecinos pudieran construir hornos en sus casas y cocer en ellos el pan, lo que hizo que muchos de los hornos de la orden fueran abandonados, acabando en un estado deplorable. Sin embargo, en otras poblaciones se conservaron manteniendo su función como horno comunal, como ocurrió en el caso de Albaladejo.

En 1536 era un cuerpo de casa que tenía necesidad de algunos arreglos: la capilla del horno estaba caída por lo que había que repararla, y la mitad de ella había que losarla de nuevo, porque tenía las losas muy gastadas; la parte frontera a la puerta de entrada había que revocarla con barro porque estaba desgastada «por amor del calor del horno»; hacer la puerta del cocedero y reparar la chimenea, así como un poyo que estaba «en entrando a la mano derecha», el cual tenía que hacerse de nuevo más alto. Todo ello se valoró en cinco mil maravedíes, aunque una vez terminadas las reformas, el depositario de la encomienda de Segura había gastado seis mil trescientos noventa y cuatro maravedíes en ellas[73].

A mediados del siglo xvi, el horno se encontraba en mejores condiciones, aunque precisaba de nuevas reparaciones, como renovar varias losas y retejar la casa, que con la mano de obra se valoró en seis ducados y se encargó de su realización al comendador de Segura[74].

Conclusiones

Albaladejo, que desde su fundación a mediados del siglo xiii era una población de escasa población y recursos, y en más de doscientos años sólo había alcanzado los setenta vecinos, vivió desde finales del siglo xv un fuerte crecimiento demográfico y económico. El número de sus habitantes en apenas cien años se multiplicó por cuatro, y aunque sus tierras no eran ricas, gracias a un buen aprovechamiento de sus recursos agrícolas y ganaderos, mantuvo unos años de estabilización y mejora de su economía agropecuaria.

En la población había varios espacios que cumplían las funciones que demandaban sus habitantes. Una iglesia parroquial, que fue ampliada y reformada, para poder dar la asistencia espiritual y religiosa al cada vez mayor número de sus moradores.

Junto a ella surgieron dos ermitas, la más antigua, dedicada a San Sebastián, que fue fundada con el objeto de proteger a sus vecinos contra las epidemias, y la otra a San Juan, que se estaba construyendo a mediados del siglo XVI, aunque se tardó tiempo en levantar, por los escasos recursos allegados para ello.

Otro de los edificios más antiguos y destacados era la fortaleza, que aunque de pequeño tamaño, había servido en un principio para asegurar la defensa de sus habitantes, y con posterioridad como lugar de almacenamiento de los diezmos e impuestos que se entregaban a la orden. Su mal estado y las constantes reparaciones que precisaba, por no reunir las condiciones necesarias para cumplir con la función de una casa de bastimento, puso de manifiesto el deber de construir un nuevo espacio, aunque al final no se realizó por la falta de fondos.

En el hospital, pese a su precariedad, se atendía a los vecinos más pobres y necesitados, así como a los transeúntes que se desplazaban en busca de trabajo, facilitándole una cama y un techo, aunque fuera sólo durante algunos días.

Finalmente, encontramos otros dos espacios relacionados con la economía local: el molino Trapero, donde se molía el trigo, y que a pesar de no encontrarse en el término de Albaladejo, en esos momentos estaba ligado y dependía de la localidad, como muestran las visitas de la orden de Santiago, por su pertenencia a la encomienda de Segura de la Sierra, de la que formaba parte Albaladejo. El otro era el horno de poya que pasó de ser patrimonio de la orden a serlo de la comunidad, y a él acudían los vecinos para cocer el pan.

Notas

1 MATELLANES MERCHÁN, J. V.: «La Orden de Santiago y la organización social de la Transierra castellano-leonesa (ss. XII-XIV)». Universidad Complutense de Madrid. *Cuadernos de Historia Medieval*. Madrid, 1999, pp. 137-138.

2 RUBIO MARTÍNEZ, C. J.: *El Campo de Montiel en la Edad Media*. Diputación Provincial de Ciudad Real. Ciudad Real, 2017, p. 56-57.

3 Archivo Histórico Nacional (AHN), Órdenes Militares, Santiago, Uclés, 8/50. Carta de Pedro Gómez al maestre de Santiago, por la concesión de una casa a Pedro Gil, vecino de Albaladejo. 11-07-1295 (era hispánica).

4 CHAVES, B.: *Apuntamiento legal sobre el dominio solar de la Orden de Santiago*. Ediciones El Albir, facsímil de 1740. Barcelona, 1974, fol. 54 v y 55.

5 PORRAS ARBOLEDAS, P. A.: *La Orden de Santiago en el siglo XV*. Editorial Dykinson. Madrid, 1997, p. 260.

6 Para pasar de vecinos a habitantes hay que utilizar un coeficiente multiplicador, habiéndose utilizado generalmente el 5. Jordi Nadal lo rebajó al 4, mientras Domínguez Ortiz utilizaba el 4,2 para la zona norte de la Península y el 4,3 para el sur. López-Salazar varía según las épocas desde el 3,75 hasta el 5. Nos hemos decantado por el coeficiente 4,5, pues es un término medio de los utilizados.

7 Los porcentajes son de elaboración propia, tomando los datos demográficos de PORRAS ARBOLEDAS, Pedro Andrés: *Op. cit.*, pág. 304 y LÓPEZ-SALAZAR PÉREZ, J.: *Estructuras agrarias y sociedad rural en la Mancha (ss. XVI-XVII)*. Instituto de Estudios Manchegos. Ciudad Real, 1986, p. 667.

8 Archivo General de Simancas (AGS), expedientes de Hacienda, legajo 58, rentas y vecindario de Albaladejo, 1557-1561.

9 Real Academia de Historia (RAH), *Relaciones topográficas de Felipe II*, tomo III, folio 324v, relación de Albaladejo.

10 Don Enrique de Aragón fue maestre de la Orden de Santiago desde 1409 hasta 1445.

11 AHN, Órdenes Militares, Santiago, libro 1068C, visita de 1498, p. 23.

12 RAH, *Relaciones topográficas de Felipe II*, tomo III, folio 318, relación de Albaladejo.

13 PORRAS ARBOLEDAS, P. A.: *Op. cit.*, p. 68.

14 AHN, Órdenes Militares, Santiago, libro 1085C, visita de 1549, pp. 843-844.

15 Estos vecinos eran: Juan López del Coso, Cristóbal Sánchez el mozo, Juan Barbero, Alonso Martínez de Campos, Juan Alonso, Pedro Sánchez Paterna, Pascual García, Arsenio Martínez, Juan González de Sarria, Francisco Rubio, Juan Martínez de Campos, Juan Rubio, Pedro García el mozo, Mingo de Sarria, Juan Martínez de Gil García, Bartolomé González, Alonso Hernández, Francisco Gómez y Martín López de Quesada.

16 RAH, relaciones topográficas de Felipe II, tomo III, folios 322, 322v y 325v, relación de Albaladejo.

17 AHN, Órdenes Militares, Santiago, libro 1085C, visita de 1549, p. 826.

18 VILLEGAS DÍAZ, L. R.: *Ciudad Real en la Edad Media. La ciudad y sus hombres (1255-1500)*. Ayuntamiento de Ciudad Real. Ciudad Real, 1981, pp. 103 y 117; FERNÁNDEZ-PACHECO SÁNCHEZ-GIL, C. y MOYA

GARCÍA, C.: «Construcción y funcionamiento del ayuntamiento de una localidad santiaguista, a comienzos del siglo XVI». *Cuadernos de Estudios Manchegos*, 32. Ciudad Real, 2008, pp. 127-130.

19 AHN, Órdenes Militares, Santiago, libro 1064C, visita de 1480, p. 220.

20 MOLINA CHAMIZO, P.: *Iglesias parroquiales del Campo de Montiel (1243-1515)*. Diputación Provincial de Ciudad Real. Ciudad Real, 1994, pp. 51-52.

21 AHN, Órdenes Militares, Santiago, libro 1067C, visita de 1494, p. 460.

22 AHN, Órdenes Militares, Santiago, libro 1068C, visita de 1498, pp. 16-17.

23 MOLINA CHAMIZO, P.: «De la fortaleza al templo». I *Arquitectura religiosa de la Orden de Santiago en la provincia de Ciudad Real (ss. XV-XVIII)*. Diputación Provincial de Ciudad Real. Ciudad Real, 2006, pp. 37-38.

24 AHN, Órdenes Militares, Santiago, libro 1080C, visita de 1526, p. 888; libro 1082C, visita de 1535, p. 227.

25 AHN, Ordenes Militares. Santiago, libro 1085C, visita de 1549, pp. 826-827; libro 1087C, visita de 1554, p. 611.

26 AHN, Ordenes Militares. Santiago, libro 1085C, visita de 1549, pp. 828-830; libro 1087C, visita de 1554, p. 612.

27 AHN, Ordenes Militares. Santiago, libro 1085C, visita de 1549, pp. 830-834.

28 AHN, Órdenes Militares, Santiago, libro 1067C, visita de 1494, pp. 462-463.

29 AHN, Órdenes Militares, Santiago, libro 1068C, visita de 1498, pp. 18-21.

30 AHN, Ordenes Militares. Santiago, libro 1085C, visita de 1549, pp. 834-835.

31 TORRES JIMÉNEZ, M. R.: *Religiosidad popular en el Campo de Calatrava. Cofradías y hospitales al final de la Edad Media*. Instituto de Estudios Manchegos. Ciudad Real, 1989.

32 AHN, Órdenes Militares, Santiago, libro 1067C, visita de 1494, p. 463.

33 AHN, Órdenes Militares, Santiago, libro 1085C, visita de 1549, pp. 839-840.

34 AHN, Órdenes Militares, Santiago, libro 1082C, visita de 1535, pp. 235-236.

35 AHN, Órdenes Militares, Santiago, libro 1085C, visita de 1549, pp. 838-839.

36 RAH, *Relaciones topográficas de Felipe II*, tomo III, folio 326v, relación de Albaladejo.

37 AHN, Órdenes Militares, Santiago, libro 1085C, visita de 1549, pp. 835-837.

38 *Ibidem*, pp. 837-838.

39 *Ibidem*, pp. 840-842.

40 TORRES, M. y BENÍTEZ DE LUGO, L.: «Fortificaciones en la frontera meridional del Campo de Montiel en el marco de las guerras civiles caste-

llanas», en IV Congreso de Castellología Ibérica. Madrid, 2012, pp. 585-596; GALLEGO VALLE, D.: «Las fortificaciones del Campo de Montiel (ss. VIII-XVI): historia, arqueología y análisis constructivo». *Medievalista*, 29. Lisboa, 2021, pp. 375-385; GALLEGO VALLE, D.: «La fortificación medieval en el Campo de Montiel (ss. VIII-XVI). Análisis de su secuencia histórica y constructiva». Espacio, tiempo y forma, serie III, *Historia Medieval*, 29. Madrid, 2016, pp. 337-376; MOLERO GARCÍA, J. y GALLEGO VALLE, D.: «La arquitectura militar de las órdenes militares en las órdenes militares en la Edad Media: evolución tipológica, funcional y constructiva» en *La construcción fortificada medieval: historia, conservación y gestión*. Madrid, 2020, pp. 91-112; FERNÁNDEZ-PACHECO SÁNCHEZ-GIL, C y MOYA GARCÍA, C: «El sistema defensivo del Campo de Montiel, en la segunda mitad del siglo XV». *Revista de Estudios del Campo de Montiel*, 4. Almedina, 2015, pp. 183-225.

41 AHN, Órdenes Militares, Santiago, libro 1064C, visita de 1480, p. 221.

42 AHN, Órdenes Militares, Santiago, libro 1068C, visita de 1498, p. 21.

43 *Ibidem*, pp. 22-23.

44 AHN, Órdenes Militares, Santiago, libro 1082C, visita de 1535, pp. 237 y 989.

45 AHN, Ordenes Militares. Santiago, libro 1085C, visita de 1549, pp. 709-710.

46 AHN, Archivo Judicial de Toledo, expediente 51116, pleito del comendador de Segura con Andrés Murciano por la media annata, 1519-1535.

47 AHN, Órdenes Militares, Santiago, libro 1082C, visita de 1535, pp. 236-237.

48 *Ibidem*, p. 989.

49 RAH, tomo III, folio 322, *Relaciones topográficas de Felipe II*, relación de Albaladejo.

50 GARCÍA HOURCADE, J. J.: *La red hospitalaria del reino y ciudad de Murcia en la Edad Moderna*. Concejalía de Cultura. Cartagena, 2000; LAPEZOSA APARICIO, C.: «La asistencia sanitaria en Madrid en la Edad Moderna. Hospitales regionales y extranjeros». Madrid, *Revista de Arte, Geografía e Historia*, 5. Madrid, 2002, pp. 119-140; FERNÁNDEZ IZQUIERDO, F.; YUSTE MARTÍNEZ, A. y SANZ CAMAÑES, P.: *La provincia de Almonacid de Zorita en el siglo XVI*. Consejo Superior de Investigaciones Científicas. Madrid, 2001, pp. 344-358.

51 MADRID MEDINA, A.: «La hospitalidad en la órdenes militares españolas». *Estudios sobre las Órdenes Militares. Lux Hispaniarum*, 1. Madrid, 1999, pp. 237-261; MADRID MEDINA, A.: «La Orden de San Juan de Jerusalén en la Mancha: su proyecto hospitalario» en *Actas de las II Jornadas de la Orden de San Juan*. Ciudad Real, 1999, pp. 37-52.

52 FERNÁNDEZ-PACHECO SÁNCHEZ-GIL, C. y MOYA GARCÍA, C.: «Fundación y desarrollo de los hospitales del Campo de Montiel a lo largo

del siglo xvi». *Revista de Estudios del Campo de Montiel*, 2. Villanueva de los Infantes, 2011, pp. 95-97.

53 SANCHO DE SAN ROMAN, R.: «La medicina en Toledo. Notas para una historia de la medicina toledana». *Toletum*, 5, 2.ª época. Toledo, 1982, pp. 35-61.

54 VIÑAS MEY, C. y PAZ, R.: *Relaciones histórico-geográficas-estadísticas de España ordenadas por Felipe II*. Ciudad Real. Consejo Superior de Investigaciones Científicas. Madrid, 1971, p. 11.

55 AHN, Órdenes Militares, Santiago, libro 1068C, visita de 1498, p. 43.

56 AHN, Órdenes Militares. Santiago, libro 1085C, visita de 1549, p. 842.

57 FERNÁNDEZ-PACHECO SÁNCHEZ-GIL, C. y MOYA GARCÍA, C.: *Op. cit.*, pp. 108-109.

58 AHN, Órdenes Militares. Santiago, libro 1085C, visita de 1549, pp. 842-843.

59 MATELLANES MERCHÁN, J. V.: *Op. cit.*, pp. 253 y 254.

60 AHN, Consejo Órdenes Militares, Santiago, Carpeta 51a, documento 4, escritura de cesión de un molino en el río Carrizosa, 1330.

61 CORCHADO SORIANO, M.: *Avance de un estudio geográfico-histórico del Campo de Montiel*. Instituto de Estudios Manchegos. Madrid, 1971, pp. 109 y 110.

62 MATA TRUJILLO, E.; ÁLVAREZ GARCIA, H. J.; GALLEGO VALLE, D.; BENÍTEZ DE LUGO, L.: «El complejo molinar del rio Villanueva (Villanueva de la Fuente, Ciudad Real)» en *Actas del V Congreso Internacional de Molinología*. Alcázar de San Juan, 2009, pp. 427-433.

63 AHN, Órdenes Militares, Santiago, libro 1067C, visita de 1494, pp. 469-470.

64 AHN, Órdenes Militares, Santiago, libro 1068C, visita de 1498, p. 43.

65 La rangua era la pieza de hierro, en la que se apoyaba y giraba el eje vertical, gorrón o espiga de metal, que encajaba en un agujero, y servía para facilitar el movimiento de las ruedas del molino.

66 AHN, Órdenes Militares, Santiago, libro 1068C, visita de 1498, p. 43.

67 El harnal era un cajón grande de madera, donde caía la harina desde el interior de las piedras del molino por el echadero.

68 AHN, Órdenes Militares, Santiago, libro 1082C, visita de 1535, pp. 237-238 y 989-990.

69 AHN, Ordenes Militares. Santiago, libro 1085C, visita de 1549, pp. 709-710.

70 AHN, Órdenes Militares, Santiago, libro 1067C, visita de 1494, p. 463.

71 AHN, Órdenes Militares, Santiago, libro 1068C, visita de 1498, p. 21.

72 PORRAS ARBOLEDAS, P. A.: *Op. cit.*, p. 154.

73 AHN, Órdenes Militares, Santiago, libro 1082C, visita de 1535, pp. 236 y 977.

74 AHN, Órdenes Militares, Santiago, libro 1085C, visita de 1549, p. 710.

Apéndice documental

Documento 1. Vecindario de Albaladejo de 1557.
Archivo General de Simancas, expedientes de Hacienda, legajo 58, 1557.

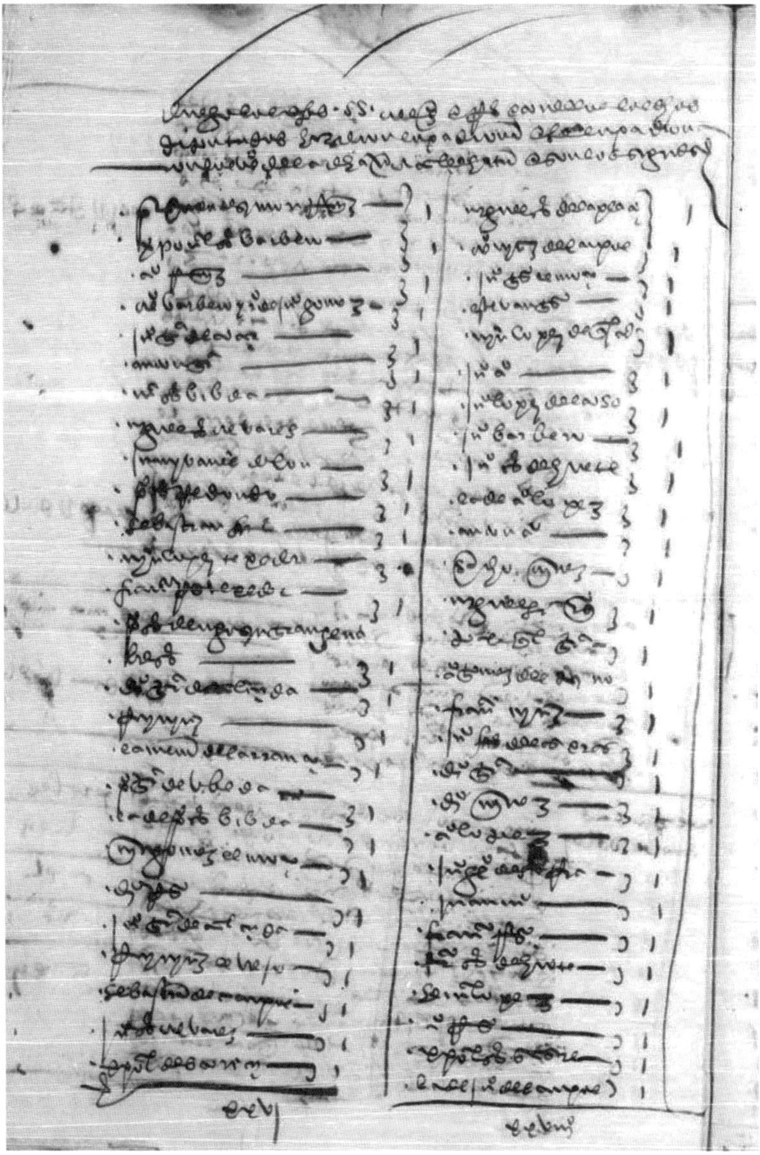

Fuentes documentales

Archivo Histórico Nacional (AHN)

Sección Consejo de Órdenes

Santiago, Uclés, Carpeta 8/50. Carta de Pedro Gómez al maestre de Santiago, por la concesión de una casa a Pedro Gil, vecino de Albaladejo. 11-07-1295 (era hispánica).

Santiago, Uclés, Carpeta 51a, documento 4, escritura de cesión de un molino en el río Carrizosa. 1330.

Sección Órdenes Militares

Santiago, libro 1064C, visita de 1480, Albaladejo, pp. 220-221

Santiago, libro 1067C, visita de 1494, Albaladejo, pp. 460-470.

Santiago, libro 1068C, visita de 1498, Albaladejo, pp. 1-43.

Santiago, libro 1080C, visita de 1526, Albaladejo, pp. 888-895.

Santiago, libro 1082C, visita de 1535, Albaladejo, pp. 227-238; Encomienda de Segura, pp. 977-998.

Santiago, libro 1085C, visita de 1549, Albaladejo, pp. 826-844; Encomienda de Segura, pp. 709-711.

Santiago, libro 1087C, visita de 1554, Albaladejo, pp. 611-618.

Sección Archivo Judicial de Toledo

Expediente 51116, pleito del comendador de Segura con Andrés Murciano por la media annata, 1519-1535.

Archivo General de Simancas (AGS)

Sección Expedientes de Hacienda

Legajo 58. Averiguación de rentas y vecindario de Albaladejo de los Freires durante el quinquenio 1557-1561.

Real Academia de Historia (RAH)

Relaciones Topográficos de Felipe II, Tomo III, folios 317-328v. Relación de Albaladejo, 1575.

Bibliografía

CHAVES, B.: *Apuntamiento legal sobre el dominio solar de la Orden de Santiago*. Ediciones El Albir, facsímil de 1740. Barcelona, 1974.

CORCHADO SORIANO, M.: *Avance de un estudio geográfico-histórico del Campo de Montiel*. Instituto de Estudios Manchegos. Madrid, 1971.

FERNÁNDEZ IZQUIERDO, F.; YUSTE MARTÍNEZ, A.; SANZ CAMAÑES, P.: *La provincia de Almonacid de Zorita en el siglo XVI*. Consejo Superior de Investigaciones Científicas. Madrid, 2001.

FERNÁNDEZ-PACHECO SÁNCHEZ-GIL, C y MOYA GARCÍA, C.: «Construcción y funcionamiento del ayuntamiento de una localidad santiaguista, a comienzos del siglo xvi». *Cuadernos de Estudios Manchegos*, 32: 118-131. Instituto de Estudios Manchegos. Ciudad Real, 2008.

—«Fundación y desarrollo de los hospitales del Campo de Montiel a lo largo del siglo xvi». *Revista de Estudios del Campo de Montiel*, 2: 95-115. Centro de Estudios del Campo de Montiel. Villanueva de los Infantes, 2011.

—«El sistema defensivo del Campo de Montiel, en la segunda mitad del siglo xv». *Revista de Estudios del Campo de Montiel*, 4: 183-225. Centro de Estudios del Campo de Montiel. Almedina, 2015.

GALLEGO VALLE, D.: «La fortificación medieval en el Campo de Montiel (ss. viii-xvi). Análisis de su secuencia histórica y constructiva». Espacio, tiempo y forma, serie III, *Historia Medieval*, 29: 337-376. UNED. Madrid, 2016.

—«Las fortificaciones del Campo de Montiel (ss. viii-xvi): historia, arqueología y análisis constructivo». *Medievalista*, 29: 375-385. Instituto de Estudos Medievais, Lisboa, 2021.

—«Los procesos constructivos de los castillos-casa de la encomienda de las órdenes militares en Castilla (fines del siglo xiii e inicios del siglo xiv)» en *Ordens militares, identidade e mudança: VIII Encontro sobre Ordens militares*, Vol. 2: 773-798. Gabinete de Estudos sobre a Ordem de Santiago. Palmela, 2021.

GARCÍA BUENO, C.: «Aspectos constructivos y decorativos de la villa romana de Puente de la Olmilla (Albaladejo, Ciudad Real)». *Lucentum*, 34: 207-230. Universidad de Alicante. Alicante, 2015.

GARCÍA HOURCADE, J. J.: *La red hospitalaria del reino y ciudad de Murcia en la Edad Moderna*. Concejalía de Cultura. Cartagena, 2000.

LAPEZOSA APARICIO, C.: «La asistencia sanitaria en Madrid en la Edad Moderna. Hospitales regionales y extranjeros». *Revista de Arte, Geografía e Historia*, 5: 119-140. Comunidad de Madrid. Madrid, 2002.

LÓPEZ-SALAZAR PÉREZ, J.: *Estructuras agrarias y sociedad rural en la Mancha (ss. XVI-XVII)*. Instituto de Estudios Manchegos. Ciudad Real, 1986.

MADRID MEDINA, A.: «La hospitalidad en la Órdenes Militares españolas». *Estudios sobre las Órdenes Militares. Lux Hispaniarum*, 1: 237-261. Real Consejo de las Órdenes Militares. Madrid, 1999.

—«La Orden de San Juan de Jerusalén en la Mancha: su proyecto hospitalario» en *Actas de las II Jornadas de la Orden de San Juan*: 37.52, Instituto de Estudios Manchegos. Ciudad Real, 1999.

MATA TRUJILLO, E.; ÁLVAREZ GARCIA, H. J.; GALLEGO VALLE, D. y BENÍTEZ DE LUGO, L.: «El complejo molinar del rio Villanueva (Villanueva de la Fuente, Ciudad Real)» en *Actas de V Congreso Internacional de Molinología*: 427-433. Junta de Comunidades de Castilla-La Mancha. Alcázar de San Juan, 2009.

MATELLANES MERCHÁN, J. V.: *La Orden de Santiago y la organización social de la Transierra castellano-leonesa (ss. XII-XIV)*. Universidad Complutense de Madrid. Cuadernos de Historia Medieval. Madrid, 1999.

MOLERO GARCÍA, J. y GALLEGO VALLE, D.: «El primer encastillamiento cristiano en el Campo de Montiel (1213-c. 1250)» en *Alcaraz: del Islam al concejo castellano*: 111-142. Ayuntamiento de Alcaraz, Instituto de Estudios Albacetenses. Albacete, 2012.

—«La arquitectura militar de las órdenes militares en las órdenes militares en la Edad Media: evolución tipológica, funcional y constructiva» en *La construcción fortificada medieval: historia, conservación y gestión*: 91-112. Instituto Juan de Herrera. Madrid, 2020.

MOLERO GARCÍA, J.: «Del castillo al palacio: transformaciones de las casas de encomienda de la Orden de Calatrava en el tránsito a la modernidad» en *Ordens militares, identidade e mudança: VIII Encontro sobre Ordens militares*, Vol. 2: 1021-1044. Gabinete de Estudos sobre a Ordem de Santiago. Palmela, 2021.

MOLINA CHAMIZO, P.: *Iglesias parroquiales del Campo de Montiel (1243-1515)*. Diputación Provincial de Ciudad Real. Ciudad Real, 1994.

MOLINA CHAMIZO, P.: «De la fortaleza al templo». I *Arquitectura religiosa de la Orden de Santiago en la provincia de Ciudad Real (ss. XV-XVIII)*. Diputación Provincial de Ciudad Real. Ciudad Real, 2006.

MOLINA CHAMIZO, P.: «Reconquista y repoblación en el Campo de Montiel: Los primeros espacios para el culto cristiano. Capillas, iglesias y parroquias (siglos XIII-XIV)». *Revista de Estudios del Campo de Montiel* Extra 1. "Campo de Montiel 1213. Entre el Islam y el Cristianismo": 111-169. Centro de Estudios del Campo de Montiel. Almedina, 2015.

MOYA GARCÍA, C y FERNÁNDEZ-PACHECO SÁNCHEZ-GIL, C.: «Las casas de bastimento y encomienda del Campo de Montiel en los siglos XV y XVI» en II Congreso Nacional Ciudad Real y su historia: 158-175. Instituto de Estudios Manchegos. Ciudad Real, 2016.

PORRAS ARBOLEDAS, P. A.: *La Orden de Santiago en el siglo XV*. Editorial Dykinson. Madrid, 1997.

RUBIO MARTÍNEZ, C. J.: «El Campo de Montiel como demarcación territorial en la Edad Media. En torno a la formación del Campo de Montiel». *Revista de Estudios del Campo de Montiel* Extra 1.

"Campo de Montiel 1213. Entre el Islam y el Cristianismo": 279-287. Centro de Estudios del Campo de Montiel. Almedina, 2015.

—*El Campo de Montiel en la Edad Media*. Diputación Provincial de Ciudad Real. Ciudad Real,2017.

SANCHO DE SAN ROMAN, R.: «La medicina en Toledo. Notas para una historia de la medicina toledana». *Toletum*, 5 (2.ª época): 35-61. Real Academia de Bellas Artes y Ciencias Históricas de Toledo. Toledo,1982.

TORRES JIMÉNEZ, M. R.: *Religiosidad popular en el Campo de Calatrava. Cofradías y hospitales al final de la Edad Media*. Instituto de Estudios Manchegos. Ciudad Real, 1989.

TORRES MÁS, M. y BENÍTEZ DE LUGO, L.: «Fortificaciones en la frontera meridional del Campo de Montiel en el marco de las guerras civiles castellanas», en IV Congreso de Castellología Ibérica: 585-596. Asociación Española de Amigos de los Castillos. Madrid, 2012.

TORRES MÁS, M. y BENÍTEZ DE LUGO, L.: «El castillo de los Baños de Cristo: una fortificación estratégica en el mundo bajomedieval del Campo de Montiel». *Revista de Estudios del Campo de Montiel*, Extra 1. "Campo de Montiel 1213. Entre el Islam y el Cristianismo": 265-278. Centro de Estudios del Campo de Montiel. Almedina, 2015.

VILLEGAS DÍAZ, L. R.: *Ciudad Real en la Edad media. La ciudad y sus hombres (1255-1500)*. Ayuntamiento de Ciudad Real. Ciudad Real, 1981.

VIÑAS MEY, C. y PAZ, R.: *Relaciones histórico-geográficas-estadísticas de España ordenadas por Felipe II. Ciudad Real*. Consejo Superior de Investigaciones Científicas. Madrid, 1971.

Vista general del castillo de Albaladejo desde el norte, con la Torre 1 citada en el texto en primer plano. Fotografía de David Gallego Valle.

Espacio interno del castillo, Sector 2 en el texto, con el arranque de la bóveda que cubría la cámara. Fotografía de David Gallego Valle.

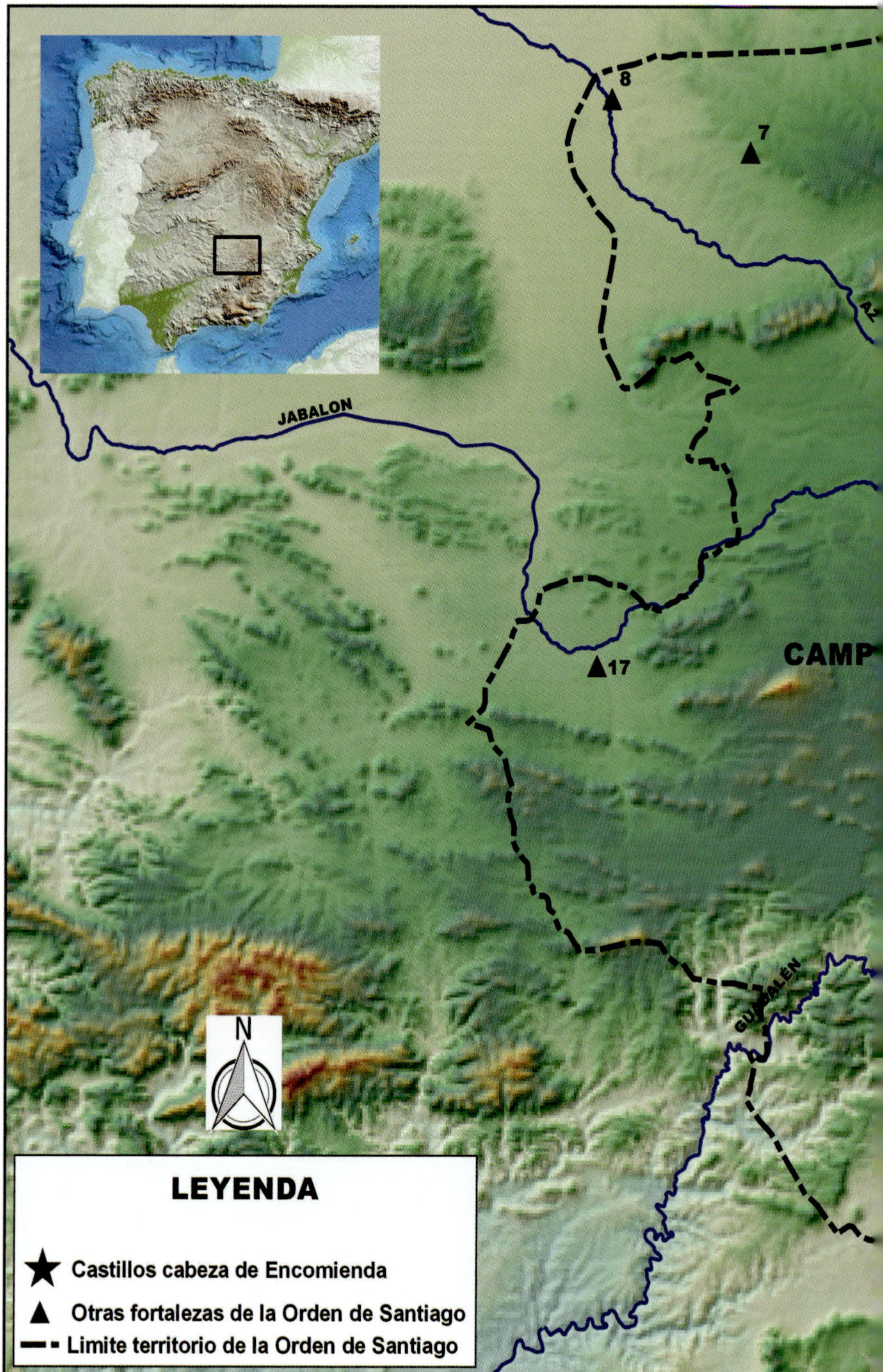

Mapa de fortificaciones de la Orden de Santiago entre el Campo de Montiel y Segura de

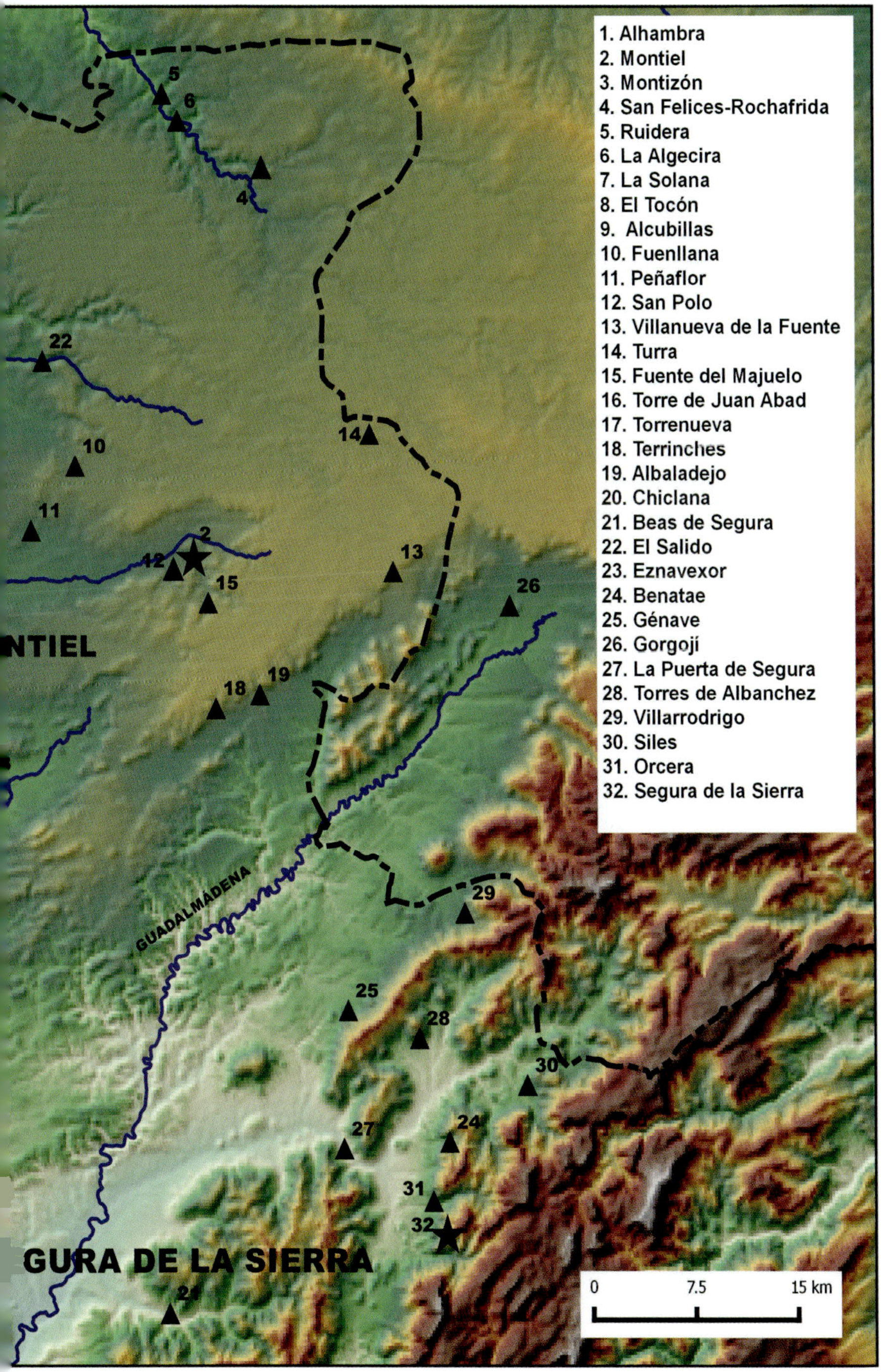

la Sierra a finales del siglo XIII. *Infografía de David Gallego Valle.*

Vista del antemuro que forma el Sector 1 del castillo, oculto parcialmente bajo la tapia de un corral, en la zona de unión con la cerca de la puebla. Fotografía de David Gallego Valle.

Vista general de la fortaleza en la actualidad. Fotografía de David Gallego Valle.

Vista de los restos de la bóveda que cubría la cámara principal del castillo. Fotografía de David Gallego Valle.

Retrato renacentista de un caballero de la Orden de Santiago. Su aristocrática posición queda reflejada por la acumulación de elementos emblemáticos que exhibe en su doble condición de caballero y humanista (la daga y el libro, por ejemplo). Obra de Juan de Juanes realizada hacia 1560. Museo del Prado, Madrid.

Torre campanario de la iglesia de Santiago, de Albaladejo. Fotografía de Pilar Molina Chamizo.

Escalera de caracol en el interior de la iglesia. Fotografía de Pilar Molina Chamizo.

Portazgo del lado sur. Vista interior, arriba, y exterior. Fotografías de Pilar Molina Chamizo.

Retablos perdidos del altar mayor. Imagen de los años 70 del siglo XX *(gentileza del Archivo Diocesano de Ciudad Real).*

Un joven miembro de la Orden de Santiago con la venera al cuello. La obra busca de manera prevaleciente la reafirmación y manifestación de su estatus social. Obra anónima realizada hacia 1580. Museo de Bellas Artes de Asturias, Oviedo.

Capilla mayor e ingresos a capillas laterales. Fotografía de Pilar Molina Chamizo.

Capilla de Nuestra Señora del Rosario. Fotografía de Pilar Molina Chamizo.

Nave principal, arcos fajones y tribuna-coro. Fotografía de Pilar Molina Chamizo.

Portada de la iglesia de Albaladejo. Fotografía de Carlos Fernández-Pacheco, Bernardo Sevillano y Concepción Moya.

Parte posterior de la iglesia de Albaladejo. Fotografía de Carlos Fernández-Pacheco, Bernardo Sevillano y Concepción Moya.

Torre defensiva de Albaladejo. Fotografía de Carlos Fernández-Pacheco, Bernardo Sevillano y Concepción Moya.

Fortaleza y casa de la Orden de Santiago en Albaladejo. Fotografía de Carlos Fernández-Pacheco, Bernardo Sevillano y Concepción Moya.

El almuerzo. *Una tabernera sirve vino a dos comensales. Obra de Diego Velázquez realizada hacia 1625.* Museo de Bellas Artes, Budapest.

El vino de la fiesta de san Martín. *El 11 de noviembre, festividad del santo, se degustaba en algunos lugares el primer vino de la nueva estación, denominado «vino de san Martín». La coincidencia de la fiesta con el fin de la vendimia, en pleno otoño, permitía una distribución de vino al pueblo. Obra de Pieter Bruegel el Viejo realizada en 1566.* Museo del Prado, Madrid.

Felipe II de España preside un auto de fe junto a su hijo y heredero, el príncipe Carlos de Austria, fallecido en 1568. Obra de Domingo Valdivieso Henarejos realizada en 1871. Universidad de Barcelona.

El aquelarre. *La tradición ha forjado el arquetipo de una hechicería urbana, ejercida por mujeres maduras, vinculada a conjuros amorosos o sanaciones mágicas y una brujería rural ejercida por ancianas misántropas, cimentada sobre pactos satánicos y magia negra. Una tendencia a la que no escaparía el Campo de Montiel. Obra de Francisco de Goya realizada hacia 1797.* Museo Lázaro Galdiano, Madrid.

La cena de Emaús, *también conocido como* La mulata *y* Escena de cocina con la cena de Emaús. *Obra atribuida a Diego Velázquez, que lo habría pintado en su primera etapa sevillana, antes de 1623. Sevilla fue uno de los mercados de esclavos más activos. La tradición esclavista hispalense parece remontarse a la época cartaginesa y romana para aumentar luego en época andalusí. La práctica decayó en la Edad Media, pero con el descubrimiento de América y la necesidad de mano de obra barata volvió a aumentar.* National Gallery, Dublín.

Tres niños, *obra de Bartolomé Esteban Murillo realizada en 1660. Es posible que el modelo de la figura de pie sea un niño esclavo de la propia casa de Murillo, Tomás de Santiago, que tendría unos catorce años cuando se hizo esta pintura.* Dulwich Picture Gallery, Londres.

Embarque de moriscos en el Grao de Valencia. Su expulsión fue promovida por el duque de Lerma cuando este pasaba por una situación complicada de desgaste personal en el valimiento, con crisis económicas, demográficas y sociales, corrupción, y tensiones en Flandes previas a la Tregua de los Doce Años. Obra de Pedro Oromig realizada en 1616. Colección Bancaja.

El rey de España escucha a los gitanos. Obra de Adolphe Dillens realizada en 1852. Museo de Bellas Artes de Kaluga.

La iglesia de Santiago Apóstol de Albaladejo: un ejemplo de arquitectura religiosa en el Campo de Montiel (ss. XV a XVIII)

Pilar Molina Chamizo
Museo Provincial de Ciudad Real

ALBALADEJO ES UN PUEBLECITO DEL SURESTE de la provincia de Ciudad Real, en la frontera con Andalucía, asentado sobre un pequeño cerro testigo de su herencia medieval. Su mismo nombre nos remite a un probable origen andalusí. En este sentido, el profesor David Gallego, basándose en materiales cerámicos hallados en este entorno, apunta la posible existencia de un elemento fortificado de época islámica, destinado al control de las vías de comunicación y de las alquerías próximas a las mismas[1].

Tras los sucesos de las Navas, la Orden de Santiago poblaría esta aldea siendo dependiente de Villanueva de la Fuente hasta el año 1243, gracias a una resolución de Fernando III, que ponía fin a las disputas entre Alcaraz y la Orden de Santiago. Independizada como villa, fue conocida desde entonces con el sobrenombre de «los freiles» en honor a los caballeros santiaguistas que la habían reconquistado. A partir de este momento se integra en la encomienda de Segura de la Sierra[2].

Poblacionalmente, el siglo XVI comenzó para esta villa, tras un pequeño inciso, con un lento pero progresivo crecimiento. Nunca llegaría su población a alcanzar grandes cifras, aunque destaca un importante aporte de pobladores observado en el último tercio del quinientos gracias a la llegada de diversas familias moriscas procedentes del reino de Granada[3]. Esta tendencia progresiva se interrumpe e invierte a lo largo del siglo XVII, para llegar al siglo XVIII con cifras más optimistas.

Albaladejo contaba con dos dehesas para su aprovisionamiento: la del Carrascal y la Dehesilla, cuya hierba, en caso de necesidad, y previa licencia real, podía ser vendida aplicando los

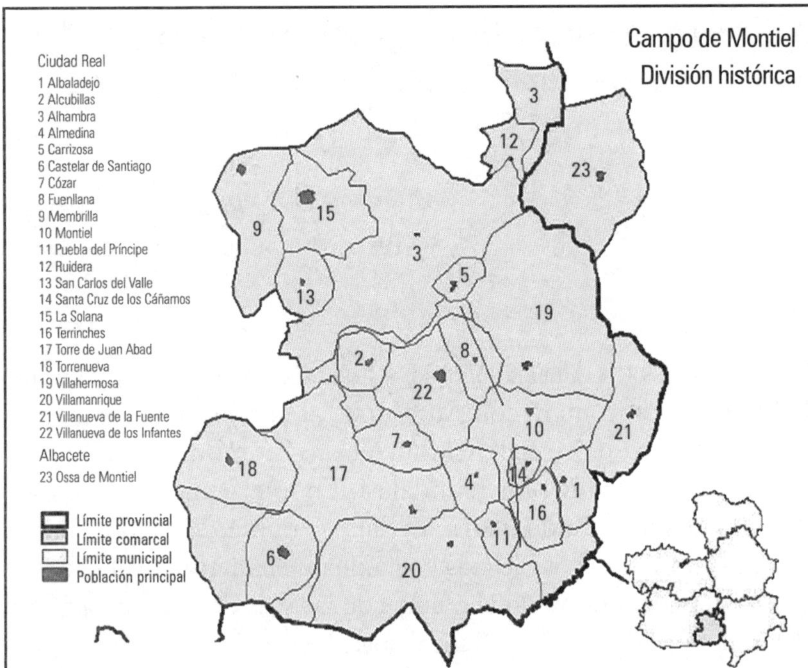
Campo de Montiel
División histórica
Ciudad Real
1 Albaladejo
2 Alcubillas
3 Alhambra
4 Almedina
5 Carrizosa
6 Castelar de Santiago
7 Cózar
8 Fuenllana
9 Membrilla
10 Montiel
11 Puebla del Príncipe
12 Ruidera
13 San Carlos del Valle
14 Santa Cruz de los Cáñamos
15 La Solana
16 Terrinches
17 Torre de Juan Abad
18 Torrenueva
19 Villahermosa
20 Villamanrique
21 Villanueva de la Fuente
22 Villanueva de los Infantes
Albacete
23 Ossa de Montiel
Límite provincial
Límite comarcal
Límite municipal
Población principal

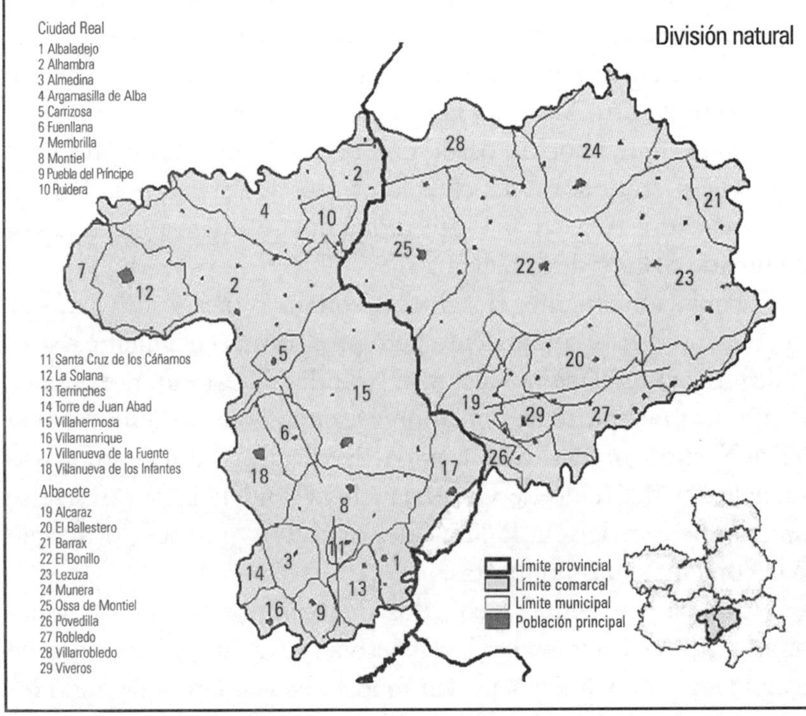
División natural
Ciudad Real
1 Albaladejo
2 Alhambra
3 Almedina
4 Argamasilla de Alba
5 Carrizosa
6 Fuenllana
7 Membrilla
8 Montiel
9 Puebla del Príncipe
10 Ruidera
11 Santa Cruz de los Cáñamos
12 La Solana
13 Terrinches
14 Torre de Juan Abad
15 Villahermosa
16 Villamanrique
17 Villanueva de la Fuente
18 Villanueva de los Infantes
Albacete
19 Alcaraz
20 El Ballestero
21 Barrax
22 El Bonillo
23 Lezuza
24 Munera
25 Ossa de Montiel
26 Povedilla
27 Robledo
28 Villarrobledo
29 Viveros
Límite provincial
Límite comarcal
Límite municipal
Población principal

maravedíes así obtenidos para subvencionar las obras más importantes de la villa.

Los comienzos (ss. xiii-xvi)

El germen de la actual parroquia de Santiago de Albaladejo debe retrotraerse a los momentos inmediatos a la repoblación llevada a cabo por la Orden de Santiago en este territorio a partir del año 1212, después de la batalla de las Navas de Tolosa[4]. Lógicamente sus primeros pobladores cristianos, llevados por la necesidad de atender sus obligaciones religiosas, comenzarían habilitando alguna pequeña estancia en el interior de la modesta fortaleza islámica para servir como capilla[5].

Las primeras descripciones documentadas referentes a una iglesia parroquial bajo la advocación de Santiago apóstol y santa Ana pertenecen a las descripciones recogidas en los libros de visita de la Orden de Santiago, realizadas a finales del siglo xv.

El 20 de septiembre de 1480 los visitadores generales nos hablan de una edificación «exenta», es decir, cercana al castillo (cuyo estado era por entonces deplorable) pero construida fuera de sus principales dependencias. A falta de intervenciones arqueológicas en el ámbito que ocupa el actual templo, es realmente difícil saber sus dimensiones exactas. Los datos aportados por la visita sobre su naturaleza son escuetos, aunque nos dejan entrever una construcción muy modesta, popular, de reducido tamaño, con una sola nave rectangular, sin capillas, cubierta con madera de pino. Se imponen la sencillez y la economía de soluciones constructivas aprovechando las posibilidades de la zona[6].

Esta modestia constructiva estaría directamente relacionada con la misma naturaleza del lugar en el que se levantaba, marcando, como veremos a lo largo de este estudio, todo su futuro devenir, dependiendo siempre de una evidente cortedad de medios económicos derivada de su reducida vecindad y de su dependencia de los comendadores de Segura de la Sierra. Por eso, durante muchos años, el párroco de Santiago no fue un freile de la orden sino lo que las fuentes denominan «cura de san Pedro», es decir un sacerdote que a duras penas se mantenía con una pequeña soldada compuesta por 2.500 maravedís que le pasaba el concejo, pues recibía mínimos ingresos procedentes del pie de altar, del producto de una sencilla viña, de unas pocas tierras de sembradura, así como de las ofrendas de los fieles.

Este lúgubre panorama encontrado por los visitadores de 1480 refleja el proceso de descomposición interna que venía experimentando la orden de Santiago, como el resto las órdenes militares de la Península, desde mediados del siglo xiv, cuyas principales consecuencias serían la secularización y la relajación militar, afectando al estado de conservación de distintas fortalezas y de otros edificios necesarios para la vida cotidiana de estos lugares antaño repoblados. Esta tendencia negativa experimentaría una clara transformación a partir de la última década del siglo xv, determinada por el cambio de gestión efectiva ejercida sobre las órdenes militares, cuyos protagonistas serían los Reyes Católicos[7].

Por el año 1495 la villa de Albaladejo había experimentado un crecimiento demográfico suficientemente importante como para requerir la ampliación de la antigua parroquia de Santiago[8]. Aquel año la iglesia mostraba un aspecto «híbrido» pues por un lado conservaba parte de la obra antigua, pero por otro se estaba ampliando ya su tamaño, respetando una sola nave, que se iba articulando sobre tres arcos nuevos, de cal y canto, sobre los que se dispuso una cubierta de madera de pino «acepillada». Esta ampliación, se realizaría poco a poco, avanzando hacía los pies, en dirección a una torrecilla que tenía por aquellos momentos la iglesia, derribando progresivamente la obra vieja, manteniendo el presbiterio intacto para poder continuar celebrando los divinos oficios y para preservar el santo sacramento, conservado dentro de un pequeño cofre de madera pintado, en su sagrario, metido dentro de un hueco en la misma pared, pero sin retablo ni tabernáculo alguno. El documento nos habla de la existencia de tres altares (el mayor dedicado a Santiago).

En este punto y, a la luz de lo que veremos más tarde, quizás convendría preguntarnos por qué los vecinos de Albaladejo, y sobre todo su concejo y párrocos, no eligieron (o quizás no fueron capaces de hacer prosperar) otro lugar más propicio para levantar el nuevo templo, comprometiendo para siempre su futuro constructivo. Es posible que confluyesen varias circunstancias que llevaran a este desenlace, aunque volvemos a incidir en la cortedad de la vecindad y en su naturaleza, formada en su mayoría por agricultores sencillos, no apareciendo en estos primeros momentos sujetos de cuantía, siendo lógico que todavía pesara mucho la costumbre de mantener sus viviendas a la sombra protectora de las antigua fortaleza, produciendo un retraso evidente en el deseo y en la necesidad de iniciar el típico éxodo hacía terrenos más llanos y cómodos situados en zonas bajas.

Continuando con el análisis de la parroquia, observamos ahora la compra de algunos objetos de valor, como es el caso de una custodia de plata, que vendría a complementar el ajuar parroquial, destacando en él una cruz de plata, esmaltada y dorada, con un peso de seis marcos.

Otra novedad de esta visita es la presencia de un freile santiaguista, llamado Juan Martínez del Campo, al frente de la parroquia, quien asistía su cargo ayudado por un sacristán y un mayordomo de la fábrica, encargado este último de gestionar las cuentas de la iglesia. Pero su presencia como rector despertó la ira de los representantes del arzobispo de Toledo, constituyendo un magnífico ejemplo del enraizamiento de las disputas por el control de la gestión económica y administrativa de las iglesias situadas en este territorio de repoblación entre las órdenes militares y la mitra toledana[9]. Al parecer, cuando los visitadores ordenaron al cura que les enseñase sus credenciales, Juan no pudo mostrar el título que le había sido despachado por el último maestre santiaguista, don Alonso de Cárdenas, pues se lo había destruido Juan de Centenera, visitador del arzobispo de Toledo, en su última estancia en la villa. Para comprobar la veracidad del asunto, los visitadores de Santiago tomaron testimonio a varios vecinos del pueblo y todos corroboraron lo que el freile decía: al mostrar los papeles referentes a la presentación del maestre, el visitador toledano se los arrebató lleno de ira, acusándole de estar en pecado mortal por haber regido bajo aquel respaldo su curato, como si fuese de un vulgar lego, procediendo después a quemar todas las credenciales con un candil, sin que el pobre cura pudiese evitarlo. Los visitadores santiaguistas zanjaron la polémica ordenando al cura que renovase su presentación por parte de la orden y que además trajese colación del arzobispo.

En la visita de 1498 se nos habla ya de la existencia de un cementerio de la villa, cuya situación debía ser próxima a la iglesia, puesto que los visitadores aseguraban que, al abrirse los cimientos para el edificio que se estaba construyendo, habían quedado al aire muchos huesos de difuntos, dándose la circunstancia que llegaban a comérselos los perros, con el escándalo e irreverencia que aquella situación llevaba aparejada. Para remediarlo se ordenó al cura y al concejo que hiciesen en dicho lugar un carnero u osario donde introducir con decencia los restos que fuesen apareciendo.

En 1507 se estaba procediendo a cerrar el último tramo[10], y en 1511 se había completado todo el proceso, aunque todavía tenían que acometer la reforma del campanario[11]. Su única nave se levantó en mampostería, enlucida de yeso, estructurada mediante cinco arcos fajones, con una sencilla cubierta de madera de pino. A estos momentos pertenece la portada abierta en el lado sur, con su arco conopial doblado de ingreso, realizado dentro de unos cánones todavía tradicionales, exenta de cualquier tipo de decoración de grutescos, conectada con la herencia medieval, con sus finos baquetones, sus capiteles y basas cilíndricas, de factura muy similar a la coetánea portada del lado sur de la iglesia de San Sebastián, en Montiel (ver ambas portadas en las páginas en color).

En esta primera década, comienza a detectarse la multiplicación de distintas mandas de misas encargadas por algunos vecinos en sus testamentos, destinadas a cumplir aniversarios anuales en alguno de los tres altares que existían en el presbiterio, siendo del todo impensable que con sus fondos pudiese levantarse alguna capilla de particulares a la par que se construía la nueva iglesia, pues todas estas capellanías estaban dotadas pobremente con el fruto de pequeñas viñas y terrenos de sembradura diseminados por el término de la villa. Sin embargo, en 1511 se menciona una fundación más potente, instituida por Gómez Hernández de Nájera, con cargo de dos misas semanales, los lunes y los viernes, ambas en el altar de san Sebastián. En este caso, la capellanía sí se dotó convenientemente, hasta el punto de que los visitadores se plantearon unir los bienes vinculados a ella con los del beneficio curado, para así mejorar la situación del párroco, quien, por otra parte, a falta de capellán, era el que debía cumplir con la obligación impuesta por el fundador. A pesar de ello, esta capellanía tampoco daría pie a la construcción de ninguna capilla particular. Con el paso de los años su capellán recibiría el encargo de los visitadores de celebrar cada mañana, al alba, una misa para los campesinos que se levantaban temprano para trabajar en el campo, sufragando sus gastos con las limosnas procedentes de las ánimas.

Pero los nuevos tiempos iban a imponer nuevas costumbres: los visitadores de 1515 ordenaron al mayordomo que trasladara de sitio los dos altares colaterales para desembarazar el altar mayor, embutiéndolos en la pared del tercer arco. Observamos como se tiende a una planta diáfana, libre de impedimentos para la vista, con una clara longitudinalidad, dentro de unos presupuestos estilísticos nuevos en esta zona[12]. El último tramo daba paso a una nueva torre-campanario en sustitución de la antigua torrecilla, aunque todavía no estaba totalmente finalizada, faltando por construir los suelos de los distintos pisos, para lo que se encargó al mayordomo que comprase gruesas vigas de pino, que servirían como telar para rellenar con ripias acepilladas, debiendo finalmente enlucir todo con yeso. Exteriormente, después de retejarla, se debía subir una campana recién comprada para tal efecto. Bajo el rincón de la torre los visitadores ordenaron al mayordomo que retirase allí la pila bautismal, colocándola sobre varias gradas. El acceso a ella se cerraría con una reja de madera labrada, con su puerta, cerradura y llave. Dentro debía colocarse una alacena para los santos óleos.

La reforma del templo se encontraba ya en el último tramo de la planta, comenzando la ejecución de un coro alto que abarcaría las dos últimas arcadas, desde la torre hasta la puerta del templo, con su tribuna de madera sostenida por gruesas vigas de pino.

Por último, se repararían los tejados y terminaría de enlucirse toda la nave hasta dejarla completamente blanqueada.

El 17 de abril de 1526 la tribuna ya estaba totalmente terminada. La torre completaría el último suelo correspondiente al cuerpo de campanas para evitar daños a los que iban a tañer. A esta se accedía mediante una escalera de caracol[13]. Los visitadores, ordenaron que se comenzaran a construir una sacristía, pegada a la capilla mayor, al lado que el cura y concejo estimasen más oportuno. El pueblo debía contribuir con los peones necesarios para acarrear la cal y la piedra compradas con los bienes de la fábrica parroquial. Para 1535 ya estaría terminada y enlucida, situándose en el lado del evangelio, junto a la capilla mayor[14].

Mientras la fábrica de la iglesia terminaba de perfeccionarse, comenzó a entreverse la necesidad de encargar un retablo para el altar mayor, pues hasta aquel momento el presbiterio contaba con un sencillo sagrario embutido en la pared, y con dos imágenes: la del titular del templo, Santiago apóstol, y una talla de la Virgen con el Niño Jesús en brazos. Además de este altar, en el cuerpo de la iglesia, en el lado del evangelio, casi frontero a la puerta de entrada, había otro altar, en el que se veneraba una imagen tallada y dorada, también de la Virgen con el Niño, metida dentro de un tabernáculo de madera, sin pintar.

En 1549 el retablo estaba casi terminado, siendo el maestro pintor Peri Juan, acompañado de Juan de la Barrera para todo lo concerniente a la talla[15]. Este pintor realizó también otras obras en la comarca: el retablo mayor de la iglesia de Santa Catalina en Fuenllana, un arca para depositar el Santísimo Sacramento en la iglesia de San Andrés de Villanueva de los Infantes, y las pinturas del retablo de la parroquia de Nuestra Señora, en Villanueva de la Fuente[16]. En la visita de 1555 se describe como «muy bien labrado», con sus pilares dorados y plateados, «al romano». En el banco se tallaron dos medallas con las figuras de san Pedro y san Pablo. En el centro, sobre aquel, se dispuso un tabernáculo dentro del cual se colocó la antigua imagen de Santiago apóstol heredada de otros tiempos. En un cuerpo superior se situaba la imagen de Nuestra Señora con el Niño Jesús en brazos, también pieza antigua. Sobre esta Dios Padre, y como remate un crucifijo y tres pinturas[17]. De esta forma se integraron las imágenes de devoción tradicional de la villa en un marco nuevo, al estilo del momento, dentro de cánones renacentistas.

Ese mismo año se ordenó cerrar un postigo que existía bajo la tribuna, en la esquina del lado norte, cerca de la escalera de caracol, abierto al callejón por donde se iba a la casa del cura. En su lugar debía abrirse otro nuevo en el lado contrario, donde estaba instalada la pila de bautizar, trasladando esta y la red de madera que la protegía cerca del mencionado caracol. Esta puerta, bajo su arco carpanel rebajado, es la que hoy se conserva.

Como intervenciones complementarias se ordenó al cura y mayordomo que hiciesen un pretil para delimitar el recinto del cementerio, siguiendo los mojones que ellos mismos les habían fijado, cercándolo mediante un murete de mampuesto de barro revocado, realizando también una pequeña subida con gradería para facilitar su ingreso.

A espaldas de la iglesia, en el lado norte, comenzaba ya a entreverse uno de los problemas más importantes que sufriría tradicionalmente esta parroquia: la situación de umbría de aquel lugar, así como la existencia de mucha tierra acumulada en esa zona, provocaba el humedecimiento de todo el muro al propiciar que el agua de lluvia se acumulara sobre este. Por ello se ordenó al mayordomo que limpiara todos aquellos despojos, fabricando una acera empedrada, con la inclinación necesaria para propiciar su desagüe.

En el año 1556 el concejo de la villa de Albaladejo, ante el aumento de sus vecinos y la pequeñez del templo parroquial, recurrió al Consejo de Órdenes suplicando que se le permitiese vender, durante un plazo de diez años, la hierba de la dehesa del Carrascal y de lo así obtenido poder cubrir varias necesidades: ensanchar la iglesia de Santiago Apóstol, comprar trigo para el alhorí de la villa, y continuar los pleitos que se seguían contra los interesados en los diezmos sobre su obligación en la financiación de las obras de la iglesia. El 6 de febrero de ese mismo año una provisión real ordenó iniciar las averiguaciones pertinentes para saber el alcance de la cuestión planteada[18]. Todos los vecinos interrogados confirmaron la situación, calculándose que la ampliación tendría un coste de 700 ducados.

El siguiente paso consistía en nombrar dos maestros que vinieran a la villa para examinar la iglesia, estimando su capacidad en relación al número de vecinos y, en caso necesario, especificar que reformas eran las más apropiadas y su coste. Los canteros elegidos fueron Pedro de Mújica y San Juan de Catalinaga, ambos de origen vizcaíno pero asentados por entonces en Villanueva de los Infantes.

Sobre el primero de ellos vamos poco a poco encontrando noticias que lo vinculan con la red de maestros que trabajaron en la «escuela infanteña», originada en torno a la figura de Francisco de Luna, en la primera mitad del siglo XVI. Probablemente formó parte de los oficiales que ayudaron al famoso maestro cantero en sus trabajos conquenses, demostrando tenerle Luna bastante confianza, puesto que en 1548, en la misma ciudad de Cuenca, le daría un poder notarial para que en su nombre actuara como aparejador en la obra de la torre de San Andrés de Villanueva de los Infantes. No es de extrañar entonces que, el 25 de noviembre de 1548, lo encontremos ya en aquella misma iglesia apadrinando un niño, hijo de otro cantero llamado Tolosa[19]. Poco después presentó una traza para realizar la torre de la iglesia de Santa Catalina de la Solana, proyecto desestimado en 1552 por el arquitecto toledano Alonso de Covarrubias en favor de otro más económico realizado por Alonso Galdón[20]. En el verano de 1555 estuvo cerca de la villa de Albaladejo, en el río Guadalmena, acompañando al yerno del ya fallecido Luna, el maestro cantero Andrés de Vandelvira, a inspeccionar el lugar donde se pretendía construir un nuevo puente[21]. Finalmente, en 1556, interviene como tasador, por parte del alcalde mayor del Campo de Montiel, en las obras de la casa de bataneros y balsas del molino de Ruidera, realizadas por Juan Hurtado, también maestro cantero de Infantes[22].

Los maestros, tras examinar el estado de la parroquia de Albaladejo, determinaron que era necesario ensanchar la capilla mayor hasta llegar a los 44 pies que medía el resto del cuerpo modificado unos años antes. El precio de esta obra se estimó en unos 350.000 maravedíes. El Consejo de Órdenes examinó toda la información recabada, aprobando las obras, destinando como fondos el arrendamiento y la venta de la hierba de la dehesa del Carrascal[23]. Pero las descripciones realizadas de esta iglesia entre la segunda mitad del siglo xvii y los primeros años del s. xviii nos revelan que jamás se llegó a abordar aquella ampliación.

Para finalizar este recorrido por el siglo xvi es interesante señalar que la parroquia albergaría ya desde antiguo distintas cofradías como reflejo de las devociones de sus feligreses. En los testamentos conservados en el archivo parroquial pertenecientes a estos momentos observamos la existencia de las dedicadas a san Sebastián, La Vera Cruz y el Santísimo Sacramento. A ellas se uniría la de Nuestra Señora del Rosario, fundada, por petición de los vecinos, el 15 de agosto de 1581 de manos del predicador dominico fray Diego Martínez, conventual de la ciudad de Alcaraz, señalándose para ello el altar que estaba situado en el lado del evangelio, frente a la entrada principal, en el que había pintado un Cristo Crucificado, el cual identificamos con el que contenía también la imagen antigua de la Virgen con el Niños, situada en una hornacina, dentro de un tabernáculo[24].

El siglo xvii: proyectos fallidos

Frente a la relativa abundancia de información que poseemos sobre la villa de Albaladejo (y en general sobre todo el territorio del Campo de Montiel) en el siglo xvi, a partir de los mismos inicios de la centuria siguiente nos encontramos con una realidad muy diferente, caracterizada por un enorme vacío documental que dificulta enormemente completar la historia constructiva de sus principales edificios.

La ralentización de las actividades constructivas «a gran y mediana escala» experimentada en la mayoría de estas parroquias en los primeros años del Seiscientos, se debe en parte a que muchas de ellas habían terminado el grueso de sus fábricas a finales del

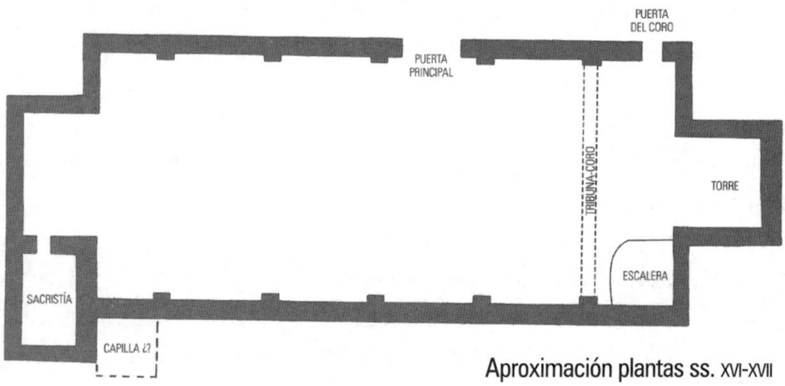

Aproximación plantas ss. XVI-XVII

siglo XVI necesitando pocas intervenciones nuevas de entidad. Sin embargo no olvidemos tampoco que los tiempos que se avecinaban no iban a ser propicios ni para conseguir fondos con los que atajar reparaciones en lo ya construido, ni para llevar a cabo obras de gran envergadura, dada la escasez crónica de medios económicos tanto en las fábricas de las parroquias como en las rentas y propios de los concejos, cada vez más agotados por las malas cosechas, la carestía de los precios y las imposiciones tributarias derivadas de contribuciones ordinarias y extraordinarias.

La necesidad de dinero para acometer reparos y reformas en las fábricas determinaría el inicio de interminables pleitos que enfrentarían de un lado a las parroquias y concejos, estos últimos como patronos obligados a mantener decentes y adornadas sus iglesias, y de otro lado a los interesados en los diezmos, es decir, todos aquellos individuos o entidades civiles y eclesiásticas que llevaban parte de los diezmos de cada villa, implicando por lo general a la mesa maestral, al arzobispado de Toledo, al convento de Santiago de Uclés y a los distintos comendadores de las encomiendas en las cuales se incluían cada villa. Estos litigios tendrían como principales consecuencias la lentitud exasperante a la hora de realizar nuevas intervenciones, la multiplicación de tasaciones, las pausas, el incumplimiento de contratos por los maestros cansados de esperar infructuosamente sus pagos, la dificultad para encontrar fiadores que respaldaran la seguridad de cada obra, etc.

La segunda mitad del siglo xvii introdujo un poco de luz en este panorama desolador: en los documentos observamos que algunas villas, tras largos años de gestiones, comenzaron a ganar con más frecuencia los pleitos, obligando a los interesados en los diezmos, al menos nominalmente, a contribuir en los costes de reparación y ornamentación de sus parroquias. Albaladejo, como veremos a continuación, también participó en este vaivén administrativo, sobre todo a partir de los años setenta, aunque con resultados parciales, impidiendo dar una solución definitiva a los problemas estructurales de la parroquia cuya inmediata consecuencia sería la gran reforma experimentada en el siglo xviii.

En 1676 los vecinos del pueblo habían elevado una súplica al Consejo de Órdenes, denunciando el lamentable estado en el que se encontraba su iglesia y la imposibilidad de acometer con sus escasas rentas las reformas y compras de ornamentos que necesitaba con urgencia[25]. Según se desprende de sus testimonios, el viejo edificio, asentado en alto del pueblo sobre someros cimientos, en un lugar inhóspito a merced de los temporales, presentaba grandes daños en los muros (sobre todo en el lado norte) carentes de un buen drenaje para evitar humedades. Además, la cubierta de madera presentaba muchas mermas derivadas de la podredumbre de sus maderas, el retablo mayor estaba indecente y se carecía de los ornamentos necesarios para desarrollar con decencia el culto divino. El pueblo temía quedarse sin poder celebrar misa, pues negaban tener otro espacio adecuado que sustituyera a la parroquia.

El vicario de Infantes ordenó que dos maestros de obras examinaran la parroquia y tasaran los reparos necesarios, nombrándose para ello a Domingo del Valle, vecino de Terrinches y a Martín Jiménez, vecino de Montiel. Su informe era muy claro: si se intervenía solo en la cubierta y en los cimientos no se atajaría el problema; era necesario transformar todo el presbiterio porque al ser la muralla de piedra y barro jamás tendrá la consistencia necesaria para garantizar su conservación. Por ello aconsejaban desmontar la capilla mayor, construyendo una más capaz y cubierta con una media naranja. Evidentemente el coste sería elevado, superando los 27.000 reales.

Aunque la opinión del consejo fue positiva, los representantes de la encomienda de Segura aportaron sus propios informes, impidiendo abordar una intervención definitiva. En 1679 el vicario ordenó a Alonso García Bonillo el mozo, maestro de obras vecino de Infantes y estrecho colaborador del maestro Juan Ruiz Hurtado, que se acercara hasta Albaladejo para examinar su estado y determinar una solución. Sabemos que incluso dio una planta por la que se le pagaron, en 1681, cincuenta reales[26].

Pero, a pesar de todo, la deseada reforma tampoco se ejecutó en esta ocasión. Los años seguían pasando y la parroquia se deterioraba más y más. Mientras tanto los mayordomos seguían dando cuentas de sus gestiones y realizando inventarios de los ornamentos de la parroquia. Entre los documentos conservados en el archivo parroquial de Albaladejo correspondientes a estos años figura uno realizado el 5 de octubre de 1691 por el cura don Pedro Rodríguez de la Cueva y el mayordomo y presbítero licenciado Juan Gómez. Esta relación es muy importante porque en ella se menciona por primera vez, de forma expresa, la existencia de una capilla dedicada a Nuestra Señora del Rosario como entidad independiente del primer lugar donde comenzó su devoción (el altar frontero a la puerta de entrada en el que estaba pintado un santo Cristo). De esta forma y por otros documentos que he encontrado recientemente en el AHN debo adelantar la presencia de un antecedente de la posterior capilla construida en 1732 hasta el siglo XVII. Sin embargo, de momento, es muy difícil afinar más en la fecha y naturaleza de esta construcción[27].

A finales del siglo nada se había logrado. Sin embargo, los gestores de la villa continuaron solicitando ayuda al consejo y recogiendo el testimonio de testigos y maestros de obras. En los informes enviados a la corte, además de las razones tradicionalmente esgrimidas se añaden ahora otras como la incapacidad de su pequeña nave para albergar al grueso del vecindario, sobre todo en las misas más señaladas, o la incomodidad de la propia situación de la iglesia, construida en lo alto de un inhóspito cerro, deshabitado y muy alejado del centro de la vida cotidiana de sus vecinos, quienes habían trasladado sus casas a una zona más llana, en torno a la plaza y coso de la villa.

Comenzó entonces a tomar fuerza un nuevo deseo: trasladar la parroquia a otro lugar más cómodo y cercano al centro del pueblo, llegando incluso a proponer para ubicarla los muros y cimientos existentes en la plaza, insinuando que pertenecieron a una antigua iglesia inconclusa[28].

Para corroborar los informes, en el mes de mayo de 1696, se eligió a Juan Ruiz Hurtado, por entonces maestro mayor de las obras del partido, y a Diego García Ojeda, maestro de obras vecino de Albaladejo, para que, por un lado, examinasen y tasasen las obras necesarias en la vieja iglesia, y por otro inspeccionasen las mencionadas ruinas para ver si merecía la pena abordar el cambio de sede propuesto. Los maestros opinaron que reformar la iglesia iba a ser una tarea larga y costosa, enumerando una gran cantidad de reparos, que afectaban desde el cambio de las maderas de la cubierta hasta los suelos de la torre, pasando por una ventana hundida en la capilla del Rosario. En el exterior también hacían falta muchas cosas: construir siete estribos para refuerzo de los muros, rehacer el portalillo de madera que protegía la portada principal y reparar el pretil que cogía todo el contorno sagrado de la parroquia. Para colmo de gastos su recomendación fue reformar el presbiterio en profundidad, añadiendo una nueva capilla mayor con su correspondiente media naranja.

Para analizar la segunda opción Juan y Diego bajaron hasta la plaza, a examinar las huellas del edificio inacabado. Sorprende su descripción, hablando de una enorme planta de tres naves, con 46 varas de largo (38,64 m) y 24 varas de ancho (20,6 m), afirmando que solo se había llegado a obrar una parte. Su propuesta para levantar el edificio consistía en escoger el lugar, pero no así aquellas ruinas, puesto que eran demasiado amplias, apostando por levantar un templo más modesto acorde con los tiempos y dotado de dos portadas, de clara estética clasicista. El total del presupuesto, más de 105.000 reales.

Llegados a este punto nos preguntamos a qué edificio pertenecerían las famosas trazas inacabadas. Independientemente de la veracidad de la descripción, no creemos que se tratase de ningún conato de parroquia por varias razones: en primer lugar porque tenemos perfectamente documentado el origen de la primera iglesia cerca del castillo desde finales del siglo XV y prácticamente durante toda la centuria siguiente, y en ningún lugar se habla de hacer otro templo sino de ampliar y reformar su planta siempre en el mismo lugar, como de hecho hemos visto que se hizo, con gran esfuerzo por conseguir fondos; en segundo lugar, de haberse elegido su traslado, ya entrado el siglo XVII, no es el modelo de tres naves el propio del momento; en tercer lugar los testigos, siempre suelen ser hombres de edad, dicen que eran huellas de un edificio de antaño, muy antiguas, y por lo tanto no realizadas cercanas a la vida de ninguno de ellos.

Este complejo tema plantea muchas preguntas: ¿se trataría de un edificio existente antes del crecimiento de la villa repoblada puesto al descubierto cuando el pueblo empezó a crecer huyendo del cerro de la fortaleza? ¿o sería quizás alguno de los conatos constructivos que intentó abordar el concejo en la segunda mitad del siglo XVI, como la casa de bastimento que debía construirse en la plaza para evitar las incomodidades de la fortaleza cuyas trazas se habían encargado al mismísimo Francisco de Luna?[29] o ¿se trata de las ruinas de alguna ermita venida a menos? A día de hoy, las fuentes escritas, no nos dan más información, por lo que es posible que solo la Arqueología pueda darnos la respuesta adecuada.

Los representantes de la encomienda de Segura se mostraron reacios a admitir la necesidad de realizar ningún tipo de ampliación o traslado de la parroquia. En el mes de septiembre de aquel mismo año tuvo que repetirse la visita y tasación del maestro Juan Ruiz Hurtado, pero en este caso acompañado de Rodrigo Martínez, maestro avecindado en Segura de la Sierra, delegado por parte de la encomienda.

Finalmente se optó por realizar los reparos más urgentes enumerados por Hurtado, dejando de lado otras obras. Como era habitual, se procedió a pregonarlas públicamente por la comarca, presentándose varios maestros: Domingo del Valle, a quien ya vimos tasando las obras veinte años antes, pero ahora afincado en Villarrodrigo; Diego Martínez, avecindado en Villamanrique, junto con Diego García Ojeda, maestro carpintero de Albaladejo, García

Nieto y Francisco García Matamoros, ambos maestros afincados en Infantes. En febrero de 1697 se adjudicaron las obras por 12400 reales en Domingo del Valle, Gabriel y Juan de Titos, estos dos últimos maestros de alarife y carpintería vecinos de Albaladejo.

Pronto surgieron dificultades por la ausencia de fondos. Las obras avanzaban tan lentas que incluso los párrocos se veían obligados a consumir las formas consagradas porque no había lugar donde colocarlas decentemente.

Dos años después, en noviembre de 1699, se envió a dos tasadores para ver lo que faltaba por hacer. En este caso acudieron Juan García Montero, maestro de albañilería y cantería vecino de Montiel, y Diego García Ojeda. Se había avanzado bastante, cumpliéndose casi todas las condiciones indicadas por Juan Hurtado, incluyendo los estribos, el portal, reparar los tejados y enmaderar, echar suelos, abrir una ventana en la capilla de Nuestra Señora del Rosario, blanquear… Pero también faltaba por hacer otras muchas…

La reforma definitiva: el siglo xviii

Como era de esperar, los reparos realizados en la parroquia de Santiago Apóstol a finales del siglo xvii supusieron solo un alivio momentáneo puesto que los problemas de base continuaban sin resolverse. A principios del siglo xviii tanto la parroquia, como las ermitas, hospitales y cofradías de la villa experimentaban una lamentable escasez de rentas, multiplicándose las deudas e impagos dificultando la llegada de fondos procedentes en su mayoría de las mandas y disposiciones testamentarias de los vecinos[30].

En 1731 la fábrica de la parroquia colapsó por la parte más débil: el presbiterio, en el lado norte, determinando la caída de antigua la sacristía y grandes daños a la primitiva capilla de Nuestra Señora del Rosario. A ello se unía que la campana de la torre se había quebrado.

Por aquel año era párroco de Santiago don Rodrigo de Almazán y Muñoz, cabeza de la familia Muñoz-Tavira, dinastía que, tras su muerte acaecida en 1752, ejercería un gran peso político

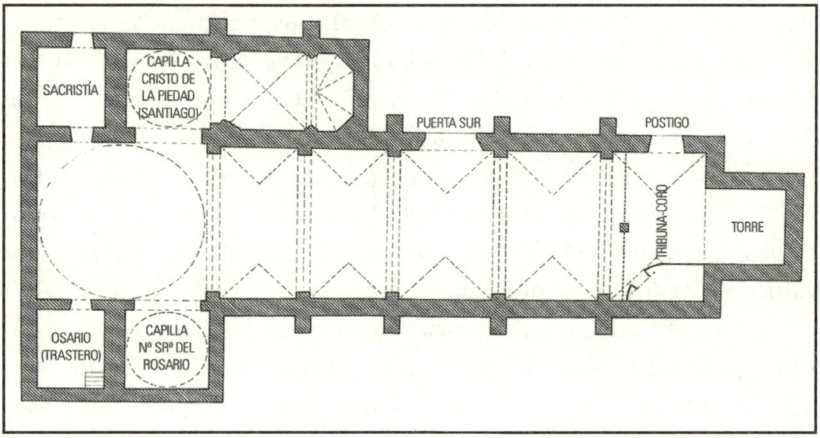

Planta del siglo XVIII *(realizada sobre planta cedida por gentileza del ADCR).*

y social en la villa. Sin duda alguna podemos afirmar que durante los prolongados años que duró su magisterio, este desconocido personaje consiguió no solo reformar la antigua iglesia dándole el aspecto que ha llegado hasta nosotros, sino también rescatar y potenciar muchas de las cofradías que se veneraban desde antiguo en el pueblo devolviéndoles su pasado esplendor, destacando el caso de la cofradía del Rosario[31].

El párroco pidió ayuda a la vicaría, consiguiendo autorización para solicitar un préstamo de 500 reales a las cofradías del Santo Sacramento y del Rosario con idea de reedificar lo caído.

Un año más tarde, la capilla mayor seguía amenazando ruina. El 22 de marzo Joseph de Coca el mayor y Bartolomé Gallego, maestros de arquitectura, albañilería y carpintería que por aquellos años residían en Albaladejo, en compañía del cura y de los alcaldes, visitaron la iglesia para buscar soluciones. Su dictamen fue claro: la humedad había terminado minando los cimientos, la iglesia se hundía por la cabecera. Era necesario plantear una reforma de muros y techumbres, comenzando por elevar las paredes, con mampostería, más de tres metros, sustituyendo la madera por una cubierta con cinco cascos de bóveda por luneto, con sus correspondientes arcos de cantería y estribos de refuerzo en el exterior. Bajo el tejado se construiría su armadura de tijera, y lo más importante: debía ampliarse la capilla mayor, desmontando el viejo retablo, fabricando un arco toral sobre el que se aconsejaba construir una media naranja. También se crearía un crucero, reformando la capilla de Nuestra Señora en el lado del evangelio, y en el de la epístola se levantaría la sacristía y la capilla del santo Cristo. Para ahorrar costes, los maestros propusieron aprovechar toda la madera sana de la cubierta e incluso traer piedra de los cimientos de la famosa e inacabada «antigua iglesia» de la villa, desde la plaza.

Finalmente fueron los hermanos Mateo Martínez Mancebo y Miguel Martínez Mancebo, el Menor, vecinos de Infantes, los que asumieron el compromiso de reformar la planta por la escasísima cantidad de 15300 reales. Todo parecía marchar bien. En agosto de 1733 ya se había mediado el trabajo, cuando surgió un grave inconveniente: al abordar la elevación de la capilla mayor comprendieron que necesitaba mucha más altura de la inicialmente propuesta. Evidentemente aquello conllevaba mucho más dinero del que restaba por pagarles. La encomienda de Segura acusó entonces a los maestros de negligencia, negándose a poner ni un solo real más, determinando que fuesen ellos los que respondiesen de su obligación. En este caso tanto el Consejo de Órdenes, como la villa y el vicario de Infantes estuvieron de acuerdo: era tal el error de cálculo cometido por los canteros que si se terminaba con esas dimensiones sería imposible volver a montar el retablo en el altar mayor[32].

Los maestros encargados de examinar la iglesia habían asegurado que sus mermas podrían solucionarse invirtiendo unos trescientos ducados. Mientras se tomaba una resolución el vicario ordenó abrir una ventana en el presbiterio para que el sacerdote pudiera oficiar sin necesidad de alumbrarse con una vela. Esta ventana es la que hoy existe en el muro derecho del lado de la epístola, lo cual explica lo descentralizado de su posición respecto al paramento en el que se abre.

Con el respaldo de la vicaria, el cura y concejo de Albaladejo convocaron en su ayuntamiento el 25 de mayo de 1737 a los maestros Mateo y Miguel Martín Mancebo, ajustando con ellos la elevación de la cúpula y el asiento del retablo. Como fruto de este proceso de elevación del alzado de la parroquia de Santiago apóstol es la diversidad en la calidad de los materiales observada en el exterior por encima de los estribos, los cuales, a su vez, se quedaron cortos, mucho más bajos que la línea de impostas. Además, el eterno problema de las humedades continuaba amenazando a la capilla del Rosario, lo que determinó la construcción de un empedrado exterior, cuyos gastos debían correr por cuenta de su cofradía[33].

Capilla de Nuestra Señora del Rosario

En 1742 la obra de reforma estaba concluida. El 9 de junio Julián García Ojeda, maestro de albañilería y carpintería vecino de Albaladejo, fue nombrado por el concejo como tasador para la descripción que debía hacerse de la encomienda con motivo de la visita general de ese año[34]. El maestro comenzó describiendo una iglesia realizada en mampostería con esquinas de piedra labrada, embovedado su cuerpo y sacristía con bóveda de lunetos llanos. Su planta, de cruz latina, con una longitud total de 30´24 m y una anchura de 8´40 m. La capilla mayor se cubría con media naranja. la nueva sacristía tenía 6´72 m de largo y casi cuatro de ancho. En el presbiterio se encontraba perfectamente asentado el retablo de Santiago apóstol, con una altura total de unos 2,61 m. En el brazo del crucero de la nave de la epístola se encontraba la capilla de la Veracruz, de planta cuadrada, cubierta con cúpula de media naranja, adornada con un retablo sin dorar. Frente a ella, ocupando el crucero izquierdo, se abría la capilla de Nuestra Señora del Rosario, adornada con un retablo de talla sobredorado. Además de estas capillas la iglesia contaba con otros dos altares situados en la nave del evangelio dedicados a la Purísima Concepción y a las ánimas del Purgatorio.

Ese mismo año, gracias a la iniciativa del cura párroco y a las limosnas de algunos fieles devotos, se construyó un cuarto a espaldas de la iglesia, en el lado norte, con un triple objetivo: salvaguardar de humedades a la capilla del Rosario, almacenar ornamentos de uso menos corriente y servir como osario.

En la segunda mitad del siglo xviii la parroquia estaba ya razonablemente reparada, siendo capaz de acoger una reducida población de 188 vecinos según se refleja en el *Catastro del marqués de la Ensenada*[35].

Pero un grave suceso vino a trastocar esa relativa tranquilidad. La mañana del 1 de noviembre de 1755, fiesta de Todos los Santos, estando la mayor parte de los vecinos de Albaladejo en misa mayor, tuvo lugar el llamado terremoto de Lisboa. Según el testimonio aportado después por el alcalde Manuel García Muñoz, cayeron varias almenas de la casa Tercia (bastimento situado en la antigua fortaleza) así como algunas tapias de casas de vecinos del pueblo[36]. Aquel seísmo provocó la aparición de grietas en la torre y en la nueva sacristía de la parroquia. Estos daños fueron tasados por Pedro Rodríguez de la Cueva el Mozo, maestro alarife, hijo de Pedro Rodríguez de la Cueva, también maestro alarife, ambos vecinos de Albaladejo, aconsejando fundamentalmente reforzar los arranques de la sacristía y arco de la capilla mayor[37]. Su parecer fue reafirmado en 1774 por el maestro Pedro López Villaseñor, vecino de Daimiel[38]. Las reparaciones se ejecutaron construyendo incluso dos estribos de mampostería y esquinas de cantería para reforzar la sacristía y el crucero del lado sur.

Paralelamente el párroco y el concejo iniciaron gestiones para mejorar el acopio de ornamentos sagrados y para conseguir un órgano nuevo. En 1772 se concertó uno con Amador Lucas Ruiz, maestro organero del obispado de Jaén. Ante la falta de liquidez para pagarle, el cura y el mayordomo decidieron entregarle, sin autorización del vicario de Infantes, tres cálices de plata y el metal del órgano antiguo. Como era de esperar, desde el Consejo de Órdenes se pidió cuentas a ambos, no pudiéndolo hacer con el maestro porque se fugó, sin saber su paradero. Este suceso finalizaría en 1784 gracias a un nuevo órgano, con su correspondiente tribunilla, realizado por el maestro Tomás Risueño. En 1791 se encargó un púlpito de madera y tres mesas a la romana para el altar mayor y colaterales, realizados por el tallista Joseph Castell, vecino de Villahermosa, y el dorador Gabriel Mira, vecino del Bonillo[39].

El cambio de centuria: el sueño perdido

El final del siglo xviii y el cambio de centuria no supondrían la tan soñada estabilidad para el estado de conservación de la parroquia de Albaladejo, volviendo a manifestarse los consabidos problemas del viejo templo derivados de su situación en lo alto del pueblo, de la falta de intervenciones en profundidad que atajasen las temidas humedades y de los desperfectos añadidos por el uso y el paso de los años.

En 1799 el obrero mayor, aconsejado con más o menos acierto por Ginés Mejía, maestro de obras y arquitecto de Infantes, plantearon al Consejo de Órdenes realizar una ambiciosa reforma, ampliando la capilla mayor por encima de las capillas del Rosario y del Cristo de la Piedad[40]. El protector de iglesias, sorprendido por la magnitud de la reforma, decidió consultar al arquitecto mayor de la Corte para que examinase todos los papeles y diese su opinión.

Afortunadamente conservamos la contestación de Juan de Villanueva, fechada el 9 de agosto de 1800. En su informe el arquitecto no veía necesaria realizar aquella ampliación, tanto por lo delicado de la obra como por la poca vecindad del pueblo, aunque si convenía con el resto de las reparaciones y con el presupuesto de 13.391 reales propuesto por Ginés.

Las obras se realizaron de manos del arquitecto Juan Martínez Mancebo, vecino de Infantes, al igual que un nuevo retablo para el altar mayor, tallado por Sebastián Pedregal, vecino de Villahermosa, dorado y jaspeado por Ramón Castell, maestro dorador vecino de Vara del Rey.

Como era de esperar, los maestros que participaron en las obras reconocieron en sus respectivos informes que algunas de las intervenciones propuestas por Ginés no se ceñían a la realidad, encontrando gastos superfluos e inciertos, como la falsa necesidad de desmontar la tribuna del órgano por peligrar el muro, llegando a la conclusión de que el maestro Ginés y quizás también el párroco y el propio concejo de Albaladejo habían abusado de la bondad del obrero mayor, dando razón, por una vez a los representantes del comendador de Segura de la Sierra, quienes acusaban a los vecinos del pueblo de huir del «fastidio de antigüedades» buscando «la novedad de las modernas hechuras» en un momento en el que las estrechas urgencias por las que atravesaba el país y la corona no dejaban «arbitrio para amplitudes que excedan de un moderado servicio al más respetable culto»[41].

Notas

1 GALLEGO VALLE, David: *Las fortificaciones del Campo de Montiel (ss. VIII al xvi): historia, arqueología y análisis constructivo*, Ciudad Real, UCLM, 2020, p. 430.

2 GONZALEZ, Julio: *Repoblación de Castilla la Nueva*, vol. I, Madrid, Universidad Complutense, 1975, p. 357; MADOZ, Pascual: *Diccionario geográfico, estadístico, histórico. Castilla la Mancha*. Valladolid, Ámbito Ediciones, 1987, pp. 91 y 92.

3 VIÑAS, Carmelo Y PAZ, Ramón: *Relaciones de los pueblos de España ordenadas por Felipe II*. Madrid, CSIC, 1971, p. 8.

4 GONZÁLEZ, Julio: *Repoblación de…*, *op. cit*, p. 357-358; GALLEGO VALLE, David: *Las fortificaciones…*, *op. cit*. p. 431.

5 MOLINA CHAMIZO, Pilar: *Iglesias parroquiales del Campo de Montiel (1243-1515)*. Ciudad Real, Biblioteca de Autores Manchegos, 1994, pp. 42-48.

6 ARCHIVO HISTÓRICO NACIONAL [AHN], OM, Orden de Santiago, lib., año 1480, sig. 1064, p. 220.

7 AYALA MARTÍNEZ, Carlos: «Los Reyes Católicos y la incorporación de los maestrazgos de las órdenes militares a la corona», IX Encuentros de estudios comarcales. Vegas Altas, la Serena y la Siberia, SISEVA, 2017, pp. 11-27.

8 AHN, OM, Orden de Santiago, lib., año 1495, sig. 1067, p. 463.

9 AHN, OM, Orden de Santiago, lib., año 1498, sig. 1069, pp. 1-43.

10 AHN, OM, Orden de Santiago, lib., año 1507, sig.1071, p. 130.

11 AHN, OM, Orden de Santiago, lib., año 1511, sig.1077. p. 248.

12 AHN, OM, Orden de Santiago, lib., año 1515, sig. 1078, pp. 826-844.

13 AHN, OM, Orden de Santiago, lib., años 1524-1525, sig. 1080, pp. 888-895.

14 AHN, OM, Orden de Santiago, lib., año 1535, sig.1082, pp. 227-238.

15 AHN, OM, Orden de Santiago, lib., año 1549, sig. 1085, pp. 826-844.

16 *Ibidem*, pp. 348-383, 1258-1273, 1327-1351.

17 AHN, OM, Orden de Santiago, lib., año 1555, sig. 1087, pp. 611-618.

18 AHN, OM, Archivo Histórico Judicial de Toledo [AJT], pleito 22.355. s.f.

19 ARCHIVO DIOCESANO DE CIUDAD REAL [ADCR], Villanueva de los Infantes, iglesia de san Andrés Apóstol, bautismos, años 1550 a 1581, fol. 227v. ROKISKI, Mari Luz: *La arquitectura del siglo XVI en Cuenca*, Cuenca, Diputación Provincial, 1989, p.179.

20 MOLINA CHAMIZO, Pilar: *De la fortaleza al templo: arquitectura religiosa de la Orden de Santiago en la provincia de Ciudad Real (ss. XV-XVIII)*, vol. 2, Ciudad Real, BAM, 2006, pp. 27-28.

21 HERRERA MALDONADO, Enrique y ZAPATA ALARCON, Juan: «Andrés de Vandelvira en la Mancha», en PRETEL MARÍN, Aurelio (coord..): *Andrés de Vandelvira, V centenario*, Albacete, Instituto de Estudios Albacetenses, 2005, pp. 47-70.

22 AHN, OM, AJT, pleito 25394.

23 VIÑAS, Carmelo Y PAZ, Ramón. VIÑAS, Carmelo Y PAZ, Ramón: *Relaciones de los pueblos…*, *op. cit.*, p.6.

24 AHN, Clero, secular-regular, lib. 2886.

25 AHN, OM, AJT, pleito 71959.

26 ARCHIVO PARROQUIAL ALBALADEJO [APAB], Libro de cuentas de fábrica de la iglesia parroquial de Santiago apóstol. Años 1677-1747, f. 37v. MOLINA CHAMIZO, P.: *De la fortaleza al templo…*, *op cit.* pp. 328-329.

27 APAB, libro de cuentas de fábrica de la iglesia parroquial de Santiago Apóstol, 1691, s.f.

28 AHN, OM, AJT, pleito 71959.

29 AHN, OM, Orden de Santiago, lib., año 1535, sig.1082. pp. 236-237.

30 ADCR Manual de visitas, Orden de Santiago, Partido de Villanueva de los Infantes, Siglo XVIII, sig. 732.

31 AHN, clero, secular-regular, lib. 2886.

32 AHN, OM, AJT, pleito 73669.

33 ADCR, Manual de visitas, Partido de Infantes, orden de Santiago, siglo XVIII, sig. 732, f. 65r.

34 AHN, OM, lib. 22c. f. 263r-280v.

35 Archivo Histórico Provincial de Ciudad Real [AHPCR], Albaladejo, *Catastro del Marqués de la Ensenada, interrogatorio, 1752*. Sig. 629, s.f.

36 MARTÍNEZ SOLARES, José María: *Los efectos del terremoto de Lisboa (1 de noviembre de 1755)*, Madrid. Ministerio de Fomento. Dirección General del IGN, 2001, p. 104.

37 APAB, cuentas de fábrica, 1768.

38 AHN, OM, AJT, expediente 75995.

39 AHN, OM, Clero, secular-regular, iglesia de Santiago y Santa Ana, lib. 2885.

40 AHN, OM, AJT, expediente 75995.

41 *Ibidem*.

Bibliografía

AYALA MARTÍNEZ, Carlos: «Los Reyes Católicos y la incorporación de los maestrazgos de las órdenes militares a la corona», IX Encuentros de estudios comarcales. Vegas Altas, la Serena y la Siberia, SISEVA, 2017.

GALLEGO VALLE, David: *Las fortificaciones del Campo de Montiel (ss. viii al xvi): historia, arqueología y análisis constructivo*. UCLM. Ciudad Real, 2020.

GONZALEZ, Julio: *Repoblación de Castilla la Nueva*, vol. I, Universidad Complutense. Madrid, 1975.

HERRERA MALDONADO, Enrique y ZAPATA ALARCON, Juan: «Andrés de Vandelvira en La Mancha», en PRETEL MARÍN, Aurelio (coord..): *Andrés de Vandelvira, V Centenario*. Instituto de Estudios Albacetenses. Albacete, 2005.

MADOZ, Pascual: *Diccionario geográfico, estadístico, histórico. Castilla la Mancha*. Ámbito Ediciones. Valladolid, 1987.

MARTÍNEZ SOLARES, José María: *Los efectos del terremoto de Lisboa (1 de noviembre de 1755)*. Ministerio de Fomento. Dirección General del IGN. Madrid, 2001.

MOLINA CHAMIZO, Pilar: *Iglesias parroquiales del Campo de Montiel (1243-1515)*. Biblioteca de Autores Manchegos. Ciudad Real, 1994.

—*De la fortaleza al templo: arquitectura religiosa de la Orden de Santiago en la provincia de Ciudad Real (ss. xv-xviii)*, vol. 2. BAM. Ciudad Real, 2006.

ROKISKI, Mari Luz: *La arquitectura del siglo xvi en Cuenca*. Diputación Provincial. Cuenca, 1989.

VIÑAS, Carmelo Y PAZ, Ramón: *Relaciones de los pueblos de España ordenadas por Felipe II*. CSIC. Madrid, 1971.

La cofradía de la Virgen del Rosario de Albaladejo. Una exploración hacia sus orígenes y al día a día de sus integrantes

Juan Víctor Carboneras Coba
Universidad Complutense de Madrid

Las cofradías han sido un fenómeno religioso ampliamente definido por la historiografía modernista[1]. Así pues, han surgido estudios locales, comarcales o regionales que han tendido a describir estas asociaciones y sus peculiaridades y que han sido plasmados en artículos, revistas, tesis doctorales, etc. Sin embargo, en el análisis sobre el mundo cofrade cabe ahondar en nuevas experiencias locales que muestren, no solo la realidad religiosa de un determinado lugar, sino también su organización social, económica, cultural y política[2].

Durante la Edad Moderna, las cofradías fueron el fenómeno de agrupación asociativa por excelencia. Se integraban por un número variable de cofrades que seguían una serie de ordenanzas establecidas. Se caracterizaban por depender del arzobispo y, por tanto, recibían a visitadores encargados de inspeccionar el estado de sus cuentas, el cumplimiento de sus reglas o la posesión de sus bienes[3]. Existían diferentes tipos de cofradías según sus objetivos y funciones. Estaban las devocionales enfocadas al culto divino, especialmente al Santísimo Sacramento, a las vírgenes y santos. También podemos hablar de cofradías penitenciales, cuya misión giraba alrededor de la conmemoración de la pasión y muerte de Jesucristo. Otras serían las cofradías asistenciales[4], que se encargaban de atender a pobres, viudas, vagabundos o desfavorecidos y, por último, las gremiales que servían para la unión de un determinado oficio profesional[5].

Esta realidad fue palpable en el Campo de Montiel durante los diversos siglos en los que transitó la Edad Moderna, fue un fenómeno efervescente en un mundo religioso que tuvo su principal eclosión en la primera mitad del siglo xviii, momento en el que se reconocían 114 asociaciones religiosas, en forma de cofradías, mayordomías, esclavitudes, etc[6]. A este respecto, destacó el estudio de Carlos Sánchez Molina, que logró acercarse a los distintos cultos y orígenes cofrades de buena parte de las localidades campomontieleñas, aunque solo ofrece unas breves pinceladas acerca de las realidades cotidianas de los cofrades y un acercamiento a la historia de unas pocas hermandades[7].

En estos estudios se mencionan de puntillas a Albaladejo, sobre cuya historia hay más dudas que certezas. A ella se han aproximado con especial dedicación Pilar Molina Chamizo[8] o David Gallego Valle[9], en cuyos estudios, centrados en todo el Campo de Montiel, dedicaron una parte importante a describir y detallar la evolución arquitectónica de la iglesia de Santiago Apóstol o el castillo de la localidad, respectivamente. Estos análisis han posibilitado descubrir realidades, no solo de los procesos constructivos, sino también de la evolución de sus espacios y de la transformación del entorno. Son, por tanto, obras de referencia que han puesto luz a una sombra llena de mitos y leyendas.

Este presente trabajo se centra en describir el origen de la cofradía de la Virgen del Rosario de Albaladejo, retrocediendo para ello al siglo xvi, y servirá para analizar las realidades cotidianas en las que se movía la villa durante los siglos modernos, especialmente en el Setecientos. Este análisis ha sido posible gracias al estudio pormenorizado del libro de cuentas de la cofradía[10] que se conserva en el Archivo Histórico Nacional y que, pese a iniciarse en 1731, da buena cuenta de la historia pasada y origen del culto a la Virgen del Rosario. Además de esta fuente, me he apoyado en otras localizadas en el Archivo Histórico Nacional, el Archivo General de Simancas, el Archivo Provincial de Ciudad Real o el Archivo Parroquial de Albaladejo, cuyo total de masa documental, bien merecen un estudio detallado y conciso de cuanto aconteció en Albaladejo en la Edad Moderna. Esta pues, solo es una breve dosis de los múltiples resultados que se deben sacar de las fuentes archivísticas y que podrán arrojar luz en la historia del municipio.

Espacios y religiosidad popular. Dos ermitas y una iglesia

El caso de Albaladejo no es diferente al resto de villas de Castilla. Durante la Edad Moderna se articularon espacios en los cuales los fieles mostraban de forma pública la fe católica y, entre todos ellos, la parroquia fue su principal baluarte. La iglesia de Santiago Apóstol de Albaladejo ha sido ampliamente definida por Pilar Molina Chamizo, la cual hace un excelso recorrido por los diferentes procesos constructivos y reformas por las que atravesó. Molina Chamizo recuerda que los primeros vestigios documentales de la parroquia de Albaladejo datan de finales del siglo xv, ligados a las visitaciones de la Orden de Santiago, y que ya hablaban de una construcción modesta de una cierta antigüedad, por lo que sus orígenes podemos situarlos tiempo atrás, sin cifrar una fecha exacta ante la falta de un estudio arqueológico[11]. Las necesidades intrínsecas al paso de los años, el deterioro provocado en parte por su ubicación, así como el incremento poblacional de la villa[12], indujeron a numerosas reformas que se fueron desencadenando desde comienzos del siglo xvi. Anotamos que Albaladejo arrancó el siglo con unos 120 vecinos[13], es decir, próximos a los 450 habitantes, y llegaría al último cuarto con más de 300 vecinos, lo que supondría unos 1.200 habitantes y un crecimiento exponencial, aunque sin alcanzar grandes cifras[14].

Fue en el siglo xviii cuando la parroquia recibió su reforma definitiva y la configuración actual de su trazado. En 1731 la sacristía se vino abajo y Rodrigo de Almazán, personaje al que se le debe una biografía y estudio pormenorizado, arrancó los preparativos para el inicio de la reforma que se culminó ya a mitad de siglo[15]. Para aquel entonces, la villa tenía un total de 188 vecinos, incluidos los eclesiásticos, mendicantes y jornaleros[16], por los que podría rondar los 750 habitantes. Este espacio fue el más importante dentro del día a día de los albaladejeños, allí acudían a escuchar misa, se iniciaban las procesiones, para una cofradía este momento suponía la afirmación de su identidad y prestigio[17], y tenían lugar las reuniones sociales relacionadas al culto y a distintas cofradías. Su titular, Santiago apóstol, ha estado vinculado a la localidad desde sus orígenes, en estrecha relación con la Orden de Santiago.

Además de las iglesias, las ermitas fueron centros de especial relevancia en la religiosidad popular de la Edad Moderna, en la cual tenía mucho que ver el miedo permanente a las epidemias y a los factores meteorológicos. Las ermitas se construyeron muchas de las veces como fenómenos expiatorios o símbolos de protección en momentos de crisis, encomendándose a un determinado santo que, como intercesor entre Dios y la tierra, salvaría al pueblo del mal que acechaba[18]. Estas ermitas estaban asociadas y vinculadas a las parroquias y su cuidado dependía de alcaldes, mayordomos y, en algunos casos, cofradías[19].

En Albaladejo existieron la ermita de San Juan, San Sebastián y un intento de creación de una tercera, bajo la advocación de santa Quiteria. La primera en construirse fue la de San Sebastián que en mitad del siglo XVI ya estaba plenamente consolidada. En la visitación que hace la Orden de Santiago, se describió como una construcción de un solo cuerpo, cuyas paredes eran de mampuesto, tenía una cubierta de madera de pino y sabina, además de un altar con frontal y manteles, una alfombra y una lámpara pequeña[20]. Se especificaba que la ermita estaba en las proximidades de la villa y que, además, poseía una huerta justo al lado de ella. Al mayordomo, Miguel Jiménez se le pidió acabar el caballete con cal y arena, además de limpiar la zanja del lado norte.

La veneración en Albaladejo a san Sebastián estaba ligada, como en otras muchas localidades, a la protección contra la peste, atributo que se confirió al santo desde la alta Edad Media. Su veneración se extendió hasta tal punto de que, en la actual provincia de Ciudad Real, el 70 % de los pueblos tenían ermitas dedicadas a su advocación[21]. Durante el paso de los siglos la ermita de San Sebastián es mencionada también en otros documentos. En las *Relaciones topográficas* constó como una de las dos ermitas de la localidad, junto a la de San Juan[22]. Posteriormente, ya en el siglo XVII, encontramos la existencia de una cofradía, o al menos agrupación, que se encargaba de cuidar a la ermita, de lo cual deja constancia las Respuestas particulares del *Catastro de Ensenada*[23]. Por otro lado, en el Archivo Histórico Nacional se conserva documentación sobre las cuentas que se tomaron a mayordomos del caudal de San

Sebastián de Albaladejo, desde el año 1790[24]. Aunque pasaron más de doscientos años con respecto al primer vestigio documental que conservamos de la ermita, a finales del siglo XVIII, se seguía manteniendo viva la estructura de la ermita con su huerta anexa. Además, las reformas estaban a la orden del día. En la cuenta de 1790, el mayordomo Matías Martínez Calzada, pagó a Gabriel Viña, dorador, por retocar la imagen de san Sebastián que poseía la ermita. Cabe mencionar que en esta documentación se plasma como la ermita de San Juan pasó a depender del caudal de la de San Sebastián y se recogen gastos a su favor como fue el pago de 412 reales a Vicente Roses, campanero, por la fundición de una campana que se encontraba en la ermita de San Juan[25] o los 1158 reales que se invirtieron para la reforma del edificio[26]. Entre 1799 y 1804 se puso una nueva campana en la ermita de San Juan que costó 411 reales que se pagaron a Cayetano Moses, vecino de Yecla y maestro campanero[27]. En estos mismos años, la de San Sebastián se revocó y se retejó de nuevo, cuya obra fue realizada por Juan Salido, vecino de Albaladejo y se pusieron nuevas puertas, obra de José Ojeda[28]. Estos cambios nos denotan que hasta bien avanzado el siglo XIX no desapareció el edificio. La última referencia que conservamos de la ermita es del 25 de septiembre de 1816, pues tras la muerte del mayordomo, Juan Miguel del Castillo, se pudo tomar cuentas de la ermita a su mujer, Angela Amador, pero no nombró a un nuevo mayordomo, posiblemente por falta de interés y el libro se entregó a Pedro Calzada que se encargó de su custodia[29].

Por su parte, la ermita de San Juan fue de construcción posterior. En 1549 su estructura se definió muy similar a la de San Sebastián. Tenía un solo cuerpo y sus paredes eran de mampuesto, aunque se especificó que «aún no tiene la altura que menester»[30] y que se debía proseguir la obra «como está comenzada hasta haberla acabado»[31]. En 1575 su construcción parecía estar totalmente finalizada y se anotó como una de las dos ermitas de Albaladejo: «y que hay dos ermitas, la una de señor San Juan, y otra de señor San Sebastián»[32]. A finales del siglo XVI, en un pleito entre Diego Rodríguez de Saavedra y Bautista Rodríguez, volvió a entrar en escena la ermita. El 1 de noviembre de 1592, Diego Rodríguez de Saavedra salió por la puerta del castillo de Albaladejo y Bautista Rodríguez le dio estocadas con espada, dejándole malherido. Fue entonces cuando Bautista Rodríguez, acompañado de otros hombres, huyó hasta la ermita de San Juan:

> Habiéndole allí puesto guardas vinieron a la dicha ermita, los dichos Alonso López Barbero y Gonzalo Rodríguez y otros cinco o seis hombres disfrazados y con espadas y otras armas acometieron a las dichas guardas y sacaron y libraron de la dicha ermita al dicho Baptista Rodríguez tirando muchas cuchilladas a las dichas guardas[33].

Este pleito también nos informa de más detalles sobre la disposición de la ermita, pues en los interrogatorios a diferentes testigos y personas relevantes de la villa se ofrece información como: «Bautista Rodríguez estaba retraído en la ermita del señor san Juan que es en la orilla del pueblo»[34]. La falta de documentación conservada es uno de los grandes problemas que tenemos para analizar y describir el edifico y detallar más sobre su organización y posterior desarrollo. Lo que sí parece claro es que en el siglo XIX estaba vinculada, al menos su acondicionamiento, a los mantenedores de la ermita de San Sebastián. Todo parece indicar que ambas ermitas acabaron desapareciendo décadas antes de la entrada al siglo XX.

Por último, cabe señalar el intento de creación de una ermita a santa Quiteria. Mediante uno de los pleitos ubicados en la sección de Órdenes Militares, concretamente en la parte de la sección Judicial de Toledo, del Archivo Histórico Nacional, se puede constatar el intento de los albaladejeños de crear este edificio en la década de los años setenta del siglo XVI. En 1575 se denunció como Julián López, escribano de la visita de la Orden de Santiago se llevó el libro de cuentas de la ermita y, por ese motivo, «no se puede de proseguir la obra de la dicha ermita que está comenzada ni tomar cuenta del alcance de los maravedís que se les hace a los mayordomos de la dicha ermita»[35]. Se pidió la devolución del libro a los oficiales del concejo. Este es el único documento que he hallado sobre el inicio de la construcción de la ermita de Santa Quiteria, la falta de información posterior y de referencias en la documentación consultada lleva a determinar que finalmente esta construcción no se terminó.

Cofradía de la Virgen del Rosario de Albaladejo

El mundo cofrade en la villa

El fenómeno cofrade en Albaladejo, no solo se limitaba a la Virgen del Rosario, sino que los vecinos se reunieron en torno a diferentes cultos desde tiempos muy remotos. Sin embargo, durante el siglo XVIII adquirió forma y un desarrollo exponencial gracias a la labor de Rodrigo de Almazán, el gran protagonista. Cura párroco de Albaladejo durante el siglo XVIII, su labor estuvo centrada en formalizar las cofradías ya existentes en Albaladejo, dar forma a otras y recoger sus historias desde tiempo atrás.

En primer lugar, destacamos la cofradía de Santiago, quizás la más antigua de todas ellas. Su principal misión estaba en la celebración de la festividad del santo y en todo lo relacionado con ello. Actualmente, en el archivo parroquial de la iglesia se conservan tres libros referentes a las cuentas de Santiago, el primero de ellos va desde 1661 hasta 1751, aunque presenta mutilaciones en su inicio, por lo que su antigüedad puede ser mucho mayor; el segundo, abarca desde 1764 hasta 1906[36] y el último de 1931 a 1957. Desconozco la fecha de formación de la cofradía, pero debió ser muy anterior al primer libro de cuentas que conservamos. Su historia merece ser objeto de una investigación profunda y medida. En 1723, Rodrigo de Almazán recopiló[37], no solo el número y nombre de cofrades, sumando un total de 349[38], y los que se hicieron en los años posteriores hasta 1730, sino que también plasmó las ordenanzas que debían cumplir los que eran cofrades, y que sacó de una documentación muy anterior que hoy no se conserva. Almazán hace referencia a que recopiló esta información de unas hojas sueltas reunidas por Andrés Sánchez, cuya identidad se ha podido reconocer en el libro de defunciones de Albaladejo de 1639[39], por lo que la cofradía de Santiago era muy anterior a esta última fecha. Hombres y mujeres formaban parte de la cofradía, siendo el único requisito de acceso el pago de cuatro onzas de cera por persona y, si era un matrimonio, media libra[40]. En cuanto a la posible salida de la cofradía, también se imponía el pago en cera para hacerla efectiva, concretamente de una libra[41]. En las ordenanzas se regía la celebración de la festividad del día de Santiago con una misa mayor cantada y una posterior procesión «como es costumbre por la intención de los cofrades»[42]. Además, la cofradía se encargaba de las misas en las pascuas del año y de una misa rezada, al salir el sol, el día 26 de julio, día de santa Ana, a la que se acompañaba una procesión alrededor de la iglesia por los hermanos difuntos, siendo obligados los cofrades a asistir a estos oficios, sino querían recibir una sanción consistente en pagar otras cuatro onzas de cera. También se dejó constancia de la relación de la cofradía con el hospital de Santiago de la villa, pues se ordenaba, que si un pobre fallecía en el hospital, los cofrades tenían que llevar la cera de su entierro[43]. En cuanto a los entierros, se estableció que si un hermano fallecía se oficiaba una misa de réquiem.

El día de Santiago, 25 de julio, era el más importante para la cofradía. A las dos de la tarde se daba la colación, acompañando todos los cofrades al mayordomo, el cual había comprado una o dos vacas[44], dependiendo de las circunstancias, que en las vísperas de Santiago se mataban y que luego se repartirían en raciones entre todos los cofrades. A las raciones se añadía una libra de manzanas a cada uno, las cuales procedían de Jaén. La vaca era bendecida por el cura, el mismo día de Santiago al alba[45].

La cofradía de Santiago carecía de tierras y en 1694 se anotaba entre sus propiedades solo una caldera grande, que se encontraba en la iglesia, un estandarte blanco de damasco ya viejo, y que en las cuentas de 1750 se recogió como se renovó por uno nuevo[46], y dos libros de cuentas, uno el referido a las cuentas de 1661 hasta 1751 y otro anterior que no se conserva[47].

Otra cofradía de la que se desconoce su origen es la del Santísimo Sacramento, de la que apenas se conserva documentación. La principal referencia procede del Archivo Histórico Provincial de

Ciudad Real, concretamente de la sección de Hacienda y se trata de sus cuentas, que van desde 1787 hasta 1832, a lo que se añade el nombramiento de nuevos mayordomos, como en 1836[48]. En este legajo ya se especificó que «todos estos documentos se perdieron junto con el libro de la cofradía según resulta de la cuenta número 5 rendida en el 22 de octubre de 1816»[49]. Por tanto, ya en el siglo xix se había perdido el registro más importante para conocer los detalles de sus inicios.

Lo que si es seguro es que la cofradía del Santísimo Sacramento era la que atesoraba más propiedades y medios. Tenía 64 hectáreas de terreno repartidas en diferentes lugares como la Cañada, la fuente de la Bola, las Cañadillas, el Olmo, Montalbán, el Horcajo, Casica Paterna, Realejo, Callejón, Coronilla o Casa Barbero[50], siendo así una de las más importantes de todo el Campo de Montiel[51]. Esta cofradía tenía en propiedad una casa, concretamente en la calle de la iglesia. Constaba de un portal, un dormitorio y alcoba, bodega, dos caballerizas y corral[52]. Los gastos anuales de la cofradía orbitaban alrededor de cera, aceite, limosnas de misas, procesiones en torno al Corpus Christi o pagos al sacristán y al muñidor.

Por último, señalar que del siglo xviii data la documentación que se conserva con respecto la cofradía de Santa Ana, que se dotó de un nuevo libro de cuentas en 1719 y su principal baluarte, reformador y mayordomo, fue, de nuevo, Rodrigo de Almazán y Muñoz[53]. Su función va a pasar por la celebración eucarística del día de Santa Ana y sus gastos van a ser destinados al pago de aceite, cera y la celebración de la procesión de cada 26 de julio. En las distintas recopilaciones de bienes que se entregaron en la sucesión de mayordomos, se recogían distintas sedas, frontales, manteles, etc. Así, por ejemplo, Pedro Antonio López de la Cueva le entregó el 28 de mayo a su sucesor como mayordomo, Pedro López Felices, tres frontales blancos y encarnados, tres manteles, dos cartas de censo, dos pares de candeleros y un libro viejo de la cofradía[54], que tampoco se conserva a día de hoy, por lo que no se ha podido determinar el origen y nacimiento de esta cofradía. El libro de cuentas abarca hasta 1785, dejando un vacío sobre el devenir de la cofradía en los siguientes años. A esta relación no puede faltar tampoco la cofradía de Ánimas, de la cual tenemos constancia de su existencia desde finales del siglo XVIII, pero que posiblemente tuvo un origen anterior[55].

El culto a la Virgen del Rosario. Lepanto como gran impulso

En Albaladejo su culto fue el resultado de múltiples procesos históricos que se desencadenaron a lo largo del XVI en toda la península. De este modo, su caso no representó una salvedad en el escenario del Campo de Montiel y su devoción fue la más prototípica de todas las marianas. Fue en plena Edad Media cuando surgió un fuerte interés por el rosario, pero no fue hasta el siglo XV cuando se fundó su primera cofradía en la ciudad de Colonia. Todo ello se debió al trabajo de dominicos como Alano de la Roca, Jacobo Sprenger o el español Juan Agustín[56].

Sin embargo, en la península se produjo un verdadero protagonismo de la Virgen desde el Concilio de Trento y su reafirmación frente a Calvino o Lutero. Se pretendía reforzar a la Iglesia católica frente al protestantismo y es por ello que se intentaron clarificar cuestiones de fe, pero, a la vez, reorganizar el estamento eclesiástico para ser capaz de difundir e inculcar los preceptos establecidos en Trento[57]. Mediante decreto de 1563 se reguló todo aquello relacionado con María[58]. Fue en estos tramos del siglo XVI cuando la orden de los dominicos se puso a la cabeza de esta devoción recurriendo a la implementación del rosario a la imagen medieval de la Virgen[59]. Un hecho trascendental en la difusión de la Virgen del Rosario tuvo lugar el 7 de octubre de 1571 con la victoria de la Liga Santa ante la armada turca en el golfo de Lepanto. De forma inmediata, se difundió el triunfo de una idea gloriosa y que, durante las siguientes décadas, se plasmó en forma de descripciones, memoriales, poemas líricos y épicos, grabados, etc[60]. En este panorama mental y propagandístico jugó un papel relevante la Virgen. Durante la batalla se procesionó al rosario en la iglesia romana de Santa María Sopra Minerva y acabada la contienda, el papa Pio V, dominico, concedió a la Virgen de la Victoria el papel de intercesora en el triunfo de la Liga Santa. En 1573, Gregorio XIII estableció el primer domingo de octubre como festividad de la Virgen del Rosario[61].

Lepanto tuvo un eco relevante en la pintura con composiciones en las que se entremezclaba el enfrentamiento entre las galeras de uno y otro bando, con la imagen superior de la Virgen otorgando la victoria al lado cristiano. Para sus contemporáneos fue un acontecimiento extraordinario, por primera vez los cristianos tomaban la iniciativa y derrotaban a la potente armada turca[62]. Lepanto fue trascendental en la difusión de la Virgen del Rosario.

En este impulso de la devoción en la Edad Moderna vamos a destacar, por último, la acción del rey Felipe IV que en 1655 instó a los obispos a promocionar la Virgen del Rosario entre los devotos de su diócesis. Fue en este siglo xvii cuando se alcanzó el cénit a su culto[63]. Albaladejo no es un caso único, sino que la advocación rosarina se extendió por todo el Campo de Montiel. En esta tarea jugó especial relevancia la fundación de cenobios masculino y femenino en Villanueva de los Infantes y la Solana, así como la política de la orden de predicadores de favorecer su implementación en las parroquias. Todo ello supuso el principal empuje en la formación de dichas cofradías que se localizaron, además de en Albaladejo, en Membrilla, Villanueva de los Infantes, vinculada al convento de Santo Domingo, Torre de Juan Abad o Alcubillas, así como la consagración de altares en Terrinches, Almedina, Torrenueva, Castellar de Santiago, etc[64]. Así pues, las cofradías y el culto a la Virgen del Rosario fueron un fenómeno característico del mundo barroco.

El origen de la cofradía de la Virgen del Rosario de Albaladejo y el día a día de sus cofrades

Frente al resto de cofradías, en el caso de la Virgen del Rosario podemos reconstruir su historia desde sus orígenes. Esto fue debido a la labor de Rodrigo de Almazán que se preocupó por la recopilación de información de un antiguo libro de cuentas y su traslado a uno nuevo que se inició en 1731 y que aglutinó las cuentas hasta 1787[65].

La cofradía de la Virgen del Rosario de Albaladejo se fundó el 15 de agosto de 1581 por el dominico Diego Martínez. Este fue el resultado del interés de los albaladejeños por formar esta hermandad, en tiempos en que el cura era Gonzalo Carrasco, y para ello llamaron a los frailes dominicos de Alcaraz que enviaron a Diego a cumplir la misión. En la villa eran alcaldes ordinarios Juan García de Calzada y Juan Martínez de Campos y regidores Juan López de la Rubia y Pascual García, mientras que los primeros mayordomos de la cofradía fueron los matrimonios formados por Francisco Bermúdez y Ana Sánchez y Alonso Márquez y su mujer Agustina Rodríguez[66]. En un primer momento, la cofradía no contó con su actual capilla, sino que se le designó un altar «que está enfrente de la entrada de la iglesia donde está un crucifijo pintado»[67].

Se establecieron una serie de constituciones, obligaciones y derechos de los cofrades, que marcarían el día a día de Albaladejo y de sus vecinos. A diferencia de la cofradía de Santiago, la de la Virgen del Rosario no cobraba nada por la inclusión de nuevos miembros, los cuales podían ser mujeres u hombres, sin ningún tipo de exclusión: «cualquiera persona de cualquier estado y condición que sea, pueda entrar en esta cofradía haciéndose escribir en el libro de ella»[68]. Una vez incluido, el cofrade tenía obligación de rezar un rosario entero todas las semanas, que se componía de quince padres nuestros y 150 Avemarías. También se debía rezar cuando otro cofrade fallecía[69].

En cuanto a las festividades estaba la celebración anual, el primer domingo de octubre, de la festividad del Rosario, novenas incluidas, en agradecimiento «de la milagrosa victoria que Dios nuestro señor dio al pueblo cristiano este mesmo domingo del año de 1571 en Lepanto contra la armada del gran turco»[70]. Esta orden establecida en 1573 por el papado, no solo nos conecta con el nacimiento de la festividad de la Virgen del Rosario en la fecha indicada, sino también con lo ocurrido en el golfo de Lepanto en 1571 y su posterior trascendencia espiritual y propagandística. Lepanto, marcó mucho más que una victoria militar. En Albaladejo las celebraciones no se limitaban solamente a esta fecha concreta de octubre, sino que todos los primeros domingos de cada mes se hacía una procesión a la Virgen y los cofrades, además de acompañar a la imagen, portaban rosarios en sus manos. A esto se añadían los días más importantes del culto mariano, es decir, la purificación, anunciación, asunción y natividad, los cuales se celebraban con mayor solemnidad. Los cofrades estaban obligados, a no ser que hubiera causa mayor, a asistir a todas las procesiones y fiestas y en caso de incumplimiento pagar cuatro maravedís de penalización[71].

Entre mayordomos y cofrades

El gobierno y administración de la cofradía de la Virgen del Rosario de Albaladejo no distaba del modelo del resto de hermandades. Había un capellán, el primero de ellos fue el párroco Gonzalo Carrasco, que se encargaba de bendecir rosarios, publicar las indulgencias, inscribir cofrades y votar en las elecciones que se hicieren de mayordomos[72]. A este cargo se añadían también los trabajos del cura y sacristán de la parroquia, que se encargaban de oficiar y facilitar el desarrollo de los actos litúrgicos, así como el muñidor cuyas misiones giraban en torno a limpiar, cuidar y preparar los oficios.

Los mayordomos se elegían el día de la anunciación y su misión fundamental pasaba por dar cuentas de la cofradía, además de lavar la ropa, aderezar la imagen y las andas y formar los altares por las calles para las procesiones. Durante los años que ocupó el libro de cuentas hubo diferentes mayordomos. El primero de ellos fue Francisco López del Coso, hasta su fallecimiento acaecido entre 1745 y 1747. En la cuenta de estos años, hecha de forma conjunta, se estableció a su viuda, doña Josefa Carrasco Machado, como sustituta, aunque en su ausencia compareció Juan Isidoro Lozano[73]. El nuevo mayordomo fue José Rodríguez Romero, elegido el 17 de enero de 1748[74] y que ocupó su cargo hasta que el 26 de diciembre de 1786 se presentó en el ayuntamiento y solicitó dejar esta misión por ser de avanzada edad, siendo elegido como sustituto Manuel López del Coso que hace la última cuenta del libro fechada en 1787[75].

Sin embargo, lo más importante de la cofradía eran sus cofrades. En todo el libro de cuentas solo se conserva una relación de sus nombres y apellidos, entre los que se entremezclan hombres y mujeres de forma dispar. Este listado fue hecho por Ignacio de Borja, religioso de la orden de predicadores del convento de Villanueva de los Infantes y que fue predicador de la cuaresma en Albaladejo por el año 1731[76]. En total constaban 460 hermanos cofrades[77] que fueron apuntados en diferentes momentos, aspecto que queda de manifiesto con la presencia de al menos tres tipografías distintas en la inscripción de nuevos miembros. Destacaban los nombres de Ana, Juan, Pedro, María, Catalina, Isabel o José, que son los más repetidos.

En ocasiones se llega a la confusión, pues hay hasta cinco mujeres llamadas María Rodríguez, mismo número para el nombre de Catalina González o hasta tres hombres llamados José Martínez. Estos datos vienen a constatar, una vez más, la difícil tarea de definir la identidad de la masa popular de la Edad Moderna. Debo insistir en la posible desviación de las cifras con varias inscripciones a una misma persona. Además, no todos eran vecinos de Albaladejo, sino que los había de Madrid, como don José Sánchez Tejada, el cual era abogado, don José Soriano que era vecino de Villamanrique o, por último, don Martín Francisco de los Herreros, que era de Terrinches. Cabe poner acento en que los tres hombres que no eran vecinos del pueblo, tienen en su inscripción la palabra don, lo que denota un claro símbolo de rango social. En total quince personas tenían el prefijo don, lo que representaba un 3,26 % del total. Por otro lado, el apellido más repetido era Rodríguez, en veinticuatro ocasiones. García, dieciséis veces y González, también dieciséis.

Capilla, terrenos, vestidos y joyas

En el siglo XVIII, la cofradía había acumulado una serie de bienes y obligaciones para con sus cofrades, especialmente en la pronunciación de misas por las almas de los fallecidos, una fuente inagotable de financiación. Catalina González de Molina era la más destacada, a cuya alma se le dedicaban dieciséis misas rezadas al año. María Sánchez solo tenía una misa anual, pero era cantada y, por tanto, de un mayor coste económico. Otros casos son los de Pedro

Rodríguez de la Cueva, que fue cura de la parroquia y al cual se le decían once misas todos los años, Isidro Cano que tenía pagadas tres misas o Francisco López del Coso, que pidió una misa al año por su alma[78]. Además de difuntos, la cofradía tenía obligación de oficiar una misa el día de San José[79].

Además de estas obligaciones, la Virgen del Rosario se fue dotando de bienes muebles y raíces, los cuales fueron recogidos con suma precisión en el libro de cuentas. Con el nombramiento de José Rodríguez Romero como nuevo mayordomo, el 17 de enero de 1748, se hizo un inventario que recogió todas las propiedades, entre las que se mezclaban tierras para sembrar cebada o trigo, con muebles, censos, ropa y joyas para la imagen de la Virgen[80].

En total, la cofradía tenía catorce hectáreas de terreno, lejos de las sesenta y cuatro del Santísimo Sacramento. Disponía de un haza de tres fanegas en el camino hacia la Dehesa, un pedazo de tierra en Carramolón, dos tajones en la Cañada y otra haza en el sitio del Horcajo. Unas nuevas propiedades se adhirieron mediante Francisco López del Coso, cuyos herederos entregaron dos pedazos de tierra, uno junto a la ermita de San Juan y el otro en el cerrillo del Palo. A esto se añadían cinco vestidos para la Virgen, hechos de tafetanes y sedas de diversos colores, así como dos mantos, velos, almillas, manteles y frontales. En cuanto a las joyas, destacaban tres crucifijos de plata, tres rosarios, uno de vidrio engarzado en plata y dos medallas. Por último, mencionar la presencia de un estandarte blanco[81]. En 1787, un nuevo inventario anotó la adquisición u obtención, mediante donación, de nuevas prendas e, incluso, imágenes. Ahora la cofradía también contaba con un san Antonio de plata sobre dorado, que antes no tenía, un arca nueva hecha de madera de pino, un vestido de seda con franja de plata o una mantilla para el niño, que dio de limosna don Manuel de Villa vecino de la ciudad de Toledo y natural de Albaladejo[82]. Este aumento fue constante durante todo el siglo XVIII, hasta que el fenómeno cofrade entró en declive.

Asunto importante fue la construcción de la capilla en la iglesia de la localidad. Ocupó el crucero del Evangelio de la iglesia, a la que se accedía mediante un arco de medio punto y se componía de un retablo con la imagen de la Virgen, a lo que se añadió un altar[83]. Molina Chamizo establece el 4 de octubre de 1691, como la fecha más antigua de la que conservamos un documento que hablaba de una capilla dedicada a la Virgen del Rosario, diferente al altar establecido en la fundación de la cofradía en 1581. Esta capilla sería antecedente a la construida en la reforma de la iglesia de1732 y cuya datación o naturaleza no se han podido aún rastrear[84]. Durante todo el siglo xviii, la capilla fue una de las grandes protagonistas de los gastos de la cofradía con el objetivo de liberarla de humedades. Al finalizar las cuentas entre 1737 y 1739 se pidió «se abran las piedras de las que están pegantes a las paredes de la capilla dando corriente a las aguas para que no humedezcan los cimientos»[85]. El problema de humedades también apareció en las cuentas entre 1779 y 1781, en las que se recogió el gasto de ochenta y dos reales que se pagaron a Pedro Antonio Rodríguez por «coger las aguas, losar los cimientos para quitar las humedades y blanquear lo preciso en la capilla»[86]. También se requería de esterado, de manera constante, o de su retejado, tal y como se anotaban en las cuentas que van desde 1748 hasta 1751[87] o las posteriores de 1752 a 1754 con el pago de veinticinco reales[88].

Gastos ordinarios y extraordinarios

Los gastos habituales a los que tenía que hacer frente la cofradía pasaban por las reformas en la capilla, de las cuales ya he hablado, las misas en memoria de los difuntos, la misa cantada del día de san José o las procesiones del primer domingo de cada mes, además del día de su festividad. Por ejemplo, al sacristán le solían pagar veintitrés reales al año o al muñidor treinta[89]. Uno de los gastos más importantes era el aceite que se depositaba en la lámpara de la capilla de la Virgen del Rosario, del que se compraban unas dos arrobas al año. Se usaba para los días festivos, aunque esta cifra aumentó desde 1765 llegando a las seis arrobas anuales por el encendido diario de la lámpara[90]. Un gasto recurrente, el cual también hacía frente en el resto de cofradías, fue el invertido en cera. En el caso analizado la compra anual era de unas doce libras que costaban entre ocho y diez reales cada una de ellas[91]. Otro gasto ligado a la cofradía es el producido para comprar roscas y pichones que se daban de ofrenda el día de la purificación, lo que suponía un gasto anual de treinta reales[92]. El hecho de contar con una visita que tomase cuentas a la cofradía costaba alrededor de ocho reales. Por último, resaltar el importe habitual destinado para la limpieza y monda de arroyos y tierras. Por ejemplo, en las cuentas entre 1762 y 1764 se pagó a José López y Francisco Ballesteros por la limpieza del haza del Horcajo.

A estos gastos que se repiten de manera constante y anual, se sumaban otros por necesidad, mejora u otras circunstancias, a los que podemos llamar extraordinarios. En este tipo de gastos situamos la compra de vestidos para la Virgen. Así, entre 1729 y 1732 se invirtieron 512 reales en uno compuesto de gorgorán apersianado, tafetán encarnado, seda, damascos de diferentes colores y el pago del trabajo por su costura[93]. También hubo inversiones y ayuda en la compra de otras imágenes, como fue el caso de una efigie de Jesús en la columna comprada entre 1745 y 1747, cuyo escultor fue Jesús Lozano, de Villanueva de los Infantes, y para lo cual, Francisco López del Coso, antes de su muerte, entregó cien reales[94]. Carpintero, y de Albaladejo, era Julián Ojeda, al que se le pagaron doce reales por arreglar la mesa de las andas que se usaba para las procesiones de la Virgen[95], en cuya capilla se instaló una nueva red de alambre para su ventana que costó siete reales[96]. Por último, la cofradía de la Virgen del Rosario pagó, junto a la iglesia y a la cofradía del Santísimo Sacramento, el corte de una nueva alfombra de seis varas de largo y cuatro de ancho, para el altar mayor, que se compró entre 1755 y 1758[97].

Todos estos gastos solo se podrían sufragar con los ingresos obtenidos por el arrendamiento y usufructo de los pedazos de terrenos trabajados por los vecinos y que producían muy diversas fanegas de trigo y cebada que luego se vendían. Entre los ingresos se encuentran importantes sumas gracias a los censos, pensión que pagaban los herederos de Antón Alonso Román, con un importe de 200 ducados, y los herederos de Cristóbal Ballesteros, cuyo censo era de 120 ducados[98]. En las cuentas se mostraba el balance del cargo, es decir, ingresos para la cofradía y la data, gastos ordinarios y extraordinarios, cuyo resultado producía el alcance. Si su resultado era negativo el mayordomo tenía que hacer frente al gasto correspondiente. En total, en el libro se reflejaban la toma de veinte cuentas, teniendo ocho de ellas un balance negativo y doce positivo. Destacó especialmente el periodo comprendido entre 1755 y 1766 por el enorme gasto anual de la cofradía y el saldo negativo en estos once años.

Años que comprende la cuenta	Cargo	Data	Alcance
1728-1732	1.084 r. y 17 ms.	274 r. y 17 ms.	A favor: 810 r.
1733-1736	1.667 r.	2.238 r. y 17 ms.	En contra: 571 r. y 17 ms.
1737-1739	2.798 r. y 16 ms.	1.816r.	A favor: 918 r. y 16 ms.
1740-1742	1.386 r. y 26 ms.	1.317 r.	A favor: 69 r. y 26 ms.
1742-1743	220 r. y 22 ms.	890 r.	En contra: 669 r. y 22 ms.
1743-1744	585 r. y 20 ms.	1.105 r. y 22 ms.	En contra: 520 r. y 2 ms.
1745-1747	1.971 r. y 26 ms.	1.900 r. y 2 ms.	A favor: 71 r. y 24 ms.
1748-1751	2.195 r. y 26 ms.	1.761 r.	A favor: 434 r. y 26 ms.
1752-1754	3.055 r. y 8 ms.	1.499 r.	A favor: 1.606 r. y 8 ms.
1755-1758	2.816 r. y 20 ms.	3.083 r. y 7 ms.	En contra: 267 r. y 13 ms.
1759-1761	1.586 r. y 10 ms.	2.073 r. y 31 ms.	En contra: 487 r. y 21ms.
1762-1764	1.797 r. y 9 ms.	1.974 r. y 21 ms.	En contra: 177 r. y 12 ms.
1765-1766	1.128 r. y 7 ms.	1.352 r. y 12 ms.	En contra: 224 r. y 5 ms.
1767-1769	2.213 r.	1.852 r. y 22 ms.	A favor: 361 r. y 22 ms.
1770-1773	1.676 r. y 12 ms.	1.643 r. y 17 ms.	A favor: 32 r. y 29 ms.
1774-1775	2.160 r.	932 r.	A favor: 1.238 r.
1776-1778	1.832 r. y 17 ms.	1.201 r. y 17 ms.	A favor: 631 r.
1779-1781	1.910 r. y 17 ms.	1.293 r.	A favor: 617 r. y 17 ms.
1782-1786	1.817 r. y 17 ms.	2.147 r. y 5 ms.	En contra: 329 r. y 22 ms.
1787	620 r.	743 r. y 5 ms.	En contra: 123 r. y 5 ms.

Fuente: Libro de la cofradía de Nuestra Señora del Rosario. AHN, Clero, Secular-regular, l. 2886.

Conclusión

El mundo cofrade en Albaladejo es un ejemplo más de las realidades de las villas castellanas durante toda la Edad Moderna. La religiosidad empapaba, no solamente la cotidianeidad de las celebraciones eucarísticas, sino que jugaba un papel fundamental en la vertebración de la sociedad. Las cofradías fueron así puntos de reunión vecinal que organizaban el culto a una determinada imagen, pero que daban sentido a la vida pública y privada de los miembros de la comunidad.

En el caso de Albaladejo, el casi vacío historiográfico sobre la materia ha alentado documentar la existencia de seis cofradías: Ánimas, de especial interés por organizar la danza de las espadas[99], San Sebastián, dedicada al cuidado de la ermita, Santa Ana, Santiago, Santísimo Sacramento y la Virgen del Rosario, la única cuyo origen he podido documentar fehacientemente. A estas se sumaría una séptima, la Veracruz, sobre la que se conserva referencias documentales dispares radicadas en protocolos notariales. Esta fiebre cofrade no solo estuvo motivada por la política regia, sino que se debe destacar la figura de Rodrigo de Almazán y Muñoz. Su actividad reformadora e impulsora del mundo religioso albaladejeño quedó plasmada en todos los libros de cuentas consultados, al igual que en la reforma de la iglesia de los años treinta del siglo XVIII. Es este un personaje a tener en cuenta, que muestra una dedicación especial en la protección del legado histórico que recibe como cura de Albaladejo y, a la par, destacó por un deseo de trascendencia muy particular, de dejar un legado a las generaciones futuras:

> Yo el licenciado don Rodrigo de Almazán y Muñoz, cura propio de la parroquial del señor Santiago desta villa de Albaladejo, certifico que las ordenanzas antecedentes de la cofradía del señor Santiago son las mismas que hallé en un unas hojas sueltas traducidas i recopiladas de un libro viejo por el licenciado Andrés Sánchez, presbítero i mayordomo que fue de dicha cofradía, las cuales hice estampar en este libro fiel i verdaderamente i concuerdan con las originales, i encargo i suplico a todos mis sucesores, así

Nuestra Señora del Rosario y la batalla de Lepanto. Grabado del taller de Juan Luengo realizado en 1750.

> párrocos como mayordomos de dicha cofradía hagan que dichas ordenanzas i memorial de cofrades antecedente se estampen i anoten con toda calidad en qualquier libro nuevo que hagan para la mayor manutención de dicha cofradía[100].

El estudio detallado de la cofradía de la Virgen del Rosario muestra una historia iniciada hace más de 400 años por el deseo expreso de los albaladejeños y cuya prueba documental conservamos gracias a Rodrigo de Almazán. El desglose de más de 460 nombres facilita la comprensión de la demografía de la localidad y de su comarca, el Campo de Montiel, con la mujer como un factor de extraordinaria importancia. Cabe mencionar la alta participación en la cofradía en una población que, según el censo de Aranda, estaba en 885 habitantes en 1768[101], lo que da buena cuenta del peso histórico, de tradición, que guardaba la Virgen. Sin embargo, al margen de caer en el localismo, cabe advertir que el culto a la Virgen del Rosario no solo era propio de Albaladejo, sino que obedeció en este tiempo al impulso de la orden de los dominicos, al igual que también a los ecos de la batalla de Lepanto, cuya explosión propagandística resonó en los cuatro costados de Europa, al igual que en el Nuevo Continente.

Sobre esta cofradía y las restantes se deben seguir haciendo nuevos estudios que arrojen luz sobre el pasado de Albaladejo, aún tan lleno de leyendas y mitos que solo la investigación de archivo puede y debe cambiar.

Notas

1 Buen ejemplo de ello es: SABE ANDREU, Ana: *Las cofradías de Ávila en la Edad Moderna*. Madrid, Universidad Complutense de Madrid, 1999.

2 Una muestra sobre la posibilidad de estudio de las cofradías se enseña en: MIRA CABALLOS, Esteban: «Cofradías y élites en la Carmona Moderna», *Isidorianum*, 39, 2011, pp. 197-222.

3 CANDAU CHACÓN, María Luisa: *La religiosidad en la Edad Moderna. Dogma y disciplina*. Madrid, Síntesis, 2020, p. 322.

4 Un extraordinario ejemplo sobre la función de estas cofradías asistenciales se encuentra en: ARANDA DONCEL, Juan: «Cofradías y hospitales en Córdoba a finales del siglo xvi», Beresit: *Revista interdiciplinar científico-humana*, 4, 1992, pp. 33-45.

5 CANDAU CHACÓN, María Luisa: *La religiosidad en…*, *op. cit*, p. 323.

6 Archivo Histórico Nacional [AHN], Consejos, leg. 9074.

7 SÁNCHEZ MOLINA, Carlos: «Las cofradías del Campo de Montiel, siglos xvi al xviii», *Revista de Estudios del Campo de Montiel*, 6, 2019, pp. 89-170.

8 MOLINA CHAMIZO, Pilar: *Iglesias parroquiales del Campo de Montiel (1243-1515)*. Ciudad Real, Diputación Provincial de Ciudad Real, 1994.

9 GALLEGO VALLE, David: *Las fortificaciones del Campo de Montiel (ss. viii al xvi): historia, arqueología y análisis constructivo*. Ciudad Real, Universidad de Castilla-La Mancha, 2020.

10 AHN, Clero, secular-regular, l. 2886.

11 MOLINA CHAMIZO, Pilar: *Iglesias parroquiales…*, *op. cit*, p. 36.

12 En este aumento poblacional destaca la llegada de moriscos procedentes de Granada en 1571. La población de Albaladejo, por aquel entonces, se situaba en torno a los 869 habitantes, en MORENO DÍAZ DEL CAMPO, Francisco Javier: *Los moriscos de La Mancha. Sociedad, economía y modos de vida de una minoría en la Castilla moderna*, Madrid, CSIC, 2009, p. 136.

13 MOLINA CHAMIZO, Pilar: *Iglesias parroquiales…*, *op. cit*, p. 35.

14 *Relaciones topográficas de Felipe II, relación de Albaladejo*. Real Academia de la Historia, t. III, f. 324v.

15 MOLINA CHAMIZO, Pilar: *Iglesias parroquiales…*, *op. cit*, p. 50.

16 Respuestas generales del Catastro de Ensenada, 17 de marzo de 1572. Archivo General de Simancas (AGS), Dirección general de Rentas (DGR), l. 466, f. 26r.

17 TORRES JIMÉNEZ, Raquel: *Religiosidad popular en el Campo de Calatrava, cofradía y hospitales al final de la Edad Media*, Ciudad Real, Instituto de Estudios Manchegos, p. 86.

18 MOYA GARCÍA, Concepción: «Fuenllana en los inicios de la Edad Moderna, según los libros de visita de la Orden de Santiago (1468-1550)», *Revista de Estudios del Campo de Montiel*, 6. 2019, p. 69.

19 *Idem.*

20 Libro de visitas de las villas de los partidos de Murcia y Segura de la Sierra, 26 de noviembre de 1549. Archivo Histórico Nacional (AHN), OOMM (Órdenes Militares), l. 1085c, f. 839r.

21 MOYA GARCÍA, Concepción: «Fuenllana en los inicios…», *op. cit*, p. 76.

22 *Relaciones topográficas de Felipe II, relación de Albaladejo*. Real Academia de la Historia, t. III, f. 326v.

23 Respuestas particulares del Catastro del marqués de la Ensenada, Albaladejo. AGS, DGR, l. 1503, f. 241v.

24 AHN, Clero, secular-regular, l. 1861.

25 AHN, Clero, secular-regular, l. 1861, f. 2v.

26 AHN, Clero, secular-regular, l. 1861, f. 3r.

27 AHN, Clero, secular-regular, l. 1861, f. 9r.

28 *Idem.*

29 AHN, Clero, secular-regular, l. 1861, f. 17v.

30 Libro de visitas de las villas de los partidos de Murcia y Segura de la Sierra, 26 de noviembre de 1549. Archivo Histórico Nacional (AHN), OOMM, l. 1085c, f. 838v.

31 Libro de visitas de las villas de los partidos de Murcia y Segura de la Sierra, 26 de noviembre de 1549. AHN, OOMM, l. 1085c, f. 839r.

32 *Relaciones topográficas de Felipe II, relación de Albaladejo*, Real Academia de la Historia, t. III, f. 326v.

33 De Diego Rodríguez de Saavedra, alcaide de la encomienda de Albaladejo, diciembre de 1592, Albaladejo. AHN, OOMM, exp. 50.777.

34 *Idem.*

35 Provisión Real sobre devolver a Albaladejo el libro de cuentas de la ermita de Santa Quiteria, 8 de enero de 1575, Madrid. AHN, OOMM, exp. 59.870.

36 Libro de la cofradía de Santiago I y libro de la cofradía de Santiago II. Archivo parroquial de la iglesia de Albaladejo (APAB), caja 6.

37 Libro de la cofradía de Santiago I. APAB, caja 6, ff. 148r-150v.

38 Libro de la cofradía de Santiago I. APAB, caja 6, f. 155v.

39 Libro de defunciones de Albaladejo, 1 de enero de 1640. Archivo Diocesano de Ciudad Real, f. 101v.

40 Libro de la cofradía de Santiago I. APAB, caja 6, f. 153r.

41 Libro de la cofradía de Santiago I. APAB, caja 6, f. 153v.

42 *Idem.*

43 Libro de la cofradía de Santiago I. APAB, caja 6, f. 154r.

44 Lo habitual es que fueran dos vacas, aunque en las cuentas primeras que conservamos de 1661 o 1662, se especifica la compra de una sola vaca, algo que se repitió en años muy concretos como en 1861. La compra de una sola res pudo estar determinado por épocas de carestía o aumento de precios: Libro de la cofradía de Santiago I. APAB, caja 6. Una situación anómala se dio en 1847 cuando se compraron tres reses. Libro de la cofradía de Santiago II. APAB, caja 6.

45 Libro de la cofradía de Santiago I. APAB, caja 6, f. 154v.

46 Libro de la cofradía de Santiago I. APAB, caja 6, f. 213r.

47 Libro de la cofradía de Santiago I. APAB, caja 6, f. 121r.

48 Cofradía del Santísimo Sacramento de Albaladejo. Archivo Histórico Provincial de Ciudad Real (AHPCR), Hacienda, caja 794, leg. 3, doc. 8.

49 *Idem.*

50 Cofradía del Santísimo Sacramento de Albaladejo. AHPCR, Hacienda, caja 794, leg. 3, doc. 8.

51 De las 72 cofradías del Campo de Montiel, solo dos de ellas tenían más hectáreas de terreno con respecto a la cofradía del Santísimo Sacramento de Albaladejo, véase: SÁNCHEZ MOLINA, Carlos: "Las cofradías del Campo de Montiel…", *op. cit*, p. 142.

52 *Idem.*

53 Libro de cuentas de la cofradía de Santa Ana. AHN, Clero, secular-regular, l. 2887.

54 Libro de cuentas de la cofradía de Santa Ana. AHN, Clero, secular-regular, l. 2887, f. 27r.

55 Libro de cuentas de la cofradía de Ánimas de Albaladejo. APAB, caja 6.

56 SÁNCHEZ MOLINA, Carlos: «Las cofradías del Campo de Montiel…», *op. cit*, p. 103.

57 BELDAD CORRAL, Juliana: «La religiosidad y el espíritu tridentino en la España del Barroco: La expansión de las órdenes religiosas» en SANZ CAMAÑES, Porfirio (coord.): *La Monarquía Hispánica en tiempos del Quijote*, Madrid, Sílex, 2005, p. 253.

58 CACHEDA BARREIRO, Rosa Margarita, «Dogma, ideología y devoción: La Inmaculada Concepción a través de las estampas del siglo xvii», en CAMPOS Y FERNÁNDEZ DE SEVILLA, Francisco Javier (ed.): *La Inmaculada Concepción en España: religiosidad, historia y arte. Actas del simposium*, vol. II. San Lorenzo de El Escorial, Ediciones Escurialenses, 2005, p. 847.

59 *Ibídem*, p. 104.

60 VILÁ, Lara, «El sangriento destrozo y crudas muertes. Gloria y miseria en la poesía de Lepanto», en CLARAMUNT, Alex (ed.): *Lepanto, la mar roja de sangre*, Madrid, Desperta Ferro Ediciones, 2021, p. 329.

61 SÁNCHEZ RIVERA, Jesús Ángel: «Culto y propaganda católica en torno a una pintura de la Virgen del Rosario», *Advocaciones Marianas de Gloria*, San Lorenzo de El Escorial, 2012, p. 856.

62 RIVERO RODRÍGUEZ, Manuel: «¿Monarquía Católica o Hispánica?: África o Levante: la encrucijada de la política mediterránea entre Lepanto (1571) y la anexión de Larache (1618)» en SANZ CAMAÑES, Porfirio (coord.): *La Monarquía Hispánica en tiempos del Quijote*, Madrid, Sílex, 2005, p. 253.

63 CACHEDA BARREIRO, Rosa Margarita: «Dogma, ideología y devoción…», *op. cit*, p. 861.

64 SÁNCHEZ MOLINA, Carlos: «Las cofradías del Campo de Montiel…», *op. cit*, p. 104.

65 Libro de la cofradía de Nuestra Señora del Rosario. AHN, Clero, secular-regular, l. 2886.

66 Libro de la cofradía de Nuestra Señora del Rosario. AHN, Clero, secular-regular, l. 2886, f. 2r.

67 *Idem*.

68 Libro de la cofradía de Nuestra Señora del Rosario. AHN, Clero, secular-regular, l. 2886, f. 4r.

69 Libro de la cofradía de Nuestra Señora del Rosario. AHN, Clero, secular-regular, l. 2886, f. 5r.

70 *Idem*.

71 Libro de la cofradía de Nuestra Señora del Rosario. AHN, Clero, secular-regular, l. 2886, f. 5v.

72 *Idem*.

73 Libro de la cofradía de Nuestra Señora del Rosario. AHN, Clero, secular-regular, l. 2886, f. 61r.

74 Libro de la cofradía de Nuestra Señora del Rosario. AHN, Clero, secular-regular, l. 2886, f. 65r.

75 Libro de la cofradía de Nuestra Señora del Rosario. AHN, Clero, secular-regular, l. 2886, f. 116r.

76 Libro de la cofradía de Nuestra Señora del Rosario. AHN, Clero, secular-regular, l. 2886, f. 10r.

77 Libro de la cofradía de Nuestra Señora del Rosario. AHN, Clero, secular-regular, l. 2886, ff. 10r-32r.

78 Libro de la cofradía de Nuestra Señora del Rosario. AHN, Clero, secular-regular, l. 2886, f. 7r.

79 *Idem.*

80 Libro de la cofradía de Nuestra Señora del Rosario. AHN, Clero, secular-regular, l. 2886, f. 65v.

81 Libro de la cofradía de Nuestra Señora del Rosario. AHN, Clero, secular-regular, l. 2886, f. 66r.

82 Libro de la cofradía de Nuestra Señora del Rosario. AHN, Clero, secular-regular, l. 2886, f. 33r.

83 Libro de la cofradía de Nuestra Señora del Rosario. AHN, Clero, secular-regular, l. 2886, f. 78v.

84 MOLINA CHAMIZO, Pilar: *Iglesias parroquiales…*, *op. cit*, p. 46.

85 Libro de la cofradía de Nuestra Señora del Rosario. AHN, Clero, secular-regular, l. 2886, f. 50r.

86 Libro de la cofradía de Nuestra Señora del Rosario. AHN, Clero, secular-regular, l. 2886, f. 111v.

87 Libro de la cofradía de Nuestra Señora del Rosario. AHN, Clero, secular-regular, l. 2886, f. 70r.

88 Libro de la cofradía de Nuestra Señora del Rosario. AHN, Clero, secular-regular, l. 2886, f. 73r.

89 Libro de la cofradía de Nuestra Señora del Rosario. AHN, Clero, secular-regular, l. 2886, f. 44r.

90 Libro de la cofradía de Nuestra Señora del Rosario. AHN, Clero, secular-regular, l. 2886, f. 77v.

91 *Idem.*

92 Libro de la cofradía de Nuestra Señora del Rosario. AHN, Clero, secular-regular, l. 2886, f. 73r.

93 Libro de la cofradía de Nuestra Señora del Rosario. AHN, Clero, secular-regular, l. 2886, ff. 38r-38v.

94 Libro de la cofradía de Nuestra Señora del Rosario. AHN, Clero, secular-regular, l. 2886, f. 63r.

95 Libro de la cofradía de Nuestra Señora del Rosario. AHN, Clero, secular-regular, l. 2886, f. 93r.

96 Libro de la cofradía de Nuestra Señora del Rosario. AHN, Clero, secular-regular, l. 2886, f. 105r.

97 Libro de la cofradía de Nuestra Señora del Rosario. AHN, Clero, secular-regular, l. 2886, f. 78v-79r.

98 Libro de la cofradía de Nuestra Señora del Rosario. AHN, Clero, secular-regular, l. 2886, f. 7r.

99 Libro de cuentas de la cofradía de Ánimas de Albaladejo. APAB, caja 6.

100 Libro de la cofradía de Santiago I. APAB, caja 6, fF. 154v-155r.

101 *Censo de Aranda*. Real Academia de la Historia, t. 10, p. 256.

Bibliografía

ARANDA DONCEL, Juan: «Cofradías y hospitales en Córdoba a finales del siglo xvi», *Beresit: Revista interdiciplinar científico-humana*, 4, pp. 33-45. 1992.

BELDAD CORRAL, Juliana: «La religiosidad y el espíritu tridentino en la España del Barroco: La expansión de las órdenes religiosas» en SANZ CAMAÑES, Porfirio, (coord.) *La Monarquía Hispánica en tiempos del Quijote*, pp. 247-270. Sílex. Madrid, 2005.

CACHEDA BARREIRO, Rosa Margarita: «Dogma, ideología y devoción: La Inmaculada Concepción a través de las estampas del siglo xvii», en CAMPOS Y FERNÁNDEZ DE SEVILLA, Francisco Javier, (ed.): "La Inmaculada Concepción en España: religiosidad, historia y arte". *Actas del simposium*, vol. II, pp. 845-868. Ediciones Escurialenses. San Lorenzo de El Escorial, 2005.

CANDAU CHACÓN, María Luisa: *La religiosidad en la Edad Moderna. Dogma y disciplina*, p. 322. Síntesis. Madrid, 2020.

GALLEGO VALLE, David: *Las fortificaciones del Campo de Montiel (ss. viii al xvi): historia, arqueología y análisis constructivo*. Universidad de Castilla-La Mancha. Ciudad Real, 2020.

MIRA CABALLOS, Esteban: «Cofradías y élites en la Carmona Moderna», *Isidorianum*, 39, pp. 197-222. 2011.

MOLINA CHAMIZO, Pilar: *Iglesias parroquiales del Campo de Montiel (1243-1515)*. Diputación Provincial de Ciudad Real. Ciudad Real, 1994.

MORENO DÍAZ DEL CAMPO, Francisco Javier: *Los moriscos de la Mancha. Sociedad, economía y modos de vida de una minoría en la Castilla moderna*. CSIC. Madrid, 2009.

MOYA GARCÍA, Concepción: «Fuenllana en los inicios de la Edad Moderna, según los libros de visita de la Orden de Santiago (1468-1550)», *Revista de Estudios del Campo de Montiel*, 6, pp. 45-87. 2019.

RIVERO RODRÍGUEZ, Manuel: «¿Monarquía Católica o Hispánica?: África o Levante: la encrucijada de la política mediterránea entre Lepanto (1571) y la anexión de Larache (1618)» en SANZ CAMAÑES, Porfirio, (coord.) *La Monarquía Hispánica en tiempos del Quijote*, pp. 247-270. Sílex. Madrid, 2005.

SABE ANDREU, Ana: *Las cofradías de Ávila en la Edad Moderna*. Universidad Complutense de Madrid. Madrid, 1999.

SÁNCHEZ MOLINA, Carlos: «Las cofradías del Campo de Montiel, siglos XVI al XVIII», *Revista de Estudios del Campo de Montiel*, 6, pp. 89-170. 2019.

SÁNCHEZ RIVERA, Jesús Ángel: «Culto y propaganda católica en torno a una pintura de la Virgen del Rosario», *Advocaciones Marianas de Gloria*, pp. 851-866. San Lorenzo de El Escorial, 2012.

TORRES JIMÉNEZ, Raquel: *Religiosidad popular en el Campo de Calatrava, cofradía y hospitales al final de la Edad Media*. Instituto de Estudios Manchegos. Ciudad Real.

VILÁ, Lara: «El sangriento destrozo y crudas muertes. Gloria y miseria en la poesía de Lepanto», en CLARAMUNT, Alex, (ed.): *Lepanto, la mar roja de sangre*, p. 329-366. Desperta Ferro Ediciones. Madrid, 2021.

Tercera parte

Sociedad, economía y creencias del siglo XVI

El sector vitivinícola y la cultura del vino en el Siglo de Oro

Víctor García González
Universidad de Málaga

EL CULTIVO DE LA VID SE HABÍA EXTENDIDO por la geografía española desde época romana, pero su delimitación territorial en el Siglo de Oro quedó condicionada por el desarrollo económico y urbano de la Baja Edad Media.

En los siglos XVI y XVII, la alimentación española estaba basada en el triángulo pan, vino y carne. Como es lógico, se trataba de un triángulo desigual, pues la carne era el elemento más caro de los tres y, por tanto, el menos habitual en la mesa de la mayor parte de la población. Los tres sectores agrícolas básicos eran el cerealista, el vitivinícola y el olivarero, y encontramos la presencia de todos ellos de manera simultánea en muchas poblaciones[1]. Pero el vino gozaba de un papel mucho más protagonista en la vida cotidiana de toda la sociedad, incluso más que hoy en día, y buena parte de las labores anuales de los pueblos, sobre todo en regiones como La Mancha, giraba en torno a su cosecha, producción y venta.

Desde la Antigüedad clásica, el vino no había dejado de ser la base alimentaria de las sociedades mediterráneas o del sur de Europa, estaba presente en la mesa de todas las clases sociales de manera cotidiana y era un acompañante imprescindible en celebraciones tanto religiosas como profanas[2]. Además, en diversas variantes, era usado como fármaco o remedio médico para diferentes dolencias, aspecto en el que profundizaremos más adelante[3].

En este trabajo trazaré una panorámica general respecto al sector vitivinícola y la cultura del vino en los siglos XVI y XVII, describiendo los elementos básicos de la extensión del cultivo de la vid, el proceso de producción del vino y su comercio, y el papel que el vino tuvo en la gastronomía y la vida cotidiana de la sociedad española del Siglo de Oro.

El sector del vino en La Mancha durante el Siglo de Oro

La producción de vino en lo que hoy es Castilla-La Mancha se vería muy estimulada por la consolidación del establecimiento de la Corte en Madrid, que a partir del siglo XVI se convertiría en el principal destino de los excedentes[4]. Antes, el cultivo de la vid había servido para fijar poblaciones en zonas fronterizas hasta el siglo XV, lo que se reflejaría en su arraigo en las centurias posteriores.

Como ha estudiado Rogelio Jorge Martín, en las *Relaciones topográficas de Felipe II*, un cuestionario enviado desde la Corte entre 1575 y 1578, varias preguntas hacían referencia al vino, lo que da fe de su importancia[5]. Esta fuente histórico-estadística, sin parangón en el continente por estas fechas, ofrece una información muy detallada y diversa que abarca datos históricos, geográficos, sociales y comerciales, entre otros. Cuatro de las preguntas de las *Relaciones topográficas* indagaban sobre el vino en relación a cada localidad, en lo que respecta a la calidad de la tierra, el valor económico de la actividad agropecuaria, la ubicación desde un punto de vista comercial y la existencia de ferias o mercados. El 76,64 % de las localidades que enviaron respuesta al mismo en las actuales denominaciones de origen de Valdepeñas y La Mancha presentaban actividad vitivinícola[6]. Estas respuestas hablan de la importancia económica del vino y de la necesidad de abastecerse de él en aquellas localidades con déficit de producción. Por ejemplo, Viso del Marqués o Puertollano debían acudir a Valdepeñas o Moral de Calatrava para abastecerse[7]. También tratan de la escasez de mulas, cada vez más protagonistas en la vendimia, traídas del norte y que eran todavía muy caras en esta época, al ser muy codiciadas. Entre los siglos XV y XVI, las mulas irían sustituyendo a los bueyes en muchas faenas agrícolas, al ser más baratas de mantener. Como recoge Jorge Martín, en la zona de Villanueva de los Infantes, La Solana o Manzanares, el vino que se producía era principalmente tinto, y ya en el siglo XVI se era consciente de la necesidad de preservarlo a una temperatura estable en pozos o cuevas[8].

El sector del vino en La Rioja

El siglo XVI fue una centuria de experimentación con los suelos. En algunas áreas, como la cuenca del Ebro, a un momento de máxima expansión territorial a finales del siglo XV siguió un retroceso gradual en las décadas siguientes, al abandonarse plantaciones a excesiva altitud o con suelos demasiado pobres. La concentración en terrenos más fértiles y productivos generó la consolidación del entorno de La Rioja como gran región productora en el XVII[9]. La expansión sería sucedida por una fase de regulación y estabilización, en el que el entramado administrativo, político y social de la región se volcó a la producción del vino y a la defensa de los intereses de los viticultores[10].

Esta época conocería también la introducción de nuevas medidas proteccionistas para dificultar la importación de caldos foráneos, lo que incluyó multas, incautaciones y control de los precios[11]. El éxito del rioja y la ampliación de su mercado se debieron a dos factores fundamentales: por un lado, la despoblación de regiones productoras del centro de Castilla a finales del siglo XVI y principios del XVII, en paralelo a la crisis social y económica del reino y la consiguiente basculación demográfica y financiera hacia la periferia; por otro, la transformación de los suelos agrícolas de la cornisa cantábrica conforme se fue introduciendo el cultivo del maíz desde América, lo que sustituyó a los manzanos productores de sidra en muchos parajes y estimuló el consumo de vino riojano en sustitución de la anterior[12].

En un contexto de crisis demográfica y climática generalizada[13], con fuerte descenso de la población y de las temperaturas, contar con un sector sólido capaz de exportar un producto altamente demandado con la elasticidad necesaria para abastecer nuevos mercados supuso una tabla de salvación para las regiones que pudieron mantener cierta estabilidad. La producción en La Rioja fue aumentando gradualmente entre los siglos XVI y XVII, si bien, no obstante, se sufrieron enormes oscilaciones en la primera mitad de esta última centuria causadas por las dificultades demográficas, económicas y climáticas mencionadas[14], en un «Siglo de Oro» que pronto se convirtió en España en un siglo de hierro con durísimas condiciones de vida y extrema fragilidad económica. El crecimiento en la producción de vino fue muy por delante del crecimiento en la población, que debió esperar al XVIII para recuperarse definitivamente. Entre el Seiscientos y el Setecientos se fueron consolidando las que acabarían siendo denominaciones vitivinícolas por antonomasia: La Rioja, el valle del Duero, Jerez, La Mancha o Cataluña[15].

La vendimia, el proceso de producción del vino, la propiedad de la tierra y la mano de obra

De la mano del clero y favorecida por la demanda que la liturgia católica hacía de su consumo, la vid se extendió a muchas regiones de Europa y particularmente de España a final de la Edad Media, ya que la variedad de plantas y tipos de uva permitía cultivarlas en cualquier tipo de suelo, incluso en aquellos muy pobres. Las viñas, además, tenían un ciclo diferente a los cereales y permitía tener ocupados a los campesinos en épocas de escasa actividad de los hasta entonces cultivos mayoritarios[16].

La vendimia solía tener lugar a finales de septiembre o ya en octubre, e incluso algunas poblaciones y comarcas tenían disposiciones prohibiendo que se realizara antes de la festividad de San Miguel, si bien, como ahora, la fecha de inicio variaba según la meteorología de cada año. La vendimia exigía el empleo de numerosos jornaleros y peones, lo que a su vez provocó roces entre patronos y trabajadores que estimularon la aparición de regulaciones de las condiciones laborales. Estas regulaciones servían tanto para fijar unos salarios mínimos que garantizaran una mínima dignidad del trabajador, como para proteger a los terratenientes de una potencial alza incontrolada de los precios de la mano de obra. Los sueldos fueron creciendo de manera muy lenta entre los siglos XV y XVII. Los vendimiadores debían realizar una serie de labores esenciales: cavar, colocar los rodrigones o tranquillas de refuerzo en las viñas, podar, trabajar en las construcciones, adyacentes, segar y, como es lógico, recolectar la uva en la propia vendimia[17]. La escasez de mano de obra podía provocar que se trajeran jornaleros de localidades más lejanas, e incluso de otras comarcas y regiones, y que la vendimia no se realizara a la vez en todas partes, sino gradualmente. A veces las ordenanzas prohibían expresamente que se vendimiara en domingos y festivos[18].

Los vendimiadores cortaban las uvas a mano o con alguna herramienta cortante, depositando las uvas en espuertas, capachos o canastas de mimbre o esparto, los cuales iban siendo vaciados en carros[19]. La carga de estos últimos era volcada en los lagares, donde se realizaba el pisado y prensado de la uva. Allí donde había tradición y donde el clima y el suelo se prestaban a ello, las mejores uvas eran separadas para ser vendidas como fruta a granel o ser convertidas en pasas. El lagar solía ser de piedra, a veces excavado en la roca a modo de pileta, y en ocasiones de madera, aunque de forma menos frecuente, siendo únicamente habitual en el entorno de Zaragoza y en explotaciones americanas[20]. Estas actividades se producían en casas de labor ubicadas en el campo o en las propias villas y aldeas. El producto era vertido en grandes tinajas o vasijas, que eran producidas en hornos locales repartidos por toda la geografía española, y posteriormente almacenado en bodegas para su fermentación, al menos de manera general, dependiendo de las posibilidades del productor y del destino del producto, ya fuera comercio o autoconsumo. En muchas localidades castellanas, las bodegas podían ser municipales e incluso de la corona. En otros parajes, encontramos bodegas particulares subterráneas excavadas en un talud, lo que sigue siendo frecuente en el norte de España y en la ribera del Duero. En Galicia predominaban los lagares individuales y el minifundio, lo que estaba condicionado por las terrazas y cortinas de los estrechos valles. Aunque el paisaje era muy diferente en la submeseta norte, en Castilla y León también podemos hallar comúnmente pequeñas explotaciones familiares. Gradualmente se pasó del sistema de pagos con diferentes cultivos a un más predominante monocultivo de la vid.

La vinificación era, en síntesis, un proceso comunal donde intervenían numerosos grupos sociales, lo que propiciaba en con frecuencia las bodegas estuvieran fuera de los límites de la villa o ciudad[21]. Los cosecheros más pudientes contaban con sus propios lagares y bodegas e incluso compraban uva de otros viñedos para producir más vino; los menos «poderosos» (término que se extendió en la época para designar a los campesinos más acaudalados[22]) debían usar lagares ajenos y alquilar tinas y cubas. No obstante, el sector vitivinícola no era el más desigual del siglo XVI, pues permitía a muchas familias humildes unos ingresos adicionales en terrenos poco aptos para otros cultivos. A diferencia de las extensiones cerealistas, en los viñedos el porcentaje de pequeños propietarios o campesinos que cultivaban sus propias parcelas era mayor.

En la España moderna había una gran diversidad agraria, con numerosos perfiles de campesino dependiendo del tipo de contrato o el régimen de propiedad de la tierra. Las diferencias entre los labradores ricos o propietarios, cuyo protagonismo quedó reflejado en la literatura de autores como Cervantes o Lope de Vega, y el conjunto de jornaleros y pastores más pobres podían llegar a ser enormes. La habitual situación de endeudamiento entre el campesinado respecto a la burguesía urbana o los labradores ricos propietarios se veía agudizada por el hecho de que las instalaciones básicas para procesar productos agrarios, los medios de producción, estaban monopolizados por las élites, sobre todo por miembros de la nobleza. El régimen de propiedad de la tierra variaba por la geografía española, con casos como el de Almansa, donde la mayoría de los dueños de viñedos eran miembros de las grandes familias de la villa o bien instituciones eclesiásticas, las cuales por motivos litúrgicos necesitaban un buen abastecimiento de vino[23]. Muchas de las tierras vinícolas de la nobleza y la Iglesia eran arrendadas a labradores según diversos tipos de contrato, pues su extensión era demasiado grande para que fueran gestionadas directamente en su totalidad.

Los campesinos más pobres, alrededor de dos tercios del total, con pocas tierras en propiedad o directamente sin ellas (lo que era habitual en el sur de España y ha seguido siéndolo hasta nuestros días), se veían abocados al trabajo estacional como temporeros al servicio de labradores poderosos o miembros de los estamentos privilegiados. En mejor situación se encontraban los campesinos medios independientes, un cuarto del total en esta época, con capacidad para afrontar el pago de los impuestos y superar los años de malas cosechas, pero todavía por debajo de los ricos y poderosos. Su peso se fue reduciendo de manera paralela a la introducción de sistemas de producción de carácter capitalista orientados a la exportación. A la cabeza del campesinado, también en el sector vitivinícola, estaban los llamados labradores «honrados» o villanos ricos, aproximadamente un 5 % del total, que tenían acceso a propiedades más extensas por propiedad o contrato de arrendamiento y podían aspirar a emplear a su servicio a campesinos más pobres[24].

En una época de fiscalidad creciente, en un contexto de endeudamiento intensivo del campesinado en Europa occidental, un bien que se cobraba habitualmente en dinero como el vino permitía a muchos agricultores contar con el efectivo suficiente para hacer frente a los impuestos[25]. Las autoridades concejiles a veces prohibían que el vino se vendiera en los mesones, con objeto de estimular que los vecinos pagaran las tasas municipales en especie con él, como ocurrió en Almansa[26]. Entre 1580 y 1630, la penosa situación en el entorno rural estimuló la aparición de tratados obra de los arbitristas agraristas, que reivindicaban el sector primario como motor de la economía, criticaban la excesiva fiscalidad y las medidas ineficaces implementadas hasta el momento, y propugnaban innovaciones técnicas que aumentaran la producción y frenaran la despoblación, también en el ámbito vitivinícola[27].

El comercio, las ordenanzas municipales, las exportaciones y la introducción de la vid en América

Con la vendimia y la producción del vino no terminaba su ciclo comercial, al contrario. Ahí entraban varios tipos de intermediarios y comerciantes que compraban el vino para revenderlo, a veces en pequeñas cantidades, para almacenarlo y darle salida cuando bajaran las reservas y subieran los precios o para transportarlo a otros lugares con menor producción. Estas prácticas especulativas eran de uso global y pronto, a finales del XVI, las encontramos también en Indias, por ejemplo en Perú, como estudió Rivera Serna[28].

Los concejos trataron una y otra vez de limitar a través de sus ordenanzas prácticas como la mezcla de varios vinos de distinta calidad o añadir otras sustancias, lo que además de poner en riesgo la salud de los consumidores suponía una competencia desleal hacia el resto de productores y vendedores[29]. También fueron promulgadas muchas normas para proteger los viñedos, especialmente del paso del ganado, el cual podía arruinar explotaciones enteras, lo que estimuló la aparición de la figura del guardián de la viña (también «costijero» o cuidador, dependiendo de la región)[30] y la generalización de los cercados[31]. No obstante, debemos tratar de diferenciar entre la letra de las ordenanzas y el hecho de que las mismas se cumplieran siempre. El esplendor de la expansión de la vid en España en el siglo XVI se reflejó en la proliferación de ordenamientos en ciudades y villas como Jaén, León, Medina de Rioseco, Palencia, Talavera de la Reina, Tordesillas o Valladolid, entre otras[32]. La preocupación por la regulación del sector del vino queda puesta de manifiesto en la circunstancia de que incluso en poblaciones donde este tenía un peso muy secundario, como Bilbao, se promulgaran entre finales del siglo XV y la primera mitad del XVI numerosas normas para controlar todos los extremos del proceso de producción del vino y su comercio[33]. Ello se explica, sobre todo, por la relevancia que el sector tenía en los ingresos municipales.

Entre 1450 y 1570 se conoció una época de expansión en la producción agrícola que tuvo su máxima expresión en el sector del vino, llegando al extremo de empezar a exportarse en grandes cantidades a otros países como Francia e Inglaterra (siempre y cuando las relaciones diplomáticas con la Monarquía Hispánica favorecieran estas relaciones comerciales). El aumento se produjo gracias a la expansión de la superficie cultivada y en paralelo al crecimiento de una población urbana que había que alimentar.

Los españoles llevaron la vid a América a la menor oportunidad y, en el reinado de Felipe II, la producción de vino en zonas como Perú ya era lo suficientemente grande como para que los precios comenzaran a bajar y se exportara desde Lima y su región a Quito, Guatemala y Nicaragua[34]. La vid se adaptó rápidamente a los climas y economías indianos[35]. La creciente extensión de terrenos dedicados al cultivo de la vid provocó la creación de una nueva clase terrateniente con intereses comerciales y una nueva industria de procesamiento de la uva[36]. Muchas bodegas pequeñas en tamaño y capacidad en el siglo xvii se transformarían en la centuria siguiente adquiriendo un mayor tamaño e innovaciones tecnológicas[37].

El consumo del vino y la gastronomía

El vino era considerado un alimento para el día a día, no simplemente una bebida de placer, pues aportaba valor nutricional, energía y calorías, y se estimaba en gran medida su carácter higiénico y euforizante, capaz de estimular positivamente a aquellos que lo tomaban con moderación. No debemos que olvidar que, como sigue ocurriendo hoy en muchas regiones del mundo, el agua en mal estado podía ser un vehículo para la propagación de enfermedades, por lo que una sociedad con un mayor índice de consumo de vino podía desarrollar una mayor resistencia a males como la disentería[38].

El vino era consumido en mayor o menor medida por todos los grupos sociales y por gentes de todas las edades, tanto de entornos urbanos como rurales. Su acompañamiento habitual, el pan. A veces con cebolla, con queso o con tocino y otros derivados del cerdo, la carne más asequible junto a la de oveja. El vino se consumía en casa y en el campo, pero también en posadas y mesones, de los pocos sitios donde podía obtenerse al margen de las tabernas, los puntos de venta legales. Los concejos vigilaban también en los primeros que los caldos fueran de calidad y no estuvieran adulterados para obtener más beneficio. Era habitual que las autoridades concejiles regularan también el tamaño de los recipientes en esos establecimientos, el lugar de estos en el mismo, los horarios y días de apertura y los precios a los que se servía vino allí[39].

Las clases privilegiadas podían aspirar con más frecuencia a vinos más viejos, fuertes y dulces, pero el común solía conformarse con vinos jóvenes que debían consumirse rápido ya que generalmente no se conservaban bien. Este punto fue el que determinó que gradualmente ganaran peso en alta mar, entre los vinos que se embarcaban en los barcos que iban a América, los vinos con mayor graduación alcohólica y los fortificados, aquellos a los que se añadía alcohol o licor para soportar mejor los largos meses que debían resistir sin echarse a perder.

Los libros de cocina o de recomendaciones para banquetes se popularizaron en el siglo XVI y en ellos está omnipresente el vino como acompañante y aderezo de prácticamente cualquier plato de la gastronomía española y europea[40]. En las mesas de la aristocracia y en las cortes se hizo común la presencia de sumilleres.

Es interesante señalar que en los siglos XVI y XVII se extendió la afición por las bebidas frías, lo que aumentó la demanda de hielo y generó debates en torno a los problemas del consumo excesivo de alcohol. Se popularizó junto al vino servido frío la cerveza, la horchata, los licores de almendras y otros frutos secos y otras bebidas refrescantes. Como es sabido, al igual que en la Antigüedad, el vino a veces se mezclaba con agua para hacerlo menos fuerte. Esto era habitual, pero renunciar al vino totalmente en favor del agua suscitaba la denominación de "aguados" para los que lo hacían y tampoco era popular[41]. En cualquier caso, el otro extremo, el del borracho, era el de peor consideración social. El alcoholismo era visto no sólo como una muestra de debilidad moral y física, sino también espiritual, pues se consideraba una vía al pecado y al crimen[42]. La costumbre de aguar el vino ha llegado hasta época reciente en la forma del aguapié, un caldo de muy mala calidad que se obtenía agregando agua a los restos de orujo de los lagares tras el pisado de la uva.

En general, el vino estaba sometido a estrictas regulaciones y, por ejemplo, estaba prohibido vender vino barato y caro en la misma taberna, o que esta también vendiera comida junto con el vino, para limitar que la clientela permaneciera en los establecimientos más tiempo del imprescindible y cayera en un consumo excesivo. Los concejos imponían unos contratos a los arrendadores de las tabernas con unas estrictas condiciones relativas al período de arrendamiento, a la cantidad de vino que el arrendador se comprometía a vender, al precio y a la calidad de los vinos, como señalé anteriormente[43]. La taberna era el único establecimiento donde el vino podía venderse legal y libremente en grandes cantidades, y al ser un comercio muy beneficioso para los concejos, estos protegían el monopolio de los taberneros frente al tráfico ilegal.

Además de la malvasía y del vino tinto y blanco, en el Siglo de Oro aparecieron novedades como el vino de guindas, de membrillos, la clarea (vino blanco especiado), los vinos dulces cordobeses o el Pedro Ximénez, estos últimos con gran éxito, sobre todo entre la nobleza[44]. En torno a 1600 encontramos mencionado por primera vez en la documentación el chacolí o *txacoli*, vino blanco, ligero y ácido producido en la costa vasca gracias a las variedades de uva Hondarribi y Folle Blanch. Como ha estudiado Rivera Medina, las menciones al chacolí en la documentación son a veces confusas, pues no queda claro si el término se utilizaba para referirse en conjunto al vino o a este tipo en concreto[45]. En cualquier caso, este vino despegaría en el XVII con una personalidad diferenciada.

También se extendieron variantes como el hipocrás, vino cocido o hervido con miel o azúcar y especias (canela, jengibre o pimienta, por ejemplo) que se bebía caliente en invierno. Como apunta María Luz Rodrigo Estevan, los tratadistas médicos de la Edad Media y el Renacimiento, como por ejemplo Arnaldo de Vilanova o Alfonso López de Corella, se hicieron eco de estas bebidas, considerando su consumo beneficioso como postre o acompañando a ciertos alimentos[46]. López de Corella, en su obra *De vini commoditatibus libellus* o *Las ventajas del vino*, recomendaba aguar los vinos más alcohólicos o fuertes por sus efectos beneficiosos en el cuerpo. Ya a la altura del siglo XV, varios médicos europeos recomendaban el vino por su carácter curativo contra el paludismo, la migraña, las piedras en el riñón, la diarrea y otros problemas digestivos[47]. En momentos de epidemia, como por ejemplo la peste atlántica desatada a partir de 1596, el almacenamiento de vino era una de las medidas prioritarias entre las autoridades[48].

A la altura de 1570, la agricultura y la alimentación en España se seguían pareciendo bastante a las de la Edad Media. Los productos americanos y de otros lugares de un mundo que acababa de empezar a interconectarse menos de un siglo antes fueron integrándose en la mesa española, pero lentamente. Algunos productos como el pimiento y el pimentón, las judías, el pavo y el chocolate tuvieron un éxito inmediato y ya los encontramos mencionados en esta época. No obstante, no causaron una revolución, sino que fueron ganando su espacio en la gastronomía tradicional gradualmente y maridándose con distintos tipos de vino.

Desde la Edad Media venía siendo habitual cocinar ciertos platos con vino, como por ejemplo el pescado con vino blanco o la carne con salsas de vino, así como las frutas, para postre o aperitivo (cerezas, granadas, higos, melocotones, moras o peras), en una costumbre que ha llegado a nuestros días de numerosas formas[49]. La popularización de vinos, licores o postres con mayor presencia de azúcar en la Edad Moderna se vio estimulada por la expansión del cultivo de la caña de azúcar en el sur de España, las islas atlánticas y América, lo que generalizó el consumo del mencionado edulcorante gracias al aumento de la producción y el abaratamiento de su precio. La caña de azúcar fue un producto de ida y vuelta, introducido en Indias por los españoles y que, una vez cultivado a gran escala, volvió al Viejo Mundo para complementar la producción europea.

El vino en la literatura del Siglo de Oro

El vino está muy presente en las obras de los grandes autores españoles del Siglo de Oro, como Miguel de Cervantes o Lope de Vega. Es acompañante habitual de los personajes y elemento catalizador de la trama, propiciando malentendidos y enredos. El propio don Quijote aparece retratado como un amante del vino, cuyo consumo recomienda a Sancho Panza en lugar del agua[50]. Pero en ocasiones la cultura del vino contribuye también a conformar el paisaje en el que se desarrollan las historias de ficción.

Este es el caso, por ejemplo, de la obra teatral El galán de la Membrilla, de Lope de Vega. En palabras de Jesús Cañas Murillo, «todo huele a vino»[51] en esta comedia. Las bodegas y las labores en los viñedos son el telón de fondo en el que se desarrolla la mayor parte de la trama, con descripciones que hacen alusión a los parajes de La Mancha, pero que podrían servir para otras comarcas vitivinícolas españolas de la época, lo que evidencia un período de gran actividad y protagonismo social del sector. Sin embargo, el dramaturgo no profundiza en los detalles de los caldos manchegos, sino que utiliza al vino como elemento principal de la ambientación y factor característico de personajes secundarios cómicos, cuyo interés por el buen vino evidencia un afán materialista, frente a otros personajes más idealistas, románticos y espirituales. Sirve el vino también para idealizar las virtudes de las aldeas rurales frente a las grandes ciudades y la Corte.

A modo de conclusión

En resumen, poniendo en relación todas las claves planteadas, podemos afirmar que, durante el Siglo de Oro, el vino no era únicamente una bebida sino una forma de vida y un compañero fiel en la mesa de cada día para la mayor parte de la sociedad, especialmente en zonas como La Mancha. La capacidad de producir vino en buena cantidad era una ventaja económica frente a otras regiones y países y proporcionaba un recurso insustituible para sobrellevar mejor la existencia dura y sacrificada de aquella época.

A lo largo de la Edad Moderna, el sector vitivinícola pasó de ser un recurso de subsistencia a un producto de exportación, de ser uno más de los cultivos de muchas comarcas para transformarse en el motor económico de algunas regiones concretas de España, en paralelo al desarrollo global del comercio marítimo y al aumento de la demanda mundial, lo que conllevó el crecimiento de la superficie cultivada. Tras unas décadas de crisis, desde el último tercio del siglo XVII la vid comenzó a recuperar terreno frente a los cereales, especialmente en zonas como el Levante y las actuales provincias de Málaga y Granada. Gradualmente, el capital extranjero se iría interesando por este sector, lo que se intensificaría a partir del siglo XVIII.

En cualquier caso, los problemas relacionados con el régimen señorial y la estructura de la propiedad limitaron las posibilidades del sector vitivinícola. Los intentos modernizadores desde el Estado fueron generalmente poco ambiciosos y se encontraron numerosos obstáculos, por lo que las condiciones de producción no se alteraron lo suficiente para que el común de la población se viera beneficiado por el desarrollo del comercio del vino.

A pesar de estos problemas crónicos, cabe concluir sin temor a equivocarnos que no es posible aproximarse al estudio de la historia de la España del Siglo de Oro sin atender al protagonismo de la cultura del vino en la vida cotidiana de personas de todas las clases y estamentos de la sociedad, y sin reconocer la gran significación del sector vitivinícola en la economía de muchas localidades, comarcas y regiones.

Notas

1 JORGE MARTÍN, Rogelio: «Historia económica del vino en Castilla-La Mancha: producción y comercio en tiempos de Felipe II a través de *Las relaciones topográficas*», *Anuario Jurídico y Económico Escurialiense*, 54, 2021, p. 318.

2 RODRIGO ESTEVAN, María Luz: «El consumo de vino en la Baja Edad Media. Consideraciones socioculturales», en GARCÍA GUATAS, Manuel Santiago, PIEDRAFITA PÉREZ, Elena, y BARBACIL, Juan (coords.): *La alimentación en la Corona de Aragón (siglos XIV-XV)*. Zaragoza, Diputación de Zaragoza, Institución Fernando el Católico, 2013, p. 113.

3 *Ibidem*, p. 111.

4 JORGE MARTÍN, Rogelio: «Historia económica del vino en Castilla-La Mancha: producción y comercio en tiempos de Felipe II a través de *Las relaciones topográficas*», *Anuario Jurídico y Económico Escurialiense*, 54, 2021, p. 314.

5 *Ibidem*, p. 315.

6 *Ibidem*, p. 317.

7 *Ibidem*, p. 316.

8 *Ibidem*, p. 320.

9 IBÁÑEZ RODRÍGUEZ, Santiago: «La consolidación del vino de Rioja en el siglo XVII», *Historia Agraria*, 26, 2002, p. 38.

10 *Ibidem*, p. 66.

11 *Ibidem*, p. 54.

12 *Ibidem*, p. 51.

13 PARKER, Geoffrey: *El siglo maldito*. Barcelona, Planeta, 2013, p. 42.

14 IBÁÑEZ RODRÍGUEZ, Santiago: «La consolidación del vino de Rioja en el siglo XVII», *Historia Agraria*, 26, 2002, p. 44.

15 GONZÁLEZ ENCISO, Agustín: *Felipe V: La renovación de España*. Pamplona, EUNSA, 2003, p. 111.

16 IBÁÑEZ RODRÍGUEZ, Santiago: «La consolidación del vino de Rioja en el siglo XVII», *Historia Agraria*, 26, 2002, p. 35.

17 ARRÁEZ TOLOSA, Alfonso: «La viticultura en el corredor de Almansa: de sus orígenes a la Edad Moderna», en VV.AA., *El vino en la comarca de Almansa*, XX Jornadas de Estudios Locales, 2018, p. 103.

18 RIVERA MEDINA, Ana María: «El paisaje vitivinícola en las ordenanzas vizcaínas. Bilbao (ss. XIV-XVI)», *Studium: Revista de Humanidades*, 14, 2008, pp. 181-199, p. 193.

19 ARRÁEZ TOLOSA, Alfonso: «La viticultura en el corredor de Almansa: de sus orígenes a la Edad Moderna», en VV.AA., *El vino en la comarca de Almansa*, XX Jornadas de Estudios Locales, 2018, p. 106.

20 RIVERA MEDINA, Ana María: «La infraestructura para la elaboración de caldos: bodegas y lagares en San Juan de la Frontera (siglos XVII-XVIII)», *Universum: revista de humanidades y ciencias sociales*, año 22, vol. 1, 2007, pp. 137-150.

21 RIVERA MEDINA, Ana María: «La vitivinicultura española en los siglos XIV-XVII: una mirada al caso de Bilbao», *Cuadernos de Historia de España*, 83, 2009, pp. 187-224.

22 MARTÍNEZ RUIZ, Enrique: *Fiesta y tragedia. Vivir y morir en la España del Siglo de Oro*. Madrid, La Esfera de los Libros, 2023, p. 181.

23 ARRÁEZ TOLOSA, Alfonso: «La viticultura en el corredor de Almansa: de sus orígenes a la Edad Moderna», en VV.AA., *El vino en la comarca de Almansa*, XX Jornadas de Estudios Locales, 2018, pp. 97-98.

24 MARTÍNEZ RUIZ, Enrique: *Fiesta y tragedia. Vivir y morir en la España del Siglo de Oro*. Madrid, La Esfera de los Libros, 2023, p. 181.

25 IBÁÑEZ RODRÍGUEZ, Santiago: «La consolidación del vino de Rioja en el siglo XVII», *Historia Agraria*, 26, 2002, p. 34.

26 ARRÁEZ TOLOSA, Alfonso: «La viticultura en el corredor de Almansa: de sus orígenes a la Edad Moderna», en VV.AA., *El vino en la comarca de Almansa*, XX Jornadas de Estudios Locales, 2018, p. 87.

27 MARTÍNEZ RUIZ, Enrique: *Fiesta y tragedia. Vivir y morir en la España del Siglo de Oro*. Madrid, La Esfera de los Libros, 2023, pp. 227-228.

28 RIVERA SERNA, Raúl: «El cultivo de la vid, la producción de vino y chicha en Lima en el siglo XVI», *Boletín del Instituto Riva-Agüero*, 10, 1975, p. 177.

29 ARRÁEZ TOLOSA, Alfonso: «La viticultura en el corredor de Almansa: de sus orígenes a la Edad Moderna», en VV.AA., *El vino en la comarca de Almansa*, XX Jornadas de Estudios Locales, 2018, p. 90.

30 *Ibidem*, p. 93.

31 RIVERA MEDINA, Ana María: «La vitivinicultura española en los siglos XIV-XVII: una mirada al caso de Bilbao», *Cuadernos de Historia de España*, 83, 2009, pp. 187-224.

32 RIVERA MEDINA, Ana María: «El paisaje vitivinícola en las ordenanzas vizcaínas. Bilbao (ss. XIV-XVI)», *Studium: Revista de Humanidades*, 14, 2008, pp. 181-199, p. 185.

33 *Ibidem*, p. 191.

34 RIVERA SERNA, Raúl: «El cultivo de la vid, la producción de vino y chicha en Lima en el siglo XVI», *Boletín del Instituto Riva-Agüero*, 10, 1975, p. 170.

35 MARTÍNEZ RUIZ, Enrique: *Fiesta y tragedia. Vivir y morir en la España del Siglo de Oro*. Madrid, La Esfera de los Libros, 2023, p. 254.

36 RIVERA SERNA, Raúl: «El cultivo de la vid, la producción de vino y chicha en Lima en el siglo XVI», *Boletín del Instituto Riva-Agüero*, 10, 1975, p. 176.

37 RIVERA MEDINA, Ana María: «La infraestructura para la elaboración de caldos: bodegas y lagares en San Juan de la Frontera (siglos XVII-XVIII)», *Universum: revista de humanidades y ciencias sociales*, año 22, vol. 1, 2007, pp. 137-150.

38 ARRÁEZ TOLOSA, Alfonso: «La viticultura en el corredor de Almansa: de sus orígenes a la Edad Moderna», en VV.AA., *El vino en la comarca de Almansa*, XX Jornadas de Estudios Locales, 2018, p. 79.

39 *Ibidem*, p. 125.

40 MARTÍNEZ RUIZ, Enrique: *Fiesta y tragedia. Vivir y morir en la España del*

Siglo de Oro. Madrid, La Esfera de los Libros, 2023, p. 250.

41 *Ibidem*, p. 261.

42 ARRÁEZ TOLOSA, Alfonso: «La viticultura en el corredor de Almansa: de sus orígenes a la Edad Moderna», en VV.AA., *El vino en la comarca de Almansa*, XX Jornadas de Estudios Locales, 2018, pp. 82-83.

43 *Ibidem*, p. 118.

44 MARTÍNEZ RUIZ, Enrique: *Fiesta y tragedia. Vivir y morir en la España del Siglo de Oro*. Madrid, La Esfera de los Libros, 2023, p. 261.

45 RIVERA MEDINA, Ana María: «La vitivinicultura española en los siglos XIV-XVII: una mirada al caso de Bilbao», *Cuadernos de Historia de España*, 83, 2009, pp. 187-224.

46 RODRIGO-ESTEVAN, María Luz, «El consumo de vino en la Baja Edad Media. Consideraciones socioculturales» en GARCÍA GUATAS, Manuel Santiago; PIEDRAFITA PÉREZ, Elena y BARBACIL, Juan (coords.): *La alimentación en la Corona de Aragón (siglos XIV-XV)*. Zaragoza, Diputación de Zaragoza, Institución Fernando el Católico, 2013, p. 129.

47 ARRÁEZ TOLOSA, Alfonso: «La viticultura en el corredor de Almansa: de sus orígenes a la Edad Moderna», en VV.AA., *El vino en la comarca de Almansa*, XX Jornadas de Estudios Locales, 2018, p. 81.

48 *Ibidem*, p. 82.

49 RODRIGO-ESTEVAN, María Luz, «El consumo de vino en la Baja Edad Media. Consideraciones socioculturales» en GARCÍA GUATAS, Manuel Santiago; PIEDRAFITA PÉREZ, Elena y BARBACIL, Juan (coords.): *La alimentación en la Corona de Aragón (siglos XIV-XV)*. Zaragoza, Diputación de Zaragoza, Institución Fernando el Católico, 2013, p. 130.

50 ARRÁEZ TOLOSA, Alfonso: «La viticultura en el corredor de Almansa: de sus orígenes a la Edad Moderna», en VV.AA., *El vino en la comarca de Almansa*, XX Jornadas de Estudios Locales, 2018, p. 83.

51 CAÑAS MURILLO, Jesús: «Vino, historia y amores en El galán de la Membrilla, de Lope de Vega», en VV.AA., XX Jornadas de Viticultura y Enología de la Tierra de Barros. Badajoz, Universidad de Extremadura, Centro Cultural Santa Ana, 1998, pp. 27-55.

Bibliografía

ARRÁEZ TOLOSA, Alfonso: «La viticultura en el corredor de Almansa: de sus orígenes a la Edad Moderna» en VV.AA., *El vino en la comarca de Almansa*, XX Jornadas de Estudios Locales, pp. 51-139. 2018.

CAÑAS MURILLO, Jesús: «Vino, historia y amores en *El galán de la Membrilla*, de Lope de Vega» en VV.AA., XX Jornadas de Viticultura y Enología de la Tierra de Barros, pp. 27-55. Universidad de Extremadura, Centro Cultural Santa Ana. Badajoz, 1998.

GONZÁLEZ ENCISO, Agustín: *Felipe V: La renovación de España*. EUNSA. Pamplona, 2003.

IBÁÑEZ RODRÍGUEZ, Santiago: «La consolidación del vino de Rioja en el siglo XVII», *Historia Agraria*, n.º 26, pp. 33-68. 2002.

JORGE MARTÍN, Rogelio: «Historia económica del vino en Castilla-La Mancha: producción y comercio en tiempos de Felipe II a través de *Las relaciones topográficas*», *Anuario Jurídico y Económico Escurialiense*, n.º 54, pp. 311-340. 2021.

MARTÍNEZ RUIZ, Enrique: *Fiesta y tragedia. Vivir y morir en la España del Siglo de Oro*. La Esfera de los Libros. Madrid, 2023.

PARKER, Geoffrey: *El siglo maldito*. Editorial Planeta. Barcelona, 2013.

RIVERA MEDINA, Ana María: «La infraestructura para la elaboración de caldos: bodegas y lagares en San Juan de la Frontera (siglos XVII-XVIII)», *Universum: revista de humanidades y ciencias sociales*, año 22, vol. 1, pp. 137-150. 2007.

—«El paisaje vitivinícola en las ordenanzas vizcaínas. Bilbao (ss. XIV-XVI)», *Studium: Revista de Humanidades*, n.º 14, pp. 181-199. 2008.

—«La vitivinicultura española en los siglos XIV-XVII: una mirada al caso de Bilbao», *Cuadernos de Historia de España*, n.º 83, pp. 187-224. 2009.

RODRIGO ESTEVAN, María Luz: «El consumo de vino en la Baja Edad Media. Consideraciones socioculturales» en GARCÍA GUATAS, Manuel Santiago; PIEDRAFITA PÉREZ,

Elena y BARBACIL, Juan. (coords.): *La alimentación en la Corona de Aragón (siglos XIV-XV)*, pp. 101-134. Diputación de Zaragoza, Institución Fernando el Católico. Zaragoza, 2013.

RIVERA SERNA, Raúl: «El cultivo de la vid, la producción de vino y chicha en Lima en el siglo XVI», *Boletín del Instituto Riva-Agüero*, n.º 10, pp. 169-177. 1975.

Hechicería y superstición en el Campo de Montiel durante el siglo XVI

Miguel F. Gómez Vozmediano
Universidad de Castilla-La Mancha

Y por qué pueden las viejas
a los niños aojar.
Salen vapores malditos
de los ojos de las viejas
y, llegando a los chiquitos,
pónenlos malos y aflitos
y adelgazan sus pellejas,
por el niño ser muy tierno
es muy más presto aojado[1].

LAS CREENCIAS POPULARES CONFORMAN un abigarrado conjunto de prácticas rituales, devociones religiosas y supersticiones acendradas sobre la vida y la muerte que conforman la mentalidad de nuestros antepasados y que, de algún modo, han perdurado durante centurias.

En un tiempo en que las gentes se encontraban desvalidas ante las fuerzas de la naturaleza (epidemias, plagas sequías y temporales), cuando la medicina estaba en mantillas y todos los días se miraba al Cielo para predecir el clima o invocar la ayuda del santoral, los hombres y mujeres de otros siglos se aferraban a un sinfín de saberes curativos (plantas medicinales, purgas y sangrados, oraciones apócrifas, etc.), así como a profesionales variopintos (comadres que asistían a los partos[2], santiguadores o curanderas eran requeridas para todo trance, algebristas componían los huesos, saludadores curaban la rabia con su saliva), pronósticos climáticos (cifrados en eclipses, terremotos o estrellas fugaces) y ritos propiciatorios, a menudo contaminados del ritual católico imperante. Por no hablar de la pervivencia de resabios judíos (como las cabañuelas) o islámicos (que hacían tapar las bocas de los cántaros en casa de los difuntos para que el agua no atrapase su alma en tránsito).

El Concilio de Trento intentó a acabar con herejías y supercherías, empleando el adoctrinamiento con la prédica diaria desde los púlpitos o el confesionario[3]; en tanto que la Santa Inquisición se empleó a fondo contra forasteros y los casos de herejía más graves[4]; y las autoridades locales colaboraban con unos u otros para disciplinar a fieles y vecinos[5].

Un microcosmos rural

El Campo de Montiel es una comarca histórica eminentemente rural perteneciente durante los siglos bajomedievales y modernos al maestrazgo de la Orden de Santiago. Un territorio estratégicamente ubicado a medio camino entre La Mancha, Andalucía, y los antiguos reinos de Valencia y Murcia.

En la Baja Edad Media termina por vertebrarse el espacio en encomiendas santiaguistas, proliferando villas y aldeas, se explotan sus dehesas ganaderas y se conforman las instituciones que catalizan su gobierno político-jurídico (la gobernación del Campo de Montiel) y espiritual (la vicaría del Campo de Montiel)[6], dejando un cierto margen para la autogestión de sus recursos a las élites concejiles, representadas de forma mancomunada en el Común de Montiel[7].

La capital del área fue primero Montiel, nucleada alrededor del castillo de La Estrella. En época de los Reyes Católicos se traslada a la pujante villa de Membrilla (donde llega a recalar la corte itinerante unos días, en octubre de 1485 y 1487), retornando luego a su sede primitiva, para trasladarse definitivamente a Villanueva de los Infantes en 1573[8] resultado de su mayor pujanza demográfica. La visita girada al Campo de Montiel en 1526 evidencia que la villa de Montiel contaba tan solo con 200 vecinos y 5 caballeros de cuantía; mientras que Villanueva de los Infantes ya alcanzaba los 600 vecinos y en su vecindario había 37 cuantiosos; con el paso del Quinientos esta desproporción no haría sino crecer[9].

Hablamos de un mundo rural sujeto a las veleidades fiscales de la corona[10], pero que está dominado por las rutinas del calendario agropecuario, la evolución de las cosechas y la trashumancia de los rebaños mesteños, que cruzan la Cañada Real Conquense y pastan en sus dehesas[11]. Las oligarquías locales logran altas cuotas de autonomía, con la venta de regimientos patrimonializables[12] y la comarca entra en un proceso de despegue demográfico, aunque cuajado de altibajos, alentado por emigraciones (como la de los moriscos granadinos) y un importante crecimiento vegetativo[13], generalizado a toda La Mancha meridional.

Un Campo de Montiel que, como el resto de villas y aldeas de la Castilla profunda, es terreno abonado para la proliferación de cofradías[14], cuando se fomenta la proliferación de conventos por los núcleos semiurbanos[15], arraigando devociones como la del Santo Rosario, de manos de los dominicos. Tampoco faltan milagros, como el acontecido en Montiel en 1520, cuando se documenta la aparición de un crucifijo «de altura de un hombre grande» en una capilla de la ermita consagrada a Santiago Apóstol[16].

Milagrería y superstición: la fe del carbonero

Nuestros antepasados, atrapados en sus miserias cotidianas y sus cuitas mundanas, parecen estar fascinados por un mundo maravilloso. Los Evangelios hacían verosímiles prodigios, visiones, profecías y milagros. Los conventos, sobre todo femeninos, eran un semillero de éxtasis o arrobos místicos y vaticinios[17]. Los augurios cotidianos lo mismo se materializaban en astros caprichosos que en ladridos en la noche, y durante toda su existencia creyeron en milagrerías y supersticiones. Casi todos están dominados por una mentalidad crédula, donde late un frágil equilibrio entre ortodoxia y heterodoxia.

De este modo, no era raro que los campesinos acudieran en masa, de madrugada, a la misa del alba o de las abarcas para sentirse protegidos durante el resto de su larga jornada de trabajo o que se orase a San Sebastián para evitar morir los siguientes 40 días y se invocase a santa Bárbara en caso de tormenta; sin olvidarse de bendecir los campos contra las plagas agrícolas o tocar las campanas para deshacer los nublados.

Además, en una época, donde nadie pone en duda la existencia del demonio o la influencia de sus secuaces en la tierra; cuando se pensaba que había personas que podían hacerte enfermar con una sola mirada o que no había que pecar para no incitar el castigo divino, era casi patológica la fe en que las oraciones católicas, los amuletos o los santos y las medallas de su devoción, protegerían de todo mal. Asimismo, percibimos que sobrevuela sobre nuestros antepasados una religiosidad interesada cercana a la superstición.

En esta senda, las patronas y patronos locales, muchos de ellos abogados contra las calamidades (san Gregorio contra las plagas de langosta, san Roque contra la peste, santa Catalina contra la rabia...)[18], eran tenidos como valedores imbatibles frente a las adversidades, y último recurso para afrontar una vida trufada, a menudo, de sinsabores[19].

La catarsis de la comunidad acontecía durante las romerías a los santuarios rurales y las pitanzas, donde se comía pan, queso o carne y se bebía vino a costa del ayuntamiento, de paso que se rendía culto a las devociones más apegadas al terruño, con misa solemne y procesión por las calles de la villa y los campos circundantes. Y, desde luego, no faltaban estas citas obligatorias en el calendario de los pueblos montieleños. Así, en 1546, cuando la langosta azota La Mancha Baja y se pretende votar otro nuevo abogado celestial, desde Alhambra se informa a la corte que de los propios municipales ya se repartían caridades el día de la Cruz de Mayo, el último día de Pascua del Espíritu Santo en la ermita de Nuestra Señora de la Carrasca, la festividad de san Pedro y san Pablo y por san Julián[20].

Todo ello en una comarca que está en plena fiebre arquitectónica de la red parroquial[21] y cuyos sacerdotes proceden, en el mejor de los casos, del convento de Uclés, pero no están precisamente a la altura de la delicada labor que se les tiene encomendada, aunque su preparación pastoral fuese *in crescendo* a lo largo del Quinientos[22].

Un observatorio privilegiado: la vicaría del Campo de Montiel

Para adentrarnos en el laberinto de las mentalidades nos sumergiremos en la casuística jurisdiccional de la vicaría del Campo de Montiel[23]. Hace unos treinta años revisé más de un millar de procesos criminales de este juzgado eclesiástico entre 1515-1615[24], que tiempo después crucé con la documentación albergada en el Archivo Diocesano de Toledo. Desde el primer momento, comprendí el tremendo potencial que tenían para vislumbrar la mentalidad campesina y los juegos de poder en esta comarca, toda vez que las Inquisiciones de Toledo, Cuenca, Murcia y Jaén tienen un impacto residual en esta área, al menos para la época elegida.

Las vicarias santiaguistas surgen en el siglo XIV[25], y eran sufragáneas del prior de Uclés. La sede de la vicaría montieleña comenzó siendo un edificio religioso de la Orden situado próximo al castillo de La Estrella (Montiel), hoy convertido en cementerio. Constaba de claustro, una iglesia y otras dependencias de los freiles santiaguistas que parece que se destruyeron durante las luchas entre el maestre Álvaro de Luna y Rodrigo Manrique, durante la primera mitad del siglo XV[26], siendo luego transformada en ermita consagrada al Santo Cristo de Montiel.

A caballo entre los ss. XV-XVI se trasladó Membrilla[27], pero luego volvió a la villa de Montiel, en tiempos del emperador Carlos. Desde 1573, el vicario residió en la parroquia de san Andrés infanteña, frente al edificio del correo mayor que se instaló en el siglo XVII, construyéndose una nueva sede para la vicaría en 1749.

Con su administración y luego incorporación a la corona de los maestrazgos, el rey, a través del Consejo de las Órdenes Militares, nombraba vicarios a freiles de alta posición[28], limpios de sangre, con buena preparación intelectual y ganas de medrar. Disponía de rentas más o menos saneadas (como el molino del Vicario, a orillas del río Jabalón)[29], y durante la mayor parte del Quinientos parecen impermeables a los dictados de Roma y de Trento. Por bulas de Julio II (1509) y Julio III (1553), las apelaciones de sus sentencias se resolvían en el Consejo de las Órdenes Militares.

Su labor no se limitaba a ejercer en su jurisdicción como jueces eclesiásticos de pleitos civiles, criminales, matrimoniales o sobre capellanías, sino que hacía visitas[30], siendo amonestados, con cierta frecuencia, por algunos excesos y competencias entre autoridades. Su pecado más venial suele ser no residir en la sede de su audiencia eclesiástica, como sucede con el vicario Alonso Flandes de Villamayor, ausente de su sede cuando es visitado en 1494[31], y otro tanto le sucede a Pedro de Lucía, en 1498[32].

Desde luego, antes del Concilio de Trento son más frecuentes las irregularidades de estos jueces. Un caso arquetípico fue protagonizado por Jerónimo Tello, descendiente de una larga saga de letrados que medraron a la sombra de la Orden de Santiago. Garcí Tello[33] y doña María Sandobal procrearon al licenciado Fernando Tello y al doctor Nicolás Tello. El primero de los hermanos fue consejero de Órdenes hasta 1524 y luego fue camarista del Consejo de Castilla; el segundo, Nicolás Tello, estuvo adscrito al Consejo de la Orden de Santiago (1498-1502), en tanto que su hijo García Tello fue comendador santiaguista de Torres y Cañamares en 1523. No serían los únicos del linaje vinculados a la orden; por ejemplo, Juan Tello, secretario del Consejo Órdenes fue aposentado en Granada en 1526[34], en tanto que Francisco Tello y Garcí Tello de Guzmán, fueron tesoreros de la Casa de la Contratación indiana[35]. En 1542, en recompensa a Garci Tello, procurador de Cortes por Sevilla y contino real, se le libró una importante cantidad de dinero y se le otorga la merced del hábito de Santiago a su hijo Juan[36]; terminando por ser consejero de Órdenes[37].

El sevillano Jerónimo Tello, inequívocamente relacionado con este linaje, se formó en la Universidad de Alcalá de Henares, donde el 2 de octubre de 1529 se licenció en Artes y Filosofía[38]. Pocos años después, dio el salto a la vicaría del Campo de Montiel, donde es conocido con el apelativo de maestro. Hacia 1537 fue multado con 200 ducados por absentismo de su cargo[39], pretextando estar enfermo, pero los siguientes años siguió manejando a su antojo un cargo de tanta autoridad.

Alrededor de 1549 la salmantina Marina Ortiz se desposó por palabras con Gonzalo Tello, sobrino del vicario. Este emigró a

Villanueva de los Infantes para ponerse al servicio de su tío, abandonando a su prometida, quien se reunió con él meses después, haciendo vida marital ambos. Gonzalo, aconsejado por su madre (Leonor de Arévalo) y del vicario, la condujeron con engaños a Alcaraz, con la promesa de casarse con ella pero, lejos de cumplir su palabra, la agredieron, siendo acusados todos los implicados de intento de asesinato[40].

A partir de entonces, percibimos una quiebra de confianza entre el vicario y sus feligreses. En 1552, el Común del Campo de Montiel litiga contra el maestro Tello por carecer de depositario de penas aplicadas a obras pías, redención de cautivos y defensa de su jurisdicción[41]. Pero tal vez el incidente más grave en el que se ve envuelto acontece en 1554, cuando el maestro Tello es acosado por el arzobispo de Toledo, Juan Martínez Silíceo, cuando investiga al bachiller Cristóbal López, cura de Puebla del Príncipe, calificado de «hombre facineroso». Sus cargos son impresionantes: negaba los sacramentos a sus parroquianos; tenía descuidada la ermita de Nuestra Señora de Mairena, dejando entrar a gente indeseable y:

> públicamente andava por esta villa e por otras partes con un montante con media vayna e capa de lego corta, más en hábito de rufián que de sacerdote e desafiando al señor vicario... [y] dixo en público que traýa una provisión del arçobispo de Toledo para que el señor vicario le besase el culo.

Así las cosas, desde Toledo llegan unas 200 personas armadas para prender al vicario, destrozando su sede y gritando «viva el arçobispo, que no ay otro rey sino él en Castilla»[42]. Para escapar con vida, Cristóbal López debe retraerse a la iglesia de Villanueva de Alcaraz. Lo que realmente estaba en juego era la jurisdicción del lejano arzobispo sobre este rincón de La Mancha santiaguista. El 6 de octubre de 1556, se despacha una real cedula para que el arzobispo primado no conozca las causas de los religiosos de la Orden de Santiago. Una noticia recogida en los registros del Consejo de la Gobernación toledana consigna que el maestro Tello, siendo vicario del Campo de Montiel, fue confinado por el cardenal Siliceo en la torre de la catedral de Toledo[43]. El arzobispo primado, a través de su vicario en Alcaraz, nunca dejó de importunarles[44].

Freiles mundanos y feligreses heterodoxos

Poco a poco, la mayoría de las parroquias comarcanas fueron servidas por freiles santiaguistas procedentes del monasterio de Uclés[45], aunque la provisión de beneficios parroquiales en Campo de Montiel dependían de la colación del arzobispado toledano en el siglo xvi[46]. No obstante, tanto su formación como su catadura moral dejaron mucho que desear, sobre todo los destinados a los curatos peor dotados, donde se les exigía menos ejemplaridad y preparación a sus párrocos. Aunque tampoco faltó un vicario que llegó a aprobar obras de Lope de Vega[47].

A casi todos les gustaba la caza[48], jugar a naipes o bolos, y no escaseaban quiénes preferían andar tras las feligresas más que subir al púlpito. Son los denominados «curas de misa y olla», sin vocación. Además, la doctrina impartida a sus parroquianos, abrumadoramente analfabetos, dejaba mucho que desear. Sobre todo, antes de finalizar el Concilio de Trento, predominaba la ignorancia de los dogmas católicos y la heterodoxia cundía entre los fieles.

Se suponía que los vicarios eran los encargados de disciplinar a este indómito clero rural. Así, se procede contra el cura de Torre de Montiel por absentismo de su parroquia desde hacía un año: «e aunque el dicho cura reside algunas vezes en el dicho lugar no quiere dezir misa al pueblo ni cristianar ni confesar… a cuya causa muchas personas se an muerto sin confesión e criaturas sin recibir baptismo»[49] conminándole a no ser negligente y a residir personalmente en su beneficio. Desde luego, menudean los sacerdotes poco ejemplares[50]. Por ejemplo, en 1526 se juzga a Hernán Alonso, cura de Torrenueva, por quedarse las limosnas que daban a la capellanía de las ánimas[51] e irse a cazar continuamente[52]; en 1543, se dice de Luis Fernández, cura de Alhambra, que «andava muy destruido y anda, a vezes, en piernas y unos zapatos, chancleta y en camisa»[53].

En 1572, el fiscal de la vicaría del Campo de Montiel procede contra el bachiller Juan Hernández, cura de Puebla del Príncipe, porque hacía nada menos que dos años, durante el sermón, predicó a los congregados que cuando se acostasen con sus mujeres las santiguasen y dijesen mil veces Jesús, ya que como no lo hacían y estaban pensando en lujurias, los hijos salían tontos, ladrones o putas. Además, se le imputa que descalabró a algunos vecinos y que corría toros el día de Santiago. Por sus muchas desvergüenzas es sancionado pecuniariamente y suspendido temporalmente del oficio, pagando también las costas procesales[54].

Albaladejo de los Freiles no se libró del talante tumultuario de algunos de estos hombres de Dios. Hacia 1564, dos clérigos locales, el párroco Gonzalo Carrasco y un tal Francisco García, participaron de una asonada en la villa, intentando sacar del sagrado de la iglesia a Sebastián Guerrero, llegando incluso a contratar a un sicario para que le asesinase «y aunque el susodicho repico las campanas nadie quiso socorrerle ny los clerigos tampoco»[55]. Un lustro después, fue de nuevo Francisco García, junto con el también clérigo Pedro Sánchez, quienes fueron encausados por el vicario de Montiel, al impedir que un forastero se acogiese al asilo eclesiástico[56].

Si así se comportaban los clérigos, los lugareños no le iban a la zaga en ignorancia y talante pendenciero. Entre 1551-1553 litiga Quiteria Ramírez, vecina de Torre de Juan Abad, ante el vicario de Montiel contra su paisano Juan López porque, tras consumar su matrimonio clandestino, no se casó ni veló con ella, recurriendo a la justicia arzobispal[57]. Por su parte, Francisco Jiménez, vecino de Membrilla, disputando en los batanes del río con otros paisanos suyos, tratando sobre quien sabía mejor las oraciones se enzarza en una discusión bizantina: «dijo uno de san Tibiceto y él responde de san Tificetur[58], pues tenía un tío bachiller, Pero Ximénez, quien decía que santo Foceto era hijo de Danobisaria… y que Danobisoria era puta viexa»[59]. No debía tener la conciencia tranquila, aunque asegura que porfió sin malicia, cuando se autodelata al vicario, quien le condena a sufrir penitencia pública y le impone también una sanción económica.

Un año después, noticioso el vicario que, lavando lienzos en una poza, mozas y casadas de Fuenllana fingieron una boda, haciendo unas de cónyuges, otra de madrina y otra de sacerdote, las sentencia a sufrir penitencia pública en plazo de 3 días y a pagar una pequeña multa[60].

El 17 de julio de 1571, la montieleña Catalina González tiene un altercado en el horno público con otras vecinas. Según algunos testimonios recabados, «jurava por el carajo de Dios que avía de echar su pan en el dicho horno antes que ninguna [otra] muger». Por ser pobre y acostumbrar a blasfemar le condena a que, el día siguiente de la sentencia y otro de día fiesta, acudiese a la peana del altar mayor descalza, sin manto y con una candela encendida y una pardaza pequeña en la lengua, durante la misa mayor de la parroquia de Montiel y permaneciese de pie, desde antes de confesión hasta la bendición sacerdotal, hincándose de rodillas solo en el momento de la consagración y alzar el cáliz[61].

Entre las causas vistas por los inquisidores toledanos entre 1576-1578 se registra al labriego deslenguado Pedro Muñoz, vecino de Villamanrique «por aver dicho: ay mi Dios, dad el culo a Pero Muñoz, ay mi Dios dad el culo a López Mateos, nombrando las vergüenzas de la mujer»[62]. Acusado por cuatro testigos, fue obligado a confesar su pecado; siendo condenado a portar vela, soga al cuello y recibir 100 azotes.

Y es que parece que las inconveniencias o disparates consentidos a los convecinos, y achacados a su ignorancia o vehemencia, se tornan en intolerables si las protagonizan forasteros o extranjeros. Así, a fines del siglo xvi, refiriéndose a la Virgen (negra) de la Carrasca (Carrizosa) un buhonero francés dice que era «de la estirpe de los mandinga», escandalizando a los lugareños, que lo denuncian a los jueces de Toledo[63].

La credulidad hacia lo sobrenatural según los edictos de pecados públicos

Periódicamente, se encomendaba a dos freiles de la orden militar correspondiente, un religioso y un caballero, que visitasen un territorio concreto del maestrazgo y supervisasen el modo en que era gobernado, así como el comportamiento de sus vasallos[64]. Pues bien, el cuestionario que se entrega a los visitadores de la Orden de Santiago en 1534 nos ofrece un insospechado catálogo de supersticiones, supercherías y heterodoxias en su jurisdicción, de las cuáles entresacaré las siguientes:

> 22. Yt[em] si algunos adivinos, hechizeros, vrujos o vrujas, conjuradores de nublados o mentadores de animales perdidos o que hazen algunos otros malefizios con hechizos y otras cosas.
>
> 23. Yt[em] si ai algunos ensalmadores que curan de heridas y otras enfermedades con palabras supersticiosas o con otras qualesquiera palabras no estando aprobados [n]y teniendo licencia para ello.
>
> 24. Yt[em] si algunos creen en agüeros o libros de suertes del (sic) quiromancia y los que pronostican e dicen por las raias de las manos, fisonomía del rostro lo que está por venir o ha de suceder o que ven visiones de Santos o que tienen rebelación de Dios para decir y declarar cosas sobrenaturales o de la otra vida.
>
> 25. Si saben de algunas personas q[u]e con palabras supersticiosas o con otras algunas ceremonias curan del mal de ojo a niños o a otras personas algunas sin tener licencia para ello...
>
> 34. Yt[em] de algunas personas que traen al cuello y en los brazos algunas nóminas con algunas palavras o señales que no se conozen o entienden sin que primero sean vistas y tenga licencia para ello, las quales se mandan exibir para saber quales son y si se pueden traer o no.

Por su parte, los tratadistas truenan contra quienes consideran unos días dichosos y otros aciagos para casarse o emprender viaje, así como de los que tenían una fe ciega a los efectos beneficiosos de determinadas hierbas cogidas la mañana de San Juan o la Ascensión, bañarse un día concreto en un manantial apartado o tener por agüero el canto de aves. En todo caso, no era menos cierto que los médicos consultaban los astros para sangrar o purgar a los enfermos y los labriegos sembraban o podaban dependiendo si la luna estaba en menguante o creciente. Y es que, la mentalidad popular, desde el rey hasta su vasallo más miserable, está contaminada de una mentalidad mágica que cree en conjuros, sortilegios, brujas[65], exorcismos y amuletos, curaciones prodigiosas y adivinadores de lo porvenir.

Desde luego, parece evidente que la credulidad no se refugiaba solo entre los miserables ni los marginados, sino que permeaba a todos los estamentos, e incluso entre los que tenían una cierta cultura letrada. Así, en la causa de divorcio[66] suscitada hacia 1613 entre dos hidalgos, el indiano Cristóbal de Mondragón y una brava infanteña, Juana Carrasco, salen a la luz creencias heterodoxas trufadas entre sus problemas conyugales. La esposa, desesperada, cansada de sus infidelidades, humillaciones y dispendios, pide el divorcio, escandalizando al vecindario[67]; pues bien, entre su ajuar se registra una higa de azabache y un rosario de cuentas de ámbar, negándose el díscolo marido a tener relaciones sexuales con ella, pretextando que había sido ligado (hechizado), exigiéndole mucho dinero para viajar a Madrid donde hallaría remedio, llevando malgastados ya más de 1.500 ducados[68].

Un ecosistema de portentos, creencias y supersticiones

Gracias a las investigaciones de las últimas décadas[69] podemos discernir en qué se creyó y qué poso quedó en la idiosincrasia comarcana hasta hace relativamente poco tiempo.

La mitología campesina del Campo de Montiel incluía seres tan singulares como el Fraile Mochilón o Motilón (una especie de coco vestido con ropas frailunas con que se asustaba a los niños). No es menos curioso el lobo hechaízo/hechizado, una leyenda documentada en Almedina y Villamanrique, que en las noches de luna llena arañaba las puertas de las viviendas, y que con el paso de los siglos se transmutó en el Tío Lobo, un castizo licántropo manchego, del que tal vez se hizo eco Cervantes en su novela bizantina póstuma: *Los trabajos de Persiles y Sigismunda* (1617). También se creía en la Dama de los Montes, una mujer bondadosa que protegía a los niños extraviados y los encaminaba a sus casas; un ente legendario necesario en una sociedad donde abundaban los niños perdidos. Todavía existe una Casa de los Duendes en Ruidera, entre las lagunas de la Tomilla y Conseja, de la que se cuentan historias escalofriantes. Y qué hablar de las «phantasmas»[70], vecinos anónimos que en Cuaresma merodeaban de noche, vestidos de manera macabra, por promesa, para expiar sus pecados, documentados en Albaladejo o Villanueva de los Infantes.

También se acreditan costumbres peregrinas, como sacar a la calle o al corral las trébedes calientes, con las patas hacia arriba, pretendidamente para deshacer aguaceros; o colocar las tenazas, en forma de cruz, en la chimenea o en el corral contra las tormentas o para ahuyentar a las brujas. Asimismo, se pensaba que la camisa de una culebra bajo el sombrero curaba/prevenía los dolores de cabeza y, si se ponía cerca del pecho, remediaba los resfriados. No faltaba quien portaba una bellota en la faltriquera para curarse las almorranas. Era creencia general que si bebías agua escuerzada encanecías, o que se deshacía el mal agüero del aceite derramado tirando al pozo doméstico un puñado de sal, apartándose inmediatamente del brocal, pues no se debía oír cuando llegaba al fondo. También se tenía por buena contra los nublados y que atraía la buena suerte, si se comía la carne cocinada de la vaca bendecida el día de San Roque en Siles o la de Santiago en Albaladejo[71].

Por lo demás, en el Siglo de Oro gozaron de predicamento los Perros del Alba, sabuesos empleados por los familiares del Santo Oficio para detectar herejes (conversos y judíos) y también fueron populares los canes busca-brujas, u otras supercherías aún más prosaicas, relacionadas con la menstruación femenina.

Las supersticiones se multiplicaban en los sujetos en tránsito: los bebes, los moribundos y los difuntos. Como se pensaba que las menstruantes o las ancianas podían echar mal de ojo a los recién nacidos, se protegía a los infantes del aojamiento mediante nóminas escritas con plegarias, que actuaban como escapularios, amén de toda una panoplia de medallas, cruces de retama, higas confeccionadas con ámbar o cuerna de venado, metidas entre las fajas o colgadas del cuello, hierbas y oraciones, etc., convertidas en amuletos y talismanes. Se creía que los niños concebidos en días prohibidos por la Iglesia (como la Cuaresma o la Semana Santa) estaban marcados irremediablemente por los pecados de padres; además, las gestantes debían pensar en ideas piadosas para marcar la personalidad del niño. Las embarazadas hablaban al feto con dulzura y ternura para que fuese dócil, atrayendo la riqueza futura si le hablaban de los Reyes Magos e imploran amparo a santa Ana o la Virgen para el trance del parto. Además, si el niño hablaba todavía en el vientre, era señal que tendría gracia para sanar, igual que si nacía con la señal de la cruz de Caravaca en el paladar. También se tenía por cierto que la mujer que le cortara las uñas al bebé la primera vez debía saber cantar bien, para transmitirle ese don, pero si dichas uñas se arrojaban a la chimenea, se volvería loco.

Por lo que atañe a los ritos mortuorios, se procuraba no amortajar a niños en las mesas donde se comía; o tapar bocas de cántaros y espejos, para que no atrapasen el alma de los difuntos. Además, durante meses, la viuda no salía de casa ni hacía vida social, para no dar qué hablar y evitar las críticas de sus vecinas.

Particularmente populares eran los ritos de primavera, que celebraban el fin del invierno más crudo. En Lagunas de Ruidera, cuando empezaba el buen tiempo, antes de su primer baño, las madres llevaban a los niños para zambullirlos; les daban tres chapuzones, mientras musitaban: «zampuzón de santa Ana, que no le den calenturas, ni las tercianas». Los niños salían el día de san Marcos (identificado con el nacimiento de la primavera) a los campos, para atar o espantar al diablo y propiciar buenas cosechas. Aunque no lo he documentado en el Quinientos, otro ritual de primavera es la llamada Carrera del Niño que se celebra el Domingo de Resurrección en Albaladejo, toda vez que la imagen del Resucitado encarna la primavera en el arte cristiano[72], cuya imagen portada a hombros por los mozos del lugar es transportada a la carrera por los campos circundantes, para propiciar las buenas cosechas.

Por lo demás, había conjuraderos en iglesias como la de Villahermosa para expulsar plagas agrícolas y alejar tempestades[73] y los concejos pagaban a frailes itinerantes, que igual excomulgaban langostas que exorcizaban endemoniadas[74].

En 1609, el arzobispo primado prescribe que no se pusiesen cruces en lugares inapropiados[75]. Unos años después, un ilustre humanista almedinense, Bartolomé Ximénez de Patón (1569-1640) recuerda:

> lo que me sucedió en esta villa [Villanueva de los Infantes] habrá catorce años, que por devoción indiscreta se ordenó que al derredor de la iglesia de San Andrés parroquial y mayor della, se pintasen cruces y algún niño Jesús en los rincones y estribos exteriores a fin de preservallos de las inmundicias ordinarias. Yo dije a los pintores y a los que asistían a la obra que era mal hecho, repitiendo algunas de las cosas que aquí escribo, porque ha muchos años que estoy desta opinión y parecer. Como no fui poderoso a hacerles mudar del suyo me aparté dellos, diciendo confiaba en Dios había de ver favorecida mi opinión y que algún día se había de mandar borrar, inescusablemente, lo que ellos con tantas ansias pintaban, como ha sucedido[76].

Pareciéndole igualmente irreverente e inútil a este tratadista tanto poner cruces sobre las chimeneas por donde salía el humo como pintarlas sobre las puertas falsas de las casas o puertas de corrales y de heredades, así como encima de los bardales y cercas de viñas, chozas y ranchos, para evitar que los apedreasen.

La escritura como sortilegio: nóminas, cartas de toque y cédulas mágicas

El mundo rural en la Edad Moderna, tradicionalmente dominado por la cultura oral[77], hizo de la escritura una nueva forma de sortilegio[78]. De este modo, proliferaban conjuros como deshacer en agua, vino, aceite o sangre, un papel manuscrito con alguna invocación a Dios o al demonio, con el fin de curar enfermedades, del cuerpo o el alma. También menudearon las cartas que portaban hostias consagradas, ensalmos, oraciones apócrifas o imágenes sacras, tales como cruces, rostros de Cristo o reliquias de alguna santa o virgen.

Unos saberes que se propalaban de forma oral, de madres a hijos, en el ámbito doméstico, y se perpetuaban durante generaciones, pero que también circulaban en pliegos de cordel impresos (oraciones apócrifas)[79] o cédulas manuscritas (conjuros), convirtiéndose la superstición en la otra cara de la moneda de la religión católica mal entendida.

La tratadística condena sin paliativos estas prácticas supersticiosas[80]. Un racionero de la catedral primada, Pedro Sánchez, encarece que no se empleen nóminas, mentiras ni falsedades, ni con palabras sagradas se mezclen otros caracteres ni signos extraños, salvo la cruz de Cristo «ni se tenga cuenta con pergamino virgen ni con el nacimiento del sol, ni con que se pongan nóminas con tantos hilos»[81] que califica de supersticiones.

En este sentido, he espigado algunos casos en que aparecen tales nóminas prodigiosas. A inicios de 1556, se acusa a varias personas de Almedina y pueblos circunvecinos por «sobre aver traído y divulgado una carta diciendo que era escrita de la mano de nuestro Señor y enviada del cielo»[82]; investigado el caso, parece implicado, entre otros, el escribano Miguel Hernández, siendo todos condenados por el vicario a asistir a misa en la iglesia de la que eran parroquianos, con el bonete puesto y portando una vela encendida en la mano, además para pagar la multa correspondiente.

Casi una década después, Andrés Díaz, vecino de Torrenueva, se presenta ante el juez eclesiástico y declara que:

> abría dos meses, poco más o menos, que, viniendo de la villa de Valdepeñas a la dicha villa de Torrenueva, en el camino me hallé dos cédulas, la una de las quales decía en el nombre de Dios, Padres (sic), Hijo y Espíritu Santo, tres personas y un solo Dios verdadero y de la Virgen Santa María su madre, de los bienaventurados apóstoles San Pedro y san Pablo, yo te mando fulano que luego seas sano de tus nacidas[83] y de tu boca y tu cuerpo, la qual aplique a una Luçía de Cerro viuda vecina de la dicha villa que estava mala de nacidas y mal de voca y otra çédula decía Iesus Xptus freie mare Deus e mim non florevit si cam hermin ynrremi, la qual di a la susodicha para que se sanase de enfermedad de almorranas, y asimismo les di a otras muchas presonas (sic), que

serían cinco o seis, de lo qual se a seguido y sigue grande escándalo en la villa de Torrenueva.

El cura, cuando lo supo, rasgó la cédula del mal de boca. La primera cédula también tenía escrito de manera torpe: «Xpto vibe, Xto reina, Xpto vence, Xpto imperia, Xpto me sane y defienda de todo mal amén, y quando decía yo te mando que sanes fulana decía también si Dios es servido»[84]. Andrés Díaz y Antón Sánchez fueron condenados a penitencia publica y a pagar una sanción pecuniaria.

Por último, Fernando Díaz, clérigo de epístola, natural y vecino de Villanueva de la Fuente, es procesado hacia 1596[84]:

> por información que ubo de que hacia cierto tiempo preguntó a cierta persona si savía algunas hechicerías para que se pudiese hacer invisible y entrar en casa de cierta muger casada, y que algunos dias después avia ydo a casa de cierta persona donde le hicieron un[a] nómina con ciertas cosas y avía dicho a cierta persona que en virtud della entrava en casa de dicha muger casada por debajo del braço de su marido sin que lo biese[85].

Fantasías o desvaríos por un amor imposible, los inquisidores murcianos lo terminan condenando, por haber cantado epístola sin haber recibido las pertinentes órdenes sacerdotales.

Conjuros supersticiosos

Nuestros antepasados disponían de todo un arsenal de recursos maravillosos para combatir males y dolencias que no comprendían, pero que padecían de manera cotidiana. Obligados por la desesperación, sus condenas suelen ser livianas, sobre todo si afectan a personas investidas de una cierta autoridad y no hay asomo de herejía en sus palabras.

En 1545, Fernando Saavedra, un clérigo forastero residente en Almedina, se autodelata ante el vicario de Montiel y «dixo que avía hecho un cerco e que al deshazer avía pensado ser perdido por[que] le avían faltado las fuerças e venían allí çiertos diablos e sobre que curava çiertas enfermedades». Confinado en la cárcel de corona durante unas semanas, es condenado a destierro perpetuo de Almedina y el Campo de Montiel y sufre penitencia[86]. En pleno estío de 1556, estando enfermo Juan López, su esposa pide un paño a una mujer, cuya identidad no se aclara, para sahumarla y sanarla[87]. A inicios de 1562, se procede contra la infanteña Catalina Martínez, porque «cortó las uñas a otra mujer y se las puso en una lámina al cuello diciendo que con aquello se le quitarían las quartanas[88] y diciéndole palabras supersticiosas»[89].

En Castellar de la Mata, recientemente repoblada con inmigrantes procedentes de Cuenca, conforme avanza el Quinientos proliferan las denuncias contra sus gentes supersticiosas. Hacia 1562, el fiscal de la vicaría actúa de oficio contra la mujer de Juan Romero, vecino de Castellar, porque «dizen que hacen y cometen cosas de hechicerías y curan mal de ojo cortando y rasgando las ropas y sahumando enfermos», siendo condenadas a sufrir penitencia pública y a pagar una multa Catalina Muñoz o Martínez y María Aguda[90]. En el verano de 1565, también se juzga de oficio a Francisca Gómez, mujer de Antón García Barragán, vecinos de Castellar por decir que curaba el mal de ojo, permitiéndosele salir bajo fianza de la mazmorra[91]. Y en 1571 algo similar pasa cuando el visitador investiga a Catalina de Olivares, hija del sacristán, quien, conmovida por la congoja de una convecina cuyo hijo había desaparecido, le aconseja:

> que metiese tres mujeres en una sala, que no se viese una a otra, de forma que ella lo dize y que dixese çiertas palabras y hiziese otras cosas de supersticiones y reprovadas y que hecho esto llamare a su hijo dando boçes y tuviese gran colación y que luego vería a su hijo muerto o vivo como estuviese delante de ella[92].

La joven fue condenada a padecer penitencia pública, destierro y a pagar las costas procesales.

Poco años antes Teresa López, mujer de Alonso Lucas, vecinos de Villahermosa es sentenciada a vergüenza pública, dos años de destierro y costas por curar muchas personas del mal de ojo y ensalmar criaturas musitando palabras y conjuros, que terminaban «donde perro no ladre ni gallo no cante»[93]. Por su parte, en 1576, Mari Jacinta, vecina de Puebla del Príncipe, indignada, se querella del bachiller Juan Hernández, cura local, porque «le dixo que hera hechicera y que ella [a]porreaba su casa». El vicario dejó libre al sacerdote, pero le condena a pagar las costas devengadas[94].

Más excepcional es el caso protagonizado por Frutos Gómez, vecino de Torrenueva, por «encantador y embaucador». La sentencia del juez de residencia será apelada ante el Consejo de Órdenes en 1580[95].

¿Dónde están las brujas? arquetipo *versus* realidad: el perfil histórico de la hechicería comarcana

Como todos asumían que el maligno estaba siempre al acecho, había auténticas profesionales para proteger o conjurar las potencias infernales, igual que quien no podía ni quería recurrir a médicos y barberos tenía la alternativa de acudir a sanadoras o herbolarios, si no sabía de plantas que curaran o envenenaran. Tradicionalmente se ha forjado el arquetipo de una hechicería urbana, ejercida por mujeres maduras, vinculada a conjuros amorosos o sanaciones mágicas y una brujería rural ejercida por ancianas misántropas, cimentada sobre pactos satánicos y magia negra. Pero si acudimos a los registros judiciales nuestra percepción se matiza.

Había auténticas celestinas, a la vez hechiceras, curanderas y alcahuetas, como Inés López, vecina de Membrilla y viuda de Bartolomé García Conde. Fue condenada por el alcalde mayor del Campo de Montiel por incitar a mozas y casadas a mantener relaciones sexuales con convecinos o forasteros, con la promesa que se «os pagará muy bien y os dará trigo e lana»[96]. Además, tenía en su casa mujeres enamoradas (prostitutas), como la manzanareña Inés del Verbo, fugada de su marido. Sin embargo, apela a la Corte y queda libre de cargos y absuelta de pagar costas procesales.

Martinico, Martinillo o Martín, miembro de la mitología popular del Campo de Montiel, lleva el desorden a las viviendas donde desarrolla sus actividades caseras. Con toda probabilidad, es el más popular, travieso y busca-pleitos de toda la casta duendil. Hay centenares de historias sobre él y sus fechorías. En Villanueva de los Infantes, por ejemplo, se referían a él como un: «duende con aspecto de mono». Serie Los Caprichos, *Obra de Francisco de Goya realizada en 1799.*

Conozco de manera pormenorizada el caso de Isabel González, vecina de Montiel y esposa de Juan Domínguez, cuyo marido hacía 3 meses que había marchado a la guerra de las Alpujarras. Desasistida de su marido, y con fama de curandera, se lanzó a una espiral de prácticas supersticiosas para sobrevivir. Poco después fue acusada de hechicera ante las autoridades locales por asegurar que curaba enfermos, ahumándolos y aplicándoles ungüentos durante determinados días u horas.

Llevado ante el juez, cuando se le impele a que declarase su edad «dixo que no sabe qué tanto tiempo sea ni se acuerda quando nació». Sin embargo, los cargos inculpatorios parecen sólidos y su clientela era numerosa. Hacía 3 años se decía que habían hechizado a Quiteria López, mujer de un regidor local, quien padecía un parto «recio»; la untó con cabezuelas de habas, cuando no la sahumaba con plumas de perdiz, manzanilla, asensios (ajenjos), hierbabuena y raíces de cohombrillo, disueltos en vino blanco y aceite cuajado con un poco de cera, aunque al final muere la enferma, ante la consternaciones de sus padres, que la habían contratado.

Un sastre hermano de la Calderona, vecino de Chinchón, también es atendido por esta curandera. Una mujer que curaba el mal de ojo, siempre de noche, con sahumerios que echaba con la concha de una ostra; unos remedios que, según una testigo «olía tan mal que no avía quien pudiere entrar en el aposento». Sus clientes eran casi siempre mujeres crédulas y sus remedios no eran nada sofisticados: decía curar con unos trozos de capa, romero, espliego y cáscaras de naranjas. No admite emplear en sus pócimas animales ponzoñosos ni huesos de cadáveres, asociados habitualmente a ritos demoniacos.

Cacheada por el alguacil de la audiencia, de una faltriquera sacó unos trapos que envolvían 9 plumas de gallina, 9 granos de pez, 9 granos de sal, 9 cabezuelas de ramas de escoba y 9 cogollos de ruda. Admite que los ponía en una teja sobre la lumbre y al sanar ponía los dedos juntos y los mojaba en la boca y salmodiaba oraciones que nadie entendía.

Encausada por los alcaldes ordinarios, en primera instancia es condenada a destierro, pero recusa a los jueces y apela su sentencia a la Corte[97]. No sabemos el resultado, pero las sospechas son demoledoras. Además, sabemos que una homónima, la también montieleña Isabel González, ya fue juzgada por hechicería por el gobernador del partido hacia 1569[98] ¿serían parientes? Nada extraño en unas comunidades cerradas donde las madres legaban toso su saber a las hijas.

Si en el Quinientos, una época de bonanza, aunque con altibajos, no detectamos una plaga de brujería en la zona, no pasará igual en el siglo XVII, una centuria de crisis por excelencia, cuando la suma de calamidades parece empujar a nuestros antepasados a experiencias más radicales: tanto a una religiosidad barroca exacerbada, cuajada de visiones y milagrerías, como a confiar en heterodoxias de todo tipo. Una tendencia a la que no escaparía el Campo de Montiel.

En 1645, Felipe de Rojas, clérigo de órdenes menores y 29 años de edad, delata a Francisca Rodríguez ante el licenciado Juan Bautista de Rojas, presbítero y comisario del Santo Oficio. Presa, por orden del vicario de Ciudad Real, en la cárcel de la Santa Hermandad Vieja de Ciudad Real (para que no se fugase y agraviarla aún más), la acusó de brujería y pacto demoniaco «llamando a los demonios, tácita y expresamente, dando polvos y otros mediante nocivos para con ellos hechizar y matar a personas y ligarlos o desligarlos».

La acusada era una infanteña que tenía entre 26-27 años; era viuda de Roque Ramos, que murió en Villanueva de los Infantes hacía más de 4 años; tenía dos hijos gemelos vivos (Roque e Ignacio, de 10 años) que estaban criando unos parientes en Puerta de Segura (Jaén).

No procedía de la escoria de la sociedad. Su familia es cristianovieja; su tía materna era Ana Muñoz, fundadora de las clarisas de Infantes. Sus padres se habían casado en la ahora capital comarcana, donde ella se crió y casó, pero cuando enviudó tuvo que emigrar a Ciudad Real, donde residía hacía 17 meses y donde confiesa ganarse la vida engañando a los crédulos ciudadrealeños. De lo normalizado que estaba el curanderismo en la época es relevador que, estando preso en cárcel de corona del vicario de Ciudad Real Francisco Sánchez, amigo y amante de la rea, cuando enferma el vicario llama a la curandera, para que lo curase con sus cuidados.

En todo caso, el fiscal le imputa que recurría a la magia negra:

> se dice que tenía aguas mui dañosas con que matar a las gentes y que donde agua de la dicha se quedó muerto un perro que la bebió y que a la mujer de Juan de Estrada, escribano desta ciudad, murió rabiando con hechicerías de la dicha Francisca Rodríguez y por orden de Catalina de Piña, amiga ilícitamente que a la saçón era de dicho Juan de Estrada, y que an sucedido otras muertes en esta ciudad y se tiene sospecha de que abrán sido por otros malos medios.

Además, clavaba alfileres en muñecos de cera para cumplir sus deseos. De este modo:

> hicieron una mano de cera para con el[la] hacer que dicho Juan de Estrada [viudo] no se casase y estuviese en la amistad ylícita de la dicha Catalina de Piña»; no contenta con lo cual, se ufanaba que si no funcionaba el hechizo «abía de ir a Daimiel a traer quien lo hechizase».

Su arsenal de jaculatorias es impresionante, aunque no se diferencia demasiado de los repertorios habituales que aparecen en los expedientes inquisitoriales:

—Sus conjuros amorosos eran los más requeridos:

> Señor San Antón, como fuisteis en una noche desde Oriente a Poniente y atasteis los lechones de Santo Elías, atéis y liguéis el corazón de Fulano (nombrando un conjuro de esta rea en quien se hacía la prueba), de manera que lo dexéis para ni hablar, asta mi puerta entrar y luego, por consexo desta rea, se asomaron a una ventana.

—Para que retornase el amante a los brazos de la despechada rezaba:

> Aquí me acuesto, no me acuesto, a segar fuesen diablos vayan a casa de un hombre el como Diablo Coxuelo y estos vayan la

inquen luego clavos en el corazón y le traygan atado y ligado asta que venga a estar conmigo.

El objetivo era que se ligara a un hombre que la había abandonado. Para ello, realizaba una torcida que la amante despechada debía restregarse por muslos y pantorrillas, y una vez mezclada con el semen del hombre que se quería hechizar, se quemaba a la vez que se recitaban unos conjuros en los que se invocaba a Lucifer y al Diablo Cojuelo, quedando el hombre ligado al instante:

> esta mi sangre bermexa [menstrual] te doy a comer. No te doy de la primera, ni de la postrera, sino de la de en medio para que te andes tras de mí, como la baca tras el becerro.

—El conjuro para hacer callar a una persona era el siguiente:

> si quien con dos te miro, con una te hablo, con los pares de tu madre la boca te tapo y san Silvestre encantado y apresta.

—El remedio para que llegasen a buen puerto los tratos ilícitos requería la siguiente oración propiciatoria:

> conjúrote estrella relumbrante y la más bella que ay de Oriente a Poniente, conjúrote. Con una te conjuro, con dos te conjuro, con tres cantando desta manera hasta nueve, todos nueve os juntaréis y a los Montes Perineos (sic) iréis donde el Gran Diablo encantaréis y a la figura de Barrabás iréis y nueve puertas les echaréis y donde quiera que estuviere Fulano iréis y los incaréis desde el riñón al corazón, que no le dexéis parar ni sosegar ni le dexaréis hablar con ninguna mujer hasta mi puerta entrar.

—Para hallar cosas perdidas, o acordarse dónde estaban, pronunciaba la siguiente oración:

> Señor San Antonio de Padua, por los siete años que estuvisteis en el desierto, santo bendito lo perdido sea allado y lo olvidado sea acordado.

Para tornarse invisible aconseja matar un gato negro y enterrarlo en una cueva un Viernes Santo, poniéndole un haba seca en cada ojo y otra en la boca. De aquéllas nacerían habas que quien las portase tendría el don de la invisibilidad. También amparaba «mujeres tapadas» que iban y venían a tratos ilícitos, para adoctrinarse en hechicerías. Entre la espada y la pared, se le obliga a abjurar, es condenada a vergüenza pública, salir por las calles con una coroza y es desterrada durante 6 años de Ciudad Real y su tierra natal[99].

Epílogo

En suma, el siglo xvi fue el siglo donde se afianzó la Contrarreforma Católica, pero el Campo de Montiel quedaba muy lejos de los padres conciliares reunidos en Trento. Las pobres gentes que poblaban sus pueblos y campos estaban atrapadas por una dura realidad que solo era soportable mediante la resignación cristiana o invocando a santos y demonios.

Contrariamente a lo que pensamos, supersticiones y conjuros eran compartidos por todos los estamentos y las curanderas o hechiceras que nos hallamos son viudas relativamente jóvenes, que viven en ciudades o grandes villas, pero que carecen de un varón que las amparase y acuden a la superchería para sobrevivir. Solían ser requeridas para hacer magia amorosa, hallar tesoros o curar dolencias de todo tipo, empleando una rudimentaria persuasión, mezclando placebos con hierbas medicinales o alucinógenas, y pronunciando al final conjuros contaminados del catolicismo para otorgarles autoridad.

Además, como ya se había demostrado en otras audiencias rurales, lugareños y lugareñas saben aprovechar las pugnas jurisdiccionales de la época para infamar y agraviar al contrario, consumir su hacienda o apelar a una instancia más afín a sus intereses.

Las páginas que preceden apenas son retazos de otro tiempo, una muestra de una realidad compleja que nos permite asomarnos a un mundo perdido, pero que he querido rememorar.

Notas

1 LÓPEZ DE CORELLA, Alonso, *Trezientas preguntas de cosas naturales*. Valladolid, Francisco Fernández de Córdoba, 1546.

2 TAUSIET, María, «Comadronas-brujas en Aragón en la Edad Moderna: mito y realidad», *Manuscrits*, 15, 1997, pp. 377-392.

3 NEGREDO DEL CERRO, Fernando: «Levantar la doctrina hasta los cielos: el sermón como instrumento de adoctrinamiento social», en SUÁREZ GRIMÓN, Vicente J.; MARTÍNEZ RUIZ, Enrique y LOBO CABRERA, Manuel (coords.), III Reunión Científica de Historia Moderna: Asociación Española de Historia Moderna I, Iglesia y sociedad en el Antiguo Régimen. Las Palmas de Gran Canaria, FEHM, 1995, pp. 55-64.

4 DEDIEU, Jean Pierre: «Christianization in New Castile: Catechism, Communion, Mass, and Confirmation in the Toledo Archbishopric, 1540-1650» en CRUZ, Anne J. y PERRY, Mary E.: *Culture and control in Counter-Reformation Spain*. Minneapolis-Oxford, Universidad de Minesota. 1992, pp. 1-24.

5 En este sentido se recomendaba a corregidores de realengo, alcaldes mayores señoriales y gobernadores de los maestrazgos «sobre los embustes y ficciones que algunos encantadores hiziesen, imputando a milagros algunas imágenes haciendo llorar o sudar u otra cosa de admiración por artes o embaymientos, con que engañasen el pueblo y sacasen limosnas, porque el examen, conocimiento y castigo desto pertenece al juez eclesiástico, y la averiguación las verdaderas reliquias y de sus milagros y la extirpación de la superstición». CASTILLO DE BOVADILLA, Jerónimo: *Política para corregidores y señores de vasallos* [1597], facs. Madrid, Instituto de Estudios de la Administración Local, 1978, I, lib. II, cap. XVII, p. 515.

6 Su jurisdicción se extendía por las localidades de Albaladejo, Alcubillas, Alhambra, Almedina, Cañamares, Carrizosa, Castellar de la Mata (luego de Santiago, Cózar), Fuenllana, Membrilla, Montiel, Puebla del Príncipe, Santa Cruz de los Cáñamos, La Solana, Terrinches, Torre de Juan Abad, Torrenueva, Torres de Montiel, Villahermosa, Villamanrique y Villanueva de los Infantes, todas emplazadas al sureste de la actual provincia de Ciudad Real, amén de Ossa de Montiel (Albacete). PORRAS ARBOLEDAS, Pedro Andrés: *La Orden de Santiago en el siglo XV. La Provincia de Castilla*. Dykinson Caja Provincial de Ahorros de Jaén, 1997.

7 GÓMEZ VOZMEDIANO, Miguel F.: «Repúblicas campesinas: el Común en los Campos de Montiel y Calatrava (siglo XVI)», en LÓPEZ-SALAZAR PÉREZ, Jerónimo: *Las órdenes militares en la Península Ibérica*. II Edad Moderna, Cuenca, UCLM, 2000, pp. 2203-2224.

8 Traslado vicaría de Montiel a Villanueva de los Infantes; 12/08/1573, san Lorenzo. AHN [Archivo Histórico Nacional] OOMM [Órdenes Militares], RSS [Registro del Sello de la Orden de Santiago], leg. 54290.

9 Memorial de la villa de Montiel, quejándose del reparto fiscal de los Millones porque la villa tiene 800 vecinos «la mitad de la vecindad que la dicha villa solía tener. Y estos son pobres e necesitados porque su trato es labor y respeto de las esterilidades de secas y langosta an quedado imposibilitados

de poder pagar repartimientos en tanta cantidad» (1596). Archivo General de Simancas [AGS], Patronato Real, leg. 83, nº 195, f. 1r.

10 Que el juez de residencia de la Orden de Santiago en la provincia de Castilla haga información acerca de los agravios que denuncian haber recibido las villas y lugares del Campo de Montiel y Valle de Segura de los comisarios y tesoreros que predican la bula de la Santa Cruzada en esos territorios; 30/06/1513, Valladolid. AGS, Registro General del Sello [RGS], leg. 151306, nº 32. Pocos años después, los fieles se quejaban de los excesivos derechos que llevaban los que predicaban y publicaban en la comarca indulgencia y perdones. AHN, OOMM, Judicial, leg. 6965.

11 OMER, Michel: «L'élevage ovin dans le Campo de Montiel», *Mélanges de la Casa de Velázquez*, 12, 1976, pp. 415-446; ARIAS SÁNCHEZ, Beatriz: «Las dehesas del Campo de Montiel en la Edad Media», en MOYA-MALENO, Pedro R. y GALLEGO VALLE, David (coords.): «Campo de Montiel 1213: Entre el islam y el cristianismo», *Revista de Estudios del Campo de Montiel*, Extra 1, 2015, pp. 171-188; así como SÁNCHEZ GONZÁLEZ, Ramón y GÓMEZ VOZMEDIANO, Miguel F,: «El mundo rural: economía y sociedad», en GARCÍA GONZÁLEZ, F. (coord.): *Castilla La Mancha en la Edad Moderna*. Ciudad Real, Almud, 2004, pp. 53-89.

12 LÓPEZ-SALAZAR PÉREZ, Jerónimo: *Estructuras agrarias y sociedad rural en la Mancha (ss. xvi-xvii)*, Ciudad Real, Instituto de Estudios Manchegos, 1986; así como «El mundo rural de Castilla la Nueva», en MARTÍNEZ MILLÁN, José (coord.): *La monarquía de Felipe III*, Madrid, UAM, 2008, IV, pp. 61-126.

13 MADRID MEDINA, Ángela: «El Campo de Montiel en la Edad Moderna», *Cuadernos de estudios manchegos*, 8, 1978, pp. 9-39; 9, 1979, pp. 13-49; 10, 1980. pp. 13-37 y 11, 1981, pp. 15-43.

14 SÁNCHEZ MOLINA, Carlos: «Las cofradías del Campo de Montiel (siglos xvi-xviii)». *Revista de estudios del Campo de Montiel*, 6, 2019, 89-170. DOI: https://doi.org/10.30823/recm.62019109.

15 MARTÍNEZ RUIZ, Enrique (dir.): *El peso de la Iglesia. Cuatro siglos de órdenes religiosas en España*. Madrid, Actas, 2004. Para el caso concreto que nos ocupa, ver GÓMEZ VOZMEDIANO, Miguel F.: «Fundaciones franciscanas en territorio de la Orden de Santiago durante el siglo xvi», en SUÁREZ GRIMÓN, Vicente J.; MARTÍNEZ RUIZ, Enrique y LOBO CABRERA, Manuel (coords.), III Reunión Científica de Historia Moderna: Asociación Española de Historia Moderna I, Iglesia y sociedad en el Antiguo Régimen. Las Palmas de Gran Canaria, FEHM, 1995, pp. 315-326; así como MADRID MEDINA, Ángela: «La vida cotidiana en los conventos de la Orden de Santiago, según la reforma de los Reyes Católicos», *Revista de las Ordenes Militares*, 13, 2022, pp. 79-117.

16 «en un altar con mucha veneración. Este Cristo hizo muchos milagros y ha seguido haciendo desde entonces acá… el edificio y traza della es antiguo,

de bóveda de argamasa y ladrillo». VIÑAS Y MEY, Carmelo y PAZ, Ramón: *Relaciones histórico-geográfico-estadísticas de los pueblos de España hechas por iniciativa de Felipe II.* Ciudad Real. Madrid, CSIC, 1971, p. 350.

17 Proceso por blasfemia contra Juan de Alarcón, vecino de Villanueva de Alcaraz (hoy Villanueva de la Fuente, Ciudad Real, limítrofe a Albacete) en proceso suspensos. Hijo de Diego de Alarcón, vecino de Villanueva de Alcaraz, hidalgo, y su madre era cristiana vieja (Olalla Martínez); bota contra Dios y la Virgen, jugando a naipes o cazando; además tenía fama de gran astrólogo «y dezía algunas cosas de lo porvenir», andanda en hábito de lego; 20/09/1522. AHN, Inquisición, Consejo de la Suprema, leg. 1422, exp. 2, f. 4r-ss.

18 CHRISTIAN, William A. Jr.: *Religiosidad local en la España de Felipe II.* Madrid, Nerea, 1991.

19 Voto por la plaga de langosta del concejo de Villamanrique; 02/07/1574, Burgos. AHN, OOMM, RSS, leg. 55622.

20 AHN, OOMM, RSS, leg. 25018.

21 MOLINA CHAMIZO, Pilar: *Iglesias parroquiales del Campo de Montiel (1243-1515),* Ciudad Real, BAM, Diputación de Ciudad Real, 1994.

22 MOTA, Diego de la: *Libro del principio de la Orden de la cavallería de Santiago y una declaración de la Regla y tres votos substanciales de religión que los freyles cavalleros hazen. Y la fundación del convento de Uclés, cabeça de la Orden, con un catálogo de los maestres, y priores y de algunos caballeros.* Valencia, imp. Álvaro Franco, 1599.

23 Las múltiples posibilidades de estudio de este tipo de audiencias eclesiásticas rurales en CANDAU CHACÓN, *María Luisa: Iglesia y sociedad en la campiña sevillana: la vicaría de Écija*, Sevilla, Diputación Provincial de Sevilla, 1986 o PÉREZ MUÑOZ, Isabel: *Pecar, delinquir y castigar: el tribunal eclesiástico de Coria en los siglos XVI y XVII.* Cáceres, Institución Cultural El Brocense, 1992.

24 Incluso algunos anteriores: como la citatoria y compulsoria a Mateo López, vecino de La Membrilla, a petición de su paisano Bartolomé Sánchez Camacho sobre una sentencia dada a su favor por Alonso Fernández de Villamayor, vicario de Montiel, por una herencia que él y sus hermanos debieron recibir y que les pertenecía de un hermano, ya difunto, viudo de la mujer de Mateo; Consejo de la Orden de Santiago; 25/03/1495, Madrid. AGS, RGS, leg. 149503, nº 363.

25 Toribio González, en 1386 y 1389, votó en las elecciones de priores en su condición de vicario de Montiel y asistió al Capítulo General de Mérida (1386) en sustitución del prior de Uclés, ausente. LÓPEZ AGURLETA, José: Questiones Militares Jacobeas (mss). AHN. OM, lib. 1286C, questión IX.

26 Hacia 1478 Alfon Fernández de Orán freile de Uclés y párroco de la villa de la Bastilla, aparece consignado como vicario de Montiel, siendo su teniente Juan Alonso Romo, cura de Villahermosa. Visita de la Provincia

de Castilla por los comendadores Ruy Díaz Cerón, Pedro González de Calvent y Alfonso Fernández de Ribera, capellán del maestre Alonso de Cárdenas (1478) AHN, OOMM, lib.1063, ff. 236r-237r.

27 En las *Relaciones topográficas de Felipe II* se dice que «[en Membrilla] antiguamente solía residir en esta villa los vicarios de la Vicaría del Campo de Montiel y siendo vicario y cura desta villa el bachiller Pedro Blázquez trocó el beneficio curato que en esta villa tenía con el cura que a la sazón será de la villa de Montiel que yendo a servir el oficio de cura a la villa de Montiel se llevó el cargo de vicario habrá setenta años y dende entonces los demás vicarios que han sido han residido en Montiel hasta ahora habrá dos años que residen en Villanueva de los Infantes». Cit. CAMPOS FERNÁNDEZ DE SEVILLA, Francisco J.: «Vida y organización religiosa castellana en tiempos de Felipe II», *Estudio agustiniano: Revista del Estudio Teológico Agustiniano de Valladolid*, 17/2, 1982, pp. 95-134 [p. 113]. El bachiller Pedro Blázquez, como vicario de Montiel, acompaña al doctor Nicolás Tello en su visita a las provincias de León, Extremadura y Andalucía de la Orden de Santiago (1514); AHNOB. Osuna, caja. 4256(1), doc. 27, f. 6v.

28 *Relación de méritos de Fernando González de Reyero Villarroel* (1760). AHN. Consejos, leg. 13355, exp. 7.

29 GALLEGO VALLE, David: «Los molinos medievales de la orden militar de Santiago: el caso de molino del Vicario en Montiel (Ciudad Real)», X Congreso Internacional de Molinología. Actas, Segovia, 2016, pp. 113-125.

30 El licenciado Salcedo, vicario de Montiel, acompañado por el cura de Moratalla (Murcia) «abía enpeçado a visitar generalmente las villas y lugares de su vicaría, por aber mucho tiempo que no se abían visitado»; 04/12/1590, Madrid. AHN, OOMM, Judicial, RSS, leg. 55764.

31 AHN, OOMM, Consejo lib. 1067, pp. 431-432.

32 AHN, OOMM, Consejo, lib. 1068, pp. 226-227.

33 Los Reyes Católicos despachan una provisión para que García Tello ejerza de alcalde mayor de la ciudad de Sevilla mientras esté cautivo de los moros su hermano, Juan Gutiérrez Tello, preso en el desastre de la Axarquía; 18/04/1485, Córdoba. AGS, RGS, leg. 148504, nº 235. En 1515, se asigna la alcaldía mayor de la tierra de la ciudad de Sevilla a Francisco Tello, por renuncia de su tío Garci Tello [AGS, RGS,151508,213]. Los hermanos Garci Tello y Juan Gutiérrez Tello, hijos de Garci Tello, veinticuatro de Sevilla, sirvieron al rey en la asonada comunera protagonizada por Juan de Figueroa [AGS, Patronato Real, leg. 5, nº 14].

34 PORRAS ARBOLEDAS, Pedro A.: «El Origen del Real Consejo de Órdenes de José López de Agurleta», *Cuadernos de Historia del Derecho*, 16, 2009, pp. 275-351 [p. 346].

35 Archivo General de Indias, Indiferente, leg. 1962, lib. 6, ff. 243v-244r.

36 AGS, Cámara de Castilla, leg. 259, exp. 1.

37 AGS, Cámara de Castilla, leg. 250, exp. 29.

38 RAMIS BARCELÓ Rafael y RAMIS SERRA, Pedro: *Actos y grados de la Universidad de Alcalá (1523-1544)*. Madrid, Dykinson, 2020, p. 80.

39 AHN, RSS, leg. 56768, sf.

40 01/02/1550, Valladolid. AHN, OOMM, RSS, legs. 55618 y 22865.

41 05/08/1552, Madrid. AHN, OOMM, RSS, leg. 22872.

42 AHN, OOMM, Judicial, leg. 23676.

43 ADT, Orden de Santiago, sin catalogar.

44 Que el licenciado [Francisco] Mazuecos, vicario general del arzobispado de Toledo, envíe al Consejo el proceso de la causa que se trata entre Fernando Jurado, vecino de la villa de Membrilla, y Rodrigo Canuto, vecino de la misma, por la venta abusiva de un caballo, en la que había entendido por decirse el acusado estar ordenado de corona. Consejo Real; 27/06/1503, Alcalá de Henares. AGS, RGS, leg. 150306, nº 374.

45 Todavía en 1537 se encarga a Jerónimo Tello examinar a Jorge Álvae, presbítero de Almbra para ejercer de cura en Carrizosa, porque «el dicho lugar [es] muy pobre y de poca vecindad, que no ay en él syno solamente quinze vezinos diz que no ay clérigo alguno que quiera residir en el dicho lugar por cura»; 23/04/1537, Valladolid. AHN, OOMM, RSS, leg. 62335.

46 ARCHIVO HISTORICO NACIONAL, OOMM, Registro Sello Santiago, leg. 22867.

47 En concreto el licenciado don Florencio de Vera y Chacón, del hábito de Santiago, capellán de honor de su majestad y vicario general de la provincia del Campo de Montiel, censor de las *Ventidós parte perfeta de las comedias del Fénix de España Frey Lope Félix de Vega Carpio*, Madrid, imp. viuda de Juan González, 1635.

48 El cura de Torrenueva acostumbraba a cazar [02/08/1526, Granada. AGS, RSS, leg. 56979], una conducta muy habitual entre el clero rural de la archidiócesis. SÁNCHEZ GONZÁLEZ, Ramón: «Mentalidad y conducta social del clero rural en la diócesis de Toledo (siglo xvii)», SUÁREZ GRIMÓN, Vicente J.; MARTÍNEZ RUIZ, Enrique y LOBO CABRERA, Manuel (coords.): III Reunión Científica de Historia Moderna: Asociación Española de Historia Moderna. I Iglesia y sociedad en el Antiguo Régimen. Las Palmas, FEHM, 1995, I, pp. 187-196.

49 AHN, OOMM, RSS, leg. 58163.

50 Un carácter que comparten con otros colectivos cercanos, como los freiles calatravos coetáneos. GÓMEZ VOZMEDIANO, Miguel F.: «Entre Dios y el diablo: los freiles conventuales y beneficiados exclaustrados en el Campo de Calatrava (1500-1575)», en MESTRE SANCHÍS, Antonio y GIMÉNEZ LÓPEZ, Enrique (coords.): *Disidencias y Exilios en la España moderna*, Alicante, Universidad de Alicante-FEHM, 1997, II, pp. 39-54.

51 AHN, OOMM, RSS, leg. 57182.

52 AHN, OOMM, RSS, leg. 56979.

53 *Relación pleitos eclesiásticos vicaría Montiel (1541-1579)*. AHN, OOMM, Judicial, leg. 13132, sf.

54 07/03/1572, Villahermosa. *Relación pleitos eclesiásticos vicaría Montiel (1541-1579)*. AHN, OOMM, Judicial, leg. 13132, sf.

55 El rastro de este áspero litigio también en *Inventario de pleitos 1558-1588*. Archivo Diocesano de Toledo [ADT], libs. 648, sf. y 2088, f. 666r.

56 BARRANQUERO CONTENTO, José Javier: «La relación de pleitos de la vicaría de Montiel de 1578: los procesos a clérigos», *Tiempos Modernos*, vol. 9, 36, 2018, pp. 191-214 [200 y 213].

57 ADT, lib. 2088, f 663v.

58 El Padre Nuestro en latín comienza con la frase «*Pater noster, qui est in caelis sanctificetur nomen tuum adveniat regnum tuum…*».

59 03/03/1566, Montiel. *Relación pleitos eclesiásticos vicaría Montiel (1541-1579)*. AHN, OOMM, Judicial, leg. 13132, sf.

60 20/08/1567, Fuenllana. *Relación pleitos eclesiásticos vicaría Montiel (1541-1579)*. AHN, OOMM, Judicial, leg. 13132, sf.

61 25/08/1571, Montiel. *Relación pleitos eclesiásticos vicaría Montiel (1541-1579)*. AHN, OIMM, Judicial, leg. 13132, sf.

62 SIERRA, Julio: *Procesos en la Inquisición de Toledo (1575-1610)*: manuscrito de Halle, Madrid, Trotta, 2005, p. 240.

63 ADT, lib. 648, documento sin catalogar, insertado entre libro registro.

64 NICOLÁS CABO, Juan Martín de: «La Mancha santiaguista según los Libros de Visitas (1480-1511», *Anuario de Estudios Medievales*, 1, 1981, pp. 469-491.

65 Corría una cancioncilla popular que aludía a un grupo de brujas en aquelarre que surcaban el cielo a lomos de sendas escabas y que iban cantando: «Cuatro somos de Herencia / dos de El Toboso / y la capitanilla de Tomelloso».

66 Aunque escasos, no es el único expediente de este tipo detectado.; por ejemplo, dos vecinos de Albaladejo, Elvira García y Pedro García, tramitan su separación matrimonial en 1566; Inventario de pleitos 1558-1588. ADT, lib. 648, sf.

67 Su caso está glosado en GÓMEZ VOZMEDIANO, Miguel Fernando: «Amores y desamores en tiempo de Cervantes», en ESCUDERO BUENDÍA, Francisco Javier y HAGEDORN, Hans Christian (coords.): *Nuevas perspectivas cervantinas: Fuentes, relaciones, recepción*. Cuenca, UCLM, 2020, pp. 129-172 [151-152].

68 AHN, OOMM, Judicial, leg. 9280, f. 147v.

69 Entre otras, destacamos las aportaciones de CIRAC ESTOPAÑÁN, Sebastián: *Los procesos de hechicerías en la Inquisición de Castilla la Nueva (Tribunales de Toledo y Cuenca)*. Madrid, CSIC, 1942; BLÁZQUEZ MIGUEL, Juan: *Castilla-La Mancha: magia, superstición y leyenda*, León, Everest, 1991 y

VILLAR ESPARZA, Carlos: «Notas y dibujos para una mitología popular manchega creencias y costumbres populares del Campo de Montiel», Zahora. *Revista de Tradiciones Populares*, 56, 2012, pp. 136-144.

70 El sustantivo «fantasma» era femenino en castellano antiguo. La creencia generalizada en trasgos, duendes y fantasmas en FUENTE LA PEÑA, Antonio de (OFM cap.): *El ente dilucidado. Discurso único y novísimo que muestra ay en naturaleza animales irracionales invisibles*, Madrid, imp. Real, 1676.

71 IDÁÑEZ DE AGUILAR, Alejandro Faustino: «Purificación simbólica del espacio. Campo de Montiel, Sierras de Alcaraz y Segura», *Al-Basit*, 59, 2014, pp. 105-135.

72 CARO BAROJA, Julio: *El estío festivo. Fiestas populares del verano*. Madrid, Taurus, 1986, p. 94.

73 GIL BAUTISTA, Rafael: «Iconografía de la catástrofe en la España de la Edad Moderna», en ALBEROLA ROMÁ, Armando (ed.): *Riesgo, desastre y miedo en la península Ibérica y México durante la Edad Moderna*, Alicante, Universidad de Alicante-Colegio de Michoacán, 2017, pp. 71-110.

74 GÓMEZ VOZMEDIANO, Miguel Fernando: «Exorcistas y embaucadores en La Mancha de los Austrias», en CAMPOS Y FERNÁNDEZ DE SEVILLA, Francisco J. (dir.): Actas del simposium *Religiosidad popular en España*. San Lorenzo de El Escorial, 1997, I, pp. 1051-1068. Asimismo, ver XIMÉNEZ PATÓN, Bartolomé: *Discurso de la langosta, que en el tiempo presente aflige y para el venidero amenaza*. Baeza, imp. Pedro de la Cuenta, 1619.

75 BNE, ms. 11160, sf.

76 XIMÉNEZ PATÓN, Bartolomé: *Decente colocación de la santa cruz. Por el maestro… catedrático de elocuencia en el estudio de Villanueva de los Infantes*. Cuenca, imp. Julián de la Iglesia, 1635.

77 GÓMEZ VOZMEDIANO, Miguel Fernando: «Cultura escrita y oralidad en La Mancha del Renacimiento». Iacobvs. *Revista de Estudios Jacobeos y Medievales*, 25-26, 2010, pp. 333-362.

78 BOUZA ÁLVAREZ, Fernando: *Corre manuscrito. Una historia cultural del Siglo de Oro*. Madrid, Marcial Pons, 2001.

79 Entre 1551 y 1583, en los índices inquisitoriales ibéricos se prohibieron un total de once oraciones en lengua vulgar. Las más extendidas fueron la Oración de la Emparedada, la Oración de san León papa, la Oración de san Cristóbal, la Oración de san Cipriano y la Oración del Justo Juez. LONDOÑO, Marcela: *Las oraciones censuradas. Superstición y devoción en los índices de libros prohibidos de España y Portugal (1551-1583)*. Barcelona, Herder Editorial, 2019.

80 CIRUELO, Pedro: *Reprovación de las supersticiones y hechizerías. Libro muy útil y necesario a todos los buenos christianos*. Sevilla, imp. Andrés de Burgos, 1547, III parte, cap. IV.

81 SÁNCHEZ, Pedro: *En que se tratan las vidas de doce Filósofos, y Príncipes antiguos, y sus sentencias, y hazañas: y las virtudes moralmente buenas que tuvieron. Y se*

condenan los vicios de que fueron notados. Apurando lo bueno, y desechando lo malo que tuvieron. Sacando de todo ello la médula y sustancia de lo mejor y más provechoso, y moralizándolo, para utilidad de nuestras costumbres, y vida cristiana. Y en el último lugar, y fin de la obra, se trata la vida de la Muerte, que es el fin y remate de las cosas humanas. Con algunas consideraciones provechosas para la buena vida. Toledo, imp. Viuda de Juan de la Plaza, 1590, f. 147r.

82 09/02/1556, Montiel. *Relación pleitos eclesiásticos vicaría Montiel (1541-1579).* AHN, OOMM, Judicial, leg. 13132, sf.

83 Se llamaba nacida a una herida provocada por la peste bubónica en el estómago o las ingles.

84 22/05/1565, Villamarique; *Relación pleitos eclesiásticos vicaría Montiel (1541-1579).* AHN, OOMM, Judicial, leg. 13132, sf.

85 *Relación de causas del Tribunal de Murcia (1596).* AHN. Inquisición. Consejo de la Suprema, leg. 2022, exp. 25, f. 12v. MOYA GARCÍA, Concepción: «Las hechiceras del Campo de Montiel en el siglo xvii». V Congreso de Historia Social: Las figuras del desorden: heterodoxos, proscritos y marginados http://www.asociacionhistoriasocial.org.es/download/V_Congreso/Heterodoxos/Moya_C._-Las_hechiceras_del_Campo_xvii.pdf.

86 *Relación pleitos eclesiásticos vicaría Montiel (1541-1579).* AHN, OOMM, Judicial, leg. 13132, sf.

87 14/08/1556, Montiel. *Relación pleitos eclesiásticos vicaría Montiel (1541-1579).* AHN, OOMM, Judicial, leg. 13132, sf.

88 Cuartanas se llamaba a las fiebres que entraban con frío y repetían cada cuatro días, producto del paludismo o malaria.

89 30/01/1562, Montiel. *Relación pleitos eclesiásticos vicaría Montiel (1541-1579).* AHN, OOMM, Judicial, leg. 13132, sf.

90 08/10/1562. *Relación pleitos eclesiásticos vicaría Montiel (1541-1579).* AHN, OOMM, Judicial, leg. 13132, sf.

91 06/07/1565, Montiel; *Relación pleitos eclesiásticos vicaría Montiel (1541-1579).* AHN, OOMM, Judicial, leg. 13132, sf.

92 14/02/1571, Castellar de la Mata; *Relación pleitos eclesiásticos vicaría Montiel (1541-1579).* AHN, OM, Judicial, leg. 13132, sf.

93 03/07/1570, Montiel; *Relación pleitos eclesiásticos vicaría Montiel (1541-1579).* AHN, OOMM, Judicial, leg. 13132, sf. Según antiguos testimonios, para curar la erisipela (una enfermedad infecciosa bacteriana cutánea, normalmente asociada a episodios de fiebre), se frotaba con hojas de naranjo amargo la rojez, mientras se musitaba: «Eres rosa dolorosa que chupa y mata cristianos, te corto y te tiro, donde el perro no ladre, ni el gallo le cante (quería decir que se fuera lejos)». HERNÁNDEZ, María Luisa y UGARTE, María del Carmen: «Creencias y supersticiones canarias: testimonios orales», *Revista de Folklore*, 389, 2014, pp. 4-15.

94 27/03/1576, Villanueva de los Infantes; *Relación pleitos eclesiásticos vicaría Montiel (1541-1579).* AHN, OOMM, Judicial, leg. 13132, sf.

95 13/05/1580, Madrid. AHN. OOMM, RSS, leg. 50197.

96 31/05/1541, Montiel-02/10/1542, Valladolid. AHN, OOMM, Judicial, leg. 15802.

97 16/10/1569, Madrid. AHN, OOMM, Judicial, leg. 8943, sf.

98 AHN, OOMM, Judicial, leg. 8943.

99 18/07/1645, Ciudad Real-12/12/1645, Toledo. AHN, Inquisición, Tribunal de Toledo, leg. 94, exp. 11 y 228.

Bibliografía

ARIAS SÁNCHEZ, Beatriz: «Las dehesas del Campo de Montiel en la Edad Media», en MOYA-MALENO, Pedro R. y GALLEGO VALLE, David (coords.): "Campo de Montiel 1213: Entre el islam y el cristianismo", *Revista de Estudios del Campo de Montiel*, Extra 1, pp. 171-188. 2015.

BARRANQUERO CONTENTO, José Javier: «La relación de pleitos de la vicaría de Montiel de 1578: los procesos a clérigos», *Tiempos Modernos*, vol. 9, 36, pp. 191-214. 2018.

BLÁZQUEZ MIGUEL, Juan: *Hechicería y superstición en Castilla-La Mancha. Toledo*, Servicio de Publicaciones de la Junta de Comunidades de Castilla-La Mancha, 1985.

—Castilla-La Mancha: *Magia, Superstición y Leyenda*. Everest. León, 1991.

BOUZA ÁLVAREZ, Fernando: *Corre manuscrito. Una historia cultural del Siglo de Oro*. Marcial Pons. Madrid, 2001.

CAMPOS FERNÁNDEZ DE SEVILLA, Francisco J.: «Vida y organización religiosa castellana en tiempos de Felipe II», *Estudio agustiniano: Revista del Estudio Teológico Agustiniano de Valladolid*, 17/2, pp. 95-134. 1982.

CANDAU CHACON, María Luisa: *Iglesia y sociedad en la campiña sevillana: la vicaría de Écija*. Diputación Provincial de Sevilla. Sevilla, 1986.

CARO BAROJA, Julio: *El estío festivo. Fiestas populares del verano*. Taurus. Madrid, 1986.

CASTILLO DE BOVADILLA, Jerónimo: *Política para corregidores y señores de vasallos [1597]*, facs. Instituto de Estudios de la Administración Local. Madrid, 1978.

CHRISTIAN, William A. Jr.: *Religiosidad local en la España de Felipe II*. Madrid.

CIRAC ESTOPAÑÁN, Sebastián: *Los procesos de hechicerías en la Inquisición de Castilla la Nueva (Tribunales de Toledo y Cuenca)*. CSIC. Madrid, 1942.

CIRUELO, Pedro: *Reprovación de las supersticiones y hechizerías. Libro muy útil y necesario a todos los buenos christianos*. Imp. Andrés de Burgos. Sevilla, 1547.

DEDIEU, Jean Pierre: «Christianization in New Castile: Catechism, Communion, Mass, and Confirmation in the Toledo Archbishopric, 1540-1650» en CRUZ, Anne J. y PERRY, Mary E.: *Culture and control in Counter-Reformation Spain*, pp. 1-24. Minneapolis-Oxford, University of Minnesota. Mineápolis, 1992.

FUENTE LA PEÑA, Antonio de (OFM cap.): *El ente dilucidado. Discurso único y novísimo que muestra ay en naturaleza animales irracionales invisibles*. Imp. Real. Madrid, 1676.

GIL BAUTISTA, Rafael: «Iconografía de la catástrofe en la España de la Edad Moderna», en ALBEROLA ROMÁ, Armando (ed.): *Riesgo, desastre y miedo en la península Ibérica y México durante la Edad Moderna*, pp. 71-110. Universidad de Alicante-Colegio de Michoacán. Alicante, 2017.

GÓMEZ VOZMEDIANO, Miguel F.: «Fundaciones franciscanas en territorio de la Orden de Santiago durante el siglo xvi», en SUÁREZ GRIMÓN, Vicente J.; MARTÍNEZ RUIZ, Enrique y LOBO CABRERA, Manuel (coords.), III Reunión Científica de Historia Moderna: Asociación Española de Historia Moderna I,

Iglesia y sociedad en el Antiguo Régimen. Las Palmas de Gran Canaria, FEHM, pp. 315-326. 1995.

—«Entre Dios y el diablo: los freiles conventuales y beneficiados exclaustrados en el Campo de Calatrava (1500-1575)», en MESTRE SANCHÍS, Antonio y GIMÉNEZ LÓPEZ, Enrique (coords.): *Disidencias y exilios en la España Moderna*, II, pp. 39-54. Universidad de Alicante-FEHM. Alicante, 1997.

—«Exorcistas y embaucadores en La Mancha de los Austrias», en CAMPOS Y FERNÁNDEZ DE SEVILLA, Francisco J. (dir.): *Actas del simposium religiosidad popular en España*, I, pp. 1051-1068. San Lorenzo de El Escorial, 1997.

—«Repúblicas campesinas: el Común en los Campos de Montiel y Calatrava (siglo XVI)», en LÓPEZ-SALAZAR PÉREZ, Jerónimo: *Las órdenes militares en la Península Ibérica*. II Edad Moderna, pp. 2203-2224. UCLM. Cuenca, 2000.

—«Cultura escrita y oralidad en La Mancha del Renacimiento». *Iacobvs. Revista de Estudios Jacobeos y Medievales*, 25-26, pp. 333-362. 2010.

—«Amores y desamores en tiempo de Cervantes». En ESCUDERO BUENDÍA, Francisco Javier y HAGEDORN, Hans Christian (coords.): *Nuevas perspectivas cervantinas: Fuentes, relaciones, recepción*, pp. 129-172. UCLM. Cuenca, 2020.

HERNÁNDEZ, María Luisa y UGARTE, María del Carmen: «Creencias y supersticiones canarias: testimonios orales», *Revista de Folklore*, 389, pp. 4-15. 2014.

IDÁÑEZ DE AGUILAR, Alejandro Faustino: «Purificación simbólica del espacio. Campo de Montiel, Sierras de Alcaraz y Segura», *Al-Basit*, 59, pp. 105-135. 2014.

LONDOÑO, Marcela: *Las oraciones censuradas. Superstición y devoción en los índices de libros prohibidos de España y Portugal (1551-1583)*. Herder Editorial. Barcelona, 2019.

LÓPEZ DE CORELLA, Alonso: *Trezientas preguntas de cosas naturales*. Francisco Fernández de Córdoba. Valladolid, 1546.

LÓPEZ-SALAZAR PÉREZ, Jerónimo: *Estructuras agrarias y sociedad rural en la Mancha (ss. XVI-XVII)*. Instituto de Estudios Manchegos. Ciudad Real, 1986.

—«El mundo rural de Castilla la Nueva», en MARTÍNEZ MILLÁN, José (coord.): *La monarquía de Felipe III*, IV, pp. 61-126. UAM. Madrid, 2008.

MADRID MEDINA, Ángela: «El Campo de Montiel en la Edad Moderna», *Cuadernos de estudios manchegos*, 8, pp. 9-39; 9, 1979, pp. 13-49; 10, 1980. pp. 13-37 y 11, 1981, pp. 15-43. 1978.

—«La vida cotidiana en los conventos de la Orden de Santiago, según la reforma de los Reyes Católicos», *Revista de las Ordenes Militares*, 13, pp. 79-117. 2022.

MARTÍNEZ RUIZ, Enrique (dir.): *El peso de la Iglesia. Cuatro siglos de órdenes religiosas en España*. Actas. Madrid, 2004.

MOLINA CHAMIZO, Pilar: *Iglesias parroquiales del Campo de Montiel (1243-1515)*. BAM. Diputación de Ciudad Real. Ciudad Real, 1994.

MOTA, Diego de la: *Libro del principio de la Orden de la cavallería de Santiago y una declaración de la Regla y tres votos substanciales de religión que los freyles cavalleros hazen. Y la fundación del convento de Uclés, cabeça de la Orden, con un catálogo de los maestres, y priores y de algunos caballeros*. Imp. Álvaro Franco. Valencia, 1599.

MOYA GARCÍA, Concepción: «Las hechiceras del Campo de Montiel en el siglo XVII». V Congreso de Historia Social: Las figuras del desorden: heterodoxos, proscritos y marginados http://www.asociacionhistoriasocial.org.es/download/V_Congreso/Heterodoxos/Moya_C._-Las_hechiceras_del_Campo_XVII.pdf.

NEGREDO DEL CERRO, Fernando: «Levantar la doctrina hasta los cielos: el sermón como instrumento de adoctrinamiento social», en SUÁREZ GRIMÓN, Vicente J.; MARTÍNEZ RUIZ, Enrique y LOBO CABRERA, Manuel (coords.): III Reunión Científica de Historia Moderna: Asociación Española de Historia Moderna I, Iglesia y sociedad en el Antiguo Régimen. Las Palmas de Gran Canaria, FEHM, pp. 55-64. 1995.

OMER, Michel: «L'élevage ovin dans le Campo de Montiel», *Mélanges de la Casa de Velázquez*, 12, pp. 415-446. 1976.

PÉREZ MUÑOZ, Isabel: *Pecar, delinquir y castigar: el tribunal eclesiástico de Coria en los siglos XVI y XVII*. Institución Cultural El Brocense. Cáceres, 1992.

PORRAS ARBOLEDAS, Pedro Andrés: *La Orden de Santiago en el siglo XV. La Provincia de Castilla*. Dykinson, Caja Provincial de Ahorros de Jaén. 1997.

SÁNCHEZ, Pedro: *En que se tratan las vidas de doce Filósofos, y Príncipes antiguos, y sus sentencias, y hazañas: y las virtudes moralmente buenas que tuvieron. Y se condenan los vicios de que fueron notados. Apurando lo bueno, y desechando lo malo que tuvieron. Sacando de todo ello la médula y sustancia de lo mejor y más provechoso, y moralizándolo, para utilidad de nuestras costumbres, y vida cristiana. Y en el último lugar, y fin de la obra, se trata la vida de la Muerte, que es el fin y remate de las cosas humanas. Con algunas consideraciones provechosas para la buena vida*. Imp. Viuda de Juan de la Plaza,. Toledo, 1590.

SÁNCHEZ GONZÁLEZ, Ramón y GÓMEZ VOZMEDIANO, Miguel Fernando: «El mundo rural: economía y sociedad», en GARCÍA GONZÁLEZ, F. (coord.): *Castilla La Mancha en la Edad Moderna*, pp. 53-89. Almud. Ciudad Real, 2004.

SÁNCHEZ MOLINA, Carlos: «Las cofradías del Campo de Montiel (siglos XVI-XVIII)». *Revista de estudios del Campo de Montiel*, 6, pp. 89-170. 2019. DOI:https://doi.org/10.30823/recm.62019109.

SIERRA, Julio: *Procesos en la Inquisición de Toledo (1575-1610): manuscrito de Halle*. Trotta. Madrid, 2005.

TAUSIET, María: «Comadronas-brujas en Aragón en la Edad Moderna: mito y realidad», *Manuscrits*, 15, pp. 377-392. 1997.

VILLAR ESPARZA, Carlos: «Notas y dibujos para una mitología popular manchega creencias y costumbres populares del Campo de Montiel», *Zahora. Revista de Tradiciones Populares*, 56, pp. 136-144. 2012.

VIÑAS Y MEY, Carmelo y PAZ, Ramón: *Relaciones histórico-geográfico-estadísticas de los pueblos de España hechas por iniciativa de Felipe II. Ciudad Real.* CSIC. Madrid, 1971.

XIMÉNEZ PATÓN, Bartolomé: *Discurso de la langosta, que en el tiempo presente aflige y para el venidero amenaza.* Imp. Pedro de la Cuenta. Baeza, 1619.

—*Decente colocación de la santa cruz. Por el maestro... catedrático de elocuencia en el estudio de Villanueva de los Infantes.* Imp. Julián de la Iglesia. Cuenca, 1635.

Minorías socio-religiosas en La Mancha: moriscos, esclavos y gitanos

Ramón Sánchez González
Universidad de Castilla-La Mancha

Las minorías sociales asentadas en la sociedad española de los siglos XVI y XVII, es decir de la España de los Austrias, obedecían a razones muy dispares. Unas tenían connotaciones religiosas en un ambiente de unidad religiosa, el catolicismo, donde cualquier tipo de discrepancia era perseguida de modo inmisericorde. Otras eran el resultado de un escenario jurídico en el cual las leyes contemplaban la existencia de personas carentes de libertad y de cualquier tipo de derechos, sometidas a unos amos o dueños. Por último, había un tercer grupo anclado en una tradición casi perdida en el tiempo, caracterizados por una forma de vida errabunda e intencionadamente aislados, al rechazar cualquier tipo de integración. En síntesis, nos estaríamos refiriendo a moriscos, esclavos y gitanos. Tres minorías de las que, de forma sumaria, me voy a ocupar a continuación.

Moriscos

Me refiero a los moriscos granadinos[1], es decir al numeroso contingente de antiguos seguidores de Alá convertidos al cristianismo, que tras la rebelión de las Alpujarras en 1568-1570 el rey Felipe II ordenó su dispersión por Castilla en pequeñas unidades familiares. ¿Qué pretendían los gobernantes con la distribución por pueblos, villas, aldeas y ciudades? En realidad, dos eran las principales finalidades. Por un lado, alejarlos de la costa y de las fronteras norteafricanas, al considerarlos un hipotético peligro por la connivencia y la cooperación prestada en los ataques o incursiones de los musulmanes en suelo peninsular; y por otro, intentar integrarlos dentro de la sociedad castellano vieja. En resumen, se tenía en el punto de mira una estrategia político-militar y una búsqueda de asimilación cultural.

Por una real pragmática se decreta un repartimiento por tierras del interior de la meseta con el objetivo primordial de:

> traerlos a tierra adentro y que porque se pudiesen mejor adoctrinar y ser cristianos había parecido que se repartiesen y pusiesen en las ciudades, villas y lugares destos nuestros reinos por menudos apartados y divididos[2].

En oleadas sucesivas (la de 1570 la más numerosa) fueron llegando a Castilla numerosas familias en unas condiciones de viaje[3] duras en extremo, sometidos a fríos, lluvias y demás efectos meteorológicos adversos. Originarios en su mayoría de Guadix y Baza, viajaron por Albacete y Chinchilla hasta llegar a Toledo, para su reparto. Se inicia, de este modo, una movilidad en sucesivas etapas, con formas y procedimientos diversos, de carácter temporal, en algunos momentos, o definitivo, en otros, concluida con la drástica decisión de Felipe III en 1609 de expulsarlos del reino.

De acuerdo con las disposiciones del monarca, en las localidades de asentamiento, los regidores estaban obligados a confeccionar, en presencia de escribano para su posterior asentamiento en forma de libro, una

> lista y registro de todos los moriscos, así libres como esclavos del dicho reino de Granada, y de sus mujeres e hijos, poniéndose en el registro los nombres de todos, y de donde fueren traídos y son naturales, según que ellos lo declararen; poniendo así mismo la edad y señas de estatura y rostro, y el oficio, y trato que tuviere, y la casa y parroquia donde viviere[4].

En el campo de Montiel, estudiosos de la minoría, Francisco J. Moreno o Jerónimo López-Salazar[5], han demostrado que se instalaron numerosas familias, como sucedió en el Campo de Calatrava o Toledo. Concretamente en Albaladejo con una población en 1571 de 869 habitantes se asignaron 21 moriscos[6].

El afán por tener controlada a la nueva población, no se concluía con la confección de minuciosos padrones o listados en poder de regidores o párrocos, se extendía también a repertorios individualizados de personas con la relación detallada de las familias puestas a su cargo, o con la obligatoriedad de visitas, mensuales, quincenales o semanales —según la jurisdicción competente— a los moriscos residentes en el lugar, si bien, cabe suponer una flexibilidad y laxitud cada vez mayor con el transcurrir del tiempo en el cumplimiento de este precepto.

Desde el primer momento, el desplazamiento territorial de la minoría es objeto de un férreo control por parte de las autoridades, reales y eclesiásticas, a través de disposiciones legales y de una normativa encaminada a vigilar en todo momento su ubicación, en una prueba palpable de desconfianza y recelo ante un grupo social adornado de numerosos atributos negativos, más de uno fruto de la maledicencia y sin fundamento real.

A este respecto, la normativa era muy clara y no dejaba ninguna ranura a la interpretación. La real pragmática de 1572 e instrucciones particulares de algunas ciudades, establecían con precisión la conducta a seguir. Lo primero, ante el temor de pasarse a «otros reinos extraños» o retornar a tierras granadinas o a la sierra, declara:

> Mandamos, prohibimos, y defendemos, que ninguno, ni ningunos de los dichos moriscos del dicho reino de Granada, de cualquier estado, calidad, sexo y edad que sean no puedan por ninguna causa, ni razón mudarse, salir, ni ausentarse de los lugares y partes donde están repartidos, para hacer noche fuera, sin expresa y particular licencia de la justicia del lugar, y parte donde saliere[7].

Se hace imprescindible portar una licencia o salvoconducto para moverse de unos territorios a otros[8]. En 1582 se promulga nueva pragmática, ampliación de la de 1572, muy clarificadora de las pautas a seguir:

> Todos los moriscos que vinieron del nuestro reino de Granada y vivieren y estuvieren alistados en los pueblos de vuestra

> jurisdicción se les dé y traiga un testimonio signado del escribano del ayuntamiento o concejo de la ciudad o villa del partido donde el tal morisco estuviere repartido; en el cual testimonio se declare su nombre propio y el sobrenombre y de dónde es natural y dónde está repartido y alistado y qué edad tiene y las señas de su estatura y rostro y de otras partes del cuerpo y el oficio o trato que tuviere y la casa o parroquia donde viviere.[9]

Asentados en los territorios designados, se dejó en manos del estamento eclesiástico, más en concreto, en las diferentes diócesis y a través de la convocatoria de sínodos[10] gran parte de la responsabilidad para lograr su integración. Se llevaron a cabo a cargo del clero parroquial una serie de disposiciones pastorales globalmente orientadas en una triple vertiente. En primer lugar, el control personal de los moriscos alistados en cada parroquia, con el fin de promover su participación en la vida sacramental. En segundo lugar, su adoctrinamiento en la fe católica, con la doble misión de cimentar sus rudimentarios conocimientos de la doctrina cristiana y, por consiguiente, apartarles de sus anteriores creencias[11]. Y, en tercer lugar, erradicar de ellos todo rasgo cultural que pudiera estorbar su pronta y eficaz asimilación, es decir su aculturación. En la España de los Austrias, no había otra forma de asimilar que eliminando todo vestigio cultural previo. El concepto actual de «interculturalidad», entendido en el sentido de respeto hacia el diferente, no tenía cabida en aquella época.

La actividad profesional prioritaria era, tal como corresponde a núcleos rurales, el campo, la agricultura (así ocurriría en Albaladejo). No obstante, se debería distinguir entre simples jornaleros, arrendatarios y propietarios, en virtud de las circunstancias personales y de la prosperidad alcanzada. Gustaban también de practicar el comercio a pequeña escala, ya fuera de tenderos locales o tratantes trajineros itinerantes. Estos últimos no solo encontraban en el oficio una forma de sustentarse, sino también la oportunidad de mantener contacto con los suyos, con moriscos ubicados en distintos pueblos y mantener cierto grado de identidad. Los más jóvenes los pusieron a trabajar con maestros de diferentes gremios, en particular la actividad textil y de criados de las familias más acomodadas. En resumen, las actividades económicas predominantes eran la agricultura, el comercio, la artesanía y el sector servicio, si seguimos una denominación actual.

Una de las líneas de debate más fecundas en el estudio de la minoría es la relación entre la población nueva procedente de Granada con la comunidad de acogida. No debe perderse de vista un hecho determinante en esa relación, el carácter de minoría, es decir, una inferioridad numérica que con facilidad daba paso a abusos y provocaciones por parte de la mayoría, unas veces por recelo y desconfianza hacia individuos castigados por una rebelión y con unos antecedentes en las creencias religiosas despreciadas por los cristianos viejos.

Obviamente, siempre se apreciarán diferencias en función de las zonas geográficas[12], pero en Castilla y en la zona de Toledo, los litigios en los implicados moriscos granadinos se comprueban que en nada difieren de las transgresiones a la ley llevadas a cabo por miembros de otras comunidades y cuando se producen, en absoluto están originadas por tratarse de un grupo minoritario. Se trata de vulneraciones de las ordenanzas y de las pragmáticas reales propias del campesinado, no exclusivas de minorías étnicas o religiosas. Es con exactitud lo mismo ocurrido en La Mancha. Para Francisco J. Moreno, el mayor experto en moriscos de la zona:

> las tergiversaciones de ese orden social de las que fueron partícipes los propios moriscos en poco o en nada se diferenciaron de aquellas otras de las que fueron protagonistas los cristianos viejos.[13]

Participación en agresiones o peleas, hurtos de escasa entidad, disputas en la era por invasión de una parva, rozas ilegales en el monte y numerosos ejemplos más son prueba elocuente de la existencia de unas tensiones y enfrentamientos que, en ningún caso —se ha dicho— responde a motivaciones raciales o de creencias.

El comportamiento en lo tocante a la fe, y visto desde la perspectiva del temido tribunal del Santo Oficio[14], no parece revestir una presencia demasiado significativa. Sospechas de mantenimiento oculto de ritos y costumbres, libros, blasfemias, son algunos de los procesos, en ocasiones simples acusaciones sin llegar a sentencias por hechos probados.

Es obligado reconocer el condicionamiento en las relaciones de prejuicios sociales, raciales y sobre todo religiosos, pero estudios locales demuestran que la convivencia fue, en líneas generales cordial, aun a sabiendas que el grado de asimilación cultural y religiosa fue en gran medida bastante escaso y tanto en sus relaciones con las instituciones, Iglesia y Ayuntamientos, como en el terreno personal, todo parece indicar un trato pacífico y benéfico.

Mucho se ha escrito acerca de las razones expuestas para justificar la expulsión de 1609[15]. Autores próximos a los acontecimientos[16], clérigos en su mayoría convertidos en apologistas, —Ribera, Bleda, Fonseca, Aznar Cardona, Guadalajara— no dudaron en calificarla de un atino pleno, algo absolutamente necesario para alivio de la sociedad castellana. La historiografía apologética, estudiada con acierto por Miguel Ángel de Bunes[17] los calificaba de «la encarnación del mal», apóstatas, herejes, vagos, promiscuos, inclinados a las fiestas y diversiones, avariciosos, introductores de moneda falsa, despojafores de metales preciosos, brujería..., en fin, todo un rosario de acusaciones de índole muy variopinta y con harta frecuencia, no ajustada a la verdad. La historiografía actual con especialistas, clásicos y más actuales, —Reglá, Lapeyre, Vincent, Domínguez Ortiz, Benítez, Epalza, García-Arenal, Bunes, Tapia, Moreno— han matizado mucho más las explicaciones y, en especial, han intentado demostrar la complejidad territorial y las diferentes repercusiones según los espacios geográficos analizados.

Para La Mancha y la submeseta castellana la explicación de ser un grupo inasimilable, no respondía a la realidad, al menos con carácter general. Por el contrario, parece deducirse de una forma clara que no tuvo lugar un rechazo frontal ni una animadversión social que propiciara e hiciera inevitable el extrañamiento, al menos en el pueblo llano, diferente tal vez fuera la posición oficial de las autoridades civiles y eclesiásticas. Por el contrario, se documentan innumerables testimonios de integración y buena aceptación en los vecindarios. Ciertos individuos forman parte de los ayuntamientos, participan en repartimientos, recaudan contribuciones, prestan dinero y cooperan con la Iglesia en fiestas y celebraciones.

Varios investigadores, expertos en la temática morisca, confirman esta conclusión para otros espacios geográficos (La Sagra[18], Campo de Calatrava[19], Montes de Toledo[20]). Para el Campo de Montiel, en la década de 1590 a 1610 según Francisco J. Moreno[21] el acercamiento entre ambas comunidades fue intenso, tanto por la superación de los antagonismos como por la presencia de nuevas generaciones criadas ya entre cristianos viejos.

Los moriscos se convirtieron en chivo expiatorio en un momento, no se olvide, en el cual el duque de Lerma, impulsor de la medida, pasaba por una situación complicada: desgaste personal en el valimiento, corrupción, tensiones en Flandes previas a la Tregua de los Doce Años, comienzo de la decadencia con crisis económicas, demográficas y sociales… Todo esto le sirvió para desviar el foco de atención.

Acontecimiento de tal envergadura y resonancia histórica ha propiciado valoraciones muy dispares, con diferentes interpretaciones en uno y otro lado del Mediterráneo. Sintetizándolas y sin necesidad de extendernos en comentarios, parece darse cierta convergencia en reconocer que se trató de un drama terrible, de una tragedia humana, tal vez evitable si no hubieran existido algunos personalismos y unas acusaciones falsas, es decir estaríamos ante una medida insensata, poco inteligente y prudente.

En cualquier caso, la expulsión de los moriscos «uno de los hechos más ominosos de nuestra historia» al sentir de Juan Goytisolo, ha trascendido más allá de los cenáculos académicos y ha saltado a la prensa escrita con la aparición de artículos de opinión, convertidos en denuncia —precedente de «limpieza étnica»— o demandas de reparación y perdón, cuestiones de interés, dignas de respeto pero que no parecen ser este el lugar más adecuado para opinar sobre ellas.

Esclavos

En contra de lo que a primera vista pueda pensarse, el fenómeno de la esclavitud[22], definido en 1652 por Pedro Melgarejo como «el estado más miserable del hombre» no es un fenómeno exclusivo del mundo antiguo por más que el cine[23] nos lo meta por los ojos y se admita su presencia en todas las civilizaciones arcaicas. Pervivió durante el Medioevo y se reactivó en los tiempos modernos, en especial a raíz de los descubrimientos portugueses y españoles en África y en el Nuevo Mundo, con el subsiguiente mercado y explotación de mano de obra[24]. Su huella en la España del Quinientos y Seiscientos puede rastrearse con facilidad a través de los múltiples perfiles extraídos de los protocolos notariales, de la literatura del Siglo de Oro, de las disposiciones legislativas procedentes de las Cortes y de los órganos de gobierno de la monarquía hispana, de las sesudas controversias mantenidas por juristas y teólogos, sin olvidar testimonios, tal vez más costumbristas pero igual de elocuentes, del estilo de los relatos de los numerosos viajeros entusiasmados por recorrer las tierras de Castilla.

Las fuentes clásicas esgrimidas para sustentar la institución de la esclavitud —es sabido— fueron tres: Aristóteles, en su *Política* diferenciaba entre servidumbre natural, la del ignorante respecto al sabio, y servidumbre legal consecuencia de las guerras, las ventas u otras circunstancias; el Derecho romano, cristianizado, muestra una postura más indulgente tendente a suavizar la condición del esclavo; y ciertos pasajes de la Biblia, en concreto el Antiguo Testamento, más la literatura escolástica donde se acepta el planteamiento aristotélico y se introduce el sofisma de que gracias a la esclavitud si bien pierden la libertad ganan la salvación.

En la Edad Moderna en clara sintonía con la línea argumental establecida desde la Antigüedad y el Medioevo, la esclavitud se justificaba con sobrados argumentos[25] y no era condenada a pesar de ser un atentado flagrante no solo contra la propia dignidad del hombre sino contrario el genuino espíritu evangélico que tanto impregnaba toda la sociedad y la mentalidad de la época.

Con el descubrimiento de América y las tierras de Ultramar se reavivan las controversias y los debates[26] al ampliarse a las esferas de gobierno dándose la curiosa paradoja de una condena sin paliativos de la servidumbre de los indios pareja a una aceptación sin fisuras de la esclavitud de negros, moros o turcos[27].

Entre los datos habituales contenidos en los documentos suele recogerse una sucinta descripción física iluminadora sobre el color de la piel, negro, loro o membrillo y blancos. Con carácter general puede afirmarse que los negros son los procedentes de Angola, Cabo Verde, o Guinea; los «loros» corresponden al territorio norteafricano, Argelia, Marruecos, Túnez; y los blancos son básicamente los moriscos y turcos.

Resultan llamativas las marcas identificativas de su propietario o de alguna supervivencia de un pasado más o menos dramático. Es moneda corriente los herrajes, como si de ganado se tratara, el más frecuente una S y un clavo en los carrillos[28]; una granada, alusiva al lugar de procedencia, o el nombre del propietario.

A pesar del rigor deducido de la descripción de muchos cautivos, con signos evidentes de haber sido marcados con un hierro candente, don Antonio Domínguez Ortiz, ya señaló hace años[29] por muchos indicios observados que la suerte de los esclavos era muy tolerable, no tanto por la benignidad de las leyes, cuanto porque la tradición, la caridad y el interés bien entendido prohibían el maltrato. Por otro lado, —es evidente— los amos sacarían mejor partido de sus siervos si los cuidaban y contribuían a prolongar su vida el mayor número de años posibles y en las mejores condiciones. Frente a los estereotipos conviene ser cauteloso pues son eso, estereotipos, es decir, una imagen fija inmutable, que no responde a la realidad. Un ejemplo es la utilización de las esclavas a modo de objetos sexuales, tan corriente en la historiografía y rechazada recientemente[30].

Respecto a las causas que motivan la condición de esclavo son variadas. La más inmediata es por ser hijo de esclava con lo cual el hijo sigue la condición de la madre y pasa a convertirse en una propiedad más del poseedor. Muchos proceden de herencias o de donativos a personas o instituciones, para que se lo queden o lo pongan en venta y con el dinero incremente los recursos del beneficiario. La esclavitud era a veces el resultado de una deuda o formaban parte de los bienes hipotecados en una compraventa o de los incautados en un proceso judicial.

Un contingente importante era el resultado de las secuelas de los conflictos bélicos pues los vencidos perdían su libertad y se trasformaban en esclavos. De ahí la proliferación de los denominados «cautivos habidos de buena guerra», muchos procedentes de los enfrentamientos contra los berberiscos o contra los moriscos granadinos tras la guerra de las Alpujarras[31] y también moriscas[32]. Dos conceptos —cautivo y esclavo— no coincidentes, como ha precisado Rubén González[33], sí en la carencia de libertad y explotación laboral, pero no desde el punto de vista jurídico pues el primero puede derivar en esclavo, sin embargo, no necesariamente. No obstante, se trata de un par de términos utilizados con frecuencia a modo de sinónimos.

Con todo, el procedimiento más corriente de obtención de esclavos era mediante escrituras de compraventa, muy abundantes en los protocolos notariales de los siglos XVI y XVII y que no estaba exento de polémica[34]. Pueden rastrearse en los correspondientes a Albaladejo, así como en los censos de población o en las ordenanzas municipales. A través de esas escrituras constatamos información muy interesante sobre el estatus social de los intervinientes en la transacción comercial. Aunque existían vendedores profesionales de esclavos establecidos en los grandes núcleos esclavistas de la época, Sevilla y Lisboa, seguido de Valencia, en general son individuos particulares quienes ponían al mercado a sus siervos, por lo común mediante pregón, rematándose la operación en acto público celebrado en las plazas mayores de las localidades más pobladas. No faltaban, por supuesto, acuerdos sencillos entres dos personas individuales, vendedor y comprador.

Los documentos notariales de adquisición de esclavos contienen una serie de formulismos repetidos de forma inexorable. Uno de los más reiterados la aclaración de «lo vendo por sano de su cuerpo sin enfermedad oculta contagiosa ni secreta, fiel, no ladrón, borracho ni fugitivo». Las citadas cualidades, —lo demostraba la realidad posterior— no eran tales y muchas brillaban por su ausencia.

Un común denominador unía a los integrantes de este mercantilismo, su solvencia económica, más o menos acusada, pero siempre la posesión de esclavos —un artículo suntuario adorno de casas distinguidas— suponía unas disponibilidades económicas que no estaban al alcance de cualquier individuo. La observación de los precios de venta, sometidos a una serie de variables, edad, sexo —preferencia por las hembras— cualidades físicas..., muestra un valor, a la vista de los legajos consultados, próximo con frecuencia al millar de reales, cantidad por tanto nada desdeñable y alejada del bolsillo de muchas personas. Por tanto, parece lógico constatar toda una galería de profesiones bien asentadas entre los clientes de los escribanos para estos menesteres. Entre las encontradas podemos mencionar miembros de la Iglesia, representantes del estado nobiliario, hidalgos, caballeros de órdenes militares, regidores, médicos, sin olvidar otras ocupaciones más modestas o ambiguas en su definición —los «dones» y «doñas»— tal algún escribano, labrador pudiente o simplemente cualquier vecino en disposición de disfrutar cierta solvencia económica (Blas de Palenzuela, de profesión zapatero, en 1575 tenía en su domicilio tres siervas[35]).

Nombres célebres por circunstancias muy heterogéneas eran dueños de esclavos. Algún ejemplo a título de muestra. Garcilaso de la Vega, poseía cuatro[36]; Magallanes en la expedición de 1519 llevaba varios, uno llamado Enrique de su propiedad[37]; el célebre comunero segoviano Juan Bravo tenía uno y su suegro varios[38]. Pero al lado de estas celebridades hay innumerables hombres anónimos, con oficios de zapatero, cerero, pintor... No se debe olvidar la difusión de la esclavitud también en zonas rurales donde linajes hidalgos, gentes acomodadas y de mediano pasar contaban entre su servicio doméstico con varios, pues no en balde eran un objeto suntuario, útil para realzar el prestigio social ante sus paisanos y conciudadanos, suponiendo para sus amos una forma de afirmar la superioridad jerárquica y el desahogo económico de su casa y hacienda.

La personalidad de los dueños condicionaba el destino dado a los esclavos. Las de condición femenina hallaban en el hogar doméstico su principal ocupación, ya fuera en las labores de limpieza de la casa o de la ropa, acarreo de agua, participación en la cocina o encargándose del cuidado de los niños; mientras, la de los varones era más heterogénea en función de la actividad profesional de sus amos, circunstancia determinante en su vida cotidiana. Desde una perspectiva complementaria, se hace necesario diferenciar entre los ámbitos urbano y rural. En las ciudades los varones se ocupaban en el sector textil, venta de artículos del dueño, construcción, tenerías; en el campo, como ocurriría en Albaladejo, en la labranza, pastoreo, recogida de leña, mozo de mulas…[39]. Conviene, de todos modos, no perder de vista la concentración de siervos en los núcleos urbanos, entre otros motivos por estar más poblados y tener más individuos opulentos y con disponibilidad económica. De todas formas, en los pueblos también se documentan numerosos esclavos considerados un bien lujoso y símbolo representativo para sus poseedores de desahogo económico y preeminencia social.

La conducta de los componentes de este estrato inferior también estaba muy mediatizada por el comportamiento de los propietarios hacia ellos, aunque no debe despreciarse los rasgos de personalidad propios de cada individuo, siendo, en buena lógica, muy diferente la actitud del «cautivo de buena guerra» del nacido de esclavo en el seno de una familia, que no conoce otra condición. Hay, con todo, algunos prejuicios sociales o de mentalidad siempre ligados a la servidumbre, más en concreto a las esclavas. Uno de los más conocidos, su proximidad a la hechicería, a las artes mágicas, al esoterismo y los ritos ocultos, además del mencionado relativo a la esclavitud sexual. La literatura de la época refleja con frecuencia estos estereotipos y pueden rastrearse en *Los trabajos de Persiles y Sigismunda* de Miguel de Cervantes («una esclava de Lorena, que estaba en opinión de maga, la habría hechizado»), el *Guzmán de Alfarache* de Mateo Alemán («berberisca diestra en un embeleco») o en las *Epístolas familiares* de fray Antonio de Guevara quien atribuye la conducta de María Pacheco, esposa del comunero Juan de Padilla, a una esclava hechicera[40].

La conflictividad social de las personas sometidas a esclavitud, con independencia del temperamento propio de cada individuo, sosegado o pendenciero, solía moverse en un abanico de tensiones y enfrentamientos convertidas, en ocasiones, en procesos judiciales, los más habituales las agresiones de mayor o menor violencia (pedrada, espada) y la huida del domicilio por el maltrato de los amos, convirtiéndose en fugitivos y objeto de búsqueda y captura.

Probablemente la manumisión, es decir, la obtención de la libertad supondría para los esclavos el gran objetivo de su penoso pasar. Para quienes habían sido cautivos recuperar su antigua condición de hombres libres se convirtió en el anhelo supremo de su trayectoria vital, quizás no tanto para quienes no conocían otro estado que el de siervos pues nacieron bajo esa categoría.

Dos eran los modos más usuales para mudar a seres libres[41], la compra de la propia libertad o la concesión generosa de sus dueños en premio a una conducta irreprochable capaz de merecer el respeto y el cariño de los amos. Donde más se aprecia la consideración de premio por una conducta irreprochable del esclavo hacia su amo es en los testamentos con la aparición de cláusulas dando la libertad y también en las llamadas cartas o escrituras de horro o ahorro. A veces, la libertad —«uno de los más preciosos dones que a los hombres dieron los cielos», en palabras de don Quijote a Sancho— va acompañada de una serie de enseres y objetos, e incluso de dinero contante y sonante.

La mayoría de las escrituras de horro corresponden a personas integradas en los estamentos privilegiados, siendo muy escasas las correspondientes a algún miembro del estado llano. Tal vez la explicación de este fenómeno no radique en una mera cuestión de poder económico, pues muchos componentes del estado general poseían unos niveles de renta que poco o nada tenían que envidiar a los privilegiados, sino más bien en la asunción de unos valores diferentes, menos tangibles y materiales.

En cualquier caso, conviene recordar y dejar sentado dos hechos: los esclavos eran una minoría marginada, la más proscrita de la sociedad, cuya exclusión esencial era de carácter jurídico, pero también racial y, en ocasiones, religiosa; y llevaban sobre sus espaldas el peso de casi todos los componentes de la marginalidad: pobreza, rechazo, desconsideración social y desprecio.

Gitanos

Aunque se ha escrito bastante acerca de esta minoría hay quien cree que su historia está sin hacer[42]. No obstante, existe un interés historiográfico desde hace años y hay intentos de síntesis de su presencia en España[43]. María Helena Sánchez Ortega, ha dedicado varios estudios a este grupo social y ha escrito «Si hay un grupo étnico errante y desgraciado por excelencia, aún más que el judío, ese es el gitano»[44].

A decir verdad, el conocimiento de la etnia gitana está salpicado de prejuicios, mucho más en el extranjero, en gran parte debido a los relatos de los viajeros empeñados en exaltar el tipismo, reproducir lugares comunes, homogeneizar en exceso el país y marcar estereotipos ficticios[45]. En este sentido resulta paradigmático George Borrow, vendedor de biblias por España y autor de libros dedicados al estudio de la minoría marginada[46].

Se ha atribuido[47] una procedencia de Egipto y de ahí la denominación de gitano, derivación de egiptano forma arcaica del gentilicio egipcio. En realidad, eran oriundos de la India[48] identificados con la casta de parias a causa de su aspecto miserable y de los oficios subalternos desarrollados. Se vieron obligados a salir de sus tierras por la presión de los musulmanes —en cierta manera eran refugiados— y recorrieron durante siglos numerosos países, Irán, Grecia, Alemania, Italia y Francia.

Su presencia en suelo hispano[49] puede datarse en 1425 pues se tienen noticias por primera vez de su aparición en España cuando Alfonso V de Aragón les autoriza para viajar por sus dominios. Solían presentarse como peregrinos a Santiago de Compostela y recibían unas «cartas de seguro» o salvoconductos emitidos por los reyes[50] para poder transitar sin peligro ni ser molestados. En un primer momento la acogida encontrada en España fue favorable al considerarlos refugiados del poder turco, sin embargo, pronto los Reyes Católicos en 1499 comenzarán a disponer una serie de pragmáticas contra ellos, suspendiendo, entre otras cosas, las cartas de seguro. En coincidencia con lo sucedido en numerosos países se vieron obligados a recurrir al robo sistemático para sobrevivir y eso propiciará un cambio de actitud de la corona hacia ellos, al pasar de la tolerancia a la persecución.

Al principio se pensará en expulsarlos pues se le considera un cuerpo ajeno a la comunidad, pero ante la imposibilidad de conseguirlo se recurrirá a medidas represivas con el fin de intentar o asimilarlos o extinguirlo. Los gitanos ni intrigan como los judíos ni se sublevan como los moriscos y de forma paciente soportan las medidas dictadas en su contra. Las disposiciones legales, con aplicación a la América hispana[51], contrarias a la comunidad se encadenan y endurecen a lo largo de las centurias del XVI-XVII[52]. En 1499 una orden regia obliga a todos los gitanos sin oficio conocido o desconocimiento de los señores a quienes sirvan, a marcharse del reino en el plazo de dos meses quien desobedezca será castigado con cien azotes la primera vez, la segunda se le cortarán las orejas y permanecerán encadenados sesenta días y la tercera vez pasarían a ser esclavos. El punto álgido del movimiento antigitano se alcanzará en tiempos de Felipe II y Felipe III, pero no desaparecerá con la instauración de la dinastía Borbón. Felipe II los convertirá en galeotes, se les prohíbe acudir a ferias y mercados y se les intenta obligar a trabajar exclusivamente en el campo.

Proliferan los memoriales contra ellos donde se les acusa de todo tipo de delitos y vejaciones: ladrones, antropófagos (1617 mataron a un religioso en Sierra Morena y se lo comieron asado). Un par de ejemplos:

> gente ociosa, vagabunda, inútil al reino sin comercio, ocupación ni oficio alguno siendo zánganos que solo viven de instalar y chupar los reinos sustentándose del sudor de los míseros labradores.

En un texto similar se les califica de

> vil canalla no es otra cosa que hombres y mujeres huidos por delitos y deudas, gente amotinada y facinerosa que no pudiendo estar en los lugares que son conocidos se retiran a los montes y lugares de poca vecindad y escondidos para ocultarse[53].

El reinado de Felipe IV, supuso en palabras de Sánchez Ortega «un considerable alivio» desde el punto de vista legal, al no estimar imprescindible su expulsión[54]. Con la pragmática de 1633 se promulgan una serie de normas más favorables e integradoras y se iniciaría un profundo debate sobre la expulsión o la asimilación en las Cortes y en la propia monarquía[55]. Se les anima al abandono de sus costumbres, indumentaria, lengua, tratos, en definitiva, sus «gitanerías».

La pragmática de 1695 para Enrique Martínez[56] dio un giro definitivo al enfoque de la materia gitana al pasar de un problema étnico a serlo de seguridad y orden público. Siguiendo esta línea, en un minucioso estudio legislativo, centrado en la parte final del Setecientos, Martínez-Dhier llega a la misma conclusión.

> Todo ello nos hace inclinarnos por la cuestión de que los gitanos —o mejor dicho, algunos gitanos, pues siempre es peligroso generalizar—, al margen de las cuestiones raciales, racistas, culturales y/o religiosas, que también las habrá como no podía ser de otra forma, representarán más bien un tema y problema de orden público[57].

En la centuria dieciochesca, el momento más dramático tuvo lugar en 1749 cuando hubo un intento de expulsión, persuadidas las autoridades de ser un grupo social de gente incorregible, sinónimo de vicio y delito[58]. Se hizo una gran redada[59] y se enviaron a presidios gran cantidad de familias. Con la pragmática de Carlos III de 1783 se intentará incorporarlos de modo gradual y no se promulgarán leyes destinadas con un carácter específico contra la raza gitana[60]. Hay un decidido apoyo de integración y se intentan ver las diferencias a modo de un problema de índole cultural.

En lo concerniente a su forma de vida, se dedicaban fundamentalmente a tareas relacionadas con el cuidado de animales (esquiladores, herradores) y la trata de caballos (chalanes); por su parte las gitanas a echar la bienaventuranza, y de paso, si la ocasión lo propicia a hurtar y robar. Por cierto, Blanca Rodríguez Hernández, en un interesante y documentado estudio centrado en la Edad

Moderna señala que, aunque por tradición se habla de gitanos en realidad, las protagonistas son ellas, las gitanas[61].

Tal vez el signo más identificador de los «egipcianos» sea la enorme movilidad a lo largo del tiempo, sin establecer domicilio fijo, ni permanecer mucho tiempo en un lugar. Son muchas las leyendas atribuidas para explicar su eterno peregrinar: caminaban sin rumbo por haber negado asilo a la Virgen María durante su huida a Egipto, por haber hecho los clavos de la Cruz de Cristo, responsables de la matanza de los inocentes y de la traición de Judas a Jesús. Por todas estas razones estaban condenados a vagar durante siete años o siete siglos como castigo.

Sobre ellos recaía el estigma de ladrones de animales, hurtadores de víveres y enseres favorecidos por el constante nomadismo y su presencia habitual por los caminos, en el campo y en las aldeas. Al mismo tiempo la itinerancia les permitía evitar el cumplimiento de las disposiciones legales. Los daños originados en la ganadería provocaron una intervención constante del Honrado Concejo de la Mesta al promover medidas represoras y sancionadoras, hasta el punto de erigirse en uno de sus mayores enemigos, al sentirse muy perjudicados por su conducta delictiva. En un memorial dirigido al rey se expone:

> Una de las calamidades mayores es la de los gitanos que, divididos en tropas, toman los ganados consumiendo para sí lo que an menester y bendiendo los que les sobra con la mesma seguridad y livertad que si fueran propios.[62]

Precisamente el denominador común de la movilidad geográfica de gitanos y moriscos según Mercedes García-Arenal explica la dificultad de asimilación de ambas minorías en la sociedad cristianovieja[63]. Con los desplazamientos permanente evitaban la persistencia vigilancia y era una fórmula eficaz para la intercomunicación entre las distintas comunidades en suelo peninsular.

Con frecuencia se suele abordar de forma conjunta las comunidades morisca y gitana para fijar similitudes y diferencias. Ya en el Seiscientos el arbitrista Sancho de Moncada, mostraba su preferencia por los moriscos, al considerarlos más útiles pues, «servían en algo a la República, y a las rentas reales, pero los gitanos no son labradores, hortelanos, oficiales, ni mercaderes, y sólo sirven de lo que los lobos, de robar y huir»[64]. Insistiendo en la inquina mostrada hacia los egipcianos les atribuye innumerables tachas: ociosos, vagos, zánganos, adivinos, ladrones… como si acapararan todas las descalificaciones habidas y por haber.

Manuel Martínez[65], «dentro de un ambivalente sentimiento de desprecio y temor», establece entre las similitudes las siguientes: confesionalidad religiosa, movilidad —lo acabamos de señalar— pervivencia de elementos culturales moriscos en gitanos, en concreto, la música, danzas[66], aspectos lingüísticos y etimológicos, fisonomía física, proceso de aculturación e intento frustrado de asimilación. Serafín Fanjul, además de indicar el rasgo de ser un grupo mal visto por su forma de vida vagabunda y por actividades concretas practicadas poco legales, pone énfasis en la base socioeconómica para explicar el conflicto con la sociedad donde se asentaban, sin olvidar las diferencias culturales, e indica los rasgos comunes.

> reciente conversión (sospechosa), posesión de una lengua ajena a la mayoría de la población, querencia por un traje diferente y usos folklóricos, matrimoniales y de modos de vida marcadamente definidores de una forma cultural que chocaba con la dominante y provocaba legislación civil o eclesiástica (de ésta, escasa) muy semejante para los dos grupos, aunque con notorias divergencias en los resultados finales.[67]

Mercedes García-Arenal señala por diferencia sustancial la religión «*il existe entre les uns et les autres une différence sur un point capital: les gitans se disent catholiques alors que les morisques constituent une minorité religieuse*»[68]. De aquí puede deducirse la escasa presencia gitana en los procesos inquisitoriales[69] a diferencia de la morisca, más abundante. Las acusaciones fueron por superchería, blasfemia, hechicería y bigamia.

La literatura del Siglo de Oro también se ocupó de la minoría gitana (al igual de la morisca[70]), a veces con benevolencia (Lope de Vega) y muchas resaltando aspectos de su forma de vida: ladrones en *La gitanilla* de Cervantes[71], vendedores de mulas en Toledo, en la plaza del Carmen, poco fiables, prestos a engañar en *La ilustre fregona* también del autor de *El Quijote*. Fuera de nuestras fronteras, del mismo modo, fue un recurso literario. En *El enfermo imaginario* de Moliere, el acto segundo concluye con un grupo de gitanos y gitanas, disfrazados de moros y en animado baile de danzas mezcladas con canciones y haciendo saltar unos monos.

A modo de conclusión

Moriscos, esclavos —a veces concurrían los dos conceptos en una misma persona— y gitanos representaron unas minorías destacadas en la sociedad de la España de los Austrias y, salvo el primer grupo ya expulsado, también en la de los Borbones.

Todos coincidían en la consideración de seres inferiores, unos desde el punto de vista jurídico —esclavos— y otros por sus costumbres, sus orígenes e incluso por motivos raciales, sin faltar, en especial en los moriscos granadinos, la desconfianza o tibieza religiosa pese a su conversión forzada.

Admitidos en diferentes grados, coexistían por lo general de forma pacífica, si bien procuraban no mezclarse entre ellos. Los gitanos, y en especial ellas, gozaban de muy mala prensa, consecuencia sobre todo de su vida errante y nómada, de la forma de subsistencia característica y de prácticas esotéricas o supersticiosa que bordeaban la legalidad, creaban inquietud y desasosiego.

No cabe duda de la presencia en Albaladejo de estos grupos sociales en diferentes momentos de su historia, constatada de manera fehaciente si echamos mano de la documentación custodiada en los archivos, léase Archivo General de Simancas, Archivo Histórico Provincial (protocolos), Archivo Municipal y Archivo Parroquial (siempre que el paso de los años haya permitido la conservación de legajos y papeles de esas centurias).

Su estudio ha suscitado un fuerte interés historiográfico, aunque, como si del río Guadiana se tratara, desaparece o decae en algunos momentos, resurgiendo posteriormente con más fuerza al hilo de nuevas visiones o tendencias. Se trata, asimismo de unos estratos sociales inferiores cuyos conocimientos relativos a la vida, mentalidad y costumbres transciende del ámbito académico, investigador y universitario, erigiéndose en una socorrida fuente de lectura y de divulgación para un público lector no versado en cuestiones históricas.

Notas

1 DEARDORFF, Max: «¿Quién es morisco? Desde cristiano nuevo a cristiano viejo de moros: Categorías de diferenciación en el Reino de Granada (siglo XVI)», *Forum Historiae Iuri*, 2018, pp. 1-27.

2 Archivo General de Simancas [AGS], Cámara de Castilla, leg. 2160, fol. 64.

3 Un panorama general de este proceso en GÓMEZ VOZMEDIANO, Miguel F.: «La Guerra de las Alpujarras y la dispersión de los moriscos granadinos: logística militar y movimientos de población», en PUELL DE LA VILLA, Fernando y GARCÍA HERNÁN, David (eds.): *Los efectos de la Guerra. Desplazamientos de la población a lo largo de la historia*, Madrid, Instituto Universitario General Gutiérrez Mellado-UNED, 2017, pp. 155-195.

4 El documento legal de mayor alcance a la hora de regular la dispersión, el asentamiento y los desplazamientos ocasionales de los granadinos es la *Recopilación de las leyes destos reynos hecha por… don Felipe Quarto*, Libro Octavo, Título II, Ley XIX, pp. 295-298.

5 LÓPEZ-SALAZAR PÉREZ, Jerónimo: *Estructuras agrarias y sociedad rural en la Mancha (siglos XVI-XVII)*, Ciudad Real, Instituto de Estudios Manchegos, 1986.

6 MORENO DÍAZ DEL CAMPO, Francisco Javier: *Los moriscos de la Mancha. Sociedad, economía y modos de vida de una minoría en la Castilla moderna*, Madrid, CSIC, 2009, p. 136.

7 Real Pragmática de 26 de octubre de 1572.

8 SÁNCHEZ GONZÁLEZ, Ramón: «Movilidad morisca en la Corona de Castilla (1570-1610)», en LÓPEZ-SALAZAR CODES, Ana Isabel y MORENO DÍAZ DEL CAMPO, Francisco Javier (coords.): *La monarquía hispana y las minorías. Élites, poder e instituciones*, Madrid, Editorial Sílex, 2019, pp. 375-411.

9 Pragmática dada en Madrid a 12 de septiembre de 1582.

10 MAGÁN GARCÍA, Juan Manuel y SÁNCHEZ GONZÁLEZ, Ramón: «Los nuevos convertidos del reino de Granada en las sinodales de las diócesis castellanas», en MESTRES SANCHÍS, Antonio y GIMÉNEZ

LÓPEZ, Enrique (eds.): *Disidencias y exilios en la España moderna*, Alicante, Universidad de Alicante, 1997, págs. 393-409.

11 Un novedoso acercamiento sobre las actividades relacionadas con la religión y las creencias populares, sobre la base de escrituras notariales, en MORENO DÍAZ DEL CAMPO, Francisco Javier: «Devociones domésticas y cultura material sobre la religiosidad cotidiana de cristianos viejos y morisco en la Castilla postridentina», *Hispania Sacra*, LXXIV / 149, 2022, pp. 119-130.

12 DOMÍNGUEZ ORTIZ, Antonio y VINCENT, Bernard: «Historia de los moriscos. Vida y tragedia de una minoría», *Revista de Occidente*, Madrid, 1978, pp. 129-155.

13 MORENO DÍAZ DEL CAMPO, Francisco Javier: *Los moriscos de la Mancha…*, *op. cit.*, p. 328.

14 DRESSENDORFER, Peter: *Islam ander der Inquisition: die morisco prozess in Toledo, 1575-1610*, Wiesbaden, Franz Steiner, 1971. Muy ilustrativas son las ideas relacionadas con los moriscos y el Santo Oficio CARDILLAC, Louis: *Moriscos y cristianos. Un enfrentamiento polémico (1492-1640)*, Madrid, Fondo de Cultura Económica, 1973, pp. 98-118. Para un periodo inmediatamente anterior al estudiado puede consultarse a VINCENT, Bernard: «Los moriscos y la Inquisición (1563-1571)», *Chronica Nova*, 13, 1982-1983, pp. 197-206; SÁNCHEZ GONZÁLEZ, Ramón: «Inquisición y moriscos en Toledo», en *Studium, Magisterium et Amicitia*. Homenaje al Profesor Agustín González Enciso, Pamplona, Ediciones Eunate, 2018, págs. 87-94.

15 GÓMEZ VOZMEDIANO, Miguel F.: «La expulsión de los moriscos granadinos de la Mancha a inicios del siglo XVII», *Chronica Nova*, 36, 2010, pp. 67-114.

16 PARDO MOLERO, Juan Francisco: «Desdichados e imprudentes. Los moriscos y su expulsión en la memoria escrita del siglo XVII», *Tiempos Modernos*, 31, 2015, pp. 318-344.

17 BUNES IBARRA, Miguel Ángel de: *Los moriscos en el pensamiento histórico. Historiografía de un grupo marginado*, Madrid, Cátedra, 1983, p. 31.

18 MAGÁN GARCÍA, Juan Manuel y SÁNCHEZ GONZÁLEZ, Ramón: *Moriscos granadinos en la Sagra de Toledo 1570-1610*. Toledo, Caja Castilla la Mancha, 1993.

19 GÓMEZ VOZMEDIANO, Miguel F.: *Mudéjares y moriscos en el Campo de Calatrava. Reductos de convivencia, tiempos de intolerancia (Siglos XVI-XVII)*. Ciudad Real, BAM, 2000.

20 SÁNCHEZ GONZÁLEZ, Ramón: «Cristianismo e islam: morisco granadinos en tierras de Toledo», *Revista de Historia Social y de las Mentalidades*, 15/2, 2011, pp. 187-211; «Inquisición y moriscos en Toledo…», *op. cit.*, pp. 87-94.

21 MORENO DÍAZ DEL CAMPO, Francisco Javier: «El discurrir cotidiano o la convivencia frustrada: Los moriscos granadinos en el Campo de Montiel», *Cuadernos de Estudios Manchegos*, II Época, 28, 2004, pp. 141.

22 Una información de carácter general puede encontrarse en DOMÍNGUEZ ORTIZ, Antonio: «La esclavitud en Castilla durante la Edad Moderna», *Estudios de historia social de España*, tomo II, 1952, pp. 369-428 [388]. Dando título a un libro se ha reeditado en *La esclavitud en Castilla durante la Edad Moderna*, Granada, Comares, 2003. Dos obras misceláneas para varios territorios y temáticas en PÉREZ GARCÍA, Rafael M. y FERNÁNDEZ CHAVEZ, Manuel Francisco (coord.): *La esclavitud en el sur de la península ibérica siglos XV al XVII: demografía e historia social*, Madrid, La Catarata de los Libros, 2021 y GUILLÉN, Fabienne P. y SALICRÚ ILLUCH, Roser (dir.): *Ser y vivir esclavo. Identidad, aculturación y agency (mundos mediterráneos y atlánticos, siglos XIII-XVIII)*, Madrid, Casa de Velázquez, 2021.

23 MARTIN, Michael T., y WALL, David C.: «The Politics of Cine-Memory: Signifying Slavery in the History Film», en ROSENSTONE, Robert A. y PAR-VULESU, Constantin (eds.), *A Companion to the Historical Film*, Oxford, Wiley-Blackwell, 2013, pp. 445–467.

24 Para una visión de conjunto es útil THOMAS, Hugh: *La trata de esclavos. Historia del tráfico de seres humanos de 1440 a 1870*, Madrid, Planeta, 2001.

25 GARCÍA AÑOVEROS, Jesús: *El pensamiento y los argumentos sobre la esclavitud en Europa en el siglo XVI y su aplicación a los indios americanos y a los negros africanos*, Madrid, CSIC, 2000.

26 MESTRE SÁNCHEZ, Antonio: «Todas las gentes del mundo son hombres: el gran debate entre fray Bartolomé de las Casas (1474-1566) y Juan Ginés de Sepúlveda (1490-1573)», *Anales del Seminario de Historia de la Filosofía*, 21, 2004, pp. 91-134. RODRÍGUEZ VALENCIA, Vicente: «Isabel la Católica y la libertad de los indios de América. Devolución de los esclavos», *Antológica Annua*, 24-25, 1977, pp. 645-680. OLAECHEA LABAYEN, Juan Bautista: «Una reina contra el sistema. Isabel la Católica y la esclavitud de los indios», *Arbor*, 160, 1998, pp. 133-170; «Los indios que trajo Colón en el primer viaje: ¿esclavos o colaboradores voluntarios?», *Revista de Historia Naval*, 17, 1998, pp. 67-80.

27 GARCÍA AÑOVEROS, Jesús M.ª: «Carlos V y la abolición de la esclavitud de los indios. Causas, evolución y circunstancias», *Revista de Indias*, 60, 2000, pp. 57-84.

28 STELLA, Alessandro (1996), «Herrado en el rostro con una S y un clavo: *l'homme-animal dans l'Espagne des siècles XV-XVIII*», en BRESC, Henri (dir.): *Figures de l'esclave au Moyen Age et dans le monde moderne*, París, L'Harmattan, 1996, pp.147-163.

29 PHILLIPS, Williams D.: *Historia de la esclavitud en España*, Madrid, Editorial Playor, 1980; DOMÍNGUEZ ORTIZ, Antonio: «La esclavitud en Castilla durante la Edad Moderna», *Estudios de historia social de España*, tomo II, 1952, pp. 369-428 [388]; SÁNCHEZ GONZÁLEZ, Ramón: «Esclavos en el reino de Toledo» *Estudios de Historia de España*, XII/2, 2010, pp. 489-515;

PERIÁÑEZ GÓMEZ, Rocío: «La investigación sobre la esclavitud en España en la Edad Moderna», *Norba. Revista de Historia*, 21, 2008, pp. 275-282.

30 GONZÁLEZ ARÉVALO, Rubén: *La vida cotidiana de los esclavos en la Castilla del Renacimiento*, Madrid, Marcial Pons, 2022, p. 44.

31 Sobre la esclavitud a consecuencia de la sublevación y las controversias suscitadas por tratarse de cristianos, véase BENÍTEZ SÁNCHEZ-BLANCO, Rafael: «El cautiverio de los moriscos», *Manuscrits*, 28, 2010, pp. 19-43. También MORENO DÍAZ DEL CAMPO, Francisco Javier: «Marginaux parmi les marginaux. Enfants, femmes et esclaves morisques en Nouvelle Castille», *Cahiers de la Mediterranée*, 79, 2009, pp. 131-153.

32 GARRIDO GARCÍA, Carlos Javier: «Las esclavas moriscas en el reino de Granada tras la rebelión de 1568-1571: cotización en el mercado y explotación laboral y sexual», *eHumanista/Conversos*, 6, 2018, pp. 325-345.

33 GONZÁLEZ ARÉVALO, Raúl: *El cautiverio en Málaga a fines de la Edad Media*, Málaga, Diputación Provincial de Málaga (CEDMA), 2006, pp. 23-36. *La vida cotidiana de los esclavos en la Castilla del Renacimiento, Madrid*, Marcial Pons, 2022, p. 14. «Cautiverio y esclavitud en el Reino de Granada (siglos XIII-XVI)», *Vínculos de Historia*, 3, 2014, pp. 232-257. FONTENAY, Michel: «Esclaves et/ou captifs. Préciser les concepts», en KAISER, Wolfgang (ed.): *Le commerce des captifs. Les intermédiaires dans l'échange et le rachat des prisonniers en Méditerranée, XVe-XVIIIe siècles*, Roma, École française de Rome, 2008, pp. 14-24.

34 TELLKAMP, Jörg Alejandro: «Esclavitud y ética comercial en el siglo XVI», *Anales del Seminario de Historia de la Filosofía*, 21, 2004, pp. 135-148. Se analiza el pensamiento de Tomás de Mercado y de Bartolomé Frías de Albornoz sobre esta cuestión.

35 SÁNCHEZ GONZÁLEZ, Ramón: «Microhistoria: Asesinato de un clérigo (1580)», en *Creer y entender*. Homenaje a Ramón Gonzálvez Ruiz, Toledo, Real Academia de Bellas Artes y Ciencias Históricas de Toledo, 2014, vol. 1, pp. 397-417 [401].

36 VAQUERO SERRANO, M.ª Carmen: *Garcilaso. Poeta del amor, caballero de la guerra*, Madrid, Espasa Calpe, 2002, p. 311.

37 MARTÍNEZ RUIZ, Enrique: *La vuelta al mundo de Magallanes y Elcano*, Madrid, La Catarata de los Libros, 2022, p. 87.

38 GISMERA VELASCO, Tomás: *Juan Bravo. Entre la historia y la leyenda*, 2020 (s/l y s/editorial), p. 111.

39 GONZÁLEZ ARÉVALO, Rubén: *La vida cotidiana de los esclavos…*, *op. cit.*, pp. 93-132.

40 SÁNCHEZ GONZÁLEZ, Ramón: «Esclavos en el reino de Toledo…», *op. cit.*, pp. 501-502.

41 CORTÉS ALONSO, Vicenta: «Esclavos y libertos en los mundos ibéricos», Madrid, *Mundo Negro*, 2011. Contiene varios trabajos de la autora sobre esta temática.

[42] SIERRA, María: «Historia gitana: enfrentarse a la maldición de George Borrow», *Ayer*, 109, 2018, pp. 351-365. También «Uncivilized Emotions: Romantic Images and Marginalization of the Gitanos-Spanish Gypsies», *Pakistan Journal of Historical Studies*, número especial "Emotions and Marginalized Communities", 1, 1, 2016, pp. 43-64.

[43] MARTÍN SÁNCHEZ, David: *Historia del pueblo gitano en España*, Madrid, La Catarata de los Libros, 2022. Obra escrita con la pretensión de ofrecer un mejor conocimiento y evitar la exclusión y marginación de que todavía son objeto por parte de la población. PYM, Richard J.: *The Gypsies in the Early Modern Spain:1425-1783*, Nueva York, Palgrave Macmillan, 2007. LEBLON, Bernard: *Los gitanos de España. El precio y el valor de la diferencia*, Barcelona, Gedisa Editorial, 1993.

[44] Entre otros puedes mencionarse SÁNCHEZ ORTEGA, M.ª Helena, *Los gitanos españoles. El periodo borbónico*, Madrid, Castellote, 1977; *La Inquisición y los gitanos*, Madrid, Taurus, 1988; «La minoría gitana en el siglo XVII: represión, discriminación legal, intentos de asentamiento e integración», *Anales de Historia Contemporánea*, 25, 2009, pp. 75-90; «La oleada antigitana del siglo XVII», *Espacio, Tiempo y Forma*, Serie IV, Historia Moderna, IV, 1991, pp. 71-124.

[45] SIERRA, María: «Estereotipos gitanos del siglo XIX. Un invento romántico», *Andalucía en la Historia*, 55, 2017, pp. 20-23.

[46] BORROW, George: *Los zíncali. Los gitanos de España (con la colección completa de poesías gitanas)*, Sevilla, Portada Editorial, 1999; *La Biblia en España*, Madrid, Alianza, 2003. En relación con el escocés véase el artículo de SIERRA, María: «Historia gitana: enfrentarse a la maldición de George Borrow», *Ayer*, 109, 2018, pp. 351-365.

[47] CÁDIZ CÓRDOBA Manuel: *El enigma de la raza gitana*, Palma de Mallorca, 1989.

[48] AGUIRRE FELIPE, Javier: *Historia de las itinerancias gitanas. De la India a Andalucía*, Zaragoza, Institución Fernando el Católico, 2006. SÁNCHEZ ORTEGA, M.ª Helena: «Los gitanos españoles desde su salida de la India hasta los primeros conflictos en la península», *Espacio, tiempo y forma*. Serie IV, Historia Moderna, 7, 1994, pp. 319-354.

[49] Una periodización de la evolución histórico en España puede verse en MENA CABEZAS, Ignacio R.: «Gitanos en la Edad Moderna. Una minoría entre la asimilación y la exclusión», en MATEOS ASCACÍBAR, Francisco J. y LORENZANA DE LA PUENTE, (coord.): *Marginados y minorías sociales en la España moderna y otros estudios sobre Extremadura, Llerena*, Sociedad Extremeña de Historia, 2006, pp. 147-162 [152].

[50] SZÁSZDI LEÓN-BORJA, István: «Las cartas de seguro a favor de los egipcianos en peregrinación a Santiago de Compostela», *Iacobvs, Revista de Estudios Jacobeos y Medievales*, 11-12, 2001, pp. 71-93; «Consideraciones sobre las cartas de seguro húngaras e hispanas a favor de los egipcianos», *En la España medieval*, 28, 2005, pp. 213-227.

51 SZÁSZDI LEÓN-BORJA, István: «Los gitanos como sujetos del Derecho Castellano e Indiano durante la Edad Moderna (siglos XV-XVII)», *Anuario Iberoamericano de Historia del Derecho e Historia Contemporánea*, 2, 2002, pp. 55-66.

52 MARTÍNEZ DHIER, Alejandro: *La condición social y jurídica de los gitanos en la legislación histórica española*, tesis doctoral leída en la Universidad de Granada, 2007.

53 Citado por SÁNCHEZ ORTEGA, M.ª Helena: «La oleada anti-gitana del siglo XVII», *Espacio, Tiempo y Forma*, Serie IV, Historia Moderna, 4, 1991, pp. 71-124 [92].

54 SÁNCHEZ ORTEGA, M.ª Helena: «La minoría gitana en el siglo XVII. Represión, discriminación legal e intentos de asentamiento e integración», *Anales de Historia Contemporánea*, 25, 2009, pp. 75-90.

55 MARTÍNEZ-DHIER, Alejandro: «Expulsión o asimilación, esa es la cuestión. Los gitanos en Castilla durante el gobierno de la monarquía absoluta», *Revista de la Inquisición (Intolerancia y Derechos Humanos)*, 15, 2011, pp. 173-230.

56 MARTÍNEZ RUIZ, Enrique: *Fiesta y tragedia. Vivir y morir en la España del Siglo de Oro*, Madrid, La Esfera de los Libros, 2023, p. 200.

57 MARTÍNEZ-DHIER, Alejandro: «Expulsión o asimilación, esa es la cuestión. Los gitanos en Castilla durante el gobierno de la monarquía absoluta», *Revista de la Inquisición (Intolerancia y Derechos Humanos)*, 15, 2011, pp. 173-230 [229].

58 MARTÍNEZ MARTÍNEZ, Manuel: *Los gitanos y las gitanas de España a mediados del siglo XVIII: el fracaso de un proyecto de «exterminio» (1748-1765)*, Almería, Editorial Universidad de Almería, 2014. Más información correspondiente al setecientos en SÁNCHEZ ORTEGA, M.ª Helena: *Los gitanos españoles. El periodo borbónico…*, *op. cit.*

59 GÓMEZ ALFARO, Antonio: *La gran redada de gitanos: España, la prisión general de gitanos en 1749*, París, Presencia Gitana, 1993.

60 SAN ROMÁN ESPINOSA, T.: *La diferencia inquietante. Viejas y nuevas estrategias culturales de los gitanos*, Madrid, Siglo XXI, 1997, p. 12.

61 RODRÍGUEZ HERNÁNDEZ, Blanca: *Imagen y representación de los gitanos en la Edad Moderna*, Madrid, Sílex, 2021, p. 22. Seguimos a esta autora en algunos de los aspectos señalados. Véase también MARTÍNEZ MARTÍNEZ, Manuel: *La mujer gitana en la historia: una lección de resistencia (1539-1765)*, Editorial Académica Española, Letonia, 2019. Del mismo autor «Clamor y rebeldía. Las mujeres gitanas durante el proyecto de exterminio de 1749», *Historia y Política*, 40, 2018, pp. 25-51. CARMONA, Sarah: «Memoria e historia de la mujer gitana: un todo por hacer», I Congreso mundial de mujeres gitanas. Algunas reflexiones para el debate, Granada, Instituto de Cultura Gitana, 2011, pp. 7-15.

62 Citado por SÁNCHEZ ORTEGA, M.ª Helena: «La minoría gitana en el siglo XVII…», *op. cit.*, p. 77.

[63] GARCÍA-ARENAL, Mercedes: *Inquisición y moriscos. Los procesos del Tribunal de Cuenca*, Madrid, Siglo XXI de España Editores, 1987, p. 116.

[64] MONCADA, Sancho de: *Restauración política de España*. Edición a cargo de Jean Vilar, Madrid, Instituto de Estudios Fiscales,1974, p. 215.

[65] MARTÍNEZ MARTÍNEZ, Manuel: «Gitanos y moriscos: una relación a considerar», en MARTÍNEZ SAN PEDRO, M.ª Desamparados (coord.): *Los marginados en el mundo medieval y moderno*, Almería, Instituto de Estudios Almerienses, 2000, pp. 89-99.

[66] BARRIOS, Manuel: *Gitanos, moriscos y cante flamenco*, Sevilla, J. R. Castillejo, S. A, 1989; GELARDO NAVARRO, José: «Moriscos y flamencos en Andalucía oriental», en TORRES CORTÉS, Norberto: *Los cantes y el flamenco de Almería*, Instituto de Estudios Almerienses, Almería, 1996, pp. 41-56.

[67] FANJUL GARCÍA, Serafín «Gitanos y moriscos: verdad y ficción», *De mudéjares a moriscos: una conversión forzada*, Teruel, Instituto de Estudios Turolenses, Centro de Estudios Mudéjares, vol. 1, 2003, pp. 7-26 [8, 14].

[68] GARCÍA-ARENAL, Mercedes: «Morisques et gitans», *Melanges de la Casa de Velázquez*, XIV, 1978, pp. 503-520 [503].

[69] Véase SÁNCHEZ ORTEGA, M.ª Helena: *La Inquisición y los gitanos*, Madrid, Taurus, 1988, pp. 51-53.

[70] CARRASCO URGOITI, M.ª Soledad: *La cuestión morisca reflejada en la narrativa del Siglo de Oro. Destierros aragoneses*, Zaragoza, Diputación Provincial, Instituto Fernando el Católico, vol. 1, 1988, pp. 229-254.

[71] «Parece que los gitanos y gitanas solamente nacieron en el mundo para ser ladrones; nacen de padres ladrones, críanse con ladrones, estudian para ladrones, y, finalmente, salen con ser ladrones corrientes y molientes a todo ruedo, y la gana de hurtar y el hurtar son en ellos como accidentes inseparables, que no se quitan sino con la muerte». CERVANTES SAAVEDRA, Miguel de: *La gitanilla*, Madrid, Editorial Burdeos, 1988. Centrado en la figura de la protagonista de esta novela véase CHARNON-DEUTSCH, Lou: «¿Quiénes son los gitanos? Los orígenes del proceso de estereotipización de los romaníes en España», *Historia Social*, 93, 2019, pp. 7-32. De este autor *The Spanish Gypsy. The History of a European Obsession*, Pensilvania, The Pennsylvania State University Press, 2004.

Bibliografía

AGUIRRE FELIPE, Javier: *Historia de las itinerancias gitanas. De la India a Andalucía*. Institución Fernando el Católico. Zaragoza, 2006.

BARRIOS, Manuel, *Gitanos, Moriscos y cante Flamenco*. J. R. Castillejo S. A. Sevilla, 1989.

BENÍTEZ SÁNCHEZ-BLANCO, Rafael: «El cautiverio de los moriscos», *Manuscrits*, 28, pp. 19-43. 2010.

BORROW, George: *Los Zíncali. Los gitanos de España (con la colección completa de poesías gitanas)*. Portada Editorial. Sevilla 1999.

—*La Biblia en España*. Alianza. Madrid, 2003.

BUNES IBARRA, Miguel Ángel de: *Los moriscos en el pensamiento histórico. Historiografía de un grupo marginado*. Cátedra. Madrid, 1983.

CÁDIZ CÓRDOBA Manuel: *El enigma de la raza gitana*. Palma de Mallorca, 1989.

CARDILLAC, Louis: *Moriscos y cristianos. Un enfrentamiento polémico (1492-1640)*. Fondo de Cultura Económica. Madrid, 1973.

CARMONA, Sarah: «Memoria e historia de la mujer gitana: un todo por hacer», I Congreso mundial de mujeres gitanas. Algunas reflexiones para el debate. Instituto de Cultura Gitana, pp. 7-15. Granada, 2011.

CARRASCO URGOITI, M.ª Soledad: *La cuestión morisca reflejada en la narrativa del Siglo de Oro. Destierros aragoneses*. Diputación Provincial, Instituto Fernando el Católico, vol. 1, pp. 229-254. Zaragoza, 1988.

CERVANTES SAAVEDRA, Miguel de: *La gitanilla*, Editorial Burdeos. Madrid, 1988.

CHARNON-DEUTSCH, Lou: *The Spanish Gypsy. The History of a European Obsession*, The Pennsylvania State University Press. Pensilvania, 2004.

—«¿Quiénes son los gitanos? Los orígenes del proceso de estereotipización de los romaníes en España», *Historia Social*, 93, pp. 7-32. 2019.

CORTÉS ALONSO, Vicenta: «Esclavos y libertos en los mundos ibéricos», *Mundo Negro*. Madrid, 2011.

DOMÍNGUEZ ORTIZ, Antonio: «La esclavitud en Castilla durante la Edad Moderna», *Estudios de historia social de España*, tomo II, pp. 369-428. 1952.

—*La esclavitud en Castilla durante la Edad Moderna*. Comares. Granada, 2003

DOMÍNGUEZ ORTIZ, Antonio y VINCENT, Bernard: «Historia de los moriscos. Vida y tragedia de una minoría». *Revista de Occidente*. Madrid, 1978.

DRESSENDORFER, Peter: *Islam ander der Inquisition: die morisco prozess in Toledo, 1575- 1610*. Franz Steiner. Wiesbaden, 1971.

FANJUL GARCÍA, Serafín «Gitanos y moriscos: verdad y ficción», *De mudéjares a moriscos: una conversión forzada*. Instituto de Estudios Turolenses, Centro de Estudios Mudéjares, vol. 1, pp. 7-26. Teruel, 2003.

FONTENAY, Michel: «Esclaves et/ou captifs. Préciser les concepts», en KAISER, Wolfgang (ed.): *Le commerce des captifs. Les intermédiaires dans l'échange et le rachat des prisonniers en Méditerranée, XVe-XVIIIe siècles*. École française de Rome, pp. 14-24. Roma, 2008.

GARCÍA AÑOVEROS, Jesús M.ª «Carlos V y la abolición de la esclavitud de los indios. Causas, evolución y circunstancias», *Revista de Indias*, 60, pp. 57-84. 2000.

—*El pensamiento y los argumentos sobre la esclavitud en Europa en el siglo XVI y su aplicación a los indios americanos y a los negros africanos*. CSIC. Madrid, 2000.

GARCÍA-ARENAL, Mercedes: «Morisques et gitans», *Melanges de la Casa de Velázquez*, XIV, pp. 503-520. 1978.

—*Inquisición y moriscos. Los procesos del tribunal de Cuenca*. Siglo XXI de España Editores. Madrid, 1987.

GARRIDO GARCÍA, Carlos J.: «Las esclavas moriscas en el reino de Granada tras la rebelión de 1568-1571: cotización en el mercado y explotación laboral y sexual», *eHumanista/Conversos*, 6, pp. 325-345. 2018.

GELARDO NAVARRO, José: «Moriscos y flamencos en Andalucía oriental», en TORRES CORTÉS, Norberto: *Los cantes y el flamenco de Almería*, pp. 41-56. Instituto de Estudios Almerienses. Almería, 1996.

GISMERA VELASCO, Tomás: *Juan Bravo. Entre la historia y la leyenda*, (s/l y s/editorial). 2020.

GÓMEZ VOZMEDIANO, Miguel F.: *Mudéjares y moriscos en el Campo de Calatrava. Reductos de convivencia, tiempos de intolerancia (Siglos XVI-XVII)*. BAM. Ciudad Real, 2000.

—«La expulsión de los moriscos granadinos de la Mancha a inicios del siglo XVII», *Chronica Nova*, 36, pp. 67-114. 2010.

—«La Guerra de las Alpujarras y la dispersión de los moriscos granadinos: logística militar y movimientos de población», en PUELL DE LA VILLA, Fernando y GARCÍA HERNÁN, David (eds.): *Los efectos de la guerra. Desplazamientos de la población a lo largo de la historia*, pp. 155-195. Instituto Universitario General Gutiérrez Mellado-UNED. Madrid, 2017.

GONZÁLEZ ARÉVALO, Raúl: El cautiverio en Málaga a fines de la Edad Media, pp. 23-36. Diputación Provincial de Málaga (CEDMA). Málaga, 2006.

—«Cautiverio y esclavitud en el Reino de Granada (siglos XIII-XVI)», *Vínculos de Historia*, 3, pp. 232-257. 2014.

GONZÁLEZ ARÉVALO, Rubén: *La vida cotidiana de los esclavos en la Castilla del Renacimiento*. Marcial Pons. Madrid, 2022.

GUILLÉN, Fabienne P. y SALICRÚ ILLUCH, Roser (dir.): *Ser y vivir esclavo. Identidad, aculturación y agency (mundos mediterráneos y atlánticos, siglos XIII-XVIII)*. Casa de Velázquez. Madrid, 2021.

LEBLON, Bernard: *Los gitanos de España. El precio y el valor de la diferencia*. Gedisa Editorial. Barcelona, 1993.

LÓPEZ-SALAZAR PÉREZ, Jerónimo: *Estructuras agrarias y sociedad rural en la Mancha (siglos XVI-XVII)*. Instituto de Estudios Manchegos. Ciudad Real, 1986.

MAGÁN GARCÍA, Juan Manuel y SÁNCHEZ GONZÁLEZ, Ramón: *Moriscos granadinos en la Sagra de Toledo 1570-1610*. Caja Castilla la Mancha. Toledo, 1993.

—«Los nuevos convertidos del reino de Granada en las sinodales de las diócesis castellanas», en MESTRES SANCHÍS, Antonio y GIMÉNEZ LÓPEZ, Enrique (eds.): *Disidencias y exilios en la España moderna*, págs. 393-409. Universidad de Alicante. Alicante, 1997.

MARTIN, Michael T., y WALL, David C.: «The Politics of Cine-Memory: Signifying Slavery in the History Film», en ROSENSTONE, Robert A. y PAR-VULESU, Constantin (eds.): *A Companion to the Historical Film*, pp. 445–467. Wiley-Blackwell. Oxford, 2013.

MARTÍN SÁNCHEZ, David: *Historia del pueblo gitano en España*. La Catarata de los libros. Madrid, 2022.

MARTÍNEZ DHIER, Alejandro: *La condición social y jurídica de los gitanos en la legislación histórica española*. Tesis doctoral leída en la Universidad de Granada, 2007.

—«Expulsión o asimilación, esa es la cuestión. Los gitanos en Castilla durante el gobierno de la monarquía absoluta», *Revista de la Inquisición (Intolerancia y Derechos Humanos)*, 15, pp. 173-230. 2011.

MARTÍNEZ MARTÍNEZ, Manuel: «Gitanos y moriscos: una relación a considerar», en MARTÍNEZ SAN PEDRO, M.ª Desamparados (coord.): *Los marginados en el mundo medieval y moderno*, pp. 89-99. Instituto de Estudios Almerienses. Almería, 2000.

—*Los gitanos y las gitanas de España a mediados del siglo XVIII: el fracaso de un proyecto de «exterminio» (1748-1765)*. Editorial Universidad de Almería. Almería, 2014.

—«Clamor y rebeldía. Las mujeres gitanas durante el proyecto de exterminio de 1749», *Historia y Política*, 40, pp. 25-51. 2018.

—*La mujer gitana en la historia: una lección de resistencia (1539-1765)*, Editorial Académica Española. Letonia, 2019.

MARTÍNEZ RUIZ, Enrique: *La vuelta al mundo de Magallanes y Elcano*. La Catarata de los Libros. Madrid, 2022.

—*Fiesta y tragedia. Vivir y morir en la España del Siglo de Oro*. La Esfera de los Libros. Madrid, 2023.

MENA CABEZAS, Ignacio R.: «Gitanos en la Edad Moderna. Una minoría entre la asimilación y la exclusión», en MATEOS ASCACÍBAR, Francisco J. y LORENZANA DE LA PUENTE, (coord.): *Marginados y minorías sociales en la España moderna y otros estudios sobre Extremadura*, pp. 147-162. Sociedad Extremeña de Historia. Llerena, 2006.

MESTRE SÁNCHEZ, Antonio: «Todas las gentes del mundo son hombres: el gran debate entre fray Bartolomé de las Casas (1474-1566) y Juan Ginés de Sepúlveda (1490-1573)», *Anales del Seminario de Historia de la Filosofía*, 21, pp. 91-134. 2004.

MONCADA, Sancho de: *Restauración política de España*. Edición a cargo de Jean Vilar. Instituto de Estudios Fiscales. Madrid,1974.

MORENO DÍAZ DEL CAMPO, Francisco Javier: «El discurrir cotidiano o la convivencia frustrada: Los moriscos granadinos en el Campo de Montiel», *Cuadernos de Estudios Manchegos*, II Época, 28, pp. 141. 2004.

—*Los moriscos de la Mancha. Sociedad, economía y modos de vida de una minoría en la Castilla moderna*. CSIC. Madrid, 2009.

—«Marginaux parmi les marginaux. Enfants, femmes et esclaves morisques en Nouvelle Castille» *Cahiers de la Mediterranée*, 79, pp. 131-153. 2009.

—«Devociones domésticas y cultura material sobre la religiosidad cotidiana de cristianos viejos y morisco en la Castilla postridentina». *Hispania Sacra*, LXXIV/149, pp. 119-130. 2022.

OLAECHEA LABAYEN, Juan Bautista: «Una reina contra el sistema. Isabel la Católica y la esclavitud de los indios», *Arbor*, 160, pp. 133-170. 1998.

—«Los indios que trajo Colón en el primer viaje: ¿esclavos o colaboradores voluntarios?», *Revista de Historia Naval*, 17, pp. 67-80. 1998.

PARDO MOLERO, Juan Francisco: «Desdichados e imprudentes. Los moriscos y su expulsión en la memoria escrita del siglo XVII», *Tiempos Modernos*, 31, pp. 318-344. 2015.

PÉREZ GARCÍA, Rafael M. y FERNÁNDEZ CHAVEZ, Manuel F. (coord.): *La esclavitud en el sur de la península ibérica siglos XV al XVII: demografía e historia social*. La Catarata de los Libros. Madrid, 2021.

PERIÁÑEZ GÓMEZ, Rocío: «La investigación sobre la esclavitud en España en la Edad Moderna», *Norba. Revista de Historia*, 21, pp. 275-282. 2008.

PHILLIPS, Williams D.: *Historia de la esclavitud en España*. Editorial Playor. Madrid, 1980.

PYM, Richard J.: *The Gypsies in the Early Modern Spain:1425-1783*. Palgrave Macmillan. Nueva York, 2007.

RODRÍGUEZ HERNÁNDEZ, Blanca: *Imagen y representación de los gitanos en la Edad Moderna*. Sílex. Madrid, 2022.

RODRÍGUEZ VALENCIA, Vicente: «Isabel la Católica y la libertad de los indios de América. Devolución de los esclavos», *Antológica Annua*, 24-25, pp. 645-680. 1977.

SAN ROMÁN ESPINOSA, T.: La diferencia inquietante. Viejas y nuevas estrategias culturales de los gitanos. Siglo XXI. Madrid, 1997.

SÁNCHEZ GONZÁLEZ, Ramón: «Esclavos en el reino de Toledo». *Estudios de Historia de España*, XII/2, pp. 489-515. 2010.

—«Cristianismo e Islam: morisco granadinos en tierras de Toledo», *Revista de Historia Social y de las Mentalidades*, 15/2, pp. 187-211. 2011.

—«Microhistoria: Asesinato de un clérigo (1580)», en *Creer y entender*. Homenaje a Ramón Gonzálvez Ruiz, Toledo, Real Academia de Bellas Artes y Ciencias Históricas de Toledo, vol. 1, pp. 397-417. 2014.

—«Inquisición y moriscos en Toledo», en *Studium, Magisterium et Amicitia*. Homenaje al profesor Agustín González Enciso, págs. 87-94. Ediciones Eunate. Pamplona, 2018.

—«Movilidad morisca en la Corona de Castilla (1570-1610)», en LÓPEZ-SALAZAR CODES, Ana Isabel y MORENO DÍAZ DEL CAMPO, Francisco Javier (Coords.): *La monarquía hispana y las minorías. Élites, poder e instituciones*, pp. 375-411. Editorial Sílex. Madrid, 2019.

SÁNCHEZ ORTEGA, M.ª Helena: *Los gitanos españoles. El periodo borbónico*. Castellote. Madrid, 1977.

—*La Inquisición y los gitanos*. Taurus. Madrid, 1988.

—«La oleada antigitana del siglo XVII», Espacio, Tiempo y Forma, Serie IV, *Historia Moderna*, IV, pp. 71-124. 1991.

—«Los gitanos españoles desde su salida de la India hasta los primeros conflictos en la península», Espacio, tiempo y forma. Serie IV, *Historia moderna*, 7, pp. 319-354. 1994.

—«La minoría gitana en el siglo XVII: represión, discriminación legal, intentos de asentamiento e integración», *Anales de Historia Contemporánea*, 25, pp. 75-90. 2009.

SIERRA, María: «Uncivilized Emotions: Romantic Images and Marginalization of the Gitanos-Spanish Gypsies», *Pakistan Journal of Historical Studies*, número especial "Emotions and Marginalized Communities", 1, 1, pp. 43-64. 2016.

—«Estereotipos gitanos del siglo xix. Un invento romántico», *Andalucía en la Historia*, 55, pp. 20-23. 2017.

—«Historia gitana: enfrentarse a la maldición de George Borrow», *Ayer*, 109, pp. 351-365. 2018.

STELLA, Alessandro (1996), «Herrado en el rostro con una S y un clavo: *l'homme-animal dans l'Espagne des siècles xv-xvii*», en BRESC, Henri (dir.): *Figures de l'esclave au Moyen Age et dans le monde moderne*, pp.147-163. L'Harmattan. París, 1996.

SZÁSZDI LEÓN-BORJA, István: «Las cartas de seguro a favor de los egipcianos en peregrinación a Santiago de Compostela», *Iacobvs, Revista de Estudios Jacobeos y Medievales*, 11-12, pp. 71-93. 2001.

—«Los gitanos como sujetos del Derecho castellano e indiano durante la Edad Moderna (Siglos xv-xvii)», *Anuario Iberoamericano de Historia del Derecho e Historia Contemporánea*, 2, pp. 55-66. 2002.

—«Consideraciones sobre las cartas de seguro húngaras e hispanas a favor de los egipcianos», *En la España medieval*, 28, pp. 213-227. 2005.

TELLKAMP, Jörg Alejandro: «Esclavitud y ética comercial en el siglo xvi», *Anales del Seminario de Historia de la Filosofía*, 21, pp. 135-148. 2004.

THOMAS, Hugh: *La trata de esclavos. Historia del tráfico de seres humanos de 1440 a 1870*. Ed. Planeta. Madrid, 2001.

VAQUERO SERRANO, M.ª Carmen: *Garcilaso. Poeta del amor, caballero de la guerra*. Espasa Calpe. Madrid, 2002.

VINCENT, Bernard: «Los moriscos y la Inquisición (1563-1571)», *Chronica Nova*, 13, pp. 197-206. 1982-1983.

Los autores

Ramón Sánchez González

Catedrático de Historia Moderna de la Universidad de Castilla-La Mancha (UCLM). Correspondiente de la Real Academia de la Historia, de la de Bellas Artes de San Fernando, de la de Córdoba y de la de Segovia. Autor de numerosas publicaciones en España y en el extranjero (Francia, Italia, Portugal, Argentina, Chile, Estado Unidos, México). Sus líneas de investigación se han centrado en la Iglesia, mundo rural, Comunidades de Castilla, cultura escrita...

José María Rodríguez Jiménez

Profesor Asociado en la Universidad de Castilla-La Mancha y doctor por la misma universidad. Ha realizado estancias de investigación en Estados Unidos y Escocia. Ha publicado distintos estudios sobre Texas, la conquista, la sociedad y la frontera de Nueva España en revistas españolas y norteamericanas. Miembro de varios equipos de investigación y de innovación docente, también está implicado en la mejora de la calidad de la enseñanza.

Magdalena de Pazzis Pi Corrales

Catedrática de Historia Moderna de la Universidad Complutense de Madrid. Cuenta con más de un centenar de publicaciones sobre marina, ejército y orden público en la España de los Austrias. Ha sido secretaria académica y vicedecana de Relaciones Internacionales, Institucionales y Estudiantes en la Facultad de Geografía e Historia de esa universidad. Ha sido distinguida con la Real Orden de la Estrella Polar del Reino de Suecia por su contribución al fomento de las relaciones hispano-suecas a lo largo de la historia.

Porfirio Sanz Camañes

Catedrático de Historia Moderna en la Universidad de Castilla-La Mancha. Ha publicado más de un centenar de estudios sobre Aragón, Inglaterra y las relaciones de poder en época moderna. Ha realizado estancias de investigación internacionales y ha sido vicedecano, director académico de Relaciones Internacionales y director del Departamento de Historia de la UCLM. Es Doctor Honoris Causa por la Universidad de Targoviste (Rumanía) por fomentar el estudio y la investigación de las relaciones hispano-rumanas.

Laura Perona Guillén

Es graduada en Historia e Investigadora Predoctoral FPU (Formación del Profesorado Universitario) en la Universidad de Castilla-La Mancha desde 2022, donde realiza una tesis doctoral sobre Claudio Lamoral, III príncipe de Ligne (1618-1679) y su proyección política en la España de los últimos Austrias.

Miguel F. Gómez Vozmediano

Doctor en Geografía e Historia por la Universidad Complutense de Madrid. Profesor de Historia Moderna en la UCM, UC3M y UCLM. Miembro del Instituto de Historiografía Julio Caro Baroja y de la Agencia Estatal de Investigación. Numerario de la Real Academia de Bellas Artes y Ciencias Históricas de Toledo, consejero del Instituto de Estudios Manchegos y numerario de la Academia de Ciencias Sociales y Humanidades de Castilla-La Mancha. Especialista en minorías, delincuencia y mentalidades en el mundo rural manchego.

Carlos Belloso Martín

Doctor en Historia por la Universidad de Valladolid, donde actualmente es profesor de Historia del Derecho en la Facultad de Derecho. Sus investigaciones se centran en los temas políticos, jurídicos, institucionales y militares de la Época Moderna, con especial atención al reinado del emperador Carlos V y a todo el siglo XVI.

F. Miguel Gómez García de Marina

Licenciado en Humanidades, en la especialidad de Patrimonio Histórico por la UCLM. Su desempeño profesional, siempre ligado al patrimonio cultural, le ha llevado a realizar estudios en disciplinas dispares como Historia del Arte, Arqueología, Etnografía o Archivística.

Víctor García González

Doctor en Historia Moderna por la Universidad de Málaga, máster en Historia de la Monarquía Hispánica por la Universidad Complutense de Madrid y autor de una treintena de artículos científicos y capítulos de libros colectivos.

Enrique Martínez Ruiz

Catedrático (E) de Historia Moderna de la Universidad Complutense de Madrid, profesor invitado en numerosas universidades y centros de investigación extranjeros. Sus líneas de investigación principales son: Historia de las Instituciones, Seguridad y Orden Público y, sobre todo, Historia Militar. Autor de más de trescientas publicaciones especializadas, su actividad profesional se ha reconocido con la concesión de la Gran Cruz de Plata al Mérito de la Guardia Civil y las Grandes Cruces de Primera Clase del Ejército y de la Armada y es Comendador de la Orden de la Estrella Polar (Suecia). Académico numerario de la Academia de las Ciencias y las Artes Militares. Académico Correspondiente de la Academia Portuguesa de Historia. Académico Correspondiente de la Real Academia de la Mar. Miembro de Honor de la Sociedad Italiana de Historia Militar. Guardia Civil Honorario.

Santiago Fernández Campos

Seminarista Diocesano de Granada. Sus líneas de investigación están enfocadas en el mundo filosófico, para lo cual ha estado ligado a la Universidad de Granada, sin dejar a un lado el mundo teológico, inserto en la Universidad Loyola de la misma ciudad. Su principal eje de atención gira en torno a la figura de Xavier Zubiri y al campo de la metafísica.

Juan Víctor Carboneras Coba

Historiador por la Universidad Complutense de Madrid especializado en Monarquía Hispánica. Sus principales líneas de investigación son la vida cotidiana de los soldados de los tercios y el reclutamiento y destino de los hombres manchegos, en la segunda mitad del siglo xvi. Presidente de la Asociación Albaladejo Siglo de Oro y fundador de la Asociación 31 Enero Tercios, es autor de ensayos histórico-divulgativos así como de diferentes publicaciones en revistas científicas.

Carlos Fernández-Pacheco Sánchez-Gil

Licenciado en Geografía e Historia y diplomado en Estudios Avanzados por la Universidad Nacional de Educación a Distancia (UNED) y doctorando en la Universidad de Castilla-La Mancha. Ha publicado varias monografías, artículos en revistas de estudios y participado en más de treinta congresos y jornadas.

Bernardo Sevillano Martín

Doctor en Historia y licenciado en Derecho por la Universidad de Castilla-La Mancha. Ha publicado varios libros y artículos en revistas de estudios, especialmente sobre la historia y patrimonio de Ruidera y el Canal del Gran Priorato de San Juan.

Concepción Moya García

Licenciada en Geografía e Historia y diplomada en Estudios Avanzados por la Universidad Nacional de Educación a Distancia. Ha publicado una decena de monografías, una treintena de artículos en revistas de estudios y participado con ponencias y comunicaciones en más de treinta congresos, jornadas y seminarios. a tanto en secundaria como en la universidad

David Gallego Valle

Profesor de Historia Medieval en la Universidad de Castilla-La Mancha y arqueólogo profesional. Está especializado en arqueología medieval y, especialmente, en Órdenes Militares e historia militar de este periodo, así como en arqueología de la arquitectura. En su labor profesional ha participado en multitud de intervenciones en el patrimonio fortificado, así como en el estudio de la materialidad de varios campos de batalla y asedios.

Pilar Molina Chamizo

Doctora en Historia del Arte por la Universidad de Castilla-La Mancha. Técnico gestor cultural de la fundación Impulsa Castilla-La Mancha. Su actividad profesional se ha desarrollado desde 1995 en el ámbito museístico. En la actualidad es responsable del Departamento de Educación y Acción Cultural del Museo de Ciudad Real, Convento de la Merced. En paralelo, continua con la labor de investigación histórica, asesorando y colaborando con diversas instituciones académicas, ayuntamientos y asociaciones culturales, con el objetivo de facilitar la recuperación, la puesta en valor y la difusión del rico y desconocido patrimonio arquitectónico y monumental de la provincia de Ciudad Real.